A deusa da lua crescente

por Dolores Cannon

Tradução: Marcello Borges

© 2022 por Dolores Cannon
Primeira tradução em português – 2023

Todos os direitos reservados. Nenhuma parte deste livro, em parte ou no todo, pode ser reproduzida, transmitida ou utilizada por qualquer forma ou por qualquer meio, eletrônico, fotográfico ou mecânico, incluindo fotocópia, gravação ou por qualquer sistema de armazenamento e recuperação de informações, sem autorização prévia por escrito da editora Ozark Mountain Publishing, exceto no caso de breves citações incluídas em resenhas e artigos literários.

Para permissão ou serialização, condensação, adaptações, ou para nosso catálogo com outras publicações, escreva para Ozark Mountain Publishers, P.O. Box 754, Huntsville, AR 72740-0754, USA, Att.: Permissions Department.

Dados de Catalogação na Fonte da Biblioteca do Congresso

A deusa da lua crescente por Dolores Cannon -1931-2014
    As vidas passadas de três voluntárias que recuaram até a época dos druidas
1. Hipnose 2. Vidas passadas 3. Mãe Terra 4. Metafísica
I. Cannon, Dolores, 1931-2014 II. Metafísica III. Vidas passadas IV. Título

ISBN: 9781956945782

Arte e Layout da Capa: Victoria Cooper Art Tipografia: Microsoft Himalaya & Times New Roman
Design do Livro: Summer Garr
Tradução: Marcello Borges
Publicado por:

PO Box 754, Huntsville, AR 72740
800-935-0045 ou 479-738-2348; fax 479-738-2448
WWW.OZARKMT.COM
Impresso nos Estados Unidos da América

Mensagem de Nancy

Minha mãe, Dolores Cannon, começou a receber estas informações em 1983. Naquela época, ela ainda estava aperfeiçoando sua profissão e havia muitas pessoas que queriam ajudá-la, permitindo que realizasse sessões com elas. Durante essa jornada, ela descobriu diversas histórias que continham informações desconhecidas para nós: modos de vida, crenças, como as pessoas eram tratadas em função de suas crenças e o sigilo que precisavam manter para sobreviver, não só por elas mesmas como por suas crenças e modos de vida. O período de tempo que ela estudou foi uma época em que não tínhamos permissão para acreditar naquilo que queríamos e sim naquilo que nos diziam para acreditar. Dolores preservou este material por muitos e muitos anos por um único motivo: ela achou que seria crucificada por trazê-lo à tona, contando os segredos daquilo que realmente acontecia naquela época. Sim, hoje em dia temos permissão para dizer o que quisermos e acreditar no que quisermos, mas será que lá no fundo não seríamos ainda como essas pessoas de tanto tempo atrás, que queriam difundir ideias mas tinham medo de falar delas para não porem fim não apenas às suas vidas, como também ao conhecimento que era tão precioso? Naqueles tempos, as pessoas, e não os governantes ou pessoas importantes, viviam muito mais perto da natureza e de Deus do que hoje, na minha opinião. Isto é uma coisa que precisa ficar clara. Nossa Terra, a natureza e Deus são e deveriam ser aquilo que temos de mais importante em nosso caminho. Não devemos nunca permitir que os outros façam com que tenhamos medo de acreditar naquilo que é certo. Pois, sem esta Terra, onde estaríamos?!

Nancy Vernon
3 de janeiro de 2022

Foram feitos todos os esforços para proteger a identidade e a privacidade das pessoas envolvidas nestas sessões. O local onde estas foram realizadas é o indicado, mas só foram usados nomes próprios, que foram alterados.

Ao ler este livro, você vai perceber que Dolores usou palavras que não usamos hoje em dia. Isto se deve ao fato de ela estar conversando com pacientes que se encontram numa vida passada, comunicando-se como aquela pessoa naquela linha do tempo. Muitas vezes, foram ditas palavras que Dolores só conseguiu anotar foneticamente. Às vezes, isto se deveu ao forte sotaque falado pela pessoa naquela vida.

Sumário

Introdução: A viajante do tempo	i
Seção 1: A vida como uma druidesa	
Capítulo 1: A druidesa (Karen)	3
Capítulo 2: A druidesa, parte 1 (Bernadine)	41
Capítulo 3: A druidesa, parte 2 (Bernadine)	54
Seção 2: A história de Brenda como Astelle	
Introdução: Astelle	71
Nota de Dolores	72
Capítulo 4: Uma seguidora dos "velhos costumes"	73
Capítulo 5: O teste	91
Capítulo 6: Pentagramas – e mais	111
Capítulo 7: Falando com os animais	139
Capítulo 8: Os pequeninos	163
Capítulo 9: Signos e símbolos	182
Capítulo 10: Lendas e histórias	208
Capítulo 11: A volta da Inquisição	225
Seção 3: Mais vidas de Karen	
Capítulo 12: O menestrel, parte 1	243
Capítulo 13: O menestrel, parte 2	253
Capítulo 14: O menestrel, parte 3	265
Capítulo 15: O médico, parte 1	289
Capítulo 16: O médico, parte 2	298
Capítulo 17: O médico, parte 3	319
Capítulo 18: A garota que via fadas	336
Capítulo 19: A sacerdotisa grega	345
Mensagem final	354
Sobre a autora	355

Introdução
A viajante do tempo

Sim, eu me considero uma viajante do tempo, pois descobri um modo muito eficaz de atravessar o tempo com o método de hipnose regressiva. Mais exatamente, considero-me repórter, pesquisadora e investigadora e acumuladora de conhecimentos perdidos. Isso foi conseguido graças ao uso de uma técnica de hipnose que aperfeiçoei ao longo de mais de trinta anos de trabalho neste campo fascinante. Minhas raízes na hipnose recuam à década de 1960, quando se utilizavam métodos de indução mais antigos e que consumiam tempo. A hipnose era usada principalmente para ajudar as pessoas a abandonar certos hábitos: parar de comer compulsivamente, de fumar, etc. A ideia de usá-la para ajudar pessoas em terapia de regressão a vidas passadas era inédita. Mesmo na década de 1970, terapeutas sérios franziam a testa ao ouvir falar nisso. Neste tempo todo, tenho sido uma participante e vi-a evoluir até o ponto em que se encontra hoje, uma forma de terapia aceita e valiosa. As coisas são assim: métodos que antes eram considerados radicais são utilizados hoje em grande escala, pois seu valor ficou comprovado. Na década de 1960, não havia livros para ajudar os terapeutas a compreender este fenômeno. O único livro disponível na época era O caso de Bridey Murphy, a história de um terapeuta que se deparou com a ideia da reencarnação. Na época de sua publicação, o livro criou muita controvérsia. Esse livro sequer seria publicado hoje em dia, pois seria considerado muito comum e superficial. Eu e muitos outros terapeutas deste ramo nos deparamos com casos simples como esses constantemente em nosso trabalho, e a ideia de reviver vidas passadas não é mais considerada algo extraordinário. Aquele livro foi, em sua época, um conceito inovador. Um livro para a época apropriada de nossa história.

Também me deparei com a ideia de vidas passadas e de reencarnação em 1968, quando trabalhava com uma mulher que estava tentando perder peso. Com a ajuda de seu médico, meu marido e eu tentamos ajudá-la a superar sua compulsão alimentar, que estava causando problemas em seus rins. Durante o decorrer do tratamento, subitamente ela se viu numa vida anterior em Chicago na década de 1920, a era das melindrosas. Como naquela época não havia livros impressos para orientar um hipnotizador sobre o que fazer em tais casos, tivemos de inventar nossas próprias regras. Sem ter nada a nos guiar exceto nossa curiosidade, levamos a mulher até cinco vidas. Esta história de meu começo de carreira foi contada em meu primeiro livro, Five Lives Remembered. Esse livro nunca tinha sido publicado, pois agora eu o considero mundano demais. É a história de como comecei, mas desde então meu caminho levou-me a aventuras inimagináveis e incríveis. Talvez seja publicado um dia, pois as pessoas sempre me perguntam, em minhas palestras, como foi que comecei, como teve início esta jornada fantástica. A jornada que me levou através do tempo, do espaço e de dimensões e tantas vezes ao redor do mundo desde aquele começo humilde. Foi um caminho com o qual eu nunca teria sonhado na década de 1960, quando estava ocupada no papel de esposa da Marinha e mãe de quatro filhos. Isso mostra como a vida de qualquer um pode dar uma volta de 180 graus e o futuro pode abrigar aventuras inimagináveis, desde que você confie no plano desconhecido do universo.

** Atualização: Este livro, Five Lives Remembered, foi publicado devido aos inúmeros pedidos dos leitores de Dolores. Ela achou que ele seria simples demais, mas todos queriam saber "como foi que tudo começou?" **

Tive de esperar até meus filhos crescerem e criarem suas próprias vidas antes de poder dedicar-me em tempo integral à hipnoterapia e às investigações em 1979. Nunca teria imaginado que as pessoas que me procurariam com seus problemas forneceriam informações que resultariam em dezenove livros. Às vezes, pode parecer melhor não saber o que o futuro nos reserva, ou do contrário nunca daremos o primeiro passo. Ao longo do caminho, ofereceram-me muitas chances de parar, dar meia volta ou seguir um desvio. Nessas ocasiões, minha vida teria mudado e eu teria seguido uma direção diferente. Chamei esses anos de "minhas épocas de provas". O destino estava tentando descobrir até que ponto eu estava comprometida com o caminho que tinha começado a trilhar. O caminho que levava a um futuro desconhecido, envolto em mistério. Mas depois que nos comprometemos, não há como voltar. Um de meus leitores me mandou a seguinte citação, que considero bastante apropriada. Ela fica pendurada na frente da minha escrivaninha e me lembra diariamente da tarefa para a qual fui voluntária. A tarefa de apresentar ao mundo informações desconhecidas e perdidas.

Enquanto não nos comprometemos, há hesitação. No momento em que nos comprometemos definitivamente, a providência se põe em movimento. Coisas de toda espécie acontecem para nos ajudar, algo que não teria ocorrido de outra maneira. Todo um fluir de acontecimentos surge a nosso favor graças à nossa decisão. Todas as formas imprevistas de coincidências, encontros e ajuda material, que nenhum ser humano jamais poderia ter sonhado encontrar, vêm ao nosso encontro. Qualquer coisa que você possa fazer ou sonhar, pode começar; pois a ousadia contém a genialidade, o poder e a magia.

~ Johann Wolfgang von Goethe

Agora, nesses anos todos, sei que forças invisíveis têm me guiado suavemente em meu caminho. Elas têm estado por perto para me ajudar e recebi evidências maravilhosas de sua atenção. Nunca me deram mais do que aquilo que eu poderia tratar na época, e sei que meu caminho teria sido muito mais pedregoso sem elas. Pessoas fantásticas surgiram em minha vida e meus livros acham-se traduzidos no mundo todo. Nada do que aconteceu poderia ser considerado um acidente ou uma coincidência.

Desde 1979, meu trabalho com terapia de regressão a vidas passadas cresceu e evoluiu. Desenvolvi minha própria técnica e aperfeiçoei-a ao longo dos anos. Descobri que boa parte das técnicas normais de hipnose consumiam tempo e eram desnecessárias. Por isso, comecei a descartar procedimentos que não considerava necessários e fui capaz de abreviar o processo de indução. Depois, pouco a pouco, desenvolvi uma técnica que coloca o paciente no estado de transe sonambúlico. Este é o nível com o qual gosto de trabalhar, pois nele encontrei acesso a todo o conhecimento. Muitos hipnotizadores receiam trabalhar num nível tão profundo, pois dizem que coisas estranhas podem acontecer nele. Aqueles que têm lido meus livros e viram minhas aventuras sabem que coisas estranhas podem acontecer nele, e acontecem. O estado de transe sonambúlico é o nível mais profundo possível. Ir mais fundo faz com que a pessoa adormeça, e fica difícil para ela reagir. O nível sonambúlico é atingido por todos nós duas vezes por dia, no mínimo. É o estado pelo qual passamos quando vamos dormir e quando estamos acordando. Meu trabalho consiste em levar o paciente até aquele nível, mantendo-o ali durante a sessão. Dizem que uma em cada vinte ou trinta pessoas atingem espontaneamente esse nível durante a hipnose. Porém, com a técnica que desenvolvi, o que acontece é o oposto: uma em cada vinte ou trinta não chegam lá. Durante a maioria das sessões de vidas passadas, a pessoa fica nos níveis de transe mais leves. Neste estado, ela se lembra daquilo que viu e, ao acordar, acha que inventou tudo ou que imaginou uma história para agradar o hipnotizador. Isto acontece porque a mente consciente ainda está ativa e age como censora e palpiteira. Quando o estado sonambúlico é atingido, a pessoa não se recorda de nada. A interferência da mente consciente fica totalmente bloqueada e não consegue influenciar a pessoa com ideias como "Isto é tolice. Você está inventando isso. Você viu isso num filme ou leu num livro". No caso da regressão a vidas passadas, com a mente consciente fora do cenário, a pessoa torna-se a outra personalidade no passado, de forma total. Esta vida presente não existe mais. Ela só está familiarizada com aquilo que se encontra na outra vida. Provei isto muitas vezes nos meus outros livros. Se você menciona alguma coisa da vida atual que não existe na vida passada, ela não vai saber do que você está falando. O paciente torna-se tão completamente a outra personalidade que, se puder escrever alguma coisa, por exemplo, levo a escrita para ser comparada com a atual por peritos em grafologia. Eles dizem que não há como terem sido feitas pela mesma pessoa. Vias começarem subitamente a falar outras línguas, até mesmo línguas desconhecidas ou mortas. Quando a pessoa desperta da regressão, não tem lembrança daquilo que aconteceu. Geralmente, diz, "Puxa, me desculpe! Devo ter pegado no sono!" Elas não sentem a passagem do tempo e não sabem que tenho duas horas de gravação em fita magnética.

A maioria dos meus pacientes consegue entrar nesse nível profundo e somos capazes de descobrir a causa de seus problemas nesta vida, pois, na maioria das vezes, ela pode ser localizada noutras vidas. Estes casos de terapia preencheriam muitos livros, e uso muitos exemplos quando dou minhas aulas de hipnose. Mas embora atinjam esse nível profundo e tornem-se a outra personalidade, a maioria das vidas é simples e corriqueira. Isto encontra paralelo nas vidas atuais das pessoas. São pessoas bem mais comuns do que aquelas cujos nomes aparecem nos jornais. Só serão capazes de lhe dizer coisas que conhecem graças à suas próprias experiências de vida. O fazendeiro que cuida da plantação não sabe o que o rei está dizendo em seu castelo. As pessoas só conseguem relatar aquilo com que estão familiarizadas. Isto confere mais validade às suas histórias, pois não alegam que foram um personagem importante. Os céticos dizem que a pessoa sempre afirma ter sido alguém famoso, como Cleópatra ou Napoleão. Isto nunca aconteceu comigo. Dentre milhares e milhares de casos de que cuidei por mais de trinta anos, nunca encontrei alguém que tivesse sido "aquela" pessoa importante. Mas encontrei algumas que podem ter conhecido ou estado associadas à "aquela" pessoa, ou que podem ter vivido num período histórico. É sobre isso que tenho escrito meus livros.

Nestes trinta e poucos anos, acumulei uma quantidade enorme de informações. Estas resultaram em meus dezenove livros, que cobrem todas as fases do paranormal, desde profecias até história, ÓVNIS e metafísica. Ainda há um monte de informações aguardando o momento apropriado para serem inseridas num livro. Enquanto percorro o mundo realizando minhas sessões, vou encontrando fragmentos de informação que acabam formando partes de um quebra-cabeça. Encontro uma peça num país e, anos depois, outra peça noutro lugar. Procuro organizá-las segundo o assunto. Acumulei muita coisa e ainda estou acumulando, de modo que não corro o risco de ficar sem material sobre o qual escrever por muitos e muitos anos.

É daí que vieram as informações usadas neste livro. Encontrei muitas pessoas que tiveram vidas passadas em sociedades secretas ou grupos gnósticos com tremendos conhecimentos e capacidades. Para sua segurança, elas precisaram manter isso em segredo. Através da história, sempre houve grupos que desejaram obter conhecimentos místicos para seu próprio uso. Não permitiam que essas pessoas obtivessem essas informações, pois geralmente queriam usá-las negativamente. Em meu livro Jesus e os Essênios, foi mostrado como os essênios deixaram-se torturar e morrer antes de revelarem seus segredos aos romanos. Ao longo da história, esse tem sido o caso. Muitos desses grupos tiveram poderes e habilidades que sequer conseguiríamos abordar ou compreender hoje em dia. Mas isso está voltando em nossa época, pois serão necessários na nova dimensão para a qual estamos nos dirigindo. Tenho muitos clientes que desejam resgatar esses conhecimentos perdidos que tinham em vidas passadas. Médicos querem se lembrar dos métodos de cura psíquica, terapeutas querem recordar como podem usar energias para curar e herbalistas e profissionais similares desejam trazer de volta seus conhecimentos sobre plantas, ervas e óleos. Artistas querem recuperar suas capacidades e técnicas, bem como músicos. Descobri que é fácil fazer isso. Toda informação acha-se armazenada na mente subconsciente. Se a pessoa teve uma vida passada na qual praticou essas artes ou talentos antigos, o conhecimento nunca será perdido. Fica armazenado num computador gigantesco e pode ser acessado caso seja apropriado. O subconsciente é que julga se é aconselhável que a pessoa se recorde dessas habilidades. Na minha técnica, comunico-me diretamente com a mente subconsciente e ela toma as decisões sobre se deve ser permitido que a habilidade retorne neste período atual. Na maioria das vezes, ela obedece, pois conhece os motivos da pessoa melhor do que ninguém. Assim, posso ver que nosso mundo está se beneficiando disto, e creio que assim o mundo vai melhorar e mudar. É isto que chamo de "corrente subterrânea" ou "onda" da qual a pessoa comum não tem sequer noção. Muitos de meus pacientes estão abrindo centros de cura mundo afora. Estes centros vão usar antigos métodos de cura baseados em sociedades destruídas há muito, e até máquinas de cura da antiga Atlântida. Elas estão sendo reconstruídas, pois são máquinas de energia livre que eram usadas na Atlântida e noutros planetas. No mundo todo, encontrei pessoas que estão trabalhando nessas coisas que vieram de outras existências e que irão beneficiar muito nosso mundo atual. Meu papel nisso tudo é atuar como mediadora, permitindo à pessoa obter acesso a seus próprios talentos perdidos e trazê-los à nossa época. Os conhecimentos e habilidades do mundo antigo eram incríveis, e sequer começamos a desenvolver esses talentos. Mas estamos a caminho de resgatá-los, e isso virá à tona em nossa época. Vamos viver para ver isso em nosso futuro. Disto, tenho certeza.

Neste livro, vou apresentar alguns dos casos de informações e conhecimentos perdidos com que me deparei ao longo de anos. "Pequeninos", fadas, elfos e leprechauns eram reais. Faziam parte da vida cotidiana. Dizem que ainda existem, mas estamos envolvidos demais com nosso estilo caótico de vida para percebê-los. No passado, o estilo de vida das pessoas baseava-se muito mais na agricultura, mantendo-as próximas da natureza, e por isso essas crenças eram bem reais. Hoje, em nossa moderna sociedade tecnológica, rimos dessas crenças até os gremlins entrarem em nossos computadores, jogarem seus joguinhos e criarem o caos.

As religiões do passado também se mantinham muito próximas da natureza e sabiam lidar com forças da Terra que eram muito reais para elas. A magia era e é real. É apenas o uso e a manipulação de energias. Os resultados desta manipulação podem ser positivos ou negativos. O problema não está na energia, mas no manipulador. Ele pode direcionar a energia para qualquer lugar que queira, desde que saiba usar esses métodos. Devemos nos lembrar sempre que o uso de energias cria feedback e karma. O manipulador ou praticante astuto sabia que fosse qual fosse a direção tomada pela energia, ela voltaria para ele com força dez vezes maior. Por isso, tomava muito cuidado para não usar a energia de maneira negativa, pois os resultados sobre ele próprio poderiam ser devastadores. Ele respeitava o uso desse poder.

A imagem apresentada desses antigos gnósticos e praticantes que chegou até nossos dias é negativa, mas os sábios conhecem o custo desses poderes e não os usariam de maneira negativa. Contudo, não raro, essas pessoas foram mal compreendidas ao longo do tempo, e quando os outros descobriam suas habilidades, eram perseguidas ou mortas. Não é à toa que hoje essas almas estão hesitantes em reviver esses poderes e conhecimentos, usando-as em nossa época. Em seu subconsciente, lembram-se como pagaram caro por suas habilidades.

Em certos períodos, a Igreja foi muito diligente em tentar eliminar os praticantes de quaisquer coisas que considerasse contrárias a seus ensinamentos. Por isso, boa parte desse trabalho precisou ser mantida em segredo, por temerem por suas próprias vidas. Como tenho dito em minhas palestras, "Eles nos enforcaram, queimaram-nos na fogueira, mataram-nos e nos torturaram, mas estamos de volta!" Acharam que tinham destruído o conhecimento quando destruíram o corpo, mas ele nunca se perde. Está armazenado na mente subconsciente, aguardando sua rememoração.

~ Dolores Cannon

** Este era um dos livros em que Dolores estava trabalhando quando deixou este plano. Ela achava que tinha chegado a hora de contar essas histórias. **

Seção 1

A vida como uma druidesa

Capítulo 1
A druidesa (Karen)

Nos primeiros dias de meu trabalho, tive a sorte de lidar com diversos pacientes que eram excelentes sonambúlicos. Foi na época em que ainda estava explorando e descobrindo o que era possível fazer com esta forma de hipnose de transe profundo. Boa parte dos materiais que encontrei nesses primeiros tempos já foi incluída em livros. Muitos aguardam uma categoria apropriada. Durante 1982 e 1983, trabalhei regularmente com Karen. Descobri o verdadeiro significado de viagem no tempo durante minhas sessões com ela. Nesse ínterim, exploramos trinta vidas diferentes, e as informações detalhadas que forneceu foram fenomenais. Ela conseguiu tornar-se tão completamente a outra personalidade que acabou fornecendo tanto informações históricas quanto culturais e teológicas. Com minha curiosidade de repórter, fiz todas as perguntas que poderia pensar em fazer sobre a época em que ela estivesse. Karen era uma garota de vinte e dois anos que saíra da escola com dezessete sem se formar porque queria ter liberdade. Não tardou para perceber que a liberdade não vem tão facilmente. É difícil arrumar emprego sem uma educação formal. Por isso, alistou-se no exército e tornou-se especialista em computação nos primeiros tempos, antes que fosse comum a compreensão sobre seu funcionamento. Após deixar o serviço militar, foi morar em nossa área, no noroeste do Arkansas, e conseguiu emprego numa empresa que estava começando a usar computadores. Entretanto, sua falta de educação formal acabou sendo benéfica para nosso trabalho, pois ela não recebeu influências suficientes para criar histórias fantasiosas em lugares geográficos distantes. Os céticos sempre dizem que o paciente sob hipnose sempre descreve eventos num local e época com os quais estão familiarizados ou que conhecem graças a livros, filmes, TV, etc. Descobri que isto não é verdade, pois muitos de meus pacientes narram vidas detalhadas em períodos e locais sobre os quais pouco se conhece. Preciso fazer pesquisas minuciosas para confirmar seus relatos. É por isso que me considero a repórter, a pesquisadora de conhecimentos "perdidos". Estou recuperando informações sobre culturas e sociedades pouco conhecidas. No caso deste livro, sociedades que tinham conhecimentos gnósticos e habilidades esquecidas. Volta e meia, meu trabalho com Karen era realizado na casa de minha amiga e colega hipnotizadora, Harriet. Estava comigo fazia mais de vinte anos e sempre fora uma depositária de confiança ao longo de minhas explorações pelo desconhecido. Ela me acompanhava durante as sessões e às vezes fazia perguntas. Sua energia sempre acrescentava uma dimensão extra à aventura ao longo do tempo. Essas sessões fizeram parte de uma série com Karen. Naquela época, eu ainda achava que o tempo era linear e trabalhava sob essa perspectiva. Estava tentando manter uma abordagem organizada e ordeira. Ainda levaria quinze anos, no mínimo, até fazer as descobertas que resultaram na série "Convoluted Universe". Nessa época, descobri que o tempo não existe. Porém, no começo da década de 1980, este conceito ainda não me havia sido apresentado. Eu achava que recuar pelo tempo linear era empolgante e achava que tinha todas as respostas. Na época, achava que tinha compreendido totalmente o conceito da reencarnação. Mal sabia que estava apenas engatinhando pelo desconhecido e que muitos conceitos chocantes e mirabolantes me seriam apresentados à medida que avançasse na minha pesquisa. A qualquer momento, eu poderia ter parado e me recusado a explorar mais, pois minhas crenças básicas estavam sendo ameaçadas. Mas tive a curiosidade de explorar mais, e agora, em meu trabalho, não há limites para aquilo que posso descobrir, desde que a mente humana possa aceitar. Mas no começo da década de 1980, quando estava trabalhando com Karen, achava que estava sendo muito ousada por levá-la a recuar no tempo em saltos de 100 anos. Essas explorações resultaram em meus livros A Soul Remembers Hiroshima e Jesus e os Essênios, mas as muitas outras vidas que descobrimos só foram postas em livro agora. Estavam esperando por seu nicho apropriado.

Quando dávamos esses saltos no tempo, nunca sabíamos aonde ela iria parar. Eu fazia anotações e por isso conhecia todas as outras entidades que descobríamos enquanto recuávamos pelo tempo. Ficou óbvio que tudo que eu precisava fazer era dizer o ano e a mesma personalidade emergiria. Eram sempre as mesmas e nunca mudavam.

Ficaram muito familiares para mim. Em pouco tempo, comecei a reconhecer as personalidades diferentes por seus padrões de linguagem e maneirismos. Em alguns casos, até suas expressões faciais mudavam. Começavam a se parecer com velhos amigos quando cada uma aflorava. Mas ainda estávamos recuando no tempo e eu não sabia qual personalidade nova iríamos encontrar a seguir. Esta foi a primeira vez em que encontramos a druidesa. Não tenho muita certeza se as datas estão corretas, pois desde então aprendi que a alma não reconhece o tempo e as limitações dos anos como nós. Tínhamos acabado de conversar com uma entidade numa época que julgávamos que fosse o século 9. Por isso, fi-la recuar cem anos até os anos 700. Depois que acabei de contar, perguntei-lhe o que ela estava fazendo.

K: Vamos à ilha. 'tamos no Mar das Brumas.
D: *(Isso me confundiu.) No Mar das Brumas? Puxa, não conheço isso.*
K: É a ilha da senhora.
D: *Onde você está? Esse lugar tem nome?*
K: Bretanha. (Ela franziu a testa e não se sentiu muito segura com a resposta.) É assim que ela é chamada. Nós a chamamos de a terra. Este é o nome que alguém lhe deu. (Sua voz era muito suave. Bretanha, ou Britain, em inglês, foi pronunciada Brtn.)
D: *Então, vocês não a chamam de Bretanha?*
K: Ela é apenas a nossa terra.
D: *Como vocês vão até a ilha?*
K: Nós percorremos o caminho.É uma espécie de ponte. É época da lua e o caminho está livre. Noutras épocas, a água vem e sobe e cobre o caminho.
D: *Ah, entendi. Então, noutras épocas do mês, ele fica coberto de água? (É)* E depois, na época da lua, ela fica acima da água e vocês podem atravessar? Qual o seu nome? Como as pessoas a chamam?*
K: Arania (fonético).
D: *Você é homem ou mulher?*
K: Sou mulher.
D: *É aqui que você mora?*
K: Ninguém mora aqui, só a senhora. É a capela.
D: *Onde fica a sua casa?*

Ela hesitou e teve dificuldade para explicar. Então, disse, "Não devemos contar".

D: *Por quê? É perigoso fazer isso?*
K: Muitos desejam descobrir para poderem nos utilizar e adquirir poder.
D: *Então, você deve manter em segredo aquilo que faz, é isso que está dizendo? (É)*

Isto aconteceu noutras ocasiões, quando entrei em contato com pessoas que eram membros de grupos secretos (especialmente os essênios, em meu livro Jesus e os Essênios). Eles desconfiavam de estranhos e percebi que teria de conquistar sua confiança. Karen me conhecia e se sentia à vontade comigo, mas eu não estava conversando com ela no século 20 e sim com sua personalidade anterior, na qual o indivíduo possuía uma moral diferente. É difícil fazer o indivíduo ir contra sua moral, seja na vida presente, seja numa passada. Isto mostra como a pessoa se identifica estreitamente com sua personalidade em vida passada. Ela se torna dominante.

D: *Mas você sabe que sempre pode me contar coisas, pois não vou contar às pessoas. Não sou desses que querem feri-la. Tento ajudá-la.*
K: Nós moramos nas colinas com os Antigos.
D: *Então, você não mora numa cidade ou aldeia. (Ela franziu a testa.) Sabe o que é uma cidade?*
K: Conheço os fortes. Não moramos num forte.
D: *Cidade é o lugar onde vivem muitas pessoas juntas num só lugar.*
K: Para mim, isso parece ser um forte.
D: *Pode ser. Um forte, como o entendo, é um lugar com um muro ao seu redor? (É) Onde as pessoas vivem e ficam protegidas pelo muro? (É) Sim, isso seria muito similar a uma cidade.*
K: Nós não vamos lá.
D: *É perigoso?*
K: Não fazemos isso.
D: *Quem mora no forte?*
K: Aqueles do outro lado da água.
D: *Então, você mora nas colinas? Não tem sua própria cidade? (Não) Você mora numa casa nas colinas?*

K: Encontramos abrigo em cavernas ou em cabanas, às vezes.
D: E vocês não têm um lugar onde ficam o tempo todo?
K: Não. Precisamos nos mudar sempre.
D: Por quê?
K: Eles tentam nos dizer que aquilo que fazemos está errado. E podem até nos matar.
D: Por que pensariam que vocês fizeram coisas erradas?
K: Porque não somos como eles.
D: De que modo vocês não são como eles? Vocês têm aparência diferente? Agem de forma diferente? Como é isso?
K: Eles são mais escuros do que nós, mas dizem que é errado adorar os espíritos e a fey e a...

Não entendi a palavra e lhe pedi para repetir. O dicionário grafa-a como "fay", que significa fada, em inglês.

Pesquisando melhor, descobrimos que "a fey" é o mundo dos pequeninos, leprechauns, duendes, espíritos domésticos, etc.

D: A fey? E eles acham que são coisas ruins?
K: Dizem que somos daquilo que chamam de "demônios" ou coisa parecida.
D: Oh, e isso é verdade? Vocês adoram demônios e coisas assim?
K: (Enfática) Não!
D: Você diria que eles simplesmente não entendem aquilo que vocês realmente fazem?
K: Eles não querem fazê-lo. Sabem que temos poder, e querem corromper-nos ou nos destruir.
D: Então, é por isso que vocês precisam se esconder?(É) Parece que essa é sua crença, sua religião. Você conhece a palavra "religião"?
K: Ela não significa nada para mim.
D: É uma crença. Aquilo que você adoraria e em que acreditaria.
K: Adoração, sim.
D: Vocês têm um nome para sua crença? Quero dizer, vocês lhe dão algum nome?
K: Alguns dos outros chamam-nos de druidas, mas não é assim que nós mesmos nos chamamos. Somos apenas as damas da deusa.

D: *Foi o que eu quis dizer. Religião é aquilo em que você acredita. Entende, aquilo que você consideraria seu deus, ou seu... Bem, pode ter muitos sentidos, compreendeu?*

Eu a estava confundindo cada vez mais ao tentar explicar a palavra, e por isso desisti.

D: *Mas você é uma dos druidas? É assim que vocês se chamam? (Ela pronunciou druida de maneira um pouco diferente de mim.) E vocês veneram – creio que seria a palavra certa – veneram a Senhora da ilha? (*Sim*) Essa Senhora tem um nome pelo qual vocês a chamam?*
K: Ela tem nome, mas ele nunca é pronunciado, pois não é permitido fazê-lo com lábios mortais. É muito sagrado.
D: *Você não pode dizer seu nome.*
K: Pronunciar seu nome é ter um poder que não foi concedido aos mortais.
D: *Então, nem durante suas cerimônias vocês o pronunciam? (*Não*) Essas pessoas que estão tentando fazer essas coisas com vocês têm um nome?*
K: Elas são da Gália. Nunca as vi.
D: *São do outro lado da água?*
K: n Sim. Elas vêm e destroem as coisas de nossos amigos, e gritam conosco. E quando nós as atacamos, elas tentam nos matar.
D: *Mas vocês não são pessoas violentas, são?*
K: Nós não somos. Ouvi dizer que há aqueles que sacrificam as pessoas que capturam. Mas nós não fazemos isso. Os Antigos não gostam disso.
D: *Bem, você disse que atravessavam uma ponte que é como uma ponte terrestre para chegarem a uma ilha.*
K: Sim. A água sobe e a cobre com as idas e vindas da lua.
D: *Quer dizer, como nas marés?*
K: Isto não sei... A água sobe e é como se não houvesse mais nada. Mas depois, há épocas em que todos a veem.
D: *A água desce em certas épocas e então você consegue ver a ponte e atravessá-la? (*Sim*) Bem, quando você chega lá, precisa esperar antes de poder voltar?*
K: A cerimônia se realize nessa noite antes que a água torne a subir.

D: *Ah, então você precisa ir rapidamente, num só dia?* (Sim) *E depois voltar pela ponte antes que a água suba?* (Sim) *Você disse que havia uma senhora que morava lá?*
K: A Senhora. Não uma senhora. A Senhora.
D: *Estou tentando compreender. Você precisa ter paciência comigo. A Senhora vive na ilha do Mar das Brumas? Isto está correto?*
K: Sim. Este é o seu lugar de poder. E somos seus filhos.
D: *Então ela não é uma pessoa real. É isso que você está dizendo?*
K: (Suspiro) Ela é tão real quanto você ou eu, mas ela é muito mais. Ela é maior.
D: *E então, nessa única noite... ela acontece uma vez por mês?*
K: Uma vez por mês.
D: *Uma vez por mês, você vai lá e realiza uma cerimônia. É em homenagem a ela?*
K: Em sua homenagem? Sim. Para lhe mostrar... para ela saber que nós nos lembramos e a veneramos e...
D: *Sim, creio que entendo o que você está dizendo. Só que é difícil para mim colocar isso em palavras que você possa compreender. Você disse que são o povo eleito dela? É isto mesmo?* (Sim) *O que vocês precisam fazer por ela? Ela exige coisas de você?*
K: Fazemos vigília e ficamos atentas para coisas que talvez ela precise saber e ajudamos as pessoas que precisam. A Senhora é curadora, e se alguém precisa de nós, vamos até a pessoa e fazemos isso.
D: *Então, ela é mesmo uma pessoa de carne e osso. Estava pensando que ela seria um espírito.*
K: (Suspiro) Ela não é como eu, ela é muito maior. Ela entra na sacerdotisa e a orienta. Ela não é uma pessoa do modo que você pensaria. Ela é filha da criação.
D: *Uma filha da criação. Mas ela não é uma pessoa como você ou eu, que precisa de comida e bebida e de um lugar para morar.* (Não) *Ela lhe mostra como curar?* (Sim) *Se você fosse curar alguém, como faria isso?*
K: Se somos chamadas, precisamos ir, e quando estamos lá, preparamos uma fogueira. Chamando este fogo para nós, obtemos o poder e então... (ela teve dificuldade para encontrar a palavra) canalizaríamos esta energia para a pessoa que está doente. E a sustentamos enquanto as ervas e as coisas que juntamos fazem seu trabalho.
D: *Você também usa ervas.*

K: Sim. O fogo é algo para contemplarmos, para nossa visualização, atraindo-a assim para nós. Esse mesmo fogo, só que maior, e nós nos tornamos parte dela. E seria o poder dela, a energia dela que canalizaríamos por nosso meio.

D: *Então a fogueira só é usada para você poder contemplar, algo em que se concentrar.(*Sim*) E quando você põe as mãos em alguém que está doente, pode direcionar o poder para aquela pessoa e curá-la. E você também lhe dá ervas. Estou tentando entender. É um pouco difícil para mim.*

K: É... não sou muito boa para explicar as coisas.

D: *Acho que você está fazendo um ótimo trabalho. Você também usa pedras para curar?*

K: Usamos a pedra roxa encontrada nas colinas. Às vezes, se ficamos olhando para ela, ela reflete parte do fogo e isto é bom. Às vezes, se várias coisas têm problemas, então devemos usar a pedra rosa que também existe aqui. Ela tem uma forma... (Ela fez movimentos com as mãos.)

D: *Uma forma estranha, é isso?*

K: Sim, e ela também contém parte do fogo. Sentindo essas coisas, nós sabemos onde procurá-las. E cada uma de nós tem suas próprias pedras pessoais, pois são usadas muitas outras. Mas descobrimos alguma coisa para focalizar e esta não precisa ser necessariamente a mesma para todas as pessoas. Nós encontramos uma coisa que é usada para chamar a nossa energia, caso não haja um fogo por perto.

D: *Você está falando de um fogo de verdade ou está falando de energia? Você compreende essa palavra?*

K: O fogo se inicia com o poder, mas é um fogo real. Ele é feito de coisas diferentes. É mantido numa tigela e é aceso com energia. Mas é um foco.

D: *É que você falou que as pedras tinham fogo.*

K: Não, não. A pedra é uma extensão do fogo. É algo que amplifica aquilo que podemos gerar por nosso meio.

Harriet estava acenando para mim.

D: *Há alguém aqui que gostaria de falar com você e lhe fazer algumas perguntas. Ela também pode lhe fazer perguntas?*

K: Se eu puder responder, vou tentar.

Harriet (H): Pode me dizer se as pedras são usadas junto com o fogo? Elas ficam sobre o fogo para ajudá-la a se concentrar?

K: Geralmente, ficam num cordão, penduradas no pescoço e sobre o ponto de luz. Elas estão num cordão comprido e ficam penduradas desde o ponto de onde sai sua essência de luz. E usam a luz e a amplificam. É assim que são usadas.

Será que ela estava se referindo ao chakra do plexo solar como o ponto de luz?

H: E essa pedra muda de pessoa para pessoa. É porque cada pessoa tem um nível de energia diferente?

K: Sim, e algumas parecem trabalhar melhor com uma pedra do que com outra.

H: Como a pessoa encontra a pedra correta? Sentindo-a?

K: Quando pegamos algumas pedras com as mãos, elas nos repelem e sabemos que isto não é bom. Quando pegamos outras, sentimos seu calor, seria quase como o amor irradiando delas, e este é o fogo. Assim, sabemos que esta pedra é a certa.

H: Então essa pedra fica constantemente com você? Ou você a deixa de lado?

K: Fica com você, sim. Quanto mais ela fica com você, mais se sintoniza com você e você se sintoniza com ela.

H: Cada tipo de pedra é usado para um tipo de doença diferente? Noutras palavras, se a pessoa tem uma pedra roxa, ela só é boa para certos tipos de cura?

K: Depende do poder que a pessoa pode focalizar através da pedra roxa. Se ela tiver um nível elevado e for capaz de sustentar o poder, pode curar muitas coisas com ela. Mas há aqueles que têm um nível energético mais baixo e que só conseguem curar certas coisas com sua capacidade.

H: Há algum modo de melhorar o poder, de aumentá-lo?

K: Abrindo-se para aquilo que está ao seu redor. Fazendo exercícios de foco todos os dias, nos quais você focaliza determinado ponto em você mesma. O centro de luz que existe em todos nós. Quando você aprende a tocá-lo e a manter o toque, consegue liberar todo o seu poder.

H: Quando você diz "tocar", está falando de um toque com as mãos ou com a sua mente?

K: Não, é como levar sua mente para dentro de você, focalizando este ponto até você vê-lo e percebê-lo tal como ele é. E então, você se esforça para mantê-lo e acariciá-lo suavemente, e isto é a junção entre você mesma e a energia que é tudo.

H: E isto vai ajudá-la a aumentar sua capacidade de compartilhar energia com outra pessoa? (Sim)

D: Vai ajudá-la a tornar a energia mais forte?

K: Sim, mas no começo você precisa extraí-la de dentro. As pedras não podem ensinar você a usar sua energia.

D: Há alguma precaução que deve tomar para não se machucar ao tentar usar essa energia?

K: Coloque-se num estado bem calmo e cerque-se de boa vontade e proteção, sabendo que você está rodeada.

H: As formas têm alguma importância? Por exemplo, triângulos, pentagramas?

K: O triângulo tem as pontas que puxam a energia, e por isso o ponto central, o centro desse triângulo, é o ponto focal. O mesmo acontece no pentagrama. Muitos têm se interessado pela forma daquilo que chamam de... (Ela teve dificuldade para se lembrar da palavra) ah, pirâmide. Bem no centro dela, há um grande foco de energia. Ouvi dizer que as pessoas que têm conhecimento similar conseguem usá-la. Dizem que as pessoas que vieram antes de nós usavam essas formas com grande proveito. Mas também há perigo no fato de poderem amplificar tanto o poder que acabariam causando grandes danos.

D: Você quer dizer que quanto maior a pirâmide, maior sua forma, mais poder ela gera?

K: Sim, a diferença é se ela é de pedra ou de outro material.

D: Será esse o perigo de ter uma grande, poder gerar energia demais? (Sim) Interessa o material do qual as formas são feitas?

K: Se forem feitas de algo puro, isto ajuda. O cristal é bom porque é basicamente puro. Há outras pedras que também são boas.

D: Quero dizer, se fossem feitas de madeira ou de pedra.

K: Talvez a pedra seja melhor do que a madeira.

D: Uma pedra do chão ou uma joia?

K: Sim. Se você usar uma joia, talvez o foco não esteja em sintonia com aquilo que você quer fazer com ela. Você não usa um cristal do mesmo modo que usa uma água-marinha.

D: *Mas você pode usar uma rocha ou um cristal e isso iria funcionar?* (Sim) *E a madeira, se for entalhada...*
K: Não seria tão boa.
D: *Você disse que faz certos exercícios todos os dias?*
K: Sim. Como aquele que descrevi. Há também estes em que você dá voltas e gira em círculos desta maneira (Ela fez movimentos com as mãos) até não conseguir mais. Isso abre os campos de energia que estão à sua volta.
D: *Você quer dizer, rodopiar o corpo?* (Sim) *Você não fica tonta?*
K: Você aumenta um pouco todos os dias e vai conseguindo girar mais e mais e consegue controlar a tontura. Em pouco tempo, vai sentir apenas a energia e não mais a tontura.
D: *Achei que isso a faria cair.*
H: *Quando você faz isso, move-se no sentido anti-horário?*
K: Você se move wintershins.** (Fonético. Seria withershins, "para trás"?)

**A expressão poderia ser "contra o relógio", widdershins. É um movimento para a esquerda, "errado", no sentido contrário (anti-horário; compare com deasil, o sentido horário). **

    Houve certa confusão com relação à palavra, que era estranha para nós.

D: *Não entendemos a palavra. O que quer dizer isso?*

    Ela moveu a mão no sentido anti-horário.

D: *A maneira como sua mão está se movendo agora é o que chamamos de sentido anti-horário. É uma palavra estranha, não é?*
H: *Você chama isso de wintershins.* (Sim)

    Naturalmente, ela não entendeu nossa palavra. Obviamente, ela estava num período da história em que não existiam relógios.

D: *Como você chama o outro sentido? Você tem um nome para ele?*

    Ela estava confusa.

H: *Haveria algum benefício se você girasse no outro sentido?*
K: Ele causa bloqueios. Não usamos esse sentido.
H: *Há lugares onde é melhor fazer esse movimento circular?*
K: Se você estiver no prado ou sob as copas das árvores, escolha uma área para fazê-lo. Você pode se abrir para ele em qualquer lugar onde haja a energia da Terra.
D: *Então, você não faz isso em lugares fechados.*
K: Onde? Na caverna? Não. Onde há o poder da Terra, nós o fazemos.
D: *Ainda acho que quando você faz isso vai cair. Provavelmente, eu cairia.*
K: (Riso) Quando começamos, muitas de nós caíram. Mas agora não caímos mais.
D: *Você faz isso todos os dias?* (Sim) *Então, é um dos exercícios que você precisa praticar.* (Sim) *Há muitas pessoas como você?*
K: Somos menos numerosas do que antes. Agora é perigoso ser uma de nós. Não querem que sobrevivamos, pois nosso poder ameaça sua segurança. Eles querem tirar o povo desta terra. E quando as pessoas nos procuram para obter ajuda e orientação, se ainda estamos aqui, fica muito perigoso para elas.
D: *Você acha que é por isso que divulgam essas histórias dizendo que vocês são pessoas más, para que as pessoas as temam?* (Sim)
H: *Por que iriam querer tirar seu povo daí? Para onde os levariam?*
K: Querem controlá-los. Querem fazer do jeito deles. Querem o poder.
D: *Então, querem que vocês usem seus poderes para ajudá-los.*
K: É o que querem, mas não faremos isso.
D: *Mesmo que a levassem, você não faria nada daquilo que querem?*
K: Preferiríamos morrer.
D: *Então, isso não vai ajudá-los em nada.* (Não) *Mas você tampouco conseguiria ensinar-lhes alguma coisa. Provavelmente, não são pessoas adequadas.*
K: Você não consegue ensinar alguém que está fechado desde que nasceu, não consegue mostrar como se abrir depois de ter ficado fechado por muitos e muitos anos caso não tenham tido desejo de aprender. Especialmente se for para o mal. Os espíritos sabem quando a pessoa os respeita, é honrada. E se você não for, eles não virão.
D: *Bem, pelo que ouvi dizer, também existem espíritos maus.*

14

K: Sim. Mas você se protege com a luz e eles não conseguem...
Aquilo que você consideraria um mau espírito é das trevas. E onde há luz, as trevas são repelidas.

D: Como você usa essa luz? Eu gostaria de tentar. Será que eu conseguiria?

K: Se você for capaz de tocar aquilo que está no seu próprio centro. Você faz essa luz sair até rodeá-la.

D: E ninguém consegue atingi-la quando você usa essa luz protetora? (Não) Já ouvi falar nisso. Eu a chamo de "luz branca". Isto estaria correto?

Em meu trabalho com metafísica, aprendi a visualizar uma luz branca envolvendo-me e a meus pacientes como proteção contra influências negativas. Uso isto durante minhas sessões e também a visualizo em torno da minha casa e do meu carro quando estou viajando. Disseram-me que para o meu trabalho, a luz branca é uma força protetora muito poderosa e que nada negativo pode se aproximar dela. Também tenho estimulado muitos de meus pacientes a usar esta visualização como proteção.

K: Algumas pessoas a visualizam como sendo branca. Eu a vejo com todas as cores do arco-íris. Estas abrangem tudo.

D: Há muitas outras pedras além daquelas que você mencionou. Ouvi falar das brancas. São transparentes, você consegue ver através delas, conhece? (Estava pensando nos cristais.)

K: Ouvi falar nelas como foco de contemplação, mas não para cura. Não são muito comuns aqui, por isso não as usamos. Podem ser boas. Não sei.

D: Então, as pedras rosadas e as roxas são melhores?

K: São aquelas que encontramos aqui. São as que usamos.

H: Você tem um modo especial de cortar as pedras ou de modelá-las segundo certas formas?

K: Dizem que, há muito tempo, quando viemos pela primeira vez a esta terra, havia aqueles que com sua essência conseguiam modelar as pedras. Para nós, porém, a única coisa que podemos fazer é modelá-las grosseiramente usando pedras mais duras.

D: E vocês fazem um furo para pendurá-las no pescoço? (Sim)

H: Existe algum benefício em determinadas formas?

K: Dizem que algumas formas podem amplificar o poder ainda mais, dando-lhe um ponto focal interno ou externo. Elas amplificam, sim.

D: *Há alguma pedra que você use como proteção, ou você usa apenas a luz?*

K: Usamos principalmente a luz. Ela é muito mais poderosa do que uma pedra.

D: *Você usa alguma roupa específica?*

K: Ela é feita de lã branca de ovelhas. Tem mangas compridas e fica presa na cintura com um cordão.

H: *Homens e mulheres usam a mesma roupa?*

K: Não há homens servindo à minha Senhora. Há homens que servem a outros. Nós servimos à minha Senhora e não há homens entre nós.

D: *Ouvi dizer que havia homens que se chamavam a si mesmos de druidas.*

K: Há homens que fazem coisas horríveis e não são bons. Dizem que no começo, quando viemos para esta terra, éramos sempre um povo. E que ao longo dos anos, houve pessoas que viram possibilidades de... eles se perderam ao obter o poder do lado sombrio. Houve uma cisão, fomos para um lado e eles foram para outro.

D: *São o mesmo povo, mas seguindo direções diferentes.*

K: Sim, nós não machucávamos ninguém.

D: *Acredito nisso.*

H: *Como vocês são escolhidas para isso?*

K: Uma das senhoras visita a aldeia onde moramos. Alguém lhes disse que estamos ali e ela nos leva. Somos trocadas por alguma coisa de valor. Nossos pais não tentam detê-las.

D: *É uma honra ser escolhida para esse serviço à Senhora?*

K: Quando fui escolhida, era uma grande honra.

H: *Qual a sua idade na época?*

K: Seis.

D: *Você era uma garotinha. Você cresceu fazendo isso? (Sim)*

H: *Quando a criança nasce, já se sabe que ela será uma serva de sua Senhora?*

K: Dizem que a sacerdotisa fica sabendo onde encontrar a criança. E, sim, sabe-se desde que nasce que ela irá seguir esse caminho.

D: E quando você está estudando, digamos assim, você fica morando nas cavernas? Ou existe um lugar específico para você estudar e praticar essas coisas?

K: Às vezes, na parte final do treinamento, vamos à ilha e passamos o mês lá.

D: O mês inteiro?

K: E aprendemos muitas coisas que são ocultadas de outros olhos, para que não saibam que estamos usando esse poder.

D: Achava que você precisava ter uma escola... não sei se você sabe o que é uma escola, um lugar onde se aprende.

K: Temos professores, mas não temos... uma construção.

D: Pode nos falar sobre a comida que vocês comem?

K: Comemos frutas e frutinhas das árvores, nozes e algumas verduras.

D: Alguma carne?

K: (Chocada) Não! Matar um animal é matar uma coisa que vive, que é parte do todo. Por que haveríamos de querer ferir uma coisa que faz parte da natureza?

D: Muita gente come carne. Mas não há problema em comer coisas que são plantadas?

K: Tirar as frutas ou nozes da árvore não mata aquilo que está vivo. E sempre deixamos o suficiente para que tenhamos mais. Isto não prejudica ninguém. São para o bem da Terra. Mas matar uma coisa viva, matá-la, está errado! (Ela gaguejou enquanto falava.)

D: Se isso a perturba, não pense nisso. O mundo tem muitas pessoas e elas fazem coisas diferentes. Algumas pessoas cultivam plantações, coisas que se colhem. Sabe o que são?

K: Já vi pessoas que reviram a terra, colocam sementes no solo e isso é bom. Enquanto houver sementes para colocar no chão, a Terra estará disposta a compartilhar sua essência com todos. Desde que você ponha de volta aquilo que tira.

Levei-a adiante no tempo até ela estar na ilha, realizando uma cerimônia. Garanti-lhe que podia confiar em nós e que não revelaríamos nada que ela compartilhasse conosco.

K: Todas formam um grande círculo em torno do altar, na clareira. E todas nós, segurando velas, damos a volta enquanto cantamos. Todas nós focalizamos nossa energia no altar. Assim, nosso amor e parte de nossa essência estão concentrados na minha Senhora. E é graças a isto que o poder é devolvido a nós, recebendo-o mais forte, graças ao compartilhamento e à mescla que fizemos. O altar é preto, mas em seu centro há uma pedra transparente. Ela reluz, ela emite luz. É um centro de foco. É usada como um ponto focal. Também é um amplificador.

D: *E a Senhora vem quando vocês entoam esses cânticos?*
K: Se for essa a vontade dela, ela faz seu espírito entrar na alta sacerdotisa para que conheçamos a sua vontade.
D: *Então, ela fala através da alta sacerdotisa?* (Sim) *E depois que vocês cantam e andam em círculos, ela aparece?*
K: Se foi sua vontade, sim.
D: *Como é o cântico que vocês fazem? É um som especial ou são palavras que vocês dizem quando cantam?*
K: Não é uma palavra. Como posso descrever isso? É um som parecido com o vento que passa por nós ou as ondas que quebram nos rochedos.
D: *Pode fazer esse som para mim?*

No começo, ela se recusou, depois hesitou. Estava indecisa, mas finalmente disse, "É um som de ahhhh, mas tem um maaaa. Mas não tenho permissão para dizer... não posso!" Ela pareceu abalada. Ao que parece, estava atravessando a linha do sigilo. Eu a tranquilizei.

D: *Agradeço por compartilhar a informação. Não queremos que você tenha problemas. Pode confiar em nós, pois não faremos nada para prejudicá-la. Mas esse som ajuda vocês todas a se concentrarem juntas, entoando-o ao mesmo tempo?* (Sim) *Você disse que ia à ilha na época da lua. É a lua cheia ou outra?*
K: Sim. É a época da lua em que ela está lá, grande no céu.
D: *Ah, então a lua está bem grande. É então que a ponte aparece e vocês podem atravessar.* (Sim) *Não seria perigoso as pessoas saberem que vocês estão lá, pois saberiam onde encontrar vocês?*
K: A ilha é protegida. Ela não parece estar aqui para outras pessoas.
D: *Entendi. É por isso que o chamam de Mar das Brumas?* (Sim) *Nem sempre conseguem vê-la.*

D: *Há um lugar de que ouvi falar que fica na sua terra. Não sei se vocês lhe dão o mesmo nome que eu. Já ouviu falar de um lugar chamado Stonehenge? Conhece esse nome?*

K: (Pausa) Você está falando da Dança dos Gigantes. Fica no meio da planície e foi construído não muito depois que chegamos, e era um lugar de estudos. De focalizar poderes e aprender sobre o universo.

D: *Ouvi dizer que tem pedras grandes que formam um círculo. É o mesmo lugar?*

K: Sim. Dizem que foram erguidas com música. Isto é verdade. Usando certos sons, podemos erguer e mover grandes pesos. E dizem que aquele lugar foi construído antes que isso se perdesse.

D: *Há muitas pedras que ficam eretas e também há pedras sobre essas, por cima.*

K: E também há aquela que ficou conhecida como pedra do altar ou pedra do rei. E há os buracos de calcário que o cercam.

D: *Qual a finalidade destes?*

K: A única coisa que conhecemos sobre eles é que servem para acompanhar os dias.

D: *E qual teria sido o propósito original para se construir tudo aquilo?*

K: Dizem que foi para marcar o tempo... até o fim. Que quando o mistério tiver sido lembrado, então chegará o tempo. Isto é uma lenda.

D: *É que muita gente se pergunta porque esse lugar foi construído e qual teria sido seu propósito. É um grande mistério. Por que darem-se ao trabalho de construí-lo sem ter uma razão?*

K: Quando a razão for lembrada...

D: *Então, você não sabe a razão para terem construído o lugar?*

K: Dizem que isso será conhecido no ultimo dia.

H: *Você disse que seu povo foi para aí e veio de outro lugar. Você sabe onde seu povo vivia originalmente?*

K: Era um lugar além da água que, dizem, foi destruído. Dizem que eles enfureceram os deuses e abusaram das habilidades que lhes foram dadas. E os deuses lançaram sua fúria sobre eles, espalhando-os pelos quatro ventos.

D: *Você sabe como o país foi destruído?*

K: Só sei que ele afundou no mar.

** Em muitas histórias, dizem que o povo da Atlântida tinha habilidades ou poderes psíquicos muito fortes, o que pode ter contribuído para a destruição daquela área. Eles eram capazes de levantar pedras pesadas e até de moldar pedras com a mente. Aqui na vida de Karen como a druidesa, ela acredita que Stonehenge (a Dança dos Gigantes) foi construído logo após a queda de Atlântida, aparentemente por alguns dos sobreviventes. **

D: *Então, as pessoas se espalharam por muitos lugares? É por isso que você se lembrou dos poderes que seu povo possuía naquela época?* (Sim) *Creio que estávamos falando do mesmo lugar. É que aqui onde vivemos, nós chamamos esse lugar de Stonehenge.*

K: Não conheço este nome. Ele é conhecido como Dança dos Gigantes.

D: *Hoje, as pessoas acham que ele está relacionado com as épocas do ano.*

K: Marca o tempo, sim. Mas há outro significado maior. O altar de pedra fica iluminado pelo fogo do sol no meio do verão. Este é que é o mistério.

D: *Mas seu povo não o usa hoje?*

K: O povo da minha Senhora nunca o usou. Isso foi há muito, muito tempo.

D: *Então o seu povo, os druidas, não o construíram?*

K: O povo do qual descendemos o construiu, mas não aqueles que você chamaria de druidas agora. Nós não o construímos. Ele já era velho.

D: *É a história que escutamos hoje onde vivemos, que os druidas o construíram há muitos, muitos anos atrás.*

K: Não há homem que caminhe sobre a Terra hoje que se lembre do poder de erguer as pedras.

D: *Você acha que ele foi construído na época em que esse país que caiu no mar ainda existia?*

K: Dizem que foi construído pelo povo que veio de lá.

D: *Então, eles ainda tinham o poder.* (Sim) *Ele é bem antigo e bem misterioso.*

D: *Qual a sua idade agora?*

K: Uhm, talvez... vinte e quatro, vinte e cinco.

D: *Então, você ainda é uma jovem?*

K: Estou chegando à meia-idade.

D: *Você já não é mais uma criança. As mulheres de seu grupo têm permissão para se casar?*

K: É muito raro uma delas desejar se casar, mas se acabar descobrindo que esse é o seu caminho, se a Senhora lhe der permissão, ela pode.

D: Então, vocês não estão proibidas de fazê-lo. (Não) Mas isso acontece com frequência?

K: Quem trocaria a vida de casada por isto? Pela chance de servir à minha Senhora e a todos os homens em vez de apenas um?

H: Como seria a vida de uma jovem que não foi escolhida para esse serviço à sua Senhora?

K: Trabalharia no campo, criaria filhos, ajudaria o marido e...

D: Noutras palavras, ela viveria uma vida humana normal.

K: Que conhecimento pode ser obtido com isso, eu não sei.

H: Então, essas mulheres não têm mesmo oportunidade de aprender. Elas apenas servem para produzir mais filhos? (Sim) Mas o seu serviço pode ajudar do ponto de vista da cura e de elevar o nível da mente?

K: Espero que sim.

H: Então, na verdade, vocês estão protegendo e mantendo o poder. Se não fizessem isso, esse poder se perderia.

K: A Senhora nunca seria perdida. Talvez esquecida. E é muito importante que seja lembrada, pois é através do amor que damos na necessidade e continuamos a existir.

D: Você disse que vai à ilha uma vez por mês e que vive em cavernas ou onde quer que possa se esconder. O que você faz no resto do tempo?

K: Viajamos e, se alguém precisa de nós, saímos para encontrá-los. Passamos algum tempo reunindo comida e sempre aprendemos coisas novas. Juntamos ervas e as secamos. Fazemos coisas diferentes que curam, sim.

D: Mas não é perigoso ir aonde as pessoas estão?

K: Nós não seríamos chamadas se não nos quisessem lá e não fossem nos proteger.

D: As pessoas protegem vocês?

K: Sim. Quando precisam de nós, ficamos em segurança e longe do mal.

D: Como elas informam que alguém precisa de vocês se não sabem onde vocês se escondem?

K: Espalham que alguém está doente e ficamos sabendo.

D: *A mensagem é dada principalmente através da Senhora? Ela lhes diz aonde ir?*
K: Ou os Antigos.
D: *Os Antigos? Antes você disse que moravam com os Antigos nas cavernas.*
K: Sim, às vezes eles compartilham as cavernas conosco.
D: *Quem são os Antigos?*
K: São pessoas das colinas. Sempre estiveram aqui. Estavam aqui quando nosso povo chegou. Eles seguem os velhos deuses e impedem que sejam esquecidos.
D: *Os Antigos são pessoas?* (Sim) *Achei que talvez fossem como a Senhora. E há homens e mulheres?* (Sim) *É assim que são chamados, os Antigos?*
K: Dizem que os antigos descendem dos deuses. Há muito tempo, antes que o homem pusesse seus pés nesta Terra, os Antigos caminhavam pela Terra. E a vida era boa. E então, vieram homens e mulheres sabe-se lá de onde, e os deuses viram que seria agradável também ter outros, e algumas das mulheres agradaram os deuses. E dizem que esses são seus filhos, dessas mulheres e dos deuses. E cada um tem o nome do deus de sua família.
D: *Então, eles não são chamados de Antigos por serem velhos, mas por descenderem desses antigos...?*
K: São uma raça que está desaparecendo. Cada vez menos nascem a cada ano. E estão sendo forçados cada vez mais para cima das colinas, por conta de todas as outras coisas, como os estrangeiros que vêm para esta terra. E estão sendo isolados, como nós. E é pelo medo e pela superstição que muitos deles simplesmente morrem de fome.

Cada um deles é de uma família que serve a um dos velhos deuses. E o mais velho da família recebe sempre o nome do deus que eles seguem. E são mantidos vivos por aqueles que ainda se lembram e deixam oferendas nas encruzilhadas. E compartilham conosco os nomes dos deuses dos quais descendem.

D: *E lembrando-se desses deuses, eles mantém viva sua religião.*
K: Passam fome porque muito poucos, quase ninguém, tem deixado mais as oferendas que costumavam ser postas nas encruzilhadas para eles.

D: *Eles viviam delas?* (Sim) *Estão sendo esquecidos.* (Sim) *É uma pena. Você disse que eles têm nomes. Conhece alguns dos deuses que lhes emprestam o nome?*
K: (São grafias fonéticas. A fita estava com ruído de fundo, dificultando a compreensão.) Como Melvin (Elvin?), Cur e Mortan. Há centenas.

** Uma das áreas que tornou Dolores renomada era a pesquisa. Ela passava horas e horas na biblioteca procurando os menores detalhes. Era neste ponto do livro que ela estava trabalhando ao fazer sua transição. Agora, é você, leitor, que vai precisar fazer algumas pesquisas. Sei que isso se refere a mitologia antiga, mas não tenho como lhe fornecer detalhes. **

D: *E assim eles sabem de que deus descendem, pois recebem o mesmo nome.* (Sim) *E às vezes, deixam seu povo viver com eles.*
K: Nós os ajudamos quando podemos, e isto é considerado algo bom, pois os Antigos também nos sorriem e sabem que não lhes desejamos mal.
D: *E há pessoas que querem prejudicar vocês nesta terra.* (Sim)
H: *Poderia me dizer se você já ouviu falar em linhas de força que atravessam o país? No nosso país, nós as chamamos de "linhas de ley".*
K: Há uma que atravessa os prados no qual fica a Dança dos Gigantes. Você está falando da interseção dessas linhas. É nesses lugares onde o poder da Terra vaza desde o centro. E se vamos a esses pontos e nos abrimos para ele, podemos obter muita compreensão e muito poder para fazermos coisas grandiosas.
H: *Há algum modo de detectar essas linhas?*
K: Basta manter-se sensível a certas forças.
H: *Se você ficar em cima desse ponto, vai sentir essa força?*
K: Sim. Alguns de nós usam coisas para sondá-los, e quando usamos um graveto descobrimos as linhas. A Dança dos Gigantes fica sobre duas linhas que se cruzam. Este é um ponto extremamente poderoso. Há lugares nas colinas onde há pontos de poder como esse, que sempre são respeitados pelos deuses. E vieram a ser conhecidos como lugares dos deuses.
D: *Você disse que pode fazer uma sondagem para localizar esses lugares. Como você faz isso?*

K: Você pode usar um graveto de uma árvore frutífera ou de um salgueiro; segura-o nas mãos e ele vai lhe dizer onde estão essas linhas. Dá para encontrar várias coisas assim.
D: Ouvi dizer que dá para encontrar água assim.
K: Você pode descobrir água subterrânea. Pode encontrar locais de onde tira pedras, pedras de vários tipos... metais. Basta aprender a focalizar aquilo que você está procurando.
D: Usando o mesmo tipo de graveto?
K: Muitos usam o mesmo graveto a vida toda, o mesmo. O salgueiro é percorrido por linhas energéticas muito boas, ele é muito sensível às coisas. Também é mais leve e mais fácil de transportar.
D: Ouvi dizer que precisa ser um galho recém cortado.
K: Ou um recém cortado ou um mantido vivo.

Assim, parece que a arte da radiestesia é muito antiga, e que a técnica não mudou muito com o tempo.

D: Você possui e nos transmite muitos conhecimentos sobre diversas coisas que nós não conhecemos.
H: É muito bom você compartilhar tudo isso conosco.
D: Pois nós não vamos usar isso de maneira errada e nem vamos contar a ninguém.
H: É um aprendizado, é útil conhecer essas coisas. É útil para crescermos.
D: Nunca diríamos nada a aqueles que estão no forte ou a aqueles que você teme, pois não fazemos essas coisas.

Quando Karen acordou, não tinha lembrança alguma da sessão mas estava cheia de energia. Era tanta a energia que ela disse que tinha a sensação de que ela era expelida do seu corpo. Precisava fazer alguma coisa com ela. Estava muito empolgada. Por isso, demos-lhe um trabalho, direcionando-a como energia curativa para nós. Essa liberação acalmou-a. Ela não sabia de onde veio a energia e porque a afetou daquela maneira. Aparentemente, ela a teria absorvido ao descrever e reviver a cerimônia em torno do altar na ilha.
    Só fomos reencontrar a druidesa durante uma sessão algumas semanas depois. Ela foi realizada novamente na casa de Harriet. Repeti novamente meu procedimento e conversei com diversas entidades que viveram suas vidas em épocas e locais diferentes.

Conversamos com outras duas entidades antes desta parte. Nós as abreviamos porque Karen tinha pedido, no início da sessão, para voltar à época da druidesa. Embora não se lembrasse de nada daquela sessão, gostou muito da sensação emocionante de ter entrado em contato com aquele tremendo campo energético. Esperava tornar a fazê-lo e até aprender alguma coisa sobre o direcionamento dessa energia. Concordamos em tentar. Poderíamos retornar às outras entidades noutra ocasião para obtermos mais informações. Tornei a levá-la ao século 8. No final da contagem, ela entrou imediatamente na cena.

K: Estamos nos preparando para a cerimônia na ilha. Estamos fazendo uma iniciação. (Essa palavra foi pronunciada lentamente, como se fosse uma palavra estranha.)
D: *Para que é?*
K: Para trazer novas... (Procurou a palavra) discípulas para minha Senhora.
D: *Você tem novas discípulas aí?*
K: Sim. Elas serão avaliadas e depois será tomada uma decisão. Se vão ficar ou se voltarão para casa.
D: *Como você toma uma decisão como essa?*
K: A decisão não é nossa. Cabe à minha Senhora.
D: *Como vocês ficam sabendo qual foi a decisão?*
K: A alta sacerdotisa saberá, pois lhe será dito.
D: *Pode nos dizer o que está acontecendo? Como são escolhidas as novas discípulas?*
K: Primeiro, vestem mantos brancos e são postas no centro do círculo. Depois, começamos a focalizar a energia. Fazemos isso em cada uma delas. A energia é aplicada sobre elas e será aceita ou repelida. E, dependendo de ser recebida ou não, a decisão final será tomada.
D: *Quer dizer que todos ao redor do círculo focalizam a energia na pessoa que está no meio?* (Sim) *E ao modo como reagem, se é aceita ou repelida?*
K: Se for repelida, a pessoa tem... (ela procurou a palavra) ah, espasmos, o corpo se agita. E sabemos que foi poderoso demais para aquela pessoa. Elas podem ter capacidade de serem canais, mas a energia é poderosa demais e elas não conseguem aceitá-la.

D: *Mesmo que queiram, não vão conseguir.* (Sim) *Como reagem quando a energia é aceita?*
K: Dizem que se conseguem sentir isso, devem deixá-la acumular. E depois, dizem para canalizá-la de volta, focalizando o pensamento na alta sacerdotisa. Quando ela sentir o retorno dessa energia, saberá que a pessoa foi aceita.
D: *Que será uma boa aluna para se ensinar.* (Sim) *Como você focaliza essa energia? Como faz para que entre em seu corpo?*
K: Você se abre. Sente-se muito calma. Num estado onde tudo está imóvel.
D: *Você coloca suas mãos dessa maneira?*

Ela estava com as mãos sobre o plexo solar, com todos os dedos e polegares tocando-se e apontados para fora. Formava quase uma pirâmide.

K: Sim, ela é colocada sobre o ponto onde a energia é focalizada. Depois, quando você se abre, é como ouvir música. Você sente as vibrações em seu corpo e as absorve. Inspira e expira. A cada respiração, traz mais energia.
D: *Respira lentamente?*
K: Sim. Depois, para canalizá-la para fora, é um processo quase invertido. Você coloca as mãos assim e deseja que ela flua através de você. (Põe as palmas das mãos para fora.) Isso é como a corrente do rio que flui. Você deixa a energia fluir.
D: *E é assim que ela é direcionada?* (Sim) *A canalização da energia pode ser nociva para a pessoa que a canaliza?*
K: Pode ser nociva caso absorva mais do que pode. Mas geralmente há uma proteção, pois uma única pessoa não pode absorver mais do que o que pode receber. O único dano que a canalização pode causar é se muitas, muitas pessoas estiverem canalizando energia para você. Aí, pode ser nocivo.
D: *Então, depois que você recebe a energia, precisa liberá-la? Ela precisa ir para algum lugar?*
K: Sim. Ou você a devolve à minha Senhora ou lhe dá amor e a espalha para aqueles que precisam dela. Para cura ou outros métodos, sim.
D: *Então, você precisa mandá-la para algum lugar.*
K: Sim. Ela não se destina a seu ganho pessoal.

D: *Quando você usa essa energia dessa maneira, ela pode ajudá-la a curar as pessoas focalizando-a?* (Sim) *É essa a única forma de fazê-lo? Mantendo-se calma, respirando lentamente e focalizando-a?*
K: Essa é uma das maneiras, sim.
D: *Uma das maneiras. É a maneira mais fácil?* (Sim) *Estamos perguntando porque esperamos aprender e queremos fazer isso para o bem. Qual é o outro método? Pode ser feito sozinha ou precisa ter mais pessoas perto?*
K: Pode ser feito sozinha.
D: *Pode me explicar como é esse método?*
K: (Enfática) Não!

Eu tive de me contentar com aquilo que havíamos obtido, sem forçar a sorte.

D: *Certo. Mas este é o método mais fácil de aprender. Você sempre usa essa energia para o bem, não é?* (Sim) *Quando gera essa energia e a focaliza, você toca a pessoa ou posiciona as mãos sobre a pessoa?*
K: Geralmente, você as coloca sobre a pessoa e sente a energia que a envolve. Todos têm uma energia no corpo, uma energia que nos envolve. E você posiciona as mãos sobre ela.

Provavelmente, estava se referindo ao campo da aura.

D: *Então, você precisa colocá-las sobre a parte que está doente? Só sobre a cabeça, ou como seria?*
K: Às vezes, sobre a parte que está doente. Às vezes, sobre o corpo todo. E colocamos energia no corpo todo, pois geralmente não é apenas num ponto que a pessoa tem problemas, o corpo todo sofre.
D: *Você precisa movimentar as mãos sobre o corpo todo?* (Sim) *A menos que haja um ponto que a pessoa diz que está dolorido.*
K: Então você pode aplicar mais energia naquela área, mas também precisa percorrer a maior parte do corpo.
D: *Quando você aplica as mãos assim, consegue saber se alguém tem dor em determinada área sem que a pessoa diga?*
K: Sim, conseguimos sentir a dor em nós mesmas.
D: *Isso a incomoda?*

K: Às vezes, sim.
D: *Como você consegue lidar com isso para não se sentir incomodada?*
K: Você torna a criar um foco e o direciona para dentro, não para fora.
D: *Aí, a sensação deve desaparecer. Você tenta, digamos, varrê-la para fora do corpo? (Sim) Você não quer sentir dor.*
H: *No seu treinamento, você aprende uma maneira de reconhecer outras pessoas que foram treinadas como você? Mesmo que não tenham sido treinadas com você? Pessoas que pensam igual.*
K: Dê-me sua mão.

Harriet deu a mão para Karen. Karen segurou-a em suas duas mãos e se concentrou.

K: Vejo um templo de luz. Há muitas, muitas pessoas estudando e aprendendo lá. Parece... que foi há muito tempo.
D: *Antes da sua época?*
K: É o estudo de coisas boas para cura. Vejo o uso de diversas vibrações. Pensam nelas em termos de cores, mas são as vibrações que eu uso. Estão se dedicando a gerar a autocura e a mostrar que toda cura deve vir de dentro para fora.

Karen soltou a mão de Harriet e respirou fundo.

D: *Então, esta pessoa já tinha feito isso noutra época? Numa época anterior à sua.*
H: *Isso será levado adiante de geração em geração?*
K: Você precisa abrir o canal. A habilidade está lá. Você precisa aprender a se abrir para aquilo que aprendeu. E focalizar sua energia, trazê-la à tona e usá-la nos outros.
H: *Mas depois que você o adquire, o talento não se perde nunca?*
K: Não. Depois que você aprende, estará sempre lá. Talvez fique encoberto.
D: *E pode ser trazido de volta?*
K: Sim, ou talvez haja tantas coisas, tantas experiências diferentes sobre ele, que ele tenha de ser trazido para a superfície. Mas estará sempre lá.
H: *É bom saber que estará lá.*

Não pude resistir à oportunidade. Perguntei, "Você poderia pegar na minha mão e ver se consegue captar alguma coisa?" Karen pegou a minha mão da mesma maneira, segurando-a entre as suas e concentrando-se.

K: Vejo uma pessoa muito paciente. Tem grande curiosidade. Você ama o conhecimento pelo que ele é. Houve... Vejo um grande edifício aberto com muitos, muitos livros...

De repente, ela estremeceu e soltou bruscamente a minha mão.

D: *Oh! O que houve? (Ela pareceu perturbada.) Viu alguma coisa de que não gostou? (Sem resposta) Desculpe-me, não queria perturbá-la.*
K: Você deve procurar o conhecimento por causa daqueles que destruíram o que você considerava seu.
D: *Alguém destruiu o meu conhecimento? Como assim?*
K: O conhecimento que você protegia. Portanto, você sente que precisa buscar o conhecimento que se perdeu.
D: *Mas você viu alguma coisa perturbadora? Foi isso que a incomodou?*
K: Eu vi fogo!
D: *Ah, entendi. Não quero que você se sinta abalada. Você acha que é por isso que estou tão interessada por essas coisas?*
K: Sim, tem muito a ver com aquilo e a procura por tudo que você sente que perdeu e gostaria de tornar a obter.
D: *Mas não é ruim ser curiosa, é? (*Não*) Sinto que só seria ruim se eu usasse o conhecimento da maneira errada. Não é isso?*
K: É verdade. Mas você precisa ficar sempre atenta a aqueles que usam o conhecimento que você lhes deu para certificar-se de que não o estão usando de maneira errada ou nociva.
D: *É que às vezes não temos como saber como as pessoas vão usar a informação sobre o caminho. Acho que se fizer isso da maneira correta e esperar que usem-na de forma adequada, será suficiente?*
K: Se você projetar suas energias no trabalho que está fazendo e puser nele uma energia de proteção, para que não sofra abusos ou seja distorcido, isto vai criar uma proteção ao redor dele.

D: *Espero cumprir meu propósito e fazer o que é certo.*
K: Você não deve esperar, deve acreditar. Esperar não tem poder ou força; acreditar tem.

** Dolores falou muitas vezes em suas palestras, ao lhe perguntarem sobre suas próprias vidas passadas, sobre a vida em Alexandria, na Biblioteca que foi queimada.

Pelo que me lembro, ela foi uma das pessoas que cuidava dos pergaminhos e rolos que eram guardados na Biblioteca. Ela não era dessas que escrevia neles ou os estudava; era alguém que pegava os rolos que eram solicitados por um estudioso ou por um professor. Seu trabalho era protegê-los.

Quando os romanos causaram o incêndio que devastou a Biblioteca, Dolores, como a pessoa daquela época, tentou salvar a maior quantidade possível de textos. Ao fazê-lo, foi morta e não conseguiu concluir sua missão.

Dolores afirmou que, por causa disso, ela acha que hoje está tentando recuperar o conhecimento que foi perdido. Muitos perguntam, "Você precisa reescrever toda a Biblioteca?"

Enquanto estava na Rússia, Dolores fez uma sessão com um rapaz que também estava em Alexandria na ocasião do incêndio. Ele era um dos estudiosos que estava lendo os pergaminhos quando o incêndio começou. Ele também tentou salvar a maior quantidade possível de livros, mas foi morto por uma viga que caiu e o atingiu entre os ombros.

Não sei se Dolores chegou a descobrir mais alguma coisa que aconteceu nesta época, mas encontrar apenas uma já foi surpreendente. **

H: *Você utiliza o estudo das estrelas e dos planetas em seu trabalho? Ele lhe é útil de algum modo?*
K: Sim, observamos o movimento das estrelas, pois elas nos dizem o que vai acontecer. A direção que as pessoas que estão aqui, neste planeta, vão tomar.
H: *Qual é a estrela mais importante?*
K: Não podemos dizer que uma seria mais importante do que a outra. Isso depende da ênfase que você está tentando receber. Sua energia é usada para coisas diferentes, e não podemos dizer que uma seria mais importante do que as outras.

H: *Pode nos falar um pouco sobre quais são importantes, por exemplo, para nossa energia? (Pausa) É possível fazer isso ou não? (Ela começou a ficar tensa.)*

Relaxe, agora, relaxe. Eu estava tentando tirar outra fita da caixa. Se íamos falar das estrelas, eu queria continuar gravando. Do contrário, o assunto ia se esgotar. Mas parece que ela não queria falar sobre isso.

D: *Quero lhe agradecer por tudo que você tem nos apresentado. Podemos tornar a procurá-la de tempos em tempos para conversar com você?*
K: Vou lhes dizer o que puder.
D: *Bem, nunca vamos esperar que você nos diga qualquer coisa que não queira dizer ou que pode lhe causar problemas. Estamos apenas à procura de conhecimentos. E queremos usá-lo da maneira certa. Agradeço mesmo tudo que você nos disse. Gostamos muito de falar com você. Obrigada.*
H: Obrigada.

Karen tinha nos pedido para receber instruções pela energia de cura. Quando acordou, estava novamente explodindo de energia e queria direcioná-la para algum lugar. Aparentemente, ela a havia colhido com a própria druidesa. Ela quis que cada uma de nós colocássemos nossas mãos sobre nosso campo áurico, tentando liberar a energia como força de cura.

Com certeza, conseguimos sentir uma sensação de formigamento passando por nossos corpos.

Como Harriet não estava na cidade, esta sessão foi realizada na casa de minha filha Nancy. Não havia mais ninguém presente para atuar como testemunha. Quando esta sessão terminou, arrependi-me por não haver mais ninguém lá. O que aconteceu durante essa sessão me abalou e foi a experiência mais perturbadora que tive como terapeuta. Após encontrar outra entidade em minha jornada através do passado, levei-a novamente ao século 8 e ela emergiu como a druidesa numa cena pacata.

K: Estou colhendo ervas. São para preparados que curam os doentes.
D: *É isso que você faz?*
K: Sim, isso é parte daquilo que faço.
D: *Você sabe que ervas deve colher? (Sim) Sabe prepará-las?*
K: Sim, algumas são ingeridas cruas e outras devem ser fervidas para poderem ser usadas.
D: *Achei que isso seria complicado.*
K: É preciso tomar cuidado. Algumas ervas são úteis se usadas nas quantidades certas. Mas se as usarmos em demasia, ou se não forem fervidas pelo tempo suficiente, podem ser letais.
D: *Então, é preciso tomar cuidado e usar as quantidades certas. (Sim) Quais ervas você está colhendo? Sabe seus nomes?*
K: Tenho a beladona e a dedaleira, além da cicuta e da trevão,** e coisas diferentes como essas.

** Trevão é uma erva hidrocótila do gênero próximo Centella.**

D: *Ouvi dizer que algumas dessas ervas são venenosas.*
K: Sim. (Ela começou a espirrar.) São as flores que morrem no ar.
D: *Ah, sim, soltam coisas no ar, não é, quando você caminha entre elas? (Ela pigarreou e limpou a garganta.)*
K: Além disso, algumas delas são samambaias e coisas assim, elas têm... (tentando encontrar a palavra) ah, essas coisas que saem de seu dorso, as sementes. (Ela espirrou novamente.)

Ela não conseguia encontrar as palavras para definir os esporos liberados pelas samambaias ou para o pólen liberado pelas plantas. Eram eles que causavam irritação em sua garganta e em seu nariz.

D: *Estão no ar. (Sim) Conheço muitas ervas, mas não sei se são do tipo que você usa. Como a sálvia. Você conhece esta?*
K: Ela não me é familiar.

Ela espirrou e tossiu. Dei-lhe sugestões para aliviar o desconforto físico. "Isso não vai incomodá-la. São apenas coisas no ar, não vão incomodá-las". Ela parou de tossir e por isso voltei a perguntar sobre as ervas. "São essas chamadas alecrim e tomilho. São ervas que conheço".

K: Eu não as conheço.
D: E a mandrágora selvagem? Estava pensando nas plantas que crescem nas florestas da região de Ozarks, onde moro.
K: Descreva-a para mim.
D: Cresce muito perto do chão. Tem uma planta com folha bem grande, geralmente na forma de mão. E tem uma frutinha redonda. É quase toda verde.
K: É venenosa?
D: Acho que não.
K: Não a conheço.

Eram plantas com que Karen estava familiarizada porque morara nos Ozarks durante muitos anos, mas, ao que parece, a druidesa não as conhecia.

D: Talvez elas não cresçam na sua região. E temos uma que se chama ginseng. (Ela franziu a testa.) Estava curiosa para saber se você usa as mesmas ervas que usamos. Algumas dessas de que estou falando são usadas para preparar comida.
K: Estas que estou colhendo são para cura.
D: Seriam diferentes. Há uma chamada ançarinha-branca.
K: Essa é para comer. (Ela tornou a tossir.)

Embora a ançarinha-branca seja considerada uma erva daninha e uma praga para os jardineiros, é comestível e colocamo-la em saladas nas colinas onde moro. Assim, ela estava certa.

D: Bem, você me disse que comem frutinhas e nozes.
K: Sim, e frutas. Como também algumas ervas. Algumas delas crescem perto do quarto (Achei que seria quarto. Não tenho certeza. Seria água ? Ou estaria se referindo à fase da lua?) junto com coisas diferentes como essa. Mas principalmente frutas, frutinhas silvestres e nozes.

D: *E o que vocês comem no inverno?*
K: As coisas que foram armazenadas. Às vezes, as pessoas comem as raízes de diversas coisas e... (Ela tossiu de novo e limpou a garganta. Tornei a dar-lhe sugestões para seu bem-estar.)
D: *Eu sei que no inverno muitas plantas não crescem. É difícil encontrar coisas para comer.*
K: Se a situação ficar muito ruim, sempre temos casca cozida.
D: *É? E isso tem gosto bom?*
K: (Riso) Não! Tem gosto amargo. Depende da casca. A casca do olmo é boa para algumas coisas que podem estar prejudicando o corpo.
D: *Quer dizer, para cura?*
K: Sim. Mas a casca de carvalho pode ser comida, bem como a casca do pinheiro ou abeto. Se conseguir superar o gosto, sim, elas podem sustentar a pessoa.
D: *Se não tiver nada mais para comer. Você cozinha?*
K: Não há muita coisa para se cozinhar. A maioria das coisas que comemos está em seu estado natural, exceto por coisas como as cascas, que cozinhamos. Mas há muitas frutas que podem ficar armazenadas por longos períodos. A maçã se mantém por um bom tempo, desde que seja mantida fresca.

Ela começou a tossir novamente, e por isso resolvi movê-la para aliviar o desconforto do pólen que estava no ar.

D: *Bem, parece que isso a está incomodando, então vamos adiante. Vamos sair dessa cena. Vamos para outra época. Vamos avançar até um dia importante de sua vida. Um dia que você considera importante quando já for mais velha. 1, 2, 3, estamos num dia importante de sua idade madura. O que você está fazendo?*
K: Estou na cerimônia. (A tosse parou no mesmo instante.)
D: *Que cerimônia é essa?*
K: Para a Senhora.
D: *Na ilha? (Sim) Pode me falar sobre isso? (Pausa) Tem permissão para me contar? (Pausa) Não quero que você tenha problemas. É uma cerimônia bonita?*
K: Sim. Vou avançar mais uma etapa.
D: *Então, é um dia importante. Como vocês chamam essas etapas? Elas têm nomes ou posições?*

K: Sim. Temos a senhora alta sacerdotisa. É a posição mais elevada que você pode atingir. Depois, temos as sacerdotisas e as damas de companhia. Depois, temos as donzelas, que estão na posição mais baixa. Vou me tornar sacerdotisa. Eu era dama de companhia.

D: Muitas de vocês atingiram essa posição?

K: Não, apenas duas chegaram lá.

D: Então, é uma honra ter ido tão longe. Quantas pessoas há no grupo?

K: Temos cerca de trinta, no total. Talvez mais algumas.

D: E só uma é a alta sacerdotisa. Ela é muito velha?

K: Não sei. É difícil julgar a idade. Dizem que a alta sacerdotisa é atemporal por causa do poder da Senhora nela. Só quando a mão é retirada que a morte pode acontecer.

D: Você disse que fazem essas cerimônias todos os meses?

K: Às vezes.

D: Quantos dias você vai passar na ilha?

K: Até aprendermos diversas coisas. Neste mês, por exemplo, vamos ficar quase o mês todo, pois precisamos completar as cerimônias. Também precisamos coletar ervas. E precisamos fazer isto aqui, onde estamos protegidas e não há como outras pessoas possam vir até nós, para que o trabalho seja feito.

D: Você disse que havia pessoas tentando descobrir seus segredos?

K: Sim, há aqueles que desejam usar-nos contra outros de quem não gostam, pois sabem que nosso poder é grande.

D: Seria ruim se pessoas assim quisessem usar seu poder, não?

K: Seria uma atrocidade. Aprendemos que, se formos pegas, se não houver outro meio, devemos nos matar. Para que não possamos ser usadas.

D: Você acha que poderiam usar o poder de maneira boa?

K: Não. Como alguém tão baixo pode aprender a usar uma coisa pura, se dentro dela não há nada exceto baixeza?

D: Mesmo assim, se você fosse capturada, eles não poderiam fazê-la falar, poderiam?

K: Talvez tenhamos medo de que conheçam um pouco a nosso respeito e tentem usar esse pequeno conhecimento contra nós, talvez forçando-as a falar. Não podemos correr este risco.

D: Sempre é possível enganá-los. Você não precisa lhes dizer a verdade. Nunca iriam saber a diferença.

K: Esta é a lei. Se a pessoa não se matar, será morta por outras de seu círculo, porque terão perdido a fé nela.

D: Entendo que é por isso que você acha que não deve me contar algumas coisas. Mas não sou uma inimiga, sou apenas alguém que conversa com você. Você sabe disso, não sabe? (Sim) Você não acha que eu iria feri-la, acha?

K: Não acho, mas como poderia explicar isso às demais se me perguntarem?

D: Sim, compreendo. Então, é melhor não correr riscos. Não, você não precisa me dizer nada se achar que não deve. Mesmo que eu lhe garanta que você está perfeitamente segura falando comigo. Quer apenas ficar longe dessas pessoas que podem lhe causar mal?

K: Sim. Queremos ficar longe delas o máximo que pudermos.

D: Qual a aparência delas? Como você identifica essas pessoas?

K: São altas e usam roupas estranhas. Têm lanças e marcham. São homens de guerra.

D: Moram perto de onde vocês vivem?

K: Não vimos nenhum por aqui. Porém, a um dia de viagem, dizem que chegaram até ali.

D: O que eles estão fazendo nessa terra?

K: A Senhora disse que vieram conquistar.

D: Então, não queremos que as pessoas saibam que conhecem seus segredos.

Ela começou a tossir novamente. Achei que se a movesse para longe do pólen, isso aliviaria a tosse.

D: Por que você está tossindo?

K: É uma coisa que estou tirando... de mim mesma. É... deixe-me explicar. Quando alguém toma e usa as energias para curar, aquilo que está nessa pessoa você toma para si. E estou apenas começando a lidar com isso.

D: Então, você estava curando alguém e uma parte daquilo que estava errado com a pessoa foi tomado por você. É isso que você quer dizer? (Sim) Existe algum modo de curar sem assumir parte da doença?

K: Há quem esteja acima de mim e que tenha essa habilidade, mas esta empatia é parte daquilo que sou.

D: Achei que talvez você pudesse se proteger para não assumir parte da doença.
K: Com o tempo, sim. Mas ainda estou aprendendo.
D: Mas isto é bom, é bom estar disposta a assumir isso. Mas você precisa lidar com isso. Só estava querendo saber porque você tossiu.

Achei que tínhamos aprendido bastante coisas ali, e por isso avancei-a no tempo até outro dia importante em sua vida. Quando parei de contar, seu rosto indicou claramente que havia alguma coisa errada.

K: Fui mandada aqui... para curar. (Ela parecia assustada.)
D: Onde você está?
K: Num quarto... e trancaram a porta!
D: Quem trancou a porta?
K: As pessoas que estão aqui. Foi um truque!
D: Como? Quer dizer que essas pessoas não estão doentes? (Não) E você achou que estaria segura? Você conseguiu chegar aí em segurança?

Ela estava demorando muito para responder. Era evidente que estava com medo.

K: Era apenas uma cabana. Já estivemos aqui antes. E... eles mataram todos! Mataram as pessoas que viviam aqui.
D: Quem são as pessoas que trancaram a porta?
K: São... devem ser estrangeiros. Estão falando ao mesmo tempo. Posso ouvi-los.

Eu não sabia se ela já estava tendo alguma experiência, mas ela certamente estava com medo.

D: O que você acha que vai acontecer?
K: (Sua voz estava tensa.) Tenho de morrer! Não quero, mas tenho de morrer!
D: Por quê? O que estão dizendo?
K: Não sei. Não consigo entendê-los. Falam com suas palavras estranhas.

Então, começou a acontecer uma coisa estranha que me preocupou. Ela respirou fundo e parou de falar. Pareceu estar envolvida com alguma coisa que não consegui entender. Ela colocou as mãos juntas sobre o plexo solar. Os dedos e polegares estavam se tocando e apontados para fora, com os braços e a base das mãos apoiados no plexo solar. As mesmas posições que ela havia me mostrado antes, quando estava descrevendo como direcionava a energia para as iniciadas. Desta vez, pareceu diferente. Alguma coisa não estava bem. Ela estava intensa demais. Eu não me senti à vontade. Ela estava profundamente concentrada em alguma coisa e sua respiração começou a ficar alterada. Senti que a entidade estava fazendo alguma coisa consigo mesma. Ela tinha dito que teria de se matar caso fosse capturada. O que seria tão poderoso nos druidas a ponto de precisarem manter o controle sobre a própria vida ou morte? Eu não sabia e não queria descobrir. Dizem que o subconsciente protege a pessoa até mesmo nesse estado de hipnose profunda, e que a pessoa nunca corre perigo. Mas a concentração intensa de seu foco e a alteração de sua respiração me deixaram inquieta. Estava com medo que a druidesa tivesse poder suficiente para prejudicar a estrutura do corpo atual sem querer, tal como destruiu sua vida no século sete. Possível? Não sei, mas não quis correr o risco e mexer com um poder desses. Na semana anterior, ela havia exibido uma tremenda energia acumulada com aquela entidade. Achei que seria mais seguro retirá-la daquela concentração e daquela situação. Melhor prevenir do que remediar.

D: Muito bem. Vou contar até três e você poderá sair desta situação, olhar para trás e me dizer o que aconteceu. Será mais fácil assim, não? (Sem resposta) (Insisti.) Será mais fácil assim? (Sim) (Finalmente, quebrei sua concentração.) Certo. Vou contar até três e tudo isso vai acabar, você vai poder olhar para trás e me descrever a situação sem qualquer envolvimento. Acho que será bem melhor. 1, 2, 3, o que quer que tenha acontecido já passou e você poderá olhar para isso sem qualquer envolvimento emocional. Falar sobre isso objetivamente.

Fiquei muito aliviada quando ela abaixou as mãos e começou a respirar normalmente mais uma vez.

D: Pode me dizer o que aconteceu?
K: Foi decidido que o melhor método para terminar esta vida seria simplesmente deixar de funcionar.
D: Você teria poder para fazer isso? (Sim)

Fiquei arrepiada quando ela disse "deixar de funcionar". Creio que tomei a decisão correta ao interromper sua concentração. Outros poderiam dizer que provavelmente não teria acontecido nada, mas não estavam lá. Acredito que teria sido arriscado demais querer saber se sim ou se não. Tento sempre respeitar meus instintos nessas ocasiões. Minha principal preocupação é a segurança do paciente. Karen e eu éramos as únicas pessoas na casa nessa sessão. Eu não tinha a vantagem de contar com a experiência ou os conselhos de Harriet para me orientar. Foi a única ocasião em trinta anos de experiência em que encontrei uma situação que me assustou e que me fez questionar minha capacidade de lidar com ela. Aparentemente, a druidesa possuía grande poder, e fiquei feliz por não precisar conhecer a extensão desse poder. Agora que estava livre do perigo, relaxei e tentei me recompor para prosseguir.

D: Você acha que essas pessoas iam machucá-la? Tentar usar o seu poder?
K: Sim, queriam meu conhecimento.
D: Mas você não conseguia entender a língua deles. Como eles poderiam levá-la a contar segredos?
K: Quando começaram a falar, falaram na língua do povo. Assim, eles sabiam nossa língua, mas eu não consegui entendê-los quando falaram uns com os outros.
D: Você acha que teriam feito alguma coisa para forçá-la a revelar seus segredos?
K: Teriam tentado. Eu não queria fracassar caso tentassem, e por isso removi o problema.
D: Você simplesmente deixou de funcionar?
K: Sim. Eles ficaram muito zangados. Não conseguiam tolerar a ideia de que a possibilidade de obterem aquele poder tinha sido tirada deles. Eles procuraram uma arma e acharam que eu tinha ingerido veneno.
D: Mas você não tinha escolha, tinha?

K: Eu não poderia imaginar a possibilidade de ceder sob a pressão que iriam exercer. Pois eu nunca mais poderia estar com minhas amigas e venerar minha Senhora. Portanto, não havia razão para continuar nesta existência.
D: *Então, você sente que o que fez foi o certo. Outras teriam feito a mesma coisa. (*Sim*) Nesse caso, foi a única coisa que poderia fazer. Agora que você deixou o corpo, está vendo suas amigas?*
K: Sim, elas estão comigo.
D: *Ah, isso é bom. Você vai ficar com elas por algum tempo. Às vezes, acontecem coisas de que não gostamos nem um pouco, coisas que não queremos fazer, mas são coisas que não podemos controlar. Creio que você foi uma pessoa muito corajosa. Uma pessoa muito boa. Teve muitos conhecimentos. Você não quis que fossem usados de maneira errada. Que caíssem em mãos erradas.*
K: Meu povo deseja o conhecimento para usá-lo bem. E fazemos o juramento para que esse poder não caia nas mãos daqueles que têm cobiça ou malícia, pois foi isso que provocou a queda dos pais de meu povo há muito tempo atrás. É por isso que juramos.
D: *Sim, não há como isso ser usado de maneira errada. Você é uma pessoa muito nobre, uma pessoa muito boa.*

Afastei Karen da cena e recuei mais cem anos no tempo. Então, ela entrou na vida de um cantor e menestrel ambulante, que será explorada noutro capítulo. A experiência não teve efeitos duradouros sobre ela depois que a vida da druidesa ficou para trás.

Capítulo 2
A druidesa, parte 1 (Bernadine)
(Gravado em 9 de fevereiro de 1984)

Tinha trabalhado com Bernadine em algumas ocasiões para tentar descobrir a causa de um mal que a desfigurava desde a adolescência. Era uma condição que lhe causava dores quase constantes, mas ela havia se ajustado maravilhosamente e aprendera a conviver com ela. Sabia usar o controle mental para administrar a dor e viver uma vida normal, mas também tornou-se hábil em metafísica e uma astróloga de sucesso. Mais tarde, descobri que isso se chamava scalara (fonético). Identificamos sua origem numa vida paralela, quando ela foi soldado alemão durante a Segunda Guerra Mundial na Alemanha.

** Pesquisando os arquivos de Dolores, esperamos descobrir as muitas outras histórias que ela descobriu durante seu trabalho com esses indivíduos. Como você pode imaginar, são muitas! **

Durante esta sessão, íamos explorar outras vidas e esperávamos que não estivessem relacionadas com a doença. Esta sessão foi realizada no apartamento dela em Fayeteville.

Usei um método que não uso mais. Pedi-lhe para olhar para um grande álbum de fotografias e encontrasse uma foto tirada durante aquela vida, para então recordar o que estava acontecendo na época em que a foto foi tirada. Este método funciona bem quando a regressão se dá durante a vida atual. Creio que estávamos pesquisando a época em que a desfiguração começou a aparecer.

D: *Doze anos de idade. Um dia feliz. Pode encontrar uma foto assim?*
(Hã-hã) Me diga como ela é.
B: Ah, estão tirando uma foto da família. Estamos do lado de fora, perto do carro. Meu cabelo está enrolado sobre a cabeça. (Riso) Parece que estou usando rolinhos, mas são ondas grandes. Na verdade, não quero que tirem minha foto.

D: Você não está contente com isso?
B: Não gosto que tirem minhas fotos. Mas estão me fazendo vir tirar. E eu me apoio no carro... na ponta. Fico em pé numa ponta, com o resto da família.
D: E foi isso que aconteceu no dia em que a foto foi tirada?
B: Ummm, e alguns parentes estavam nos visitando. Foi por isso que quiseram tirar a foto. São minha vó e meu vô.
D: Mas você não estava muito contente com isso.
B: Não queria que tirassem minha foto.
D: Certo. Bem, então pare de olhar para essa. Folheie mais algumas páginas e encontre uma foto sua com uns cinco anos de idade. Num dia feliz. Encontrou uma? (Hã-hã) Certo, o que há nessa foto?
B: Estou descalça, num acampamento. Meus cabelos estão bem curtos, como um... rolinho.
D: Tem mais alguém na foto?
B: Hã-hã. Tem um rapaz. Acho que ele era pregador, ou filho do pregador, ou coisa assim.
D: Ele tem a sua idade?
B: Não. Ele deve ter uns vinte anos, mais ou menos.
D: Oh. Só vocês dois na foto? (Hã-hã). E você disse que está descalça.
B: Hã-hã. Estou com um vestidinho. Ele... (riso) tenho um calção por baixo, mamãe fez para acompanhar o vestido.
D: (Riso) Aposto que você é uma menina bem bonita.
B: Acho que sou meio rabugenta.
D: (Riso) Certo. Vamos ver mais fotos. Vamos ver uma foto sua quando você era apenas um bebê. Deve haver fotos de bebê nesse álbum. Pode encontrar uma foto de bebê? (Sim) Certo. Como você é?
B: Bem, acho que sou como qualquer bebê.
D: Tem mais alguma coisa na foto?
B: Minha mãe. Estou no colo dela.
D: Ela é a única outra pessoa da foto?
B: Não, minha irmã está do lado dela. Só nós três.
D: Uma irmã mais velha?
B: Hã-hã. Nessa época éramos só nós duas.
D: Ah. Vocês foram o começo de uma grande família, não foram?
B: Fui a segunda mais velha.
D: Então, nessa foto você era apenas um bebezinho.

B: É. Engraçado. Parece que meus cabelos são escuros. Acho que eu não tinha cabelos escuros.
D: Você achava que seus cabelos eram claros?
B: Acho que sim. Sempre pensei que fossem.
D: Mas na foto estão escuros?
B: Hã-hã. É em preto e branco.
D: Mas essa é uma foto sua quando você era um bebezinho.
B: Sou meio parecida com meu papai.
D: Bem, esse álbum de fotografia tem muitas e muitas fotos. Muitas e muitas páginas. Quero que você folheie mais algumas páginas. Depois, vamos voltar para antes de você ser um bebezinho e ver o que encontramos ao recuar mais. Há muitas e muitas páginas, muitas e muitas fotos. Encontre uma que é importante para você. Antes de você ser um bebezinho. Você pode parecer diferente. Pode até achar que não é a mesma. Mas saberá quando a vir. Uma foto importante. Diga-me quando tiver encontrado a foto.
B: Humm. Essa que vejo é...
D: O que?
B: Essa que fico vendo é... minha mamãe grávida.
D: Sua mãe grávida?
B: Ela está grávida. Acho que de mim. Ela está com papai e outro casal.
D: Você está vendo isso? Vendo a foto? (Hã-hã) Ela parece jovem?
B: Sim. Bonita.
D: Muito bem. Vou lhe fazer algumas perguntas. E você saberá as respostas. Elas virão diretamente à sua consciência, e você saberá as respostas para as perguntas. Sua mãe está grávida de você nesse momento? (Sim) Você está observando ou está dentro do corpo? O que você sente? (Longa pausa)
B: Não estou... Há um corpo lá, mas ainda não estou nele.
D: Você consegue ver o corpo ou apenas sabe disso?
B: As duas coisas.
D: Você tem a impressão de que está observando? O que está sentindo?
B: É engraçado. É como se eu estivesse lá e estivesse aqui também.
D: Dois lugares ao mesmo tempo? (Hã-hã) Tente me descrever essa sensação.
B: Como se eu soubesse que sou eu, mas ainda não estivesse totalmente lá. É como se soubesse que é lá que vou ficar. Porém,

também quero ficar aqui. Não tenho muita certeza do que quero fazer.
D: *Por que não tem certeza?*
B: Acho que não quero tornar a ser um bebê.
D: *O corpo está bem desenvolvido?*
B: Bastante. Tem dedos e artelhos. E o coração está batendo.
D: *Você já entrou no bebê ou esteve observando o tempo todo?*
B: Ah, já estive lá. Só não quero ficar. Está todo fechado. É como uma prisão.
D: *Eu entendo isso.*
B: Quero saber o que está acontecendo lá fora.
D: *O que você planeja fazer?*
B: Daqui a pouco, tenho de entrar e ficar.
D: *Não há problema em ficar observando de fora?*
B: Não por muito tempo. Acho que querem que eu entre e fique.
D: *Quem quer isso?*
B: Eles. Aqueles que me mandaram.
D: *Sabe quem são eles?*
B: Os sábios.
D: *Você disse que eles a enviaram. Você tem algo a dizer sobre isso?*
B: Agora, não. Já está decidido.
D: *Antes, você teria algo a dizer?*
B: Creio que sim. Acho que resolvi que já era hora. Não queria ser menina desta vez.
D: *Ah. Por que não?*
B: Não queria, só isso. Preferia ser menino.
D: *Alguém tomou essa decisão para você?*
B: Disseram-me que eu precisava fazer isso.
D: *Há alguma coisa que precise aprender sendo menina desta vez?*
B: Sim. Mas ainda não quero fazer isso.
D: *Eles lhe disseram o que você precisava fazer? Não há saída? O que é?*
B: É o que preciso fazer.
D: *Você tem ideia da razão para estar voltando?*
B: Aprender algumas lições que ainda não aprendi. Cuidar de outras pessoas. Cuidados.
D: *Você acha que deixou de fazer alguma coisa da última vez? (Sim) Acha que essa é a lição principal, ou haveria outras?*
B: Ah, há outras. Mas são especialmente essas que preciso aprender.

D: Hã-hã. O que você está fazendo neste momento?
B: (Pausa) Entrando no corpo. É muito apertado. Não gosto de ficar presa.

Ela estava respirando pesadamente.

D: Já está quase na hora de nascer?
B: Acho que ainda não.
D: Mas não lhe disseram que você precisava estar lá dentro?
B: (Desconfortável) Sim, eu deveria estar e ficar.
D: É uma coisa que querem que você vivencie.
B: Sim. (Emocionada) Quero ir logo. Essa é uma coisa que preciso aprender, não sair correndo.
*D: Permanecer numa situação? (*Hã-hã*) Como sua mãe está se sentindo com tudo isso? Você sabe?*
B: Às vezes, ela não se sente muito segura.
D: Pode me dizer o que ela está pensando e sentindo?
B: Ela me quer, mas alguma coisa a está deixando insegura.
D: Você sabe o que é? (Longa pausa, sem resposta.) É importante saber como ela está se sentindo?
B: Creio que sim.
D: Como seu pai está se sentindo? Você sabe?
B: Ele quer que eu seja um menino.
D: Ele tem outros filhos?
B: Sim. Ela já tem uma filha. E tiveram outro que morreu.
D: Entre você e a outra menina?
B: Hã-hã. Essa é outra coisa que incomoda a minha mãe.
D: Ah. Talvez ela esteja um pouco preocupada com isso.
B: Creio que sim.
*D: Certo. Bem, sabe como são os homens. Sempre querem meninos. (*Hã-hã*) Não dá para lidar pessoalmente com isso, dá?*
B: Eu também quero ser menino!

Resolvi avançá-la até seu nascimento para que não tivesse de passar por aquela experiência desconfortável do lugar apertado. Também lhe dei a opção de observar o nascimento em vez de vivenciá-lo. Alguns pacientes tinham passado pelo parto noutras sessões, e estas podem ser experiências bem traumáticas. Sentem dor em torno da cabeça e dos ombros e dificuldade para respirar. Geralmente, há a sensação de sufocamento e de falta de ar. Não é desconfortável apenas para o paciente, como também para o hipnotizador. Nessas ocasiões, lembro-me que eles não serão prejudicados pela experiência, pois na verdade já nasceram e chegaram bem até aqui. Tento aliviar eventuais desconfortos da melhor maneira possível. Descobri que a alma que entra tem a opção de experimentar o nascimento em si ou aguardar na sala até o bebê nascer e então entrar. Seja como for, é uma lição que a alma escolhe vivenciar. A única regra é que a alma precisa entrar quando o bebê se separa da força vital da mãe, quando o bebê respira pela primeira vez ou quando o bebê será natimorto.

D: Vou contar até três e, quando chegar a três, você estará no momento de seu nascimento. O momento em que estará nascendo. E poderá vivenciá-lo sem qualquer desconforto. 1, 2, 3, você está nascendo. Pode me dizer o que está acontecendo?
B: Estamos num carro. E vamos ao hospital. Fica longe.
D: Sua mãe e seu pai estão no carro? (Sim) Quem está dirigindo?
B: Meu pai.
D: Como sua mãe está se sentindo?
B: Está contente por ter chegado a hora. Ela queria que isso acabasse logo. E eu também!
D: Falta muito para chegar?
B: (Pausa) Ainda falta um pouco.
D: Pode me dizer o que você está experimentando? O que está sentindo? Pode me dar uma ideia do que é isso?
B: Eu quero... quero sair! Ainda não quero nascer agora.
D: É difícil lidar com os dois lados, não é?
B: É como se eu… me sentisse dividida ao meio.
D: Certo. Vamos avançar até estarmos no hospital. Ela chega ao hospital? (Hã-hã) Diga-me o que está acontecendo.
B: Estamos indo para algum lugar. Estão levando-as. Está ficando difícil.
D: Você tem a mesma sensação de estar em dois lugares ao mesmo tempo?
B: (Respira forte) Não. Estou aqui.
D: Você já nasceu?
B: Não. Ainda estou… está acontecendo. Dói.
D: Isso não vai incomodá-la. Relaxe. Você não vai sentir realmente nada. Pode falar sobre isso. É bom falar sobre essas coisas.

(Respira profundamente) Onde ela está... onde você está nascendo?
B: Estamos na sala de parto, acho. Tem... muito barulho. Luzes fortes.
D: Você já saiu?
B: Hã-hã. (Respira fundo.)
D: É um alívio, não é?
B: Não gosto! (Pausa, como se respirasse profundamente.) Está frio! Dói!
D: O que está doendo? Você já nasceu, não nasceu?
B: Acho que sim.
D: E o que está doendo?
B: Tudo. Minha cabeça dói.

Dei-lhe sugestões tranquilizantes para aliviar qualquer desconforto físico.

B: O médico precisou fazer alguma coisa. Eu estava presa.
D: E foi isso que causou o desconforto?
B: Em parte.
D: Agora você se sente melhor?
B: Hã-hã. Ainda está frio! Gostaria que tivessem me deixado ali!
D: O que estão fazendo?
B: Seguraram-me de cabeça para baixo. Deram-me um tapa. E... não me deixam em paz.
D: Estão fazendo isso para que você não sinta frio?
B: Espero que sim. Afastaram-me da minha mãe. Não gostei disso.
D: Onde sua mãe está?
B: Está lá na mesa.
D: Ela sabe o que está acontecendo?
B: Acho que não. (Resmungando, não consegui entender.)
D: Bem, provavelmente vão trazê-la até a sua mãe. Eles precisam fazer muitas coisas antes, não?
B: Não gosto de nascer. Quero voltar!
D: Voltar para onde?
B: Não para cá!
D: Para onde você quer ir?
B: Com os outros.
D: Você gostou de lá? (Sim) Mas isto era uma coisa que você tinha de fazer, não era?

B: Hã-hã. Agora, estou observando.
D: *O que você está observando?*
B: Eu e minha mãe.
D: *O que está acontecendo?*
B: Ah, ainda estão brincando comigo. Mas eu... saí por algum tempo. Porém, preciso voltar.
D: *Onde está a sua mãe agora?*
B: Estão fazendo coisas com ela. E ela está feliz por ter terminado. Está tudo bem com ela. Foi bom eu ter nascido menina.
D: *Ela não se importou, não foi?*
B: Ela está feliz por eu ter chegado. Ainda não consegui me acostumar com isso.
D: *Você prefere ficar olhando em vez de estar dentro do bebê?* (Sim) *Essas pessoas com quem você nasceu, você já as conhecia antes?* (Sim) *Seu pai e sua mãe?*
B: Os dois.
D: *Sabe qual é o seu karma?*
B: Por que eu vim?
D: *Existe alguma razão, como o karma, para que você tenha vindo para essas pessoas?* (Sim) *Você acha que pode me falar sobre isso? Explicar a razão?* (Pausa, sem resposta. Ela estava muito relaxada. Talvez estivesse cansada por ter nascido.) *Quero dizer, houve uma razão para ter vindo para essas pessoas?* (Sim) *Diga-me o que foi.* (Pausa) *Sabe, não há problema se falar sobre isso agora. É que quando você ficar mais velha, pode se esquecer. Pode me falar agora, antes que a memória seja apagada.*
B: (Pausa) Hmmm. Estou vendo a minha avó.
D: *Ela está lá?*
B: Está envolvida. É a mãe do papai. Eu a vejo. Ela... ela foi minha mãe na outra vez. E ele foi meu irmão. E ele... ele fez alguma coisa comigo. (Pausa) Uma coisa ruim.
D: *É? Bem, não vai incomodá-la se você pensar nisso. Às vezes, é melhor entender. Seu pai foi seu irmão noutra vida?*
B: Hã-hã. E foi outra coisa também. (Suavemente) Ele teve de cuidar de mim.
D: *É assim que ele vai compensar o que fez antes?*
B: Em parte. Desta vez, ele também cuida de um monte de pessoas. E eu... eu deveria observar isso. Aprender isso com ele.

Nesta vida, o pai de Bernadine era ministro protestante.

D: Então, você acha que é mais um karma dele que seu?
B: Creio que sim. Creio que sim.
D: E sua mãe? Esteve envolvida na mesma situação?
B: Noutra coisa.
D: Consegue ver o que havia com sua mãe?
B: (Pausa) Foi resolvido do outro lado. Concordei em compartilhar esta vida com ela. Ela deveria me ensinar e ajudar-me naquilo que preciso fazer. Isso é muito antigo. Muito antigo. Vejo nós duas usando mantos compridos. (Sua voz estava tão suave que tive dificuldade para ouvi-la.) É um grupo de mulheres. Todas nós usamos mantos brancos. Lidamos com coisas que as outras pessoas não entendem.
D: Como assim, as outras pessoas não entendem?
B: Algumas pessoas dizem que são "práticas religiosas". Mas são apenas leis naturais que elas não compreendem. Elas esqueceram. Ela é a sacerdotisa. Ela é a sábia. Ela ensina as outras.
D: Onde vocês estão? Numa casa, onde?
B: Na maior parte do tempo, ao ar livre. Estamos numa ilha.
D: Você tem um nome para esse grupo de pessoas do qual você faz parte?
B: (Pausa) Somos chamadas... (Ela teve dificuldade para dizer o nome.) Drui... drui... (Obviamente, ela estava tentando dizer druida ou druidesa.)

Tive a inquietante sensação de que ela estava falando do mesmo grupo de que Karen havia falado no ano anterior. Bem, como eu poderia fazer-lhe perguntas e obter confirmações sem sugestioná-la? Eu teria de prosseguir com cuidado. Bernadine e Karen se conheciam, mas Bernadine era muito mais velha, tinha a minha idade.

D: Vocês estão sempre na ilha?
B: Não. Nem sempre.
D: Por que vocês vão à ilha?
B: É nosso lugar sagrado.
D: O que vocês fazem quando estão na ilha?
B: Realizamos cerimônias. E ela mantém contato com os mestres.

D: Há alguma – bem, devo dizer "pessoa" ou "divindade" que vocês veneram? Seria esta a palavra certa? (Pausa) Quando vocês fazem suas cerimônias?
B: É tudo.
D: É o quê?
B: O Todo.
D: Você gosta de estar aqui com ela e com as outras?
B: Ah, sim.
D: Você está aqui faz tempo?
B: Eu, não. As outras, algumas estão. Sou nova, jovem, se comparada com algumas das outras. Estou só aprendendo.
D: De onde você veio? Como você se juntou a esse grupo?
B: Elas me encontraram.
D: Você não teve família?
B: Uma vez.
D: O que quer dizer isso, eles a encontraram?
B: Minha mãe e meu pai foram mortos.
D: E elas a levaram? (Sim) Bem, quando você não está na ilha, onde mora?
B: Lugares diferentes.
D: Você não tem um lugar permanente?
B: Não. Há vários lugares que usamos. Vamos sempre onde são cultivadas as coisas que usamos. Às vezes, precisamos sair e nos esconder, pois há pessoas que não gostam de nós.
D: Quem são as pessoas que não gostam de vocês?
B: Os magistrados.
D: Onde essas pessoas moram?
B: Nas cidades. Ficamos longe das cidades.
D: Por que não gostam de vocês?
B: Dizem que usamos magia.
D: São ignorantes, não são? (Sim) Não compreendem. Há homens no seu grupo? (Não) Ouvi dizer que há alguns homens que são druidas.
B: Há outros grupos. Mas no nosso grupo não há nenhum.
D: Só mulheres?
B: Sim, no grupo em que estou.
D: Seu grupo tem muitas pessoas?

B: Isso muda. Às vezes, somos apenas algumas. Às vezes, mais. Algumas vão para outros lugares. Algumas ficam mais tempo na ilha.
D: *Como vocês chegam até a ilha?*
B: Há um caminho. Nem sempre. Quando vamos, há um caminho.
D: *Vocês vão de barco? (Perguntei de propósito para não influenciá-la.)*
B: Às vezes, temos de ir de barco. Mas vamos quando... quero dizer que às vezes vamos a pé, atravessamos. Às vezes há água ali e não podemos ir andando.
D: *Você quer dizer que a água nem sempre está lá?*
B: Não. O lugar nem sempre é uma ilha. É preciso saber quando e onde ir.

Em algum ponto, a voz dela mudou, bem como a maneira de organizar a sequência das palavras. Ficou óbvio que ela havia entrado totalmente na personalidade da outra entidade.

D: *Às vezes, a água cobre o caminho que você precisa percorrer?*
B: Sim. Muitas vezes.
D: *Como você sabe quando dá para atravessar?*
B: A sacerdotisa chefe sempre sabe. Eu ainda não aprendi essas coisas.
D: *Você gosta de lá?*
B: Sim. Tenho muito para aprender.
D: *Você gosta das outras mulheres que estão com você?*
B: Claro. Por que não gostaria?
D: *Bem, só estava curiosa. Você fez amizade com alguma das mulheres? (Sim) Sabe seus nomes? Aquelas que são mais próximas de você? Que a tem ajudado? (Pausa, teve dificuldade.) Pode se lembrar de seus nomes?*

Eu estava procurando alguma confirmação de Karen. Claro, mesmo que fosse o mesmo grupo, pode ter sido antes ou depois de Karen ter estado lá. Não tínhamos como saber por quanto tempo o grupo funcionou. Já era notável o fato de estarem descrevendo aparentemente o mesmo lugar e época.

B: (Pausa, com dificuldade.) Lureen (fonético).
D: *Como você se chama? (Pausa) Consegue se lembrar?*

B: (Teve dificuldade para entender, e pedi-lhe para repetir várias vezes.) Liena (fonético: Li-en-a).
D: Viu, às vezes é difícil pensar nos nomes.
B: Agradeço.
D: Não tem de quê. Esse lugar onde vocês fazem suas cerimônias na ilha tem um altar? (Sim) Qual a aparência desse altar?
B: É de pedra.
D: Tem uma cor específica?
B: Branco.
D: E há alguma coisa diferente nele?
B: Não sei. Diferente como?
D: Não sei. Das pedras encontradas normalmente nos campos. No interior.
B: Ele é branco.
D: Vocês usam esse altar em suas cerimônias?
B: A alta sacerdotisa usa.
D: Vocês usam algum tipo de... bem, ia dizer "joias" ou alguma espécie de objetos religiosos em seu corpo?
B: Um cinto. Esse que uso é diferente daquele usado pelas sacerdotisas. A alta sacerdotisa usa uma corrente no pescoço. É bem grande. Ela tem... não sei como vocês chamam isso.
D: Como é a sua aparência?
B: Uma joia.
D: Oh. Aposto que é bem bonita.
B: E é.
D: Alguma das outras usa coisas como essa no pescoço?
B: Não como a dela.
D: É um lugar bonito, não é? (Sim) E elas são pessoas especiais, não são?
B: Sim, são.
D: Algum problema se eu voltar outra hora para conversar com você?
B: Acho que não.
D: Você teria alguma objeção quanto a isso? (Não) Sou curiosa e gosto de fazer perguntas. Não quero lhe fazer mal algum. Muito bem. Agora, vamos sair dessa cena.

(Paciente retorna e é orientada para o dia atual. Quando Bernadine acordou, não se lembrou de nada da sessão. Falamos sobre isso e ela percebeu a conexão com a mãe dela e também a proximidade que tinha de Karen. Ela teve a impressão de que os cintos que as mulheres usavam tinham cores diferentes, cada cor denotando sua posição na hierarquia, etc.)

Capítulo 3
A druidesa, parte 2 (Bernadine)
(Gravado em 4 de abril de 1985)

Mais de um ano se passaria antes de podermos voltar à história da druidesa, que eu estava tentando correlacionar com a história similar de Karen. No dia que fizemos esta sessão, a razão primária seria aliviar a dor de Bernadine. Embora estivesse bastante acostumada a lidar com a dor e enfrentá-la, havia dias em que ela ficava insuportável e a única solução era ir para a cama. A dor ficava centralizada em seu olho esquerdo e neste lado da cabeça. Nessas ocasiões, ela não conseguia tolerar luz alguma e punha um tapa-olho ou máscara, eliminava toda luz do quarto e ia para a cama. Desta vez, quisemos experimentar aliviar a dor através da hipnose. Enquanto ela esteve em transe, também quisemos tentar contatar a outra entidade. Por isso, minha principal preocupação e minhas sugestões concentraram-se no alívio da dor. Depois de usar sua senha, dei-lhe sugestões para que ela se sentisse como se seu olho estivesse banhado por água fria, uma sensação muito relaxante. Eu precisei monitorá-la com atenção para que o desconforto não voltasse enquanto estivéssemos realizando a sessão. Se voltasse, eu reforçaria as sugestões relaxantes e de alívio da dor. Estava difícil monitorar completamente seus sinais corporais, pois a máscara ocular me impedia de acompanhar os MROs, os movimentos oculares. Tive de confiar noutros sinais.

D: Agora, vou contar até três e vamos recuar no tempo e no espaço.

Nem precisei lhe dizer aonde deveria ir. Ao final da contagem, ela já estava noutra época. Talvez, tenha ido até lá ansiosamente, procurando escapar totalmente do desconforto que seu corpo estava sentindo. Seja como for, ela mergulhou imediatamente na outra personalidade. Perguntei-lhe o que estava fazendo e o que estava vendo.

B: Uma árvore. Uma árvore pequena. Deve ser uma muda. Não é muito grande. Mais alta do que eu. Ainda não tem folhas. Tem alguns galhos.
D: Onde está essa muda?
B: Hummph. Está aqui, isolada. Não sei bem onde fica isto.
D: O que essa muda tem de importante?
B: Qualidades medicinais. Colhemos gravetos dela e os esmagamos. Usamos o produto do esmagamento em nossas curas.

Sua voz estava estranhamente lenta e metódica, como se a língua que estivesse falando e as palavras que estivesse usando não lhe fossem familiares. Ela estava falando com muita firmeza.

D: Que tipo de cura isso pode proporcionar?
B: Combina-se com outras poções para dor... febres.
D: Como se chama essa muda? Tem um nome? É um tipo de árvore?
B: (Lenta e deliberadamente) Ainda sou ignorante em muitas coisas. Ela me foi mostrada. Não sei se tem um nome.

Suas cordas vocais e sua boca pareciam estar com dificuldade para formar essas palavras. Com certeza, eram estranhas para ela.

D: Quem está lhe mostrando essas coisas?
B: As outras irmãs. As irmãs mais velhas.
D: Elas vão repassando o conhecimento? (Sim) Então, não faz muito tempo que você faz isso?
B: Faz pouco que comecei a treinar. Tenho muito a aprender.
D: Deve levar um bom tempo para aprender todas essas coisas.
B: Algum dia, espero ser tão sábia quanto elas.
D: Você já teve sua iniciação?
B: Não. A última, não. Recebi a iniciação das principiantes. É apenas um juramento. Ele me torna uma aprendiz, por assim dizer. (Foi difícil para ela pronunciar essa palavra.)
D: Onde é feita a iniciação das principiantes?
B: Na ilha.
D: Havia muita gente lá?
B: Todas as irmãs.
D: E havia muitas que queriam tornar-se irmãs?
B: Só aquelas que já foram aprovadas têm permissão para ir à ilha.

D: *Não é fácil tornar-se uma irmã? É isso que você quer dizer?*
B: Sim. Não é uma coisa muito conhecida e aceita em nossas artes.
D: *Onde você vivia antes de se unir às irmãs?*
B: Numa aldeia. Poucas famílias.
D: *Você era velha quando saiu de lá?*
B: Quando me uni às irmãs? (*Sim*) Não. Bem... o que você considera velha? Eu tinha catorze verões.
D: *O que seus pais pensaram quando você foi embora?*
B: Não tenho pais.
D: *Com quem você morava na aldeia?*
B: Uma família que me acolheu. Pais meus já mortos.
D: *E essa outra família? O que pensaram quando você foi embora?*
B: Menos uma boca para alimentar.
D: *Então, não se incomodaram.*
B: Nem tinham o que falar, não eram minha família de verdade.
D: *Como foi que você saiu? Como ficou sabendo das irmãs?*
B: Conheci uma no vale, quando tava vagando. Sempre fico perambulando. E converso com a gente miúda.
D: *Ah, já ouvi falar neles. Então, você consegue vê-los?*
B: E tu, não?
D: *(Tentei conquistar sua confiança.) Acho que sim, às vezes. (É) Já conversei com outras pessoas que conseguem.*
B: Falo com eles. E algumas pessoas dizem que sou estranha.
D: *Ah, também já ouvi isso. Sempre que fazemos coisas diferentes, é assim que nos chamam, não é? (É) Mas nós sabemos das coisas, não é? (É!) Você conheceu uma moça?*
B: É. Uma das irmãs. E ela comigo conversou. E também tem amigos na gente miúda. E ela me conhecia. Mió até do que a mãe minha, quando viva.

Seu sotaque foi ficando cada vez mais marcado à medida que ia falando as palavras da maneira como estava acostumada. Às vezes, parecia um pouco com o irlandês, mas não totalmente. Certamente, não era Bernadine falando, mas a outra entidade. Essa é a maneira como convertem o inglês para sua própria língua, colocando as palavras numa ordem incomum. Dá sempre a impressão de que estão traduzindo de uma língua para outra em sua cabeça, pois as palavras estão numa ordem diferente. Este é o sinal de um autêntico sonâmbulo. Torna-se realmente a outra personalidade.

D: *Você acha que parte do conhecimento vem da gente miúda?*
B: É. Certeza.
D: *Então a gente miúda passa para as irmãs um pouco desse conhecimento.*
B: Vivem pra fazer isso.
D: *Como você se chama? Como posso chamá-la? (Longa pausa. Sem resposta.) Existe um nome para chamá-la?*
B: Chamo Linel. (Ela pareceu não ter certeza.)
D: *Linel (fonético: Lin nel). A pronúncia está certa? (É) Muito bem. Como você está vestida?*
B: Vestido de material tosco. Muito simples. São mangas compridas. Pouca cor.
D: *Ele fica solto, como é?*
B: É. Hoje é como estou.
D: *Noutros dias, você se veste de modo diferente?*
B: Às vezes, uso cinto. A corda.
D: *Usar a corda tem algum significado especial?*
B: Tem. É marca das irmãs.
D: *É assim que vocês se identificam. É isso que você quer dizer?*
B: É. Esse é um dos sinais.
D: *O que tem de diferente nesse cinto que permite que vocês se identifiquem?*
B: É o jeito de amarrar, às vezes. Ou às vezes é o que tem no cinto. Aí sabemos quem está em cada nível.
D: *Quer dizer, um ornamento no cinto ou coisa assim?*
B: Então. Pode dizer isso.
D: *Se você é iniciante, como é o seu ornamento? Como ele é diferente dos outros?*
B: Não uso o ornamento (pronunciado cuidadosamente), como você o chama. Só ganhamos quando a gente passa no teste.
D: *Ah. Então, o seu é só o cinto? (É) E quando você passa no teste, como é o ornamento?*
B: Tem mais do que um.
D: *Gostaria muito de saber, de aprender, pessoalmente. O que indica os diversos níveis?*
B: Posso falar não.
D: *Mas você sabe que não digo nada.*
B: Só as iniciadas podem saber.

D: *Bem, não quero que você tenha problemas. Mas você sabe que pode me contar coisas, pois nunca diria a ninguém.*
B: 'Tô jurada. Não posso faltar com a palavra.
D: *Respeito isso. De verdade. Mas quero que você saiba que pode se sentir segura comigo. Você sente isso, não sente?*
B: Né que não confie em ti. É que dei a palavra.
D: *Está bem. Nunca vou lhe pedir para faltar com sua palavra. Se eu lhe fizer uma pergunta e você não puder me responder, diga isso. Vou respeitar sua posição. Quero apenas o que é bom para você. Se não puder me dizer, diga-me. Tudo bem. Você está contente com sua vida lá?*
B: Tô. É bem melhor do que quando eu era mais uma boca numa família que não era a minha.
D: *Você se sentia deslocada lá. É isso que você quer dizer?*
B: É. São bons, mas não são a família.
D: *Você se sente numa família com suas irmãs?*
B: É. Minha família, agora.
D: *Vocês têm líderes, digamos assim?*
B: É. Temos várias líderes. Temos a irmã principal e a senhora acima dela, quando os grupos se reúnem.
D: *Então, há vários outros grupos também?*
B: Ah, tem sim. Não vivemos todas no mesmo lugar. A gente se movimenta muito. É para aqueles que nos perseguem não nos encontrarem.
D: *Por que as pessoas perseguem vocês? Eu penso que vocês não lhes causam mal algum.*
B: Não nos entendem. Não... alguns acham que somos bruxas. Alguns pensam que somos... más, porque não entendem o que fazemos.
D: *Vocês fazem coisas más?*
B: (Enfática) Nada! Nada!
D: *Vocês ajudam outras pessoas?*
B: É, fazemos isso, é nosso trabalho. Curar, trabalhar com a natureza e com a gente miúda. E ganhamos conhecimento. E temos muitos segredos. Que é o problema pra eles. Eles querem saber de onde tiramos nosso poder.
D: *Por que você acha que eles querem conhecer essas coisas?*
B: Porque eles não têm controle, temos um poder que eles não compreendem. E eles têm medo da gente por isso.
D: *São pessoas de certo tipo ou é todo mundo?*

B: Ah, todos não. Pra muitos levamos cura e muitos nos procuram e nos protegem. Às vezes, nos sustentam. Mas não deixam os magistrados saber disto. Pois eles acham que o trabalho deles é nos capturar, nos prender. E ver que estamos praticando a magia, como dizem.

D: Então, são como oficiais? É isso que você está dizendo? (É) Como vocês se mantém longe dessas pessoas?

B: Quando as pessoas ficam sabendo que eles estão por perto, nos avisam. E ficamos nas florestas e vales, longe das estradas. Só vamos às aldeias quando nos informam que está tudo livre. Às vezes, há alguns que são desonestos e nos traem. Por isso, precisamos ser muito cautelosas.

D: Então, onde você moram se precisam estar sempre se mudando?

B: É. Moramos com a Mãe Natureza (ela teve dificuldade com a palavra "mãe"). Nas colinas, cavernas e na floresta. E com nossos amigos. Com os elementais. Às vezes, eles nos guiam. E temos nossos esconderijos secretos.

D: Conhece os Antigos? (Sem resposta.) Já ouviu essa expressão?

B: (Cautelosamente) Posso falar disso não.

D: Já ouvi falar deles. Estava curiosa para saber se você também teria ouvido falar.

B: Ouvi falar. O que você sabe sobre eles?

Foi interessante ver que antes ela usava o substantivo familiar "ye", forma antiga de "você" em inglês. Agora que estava desconfiada, mudou para "you", versão mais formal de "você". Era uma pergunta difícil de responder sem influenciá-la. Se respondesse corretamente, eu poderia ganhar sua confiança.

D: Bem, sei que vivem nas colinas e cavernas. E que praticam as antigas religiões de muitos, muitos anos atrás. E que são amigos das irmãs. Está certo?

B: De onde você é?

D: Ah, pode dizer que eu também sou uma só com a natureza.

B: Só os nossos sabem dessas coisas. Conhecimento perigoso, esse.

D: Eu sei. Foi por isso que lhe disse que você podia confiar em mim. Conheço muitas coisas. E nunca pensaria em prejudicá-la. Ouvi dizer que os Antigos praticam mesmo a antiga religião dos antigos deuses. E que não restavam muitos deles. Está certo isto?

B: Tá... Não sei se posso ter liberdade de conversar com alguém que já tem tantos conhecimentos. Não quero faltar com meus votos. E... (dava para ver que ela se sentia transtornada, sendo puxada de duas maneiras.)
D: Tudo bem. Respeito isso.
B: Para alguém que sabe dos Antigos, você deve ser amiga deles, ou não teria sobrevivido até este momento.
D: Sim, é verdade. Eu também precisei ser muito cautelosa.
B: Conhece pessoalmente os Antigos?
D: Não, só ouvi falar deles. Nunca pude encontrá-los. Mas sei que existem.
B: Só os iniciados têm permissão para encontrá-los. Eu ainda não tive esse privilégio.
D: Mas um dia isso pode acontecer.
B: É, espero mesmo.
D: Também ouvi dizer que os Antigos ajudam a proporcionar comida para as irmãs.
B: É, fazem mesmo isso. E somos muito gratas a eles.
D: São pessoas muito bondosas.
B: É. Pena que haja alguns que querem destruí-los.
D: São as pessoas que não entendem. Não são como nós. (É) Você vai muito à ilha?
B: Só em momentos especiais do ano. Algumas vão com mais frequência. Toda lua, há algumas que vão, mas nem todas.
D: Lá é seguro.
B: É. Gostaria de passar mais tempo lá. Mas tenho trabalhos para fazer, tenho treinamento, o que deve ser feito noutros lugares.
D: A ilha é um lugar onde as pessoas malvadas não podem ir.
B: É, não podem. (Surpresa) Como você sabe disso?
D: Eu lhe disse que sei muitas coisas. Conheço muitas de suas práticas. É por isso que não vou traí-la.
B: É que isso é segredo.
D: Sim. Eu sei da ponte de terra.
B: Sabe? (*Sim*) Atravessou-a já?
D: Não, não pude, pois não sou uma irmã. Mas sou muito próxima de vocês, irmãs.
B: É, é uma jornada especial.
D: Sei que ela não está lá o tempo todo.
B: Não, e nossa proteção está nisso.

D: *É ela que impede os outros de segui-las. Eles nunca souberam da ponte.*
B: É. Esperamos que nenhum de nossos perseguidores fique sabendo disso.
D: *Acho que não vão saber. Nunca falei dela para ninguém.*
B: Tá escondida nas brumas, sabe? Por isso, poucas pessoas sabem que ela existe.
D: *Sim, eles não podem vê-la porque está sob a água na maior parte do tempo, não é? (É) Isso é muito bom. É longa a ponte, desde a terra até a ilha?*
B: Ah, deve... talvez... (Insegura) Conto os passos até... como dar exemplo... Uns trinta... mais ou menos.
D: *Passos? Da terra até a ilha? (É) Então, não é muito longe.*
B: Não. Só... a pessoa precisa saber como chegar até aquele ponto específico. E aí a viagem pode ser muito maior.
D: *Mas os perseguidores não poderiam ir de barco?*
B: Talvez, desde que soubessem das reuniões. Mas esperamos que ninguém fique sabendo.
D: *Então, nem sabem que vocês estão lá.*
B: Esperamos que não.
D: *Só há essa ilha?*
B: Quer dizer, onde nos reunimos?
D: *Há outras ilhas próximas dessa?*
B: Há. Mas isso faz parte de nossa segurança. Mesmo que fiquem sabendo, não saberão para qual ilha devem ir.
D: *Isso é bom. Se fosse apenas uma ilha, seria mais fácil localizá-la. Mas se são muitas, nem ficam sabendo que vocês estão naquela.*
B: É. Fácil fica a confusão. Especialmente nas brumas. Pois tudo parece igual nas brumas
D: *As brumas estão sempre lá?*
B: Quando não estou lá, não sei. Quando estou, elas estão lá. Alguns dizem que nossa Senhora cria as brumas para nossa segurança. Se verdade é, não sei dizer.
D: *Pode ser. É possível.*
B: É. Acho que verdade pode ser, pois ela é poderosa.
D: *Ouvi falar do poder dela. Você já teve permissão para vê-la?*
B: (Pausa) Não seu rosto. Eu a vi na luz dela. Mas não sei se podemos ver seu rosto depois da iniciação. Não nos informam de todas essas coisas.

D: *Você ainda tem muito para aprender então, não tem? (É) Tem amigas mais próximas entre as irmãs?*
B: São todas minhas amigas. Bom ter muitas amigas.
D: *Isso é bom. Muita gente passa a vida toda sem ter tido um amigo de verdade. (É) Então, são como uma família, não são?*
B: Somos abençoadas por ter essa família.
D: *Sim, isso é muito bom. Certo. Você já ouviu falar nos druidas? Essa palavra significa alguma coisa para você?*
B: Às vezes algumas pessoas nos chamam assim. Né como nos chamamos.
D: *Como vocês se chamam?*
B: (Longa pausa) Não tenho liberdade pra dizer coisas secretas. Mas "irmãs" é como nós nos chamamos umas às outras.
D: *Não sabia que era segredo. Mas ouvi dizer que a maioria dos druidas são homens.*
B: É. Não são como nós. Mas há alguns que nos chamam assim. Pois temos cerimônias secretas e muito dos ensinamentos antigos, que são comuns à outra seita.
D: *Então, em sua seita não há homens?*
B: Não. Somos apenas irmãs.
D: *Os homens têm crenças diferentes das suas?*
B: É. Algumas. Eu mesma não conheço muitas, só que... algumas são usadas para propósitos que nós não usamos. Não aprovamos alguns costumes deles.
D: *Ah, então eles têm crenças diferentes.*
B:Pelo que sei, eles usam alguns dos mesmos ensinamentos antigos que nós aprendemos. Mas eles os aplicam em usos que não foram aprovados pelos espíritos. Isso é pelo que eu sei. Não sei se entendi direito isso.
D: *Mas você acredita que eles usam o conhecimento de forma errada.*
B: É o que se diz entre as irmãs.
D: *Será por isso que as duas seitas não se misturam?*
B: É por isso que nós não...
D: *Nos associamos entre nós.*
B: É. Nossos propósitos são levar cura, amor e harmonia para o nosso mundo. São estes nossos propósitos.
D: *Sim, esses também são meus propósitos. Quero levar conhecimentos às pessoas que buscam conhecimentos. Quero*

fazer isso da maneira correta. Como vê, pensamos bem parecido, não acha?
B: É estranho que você não seja uma irmã. Não são muitas as pessoas comuns que sabem o que cê sabe.
D: Quem sabe, deixem-me ser uma irmã algum dia. Quem sabe?
B: Quer ser uma irmã?
D: Possivelmente.
B: É uma vida boa se você for forte e não se incomodar de viver ao ar livre, dependendo de pessoas boas, ou no campo.
D: Acha que poderiam pensar nisso caso eu conversasse com alguém sobre a minha participação?
B: Eu mesma não sei, mas a irmã mais velha pode lhe dizer alguma coisa. Ela é muito boa e sábia. E não sei como... trazem as mulheres mais velhas para o grupo. Só sei que a maioria começa como noviças jovens.
D: Você acha que sou mais velha? Não me deixariam entrar?
B: Não sei. Você pode perguntar.
D: Mas eu gostaria de ser uma amiga.
B: Não tem motivo, pelo que vejo, para não sermos amigas.
D: Posso ajudar a proteger. Isso é bom.
B: Você é dessas que sabem dos caminhos de nossos perseguidores?
D: Seria uma boa ideia, não seria? Eu poderia avisar você.
B: Seríamos sempre gratas por isso, pois nossa sobrevivência depende desses avisos.
D: Respeito o que vocês estão fazendo e eu a ajudaria de todas as formas possíveis.
B: Que bom. Pelo bem daqueles que sabem o que fazemos.
D: Mas, como você sabe, tenho muita curiosidade. É por isso que faço muitas perguntas.
B: Curiosidade?
D: Sabe o que significa isso?
B: Palavra estranha.
D: Significa que quero conhecer muitas coisas e por isso faço muitas perguntas.
B: É! Isso ocê faz!
D: (Riso) Mas não quero causar-lhe problemas. Quer dizer apenas que quero saber muitas coisas.
B: Ah! Também eu mesma quero saber muitas coisas.
D: É isso que quer dizer a palavra "curiosidade". (É?) É querer saber.

B: Certo. Então eu também sou curiosa.
D: Mas por isso que digo que se você não puder me dizer alguma coisa, me avise. Não tenho como saber se é segredo ou não. Só faço perguntas.
B: Respondo se puder.
D: É isso que espero. Tem alguma pedra grande perto de onde você vive?
B: Vivo em muitos lugares. Está falando dos marcos?
D: Bem, ouvi dizer que há lugares que têm muitas pedras reunidas. É a elas que você se refere?
B: É. Foram postas pelos antigos. São lugares muito especiais para energia e sabedoria. E há muita coisa que não conheço ainda. Mas há aqueles que conhecem bem essas coisas.
D: Há marcos grandes perto de onde você vive?
B: Aqueles que ficam juntos num lugar grande estão a certa distância daqui onde estamos agora. Mas se caminharmos... depende da velocidade. Mas posso chegar lá... num dia, talvez metade do outro dia.
D: Ah, então não é muito perto.
B: Daqui, não.
D: Esse é o grande?
B: É desse que eu estava falando.
D: Sim. Ouvi dizer que havia um que formava um grande círculo. É esse?
B: É, creio que é dele que você está falando. É conhecido por muitos. E muitos não entendem seu propósito.
D: Há outros menores?
B: Há. Há outros individuais, em vários lugares.
D: Você tem um nome para esse maior? Como vocês o chamam em seu país?
B: Não sei como os outros o chamam. Não sei se tenho permissão para falar disso. E não me disseram se isso seria segredo.
D: Talvez não seja. Especialmente se for um lugar conhecido, não deve ser segredo. (Ela estava confusa.) Pode me dizer como as pessoas chamam esse maior?
B: Para alguns, ele se chama Círculo Mágico. É assim para algumas pessoas. É como algumas pessoas o chamam. E... não sou capaz de falar na nossa própria língua. Pois isso é parte de nosso... não sei se devo falar sobre isso.

D: *Não há problema. Se não se sentir à vontade para falar disso, tudo bem.*
B: Não quero romper meu juramento.
D:*Tudo bem. Não creio que seja verdade, mas ouvi dizer que os druidas é que teriam construído o grande círculo.*
B: Foram os antigos. Se é que eram conhecidos como druidas. A expressão é usada de maneira diferente por pessoas diferentes. E não queremos nos referir aos druidas, tal como são hoje, como os mesmos que puseram as pedras mágicas.
D: *Sempre achei que fossem muito mais velhas e que estavam lá há muito mais tempo.*
B: Claro, mais tempo do que os druidas de hoje. E não tenho certeza se os antigos que as puseram lá eram druidas ou não. É uma palavra mal empregada.
D: *Noutras palavras, muita gente não sabe o que significa a palavra druida. (É) Bem, vocês chegam a visitar o grande círculo em alguma ocasião especial?*
B: É. Estive lá duas vezes. E gostaria de ir de novo. Pois é muito... não sei como explicar. Acontece muita coisa ali quando estamos nos arredores, o poder aumenta. E algumas de nosso grupo vão lá em certas ocasiões, participar de cerimônias. Mas não sei em que consiste isso. Pois é parte de algo que só os grandes iniciados fazem.
D: *Essas vezes em que você foi lá eram ocasiões especiais?*
B: É. Eram reuniões. Mas não nos permitiram participar daquilo que os altos iniciados estavam fazendo.
D: *Pelo fato de vocês serem novas? (É) Mas você conseguiu ficar olhando. Era uma data especial?*
B: Foi o que outros grupos nos disseram. E não sei se seria uma data especial que se repetia, como o que fazemos na ilha. Creio que foi convocada por uma das chefes.
D: *Imagino que talvez possam ir em determinado dia.*
B: Talvez seja esse o propósito. Se for, não fiquei sabendo. Há muitas coisas que ainda não sei.
D: *Sim, muitos conhecimentos a se adquirir. Já ouviu falar num lugar que conheço, chamado de Dança dos Gigantes? Já ouviu essa expressão associada com rochas e pedras?*
B: Que estranho... nome estranho. Dança dos Gigantes?
D: *Hã-hã. Ouvi dizer que havia um círculo que era chamado assim.*

B: Quer dizer que o lugar tinha esse nome?
D: Sim. Talvez não fique na sua parte do país.
B: Não sei desse lugar. Há histórias de que muitos acontecimentos estranhos têm lugar nesse círculo. Não apenas a gente miúda, como outras criaturas que geralmente a pessoa comum desconhece, aparecem. E não sei se isso inclui gigantes, mas é possível.
D: Tudo é possível. Creio que o homem que me falou disso estava em Erin. Conhece esse país?
B: Erin? Sim, depois do mar.

Estava me referindo a informações que tinham sido dadas a mim pelo menestrel itinerante, noutro Capítulo.

D: Ah, então seria por isso que você ainda não tinha visto esse lugar. Você tem um nome para o seu país? (Pausa, sem resposta) Onde você mora?
B: (Confusa) País? Aldeia?
D: Não tem um nome que as pessoas lhe dão?
B: Algumas aldeias têm nomes. Não temos casa e moramos em muitos lugares.
D: Estava curiosa. Mas Erin fica além-mar.
B: É o que me disseram.
D: Certo. Agora, preciso ir. Posso voltar a conversar novamente com você? (É) Você sabe que não quero lhe fazer mal.
B: Acho que não. Não quero ser rude, mas respondo do modo como sinto que posso.
D: Está tudo muito bem. Só lhe peço isso. Portanto, se eu puder a voltar em algum momento, seria muito bom. E podemos tornar a conversar.
B: É. Talvez você queira falar com a irmã mais velha sobre ser uma irmã também.
D: É possível. Vou pensar nisso. (É) Mas gostei de falar com você. Você ajudou a minha curiosidade.
B: Sim, que boa palavra.
D: Uma palavra estranha, não é? (É) Muito bem. Agradeço por você ter conversado comigo. Agora, vamos sair dessa cena.

Orientei Bernadine de volta ao dia atual. Continuei controlando a dor antes que ela despertasse. Quando acordou, sentiu-se muito aliviada e não teve lembrança alguma da sessão. Isto comprovou minha conclusão de que ela era sonâmbula.

O tempo passou e nossas vidas seguiram rumos diferentes. Nunca mais pude fazer uma sessão com Bernadine, e por isso não ficamos sabendo se ela teve o mesmo destino que Karen. Mais tarde, ela me ajudou com os dados astrológicos incluídos em Nostradamus Volume II. Continuamos amigas, mas nunca tivemos tempo para fazer outra sessão. Bernadine morreu pouco depois do Natal de 1995, o que, em si, foi uma história estranha relacionada com a dor. Não sei se ela deveria ser incluída em qualquer de meus livros usando este material.

Seção 2

A história de Brenda como Astelle

Introdução
Astelle

Quando conheci Brenda, ela estava curiosa para saber se teria tido vidas passadas e se poderia ser hipnotizada. Esta é a curiosidade de muitos pacientes. Mas é um estado muito natural do corpo, e por isso não me preocupei. Fiquei curiosa para ver aonde ela iria e o tipo de vida que encontraríamos. Acabei trabalhando com Brenda por um bom tempo, pois ela revelou ser uma ótima paciente, muito disposta a saber o que aconteceu "há muito tempo". Quando trabalhei com Brenda, estava nos primeiros dias de minha atividade profissional e não usei o método que uso atualmente, levando o paciente até o "momento e o lugar mais apropriados". Isto é muito eficaz para ver de onde certos problemas da vida atual poderiam ter saído. Ainda estava descobrindo maneiras de fazer esse trabalho. O que eu estava fazendo com Brenda era recuar no tempo em segmentos de cem anos, aproximadamente, para ver quem ela foi e onde viveu. Mais tarde, descobri que podia simplesmente instruir meus pacientes a irem até o momento e o lugar mais apropriados.

Como havia trabalhado com Brenda na intenção de descobrir todas as suas vidas ao longo de várias sessões, usamos uma senha para poder levá-la ao nível de transe mais profundo com facilidade e rapidez. Uso senha sempre que acho que posso voltar a trabalhar com alguém, como neste caso. Eu usava sua senha e fazia a contagem regressiva.

Um comentário de Dolores

No começo desta história, quando ela descreveu os horrores da Inquisição e a insensibilidade da igreja, disse-lhe o seguinte após a sessão. "Brenda, o que você está tentando fazer comigo? Não há como escrever isto. Vão me enforcar da árvore mais alta se eu tentar falar sobre as coisas horríveis que a igreja fazia nessa época. Nunca vão tolerar ouvir essas coisas sobre os pais da igreja". E ainda me sinto assim. Há material explosivo em demasia nesta história. Provavelmente, era assim mesmo que a igreja se comportava, mas eu acho que deveria aguardar um pouco antes de ousar escrever a respeito. Já vou ser ridicularizada o suficiente por conta de minhas outras histórias. Não estou pronta para me comprometer com esta daqui.

****

Antes de Dolores fazer a transição, ela estava trabalhando neste livro. Acho que ela sabia que a informação precisava ser contada e que a época era adequada.

Coloquei estes capítulos na ordem em que foram gravados para que você receba as informações da mesma maneira que Dolores recebeu.

~Nancy

Capítulo 4
Uma seguidora dos "velhos costumes"
(Gravado em 29 de abril de 1986)

Fiquei trabalhando com Brenda por algum tempo através de muitas vidas diferentes. Como ela se sentia muito bem no estado sonambúlico e tinha acesso a muitas informações nesse estado, passei meses explorando muitas possibilidades. Nesta época de minhas pesquisas, em 1986, ainda estava descobrindo o que podia ser feito mediante a hipnose de transe profundo. Como não havia livros de instruções sobre o assunto, à medida que trabalhava eu ia desenvolvendo minhas próprias regras.

Durante o ano de 1986, fiz meu primeiro contato com Nostradamus e Brenda mostrar-se-ia essencial e vital para esse contato. Mas nessa época, antes que esse projeto começasse, ainda estávamos descobrindo o que era possível fazer. Já a havia levado por diversas vidas diferentes e, durante o estado intermediário que chamamos de morte, seu subconsciente me disse que eu deveria explorar uma vida vivida muito tempo atrás, quando Brenda era conhecida como Astelle. Foi-me dito que essa vida seria importante para que Brenda compreendesse relacionamentos de sua vida atual.

Por isso, depois que ela entrou no estado de transe profundo, instruí-a para viajar pelo tempo até localizar a vida de Astelle. Não tinha ideia do período de tempo em que iríamos nos encontrar, mas não tinha dúvidas de que essa vida havia existido. O subconsciente não teria sugerido que a localizássemos se ela não tivesse sido uma realidade.

Quando terminei a contagem, perguntei-lhe o que ela estava fazendo. Ela respondeu que estava preparando comida numa cozinha. Seu nome era mesmo Astelle (fonético, com acento na primeira sílaba).

D: Em que país estamos?
B: (Hesitou.) Ah... é um ducado.** Esta parte é governada pelo duque. E ele é aliado de Flandres.
D: Estava curiosa para saber se você já teria ouvido seu nome.
B: É só um ducado. Há um nome para ele, usado pelos nobres. Mas não é importante para minha vida diária, e por isso eu não sei.

Ducado é o território de um duque ou duquesa.

D: Você disse que está na cozinha. É no lugar onde você mora?
B: Sim. Eu trabalho aqui... para um dos nobres do... lugar do duque. Sou assistente de cozinha... auxiliar? Não sei muito bem como seria o nome disso. Trabalho principalmente na cozinha.
D: Pode me falar um pouco sobre esse lugar? Qual a sua aparência?
B: Da cozinha?
D: Bem, isso, ou... é uma casa? É maior do que uma casa?
B: Se ao falar de casa você se refere à moradia em que as pessoas comuns vivem, sim, é muito maior do que ela. Tem muitos cômodos. Tem dois andares em sua maior parte, mas três andares noutra parte. É feita de pedra, e a maioria das casas costuma ser feita de pau a pique.
D: (Não entendi.) Feita de quê?
B: Pau a pique. Você pega palha e um tipo de argila e forma uma estrutura leve, coloca a palha na estrutura e argila para ela ficar no lugar. Ela seca e forma uma parede firme.
D: É? Mas se é palha, o que acontece quando chove? Ela não se dissolve?
B: Ah, sabe, sempre que a argila fica úmida, os furos se selam, Mas quando a argila seca, pode aparecer um lugar aberto. Então, você coloca mais argila nos lugares em que for preciso.
D: Nessas casas, do que são feitos os telhados?
B: Da mesma coisa. E geralmente, no verão, os telhados ficam com a palha mais fresca. A porta costuma ser feita de madeira, se você estiver bem de vida, ou então penduram uma pele de animal pelo batente.

Enciclopédia: Arquitetura. Pau a pique: Forma de construção baseada em gravetos (ou juncos) em cujos interstícios força-se argila até esta secar. Em edificações medievais com estrutura parcial de madeira, o tabique ou espaço entre as vigas era composto dessa maneira.

Em 1986, quando ouvi falar nesse tipo de construção pela primeira vez, imaginei que fosse algo frágil e que certamente não seria durável. Desde então, fiz muitas viagens à Europa, especialmente à Inglaterra, e descobri que eu estava errada ao concluir isso precipitadamente. Tenho uma boa amiga que é dona de uma empresa de propaganda instalada numa casa muito antiga na pequena cidade de Ringwood, ao sul da Inglaterra. Nos Estados Unidos, as pessoas têm liberdade de fazer o que quiserem com suas propriedades, mas na Inglaterra a autenticidade da estrutura original precisa ser mantida. Se uma edificação for reconstruída ou remodelada, isto precisa ser feito exatamente no estilo original. Minha amiga remodelou a casa de três andares mas mostrou-me uma coisa muito interessante no segundo andar. A parede de um dos escritórios ficara exposta e foi coberta por uma vidraça. Enquanto mostrava os gravetinhos entrelaçados e a argila da parede, ela disse, "É isso que está segurando esta construção!" Era a construção de taipa de pau a pique, e a argila, gesso ou o que quer que tivesse sido usado tinha endurecido e adquirido uma consistência de cimento. Foi forte o suficiente para suportar quatrocentos anos, e, exceto por alguma acomodação e movimento, a casa ainda estava em pé. Portanto, descobri que essa velha forma de construção era bem prática, econômica e durável. Provavelmente, muitas paredes europeias antigas foram construídas com taipa de pau a pique.

D: *Você morava neste tipo de casa antes de vir para este lugar?*
B: Não me recordo. Tenho morado aqui a minha vida toda. Creio que sou filha de alguém da casa. Não tenho certeza.
D: *Este lugar seria considerado um "castelo"? Você conhece esta palavra?*
B: (Lentamente) Eu não... conheço essa... palavra. Acho que ela não se aplica. Nunca a ouvi.

Uma característica do verdadeiro sonâmbulo é que ele não identifica palavras que não existem na sua época, embora esteja bastante familiarizado com elas em sua vida atual. É um sinal da verdadeira viagem no tempo, de estar totalmente naquela outra época da história.

D: *Então, é apenas uma casa grande.*
B: Uma grande... Estou tentando me lembrar da palavra pela qual a chamam. Não consigo encontrar a palavra. Mas vou lhe dizer como é a aparência dela, e talvez você saiba como a devo chamar.
D: *Certo, pois eu conheço muitas palavras.*
B: A cozinha onde faço a maior parte do meu trabalho tem teto alto. Tem vigas atravessando o teto. As vigas são escuras por causa da fumaça. E há uma lareira em que se pode entrar e que é onde cozinhamos. Há todo tipo de panelas, frigideiras e utensílios pendurados na parede. E há uma mesa grande... ou melhor, comprida. Ela percorre o comprimento do recinto. É nela que preparamos a comida e tudo o mais, é nesta mesa. Cortamos a comida e tudo o mais e colocamos nas panelas. Pomos as panelas perto do fogo ou sobre ele, dependendo do preparo da comida. O piso também é de pedra, mas são pedras planas. Precisa ser de pedra porque pisos de madeira não duram muito com restos de comida e outras coisas.
D: *Isso faz sentido. Tem muita gente na cozinha fazendo esse trabalho?*
B: Bem, há... deixe-me ver... (Ela deu a impressão de que estava olhando à sua volta e contando.) Tem a cozinheira principal... tem as duas que também ajudam a cozinheira principal. E tem um punhado de nós que cortamos, descascamos e coisas assim. E tem os dois cachorros, também.
D: *Os cães estão sempre na cozinha?*
B: Sim. Eles ajudam a impedir que o chão fique cheio de restos.
D: *Ah. Quer dizer que quando vocês estão cozinhando, jogam coisas no chão?*
B: Sim, no meio da palha.
D: *Ah, então há palha no chão, em cima da pedra?*
B: Sim, a pedra é bem fria, especialmente no inverno. Por isso, pomos palha no chão para que não fique tão frio. Somos apenas serviçais, e por isso não usamos nada para cobrir os pés.
D: *E então vocês simplesmente jogam os pedaços de comida no chão sobre a palha?*

B: Sim. Na sala de jantar, quando os nobres estão comendo, fazem a mesma coisa. Os ossos e coisas assim são jogados no chão e os cães dos nobres comem esses restos.

D: *Então, também há palha no chão da sala de jantar. Puxa, deve haver muitos cachorros na casa.*

B: Só o número normal para uma casa deste porte.

D: *E qual seria o número normal?*

B: Não pensei muito nisso. Eu diria que oito a dez.

Ela prosseguiu com a descrição da casa. "Temos corredores que vão da sala de jantar para outros lugares desse... lugar. E ali não há palha no chão, porque as pessoas não ficam nos corredores. Passam por eles para ir a outra parte do lugar. Ouvi as moças que trabalham nos quartos dizer que os quartos são muito lindos, com tapeçarias e coisas assim. E têm tapetes no chão.

D: *Ouvi dizer que as tapeçarias servem para manter a casa mais quente. É verdade isso?*

B: Sim, é verdade, pois há correntes de vento. Ademais, mesmo que não haja correntes, o frio das paredes, que são feitas de pedra, esse tipo de frio irradia-se – é esta a palavra? – para dentro. Chega nos ossos. E as tapeçarias ajudam a segurar um pouco o frio.

D: *A casa tem janelas?*

B: Janelas são aberturas nas paredes que não são portas? (*Sim*) Geralmente, são longas e estreitas. E têm venezianas sobre elas. São usadas principalmente no verão para ajudar na ventilação. E são feitas de maneira a poderem ser usadas pelos arqueiros.

D: *Estava pensando que seria preciso ter algum meio de fechá-las, ou do contrário ficaria frio.*

B: Sim, as venezianas fazem isso.

D: *E assim os arqueiros podem atirar por elas, é isso?* (*Sim*) *Por quê? Às vezes vocês correm perigo?* (*Sim*) *Há outras lareiras na casa?*

B: Claro. Cada cômodo tem uma lareira, no mínimo. A sala de jantar tem duas. Na cozinha, a lareira é tão grande que nem é preciso uma segunda. Mas todos os outros cômodos têm lareira... Exceto a sala no alto da torre. Ouvi dizer que lá tem um maravilhoso escudo de metal no qual se mantém um fogo permanente. Nunca fui lá. Foi o que ouvi dizerem outras serviçais.

D: *Quer dizer que é um recipiente no qual se põe fogo?*

B: Chamam-no de escudo, e ouvi dizer que é como uma panela muito rasa, mas muito grande. Uma curva muito gradual, muito grande e redondo. E no centro dele, há um fogo que é mantido aceso. E ouvi uma coisa intrigante, que ele fica suspenso do teto por correntes. Desconfio que o senhor da casa está envolvido com coisas profanas naquela sala. Dizem que ele invoca espíritos com o escudo. Mas ninguém fala sobre isso.

D: *Acho que sei o porquê. Mas parece que com um modo interessante de aquecer a sala, essa casa deve ter mais coisas do que parece.*

B: Ouvi dizer que ele não funciona bem em cômodos maiores, que é bom para cômodos pequenos. Mesmo assim, seria preciso ter uma das janelas parcialmente aberta para que a fumaça pudesse sair.

D: *Ah, sim. As lareiras têm chaminés, não têm?* (Sim) *Mas você disse que nunca esteve naquela sala?*

B: Não. Na verdade, não conheço ninguém que possa realmente dizer que já esteve lá. Ouvi dizer coisas. Talvez um ou dois serviçais tenham estado lá para limpar a sala. Nessas ocasiões, certamente o lorde já teria escondido bem seus implementos profanos. Mas disseram que era uma sala bem incomum.

D: *Bem, você nunca sabe se algumas das coisas que ouve são verdade ou não. Podem apenas ser conversa mole.*

B: Pode ser. Mas todos sabem que aquela sala não tem chaminé, e por isso deve haver um meio de aquecê-la. Se é que é aquecida.

D: *Ele passa muito tempo lá dentro?*

B: Não sei. Creio que passa várias noites lá. Dizem que o lugar contém muitos pergaminhos. Sabe, aquilo que os nobres usam para escrever. E pode ser que tenha alguns conhecimentos armazenados lá.

D: *Você sabe ler?*

B: (Enfática) Não! Isso é uma coisa que os nobres fazem. Tampouco ser contar direito. Mas preciso saber um pouco para ajudar na cozinha.

D: *Então, só os nobres seriam capazes de ler alguns pergaminhos que ele possui.* (Sim) *Qual a sua idade? Você sabe?*

B: Ah... (pensando) dizem que estou aqui há... (Sem muita certeza) quinze anos? Talvez dezesseis.

D: *Então, você é uma jovem.*

B: Tenho idade para casar.

D: *Mas você acha que nasceu aí?*

B: Creio que sim. Não me lembro de mais nada.
D: *Você conhece sua mãe ou seu pai?*
B: Tenho vaga lembrança de minha mãe. Não conheço o meu pai.
D: *Sua mãe é viva?*
B: Morreu quando eu era muito jovem.
D: *Foi por isso que você ficou aí?*
B: Eu teria ficado de qualquer maneira. Meu lugar é aqui.
D: *Então, outras pessoas da casa cuidaram de você?*
B: Imagino que sim.
D: *Mas isso é tudo de que você se lembra, trabalhar nessa cozinha?*
B: Isso é o que faço quando estou trabalhando. Mas entre uma refeição e outra ou nos feriados, vou ao campo.
D: *Quer dizer que você ajuda no campo?*
B: Não, não, só saio. Desfruto o ar livre com outras pessoas da minha classe.
D: *Bem, e nessa casa você tem um lugar para dormir?*
B: Sim. Há um lugar perto da cozinha, do lado do... sabe como é, cada uma de nós dorme em lugares distintos conforme aquilo que encontramos para dormir. O lugar onde durmo é... um cantinho sob um lance de escadas. É quase como um armário. E eu reclamei esse lugar para mim. As outras serviçais não o consideram desejável porque é apenas um pequeno armário, sem janelas ou coisas assim. Mas elas não perceberam que a parede dos fundos do armário fica muito perto da parede dos fundos da lareira, e por isso fica sempre quente no inverno.
D: *Então, você sabia o que estava fazendo quando pediu aquele espaço. (Riso)*
B: Sim. Se eu quero ar fresco, saio de dia, mas à noite preciso me manter aquecida.
D: *Você tem uma cama ou alguma coisa sobre a qual dorme naquele quartinho?*
B: Durmo no chão. Às vezes, quando o dono da casa joga fora uma capa, eu a pego e ponho-a no chão.
D: *E então, você fica aquecida. (Sim) Que tipo de roupas você está usando? Como são suas roupas?*
B: Uso uma saia, blusa com corpete e um lenço.
D: *De que cores são?*
B: Não têm uma cor definida. São tingidas da cor do carvalho. Pode chamar de marrom acinzentado. Minha saia é marrom claro e

minha blusa tem cor creme escuro. Nunca foi tingida. Meu corpete é marrom escuro. E meu lenço... uso o lenço em torno da cintura. Ele já foi azul, mas esmaeceu e hoje é acinzentado.
D: *De tanto lavar?* *(Sim) Você usa alguma coisa na cabeça?*
B: Não. Às vezes, no verão, uso o lenço na cabeça.
D: *Qual a cor de seus cabelos?*
B: Ficam entre dourado e ruivo.
D: *Você os penteia de determinada maneira?*
B: Não. Só os escovo.
D: *Estava curiosa para saber se o seu povo usa cores alegres nas roupas.*
B: Os serviçais não fazem isso. Não seria apropriado.
D: *Só os nobres podem usar cores alegres?*
B: Na verdade, não são cores alegres, são cores puras, pois as nossas cores sempre são esmaecidas. Eles usam cores puras e meio escuras. Cor de vinho. Roxo, púrpura, azul, dourado, preto. Sabe, cores puras. As minhas roupas têm cores como marrom-acinzentado. Sabe como é? Cores intermediárias.
D: *Mas todos os outros serviçais se vestem com roupas dessas cores?* *(Sim) Os homens se vestem de forma diferente?*
B: Sim. Depende se você é um nobre ou um serviçal. Os serviçais, que são mais práticos, optam por calças curtas. Elas chegam até as panturrilhas. E uma camisa e um colete. Geralmente, um chapéu. As serviçais trajam-se como eu, uma saia e uma blusa, com um corpete e um lenço. A maioria usa os lenços na cabeça. Uso o meu na cintura porque sou magra o suficiente para poder amarrá-lo em torno da cintura. Além disso, tem outra mulher na casa que é bem simplória. Ela tem ciúme dos meus cabelos, e por isso recuso-me a cobri-los. (Ela sorriu e eu ri.) Os nobres usam mantos que vão até o chão e cobrem as cabeças com belas cores de acordo com sua condição social. As mulheres usam vestidos longos com mangas compridas e cores variadas.
D: *Vocês usam algum tipo de cobertura para a cabeça?*
B: Depende do status da pessoa. Há chapéus e quepes de diversos formatos. Alguns têm véus presos neles, outros não. Os chapéus têm diversas formas. Alguns são ajustados à cabeça, envolvem-na como um turbante. Outros têm abas, copas e coisas assim. Cada formato significa uma coisa diferente.
D: *Sabe o que significam?*

B: Só os que eu vi. Os religiosos, os sacerdotes, usam chapéus de diversos formatos segundo sua posição no sacerdócio. O nobre que está envolvido com a lei usa um tipo de chapéu. E o nobre que está envolvido com o legislativo – seria essa a palavra? – usa outro tipo de chapéu.

D: *Legislativo seria aquele que cria as leis. Seria algo mais complicado, acho.*

B: Um interpreta a lei como ela é, o outro ajuda a criar novas leis quando novas leis se fazem necessárias.

D: *Essa é a palavra certa então.*

B: E alguns nobres que estão apenas envolvidos com a terra têm outro tipo de chapéu. E alguns nobres estão envolvidos com o comércio, então teriam outro tipo de chapéu.

D: *E você consegue identificá-los segundo aquilo que usam. (*Sim*) E o senhor da casa? Ele usa algum chapéu específico?*

B: Ele está envolvido com terras, e por isso usa um chapéu desse tipo. Tem uma copa baixa. Tem uma aba generosa, com uma forma peculiar. Não sei descrevê-lo melhor. Geralmente, é preto.

D: *Como vocês chamam o senhor da casa? Ele tem um título?*

B: Nós o chamamos de "meu lorde".

D: *O lorde?*

B: Meu lorde. Ou "mestre". Ele é um duque.

D: *Você sabe o nome dele? Tem algum nome além disso?*

B: Ummm, um de seus nomes é Paul. (Pausa) Não sei mais nada além disso. Ele tem alguns sobrenomes, disso tenho certeza. Mas nunca consigo lembrá-los e por isso não me preocupo. Às vezes, minha memória não é boa.

D: *Mas você só tem um nome?*

B: Sim. Chamo-me Astelle. (Pronunciei seu nome e ela me corrigiu, posicionando o acento na primeira sílaba.)

D: *Então, os serviçais não costumam ter nome e sobrenome?*

B: Não. Às vezes, artesões da aldeia, como o ferreiro ou seja lá quem for, têm um rótulo descrevendo o que fazem, como John, o ferreiro. Mas não é um nome, é apenas uma descrição.

D: *É porque pode haver mais de um John. (*Sim*) Estava pensando, Astelle não é um nome comum para mim.*

B: Aqui também não é. Não sei porque minha mãe me deu esse nome. Ouvi dizer que o nome tem um significado relacionado com as estrelas. Mas não tenho certeza, a menos que seja por causa da cor dos meus cabelos.

D: *Ruivos e dourados? (Hã-hã) Você é feliz aí?*

B: Creio que sim. Não sei. O que é felicidade? O que é tristeza? Vivo dia após dia.

D: *Ah, dizem que a felicidade é um estado mental. Pelo menos, você não se sente miserável, sente? Não sei se você sabe o que significa essa palavra.*

B: Eu sei o que significa a palavra. Tenho o que comer e um lugar para dormir.

D: *Bem, acho que se as pessoas não estivessem felizes num lugar, iriam querer estar noutro lugar.*

B: Volta e meia, fico me perguntando o que existe além daquilo que consigo ver. Mas não estou em posição de viajar.

D: *Então, se você tivesse a oportunidade, não iria mesmo a lugar algum. É isso?*

B: Não. Eu iria viajar. Mas não estou em posição de sair viajando sem motivo algum. Se o meu senhor me mandar para algum lugar, irei.

D: *Mas se você não está realmente feliz, pelo menos está contente. Seria uma boa palavra? (Ela pareceu confusa.) Está tudo bem.*

B: Está tudo bem.

D: *Então, você não está sendo maltratada.*

B: (Riso) Só pela nobre que tem ciúme de meus cabelos. Ela gosta de bater em mim.

D: *Gosta? E por que ela bate em você?*

B: Porque ela é feia e eu não sou.

D: *Acho que isso não lhe dá esse direito.*

B: Bem, ela é uma nobre e sou uma serviçal. Isso lhe dá um motivo. Se ela quiser bater em mim, ela pode.

D: *Ela seria a senhora da casa?*

B: Não. Ela é prima da senhora da casa, ou algo assim.

D: *Então, ela mora aí. (Sim) Como você a chama? Ela tem nome?*

B: Ela é a Dama Joslyn.

D: *Você procura evitá-la?*

B: Fico aqui na cozinha e trabalho. Às vezes, porém, ela desce. Sempre que está se sentindo zangada com alguma coisa, ela desce para me bater.

D: *Ela desconta em você, que não tem nada a ver com o problema.*

B: Bem, é prerrogativa dela. Ela é uma nobre.

D: Você guarda rancor dela por isso? Sabe o que isso significa?
B: Sei o que isso significa. Ah... eu até espero isso acontecer. Não guardo rancor dela, mas sinto que ela tem raiva de mim. Pois há outra coisa nisso tudo. Há um jovem nobre que foi mandado para cá como pajem. Ele chegou ao posto de valete e em breve vai se tornar cavaleiro. Ela se interessou por ele, mas ele não retribui seu interesse. E ela não consegue entender o porquê. Pois ela não sabe que... ele e eu somos amantes.
D: É? Como isso aconteceu?
B: Em dias de sol, valetes, pajens e cavaleiros ficam no pátio, praticando suas técnicas. Às vezes, pedem que lhes levem comida para não precisarem interromper o que estão fazendo. Geralmente, é meu trabalho e de outras duas levarem a comida para eles.
D: E foi assim que vocês se conheceram? (Sim) Mas ele não tem um status... diferente?
B: Sim. É por isso que não podemos nos casar. Mas ele afirma que me ama de verdade. Sei que eu o amo de verdade. Não me preocupo com isso. Uma coisa que aprendi é que devemos tomar cada momento tal como ele vem. E não me preocupar com as consequências, pois o que vai acontecer vai acontecer, e assim você recebe aquilo que for bom quando acontecer.
D: Como ele se chama?

(Tive dificuldade para entender e tentei pronunciar o nome que ela deu. Ela precisou repeti-lo várias vezes. Parecia ser Thoroff, fonético.)

D: Qual a aparência dele?
B: (Dito com amor) Ele é alto e bonito. É forte. Seus cabelos são como linho, bem claros. E ficam brancos quando ele passa muito tempo no sol. Sua pele adquire uma cor dourada quando ele está no sol. É um homem bonito de se ver. Seus olhos são azuis como o céu.
D: Faz tempo que vocês se encontram como amantes?
B: Agora, faz mais ou menos um ano.
D:Bem, e onde vocês se encontram? Ele não poderia simplesmente aparecer na cozinha, poderia?
B: Não, ele não poderia. Às vezes, ele vai até meu cantinho. Às vezes, nós nos encontramos lá fora. Vamos a certo lugar no bosque nos dias mais quentes. Quando está frio, encontramo-nos nos estábulos. Não podemos ir onde ele dorme, pois todos os

cavaleiros, valetes e que tais ficam juntos em quartos grandes. Eles dormem juntos, em grupos. Não podemos ir lá.

D: Você acha que ainda conseguirão se encontrar depois que ele se tornar cavaleiro? Ele terá um status ainda maior.

B: Sim. Vamos continuar a nos encontrar enquanto ele estiver aqui neste lugar. A Dama Joslyn está tentando dificultar nossa vida. Ela está sempre chamando por ele para atendê-la. (Riso) Às vezes, ela tenta chamá-lo para atendê-la em momentos inadequados do dia. E o senhor duque tem ficado um tanto quanto escandalizado com isso. Ele não culpa Roff, pois sabe como é a Dama Joslyn. Mas a Dama Joslyn está desesperada para conseguir um marido. Ela não é bonita. Tem voz feia. E só pensa nela mesma. Não é uma pessoa agradável para se ter por perto.

D: Ela está ficando velha? É por isso que está desesperada?

B: Sim, ela é solteirona

D: Quantos anos ela tem?

B: Tem... vinte e quatro, vinte e cinco?

D: Ah, é uma idade na qual já deveria estar casada?

B: Ah, sim.

D: Você disse que ela o chama em momentos inadequados do dia. O que você quis dizer?

B: Ela o chama para atendê-la, como... um pouco depois da hora do jantar. E ela tenta mantê-lo até altas horas da noite, como se estivesse tentando comprometê-lo. E vai tentar alegar que está com um bebê para que tenham de ficar juntos.

D: Ah, assim ele teria de se casar com ela. É assim que funciona?

B: No caso dela, sim. Mas ele me disse que seus ardis não vão funcionar. (Sorrindo) Ele disse que ela é tão hedionda que ele nem consegue levantá-lo.

D:(Riso) Mas é por isso que ela o chama sempre para o quarto dela?

B: Sim. E todas as damas sabem que ela não está grávida, e ela não está apta a conseguir o que deseja.

D: E você disse que o duque está escandalizado com isso? (Sim) Ele não tem certeza de que não está acontecendo nada, tem?

B: Sua senhora lhe diz que não está acontecendo nada. Mas a razão para ele estar escandalizado é que a Dama Joslyn está se comportando de maneira inadequada. E ele a está ameaçando de expulsão.

D: (Riso) Você não iria se incomodar, iria?

B: Não, não iria.
D: *É por isso que ela bate em você, pelo ciúme?*
B: Sim. Disseram-me que sou bonita. Nunca me vi. Não sei dizer. Gosto da cor dos meus cabelos. Roff diz que sou bela, mas Roff não é objetivo.
D: *(Riso) Já ouviu falar em algo que chamam de "espelho"?*
B: As damas da casa possuem pedaços de metal polido nos quais podem ver seus reflexos. Quando estão se preparando para o jantar, para um baile ou algo assim, seus serviçais pessoais seguram-nos para que elas possam se ver. Mas é algo muito fraco.
D: *Mas você nunca se viu num espelho desses? (Não) Bem, dá a impressão de que sempre que ela fica zangada com qualquer coisa, ela desconta em você. É isso?*
B: Sim. Depois, ela desconta em seus serviçais pessoais.
D: *Ela deve ser muito temperamental.*
B: Sim, e essa é uma das razões pelas quais ela não é muito popular. Seu temperamento acompanha sua voz. Ela guincha. (Eu ri.)
D: *Então, o duque tem uma família grande que vive com ele?*
B: Ah, sim. Uma família grande e uma comitiva grande.
D: *Ele tem filhos?*
B: Sim. Dizem que ele também tem muitos filhos ilegítimos com as serviçais. Desconfio que ele seja meu pai. Naturalmente, porém, não tenho permissão para falar sobre isso.
D: *Ele tem idade para isso?*
B: Ah, sim, ele tem quarenta e poucos anos.
D: *Pelo menos, ele cuida dos filhos, caso saiba quem são. É isso mesmo?*
B: Sim. Ele permite que fiquem aqui e tenham um lugar para morar e trabalhar. E sua senhora, a dama Evelyn, cuida de tudo. Dizem que minha mãe era muito bonita. Não foi à toa que o duque a seduziu.
D: *Isso é comum entre as serviçais?*
B: O que?
D: *Misturarem-se assim com a realeza?*
B: É prerrogativa do duque. Se ele quiser dormir com uma de suas serviçais, pode fazê-lo.
D: *Elas não têm nada a dizer sobre isso?*
B: Não, é considerado uma honra ser escolhida para dormir com o duque. Mas já se notou que há algumas que, por mais belas que

sejam, ele não escolhe. E, mesmo assim, trata-as com gentileza. Desconfia-se que as pessoas que ele trata assim são seus filhos.

D: *Ah. É bem possível. Bem, não dá para saber. – Você sabe o que é religião?*

B: Religião? Como a igreja?

D: *Sim. Nesse lugar onde você mora, pratica-se algum tipo de religião?*

B: Há a santa igreja romana.

D: *Essa é a crença do povo?*

B: Essa é a crença da realeza. Dos nobres. Nós, os serviçais, temos outras fontes de crença. Mas isso não é muito conhecido fora de nossos próprios círculos.

D: *Você pode me falar sobre isso?*

B: Se quiser. Mas você não deve dizer nada à realeza, pois seríamos punidas de maneira bastante drástica.

D: *Pode confiar sempre em mim, não vou contar nada a ninguém.*

B: Você não é da Inquisição?

D: *Oh, não. Não, sou como uma amiga para quem você pode dizer qualquer coisa.*

B: Penso eu que você tem um pouco do espírito familiar.

D: *Como assim? (Eu não tinha entendido.) O que é um espírito pouco familiar?*

B: Um espírito familiar, não um espírito pouco familiar.

D: *Ah, pensei que você tivesse dito pouco familiar. (Riso) Um espírito familiar seria uma coisa que você reconhece ou com a qual se sente à vontade?*

B: Há maneiras de se identificar espíritos familiares. Sabe, certa vez o duque estudou um pouco a nossa religião, mas distorceu-a e usa-a para seus próprios fins. Há alguns entre os serviçais que seguem os velhos costumes. E a igreja está tentando acabar com isso.

D: *É essa a Inquisição de que você estava falando? (Sim) O que faz a Inquisição?*

B: A Inquisição interroga e tortura você, e depois a executa.

D: *Eles procuram pessoas que acreditam em coisas que são diferentes? Como eles ficam sabendo?*

B: Eles não sabem. Procuram apenas pessoas para saciar seus prazeres doentios. Qualquer um que ouse pensar de maneira diferente. Qualquer um que ouse olhar de onde está e enxergar algo mais, independentemente de ser cristão ou não. Qualquer um que aja de maneira um pouquinho diferente. Qualquer um que tenha uma aparência um pouquinho diferente.

D: Não parece ser muito religioso fazer coisas assim.

B: Não. E foi por isso que não fui educada na igreja.

D: Bem, você disse que achava que o duque tinha adotado algumas práticas, distorcendo-as. (Sim) Você acha que é isso que ele faz na sala da torre?

B: Sim, ele invoca o lado maléfico das coisas. Mas a Inquisição não ousa tocar nele, pois ele é muito poderoso. Por isso, eles se valem daqueles, como nós, que não podem revidar.

D: Então, você precisa ser cautelosa. Ouvi falar um pouco sobre os velhos costumes. Pode me falar um pouco sobre o que significa isso?

B: Acompanhamos os ciclos da Terra. Há poderes na Terra e na lua pelos quais a deusa se revela. Se você trabalhar em harmonia com esses poderes, podem acontecer coisas maravilhosas em sua vida. Essa é uma das razões pelas quais não me preocupo com Roff e a Dama Joslyn. Pois o bosque ao qual o levo quando saímos à noite é um lugar especial de poder. E toda vez que vamos lá, nossos vínculos se fortalecem.

D: Por que ele é um lugar especial de poder?

B: É um bosque da deusa. É um grupo de treze carvalhos.

D: Vocês fazem rituais ou reuniões lá?

B: Sim. Mas não tenho permissão para falar disso.

D: Tudo bem. Mas quero que você saiba que pode confiar em mim. Quando estiver pronta, um dia, poderá me dizer. Pois saiba que sempre vou ouvi-la. – A deusa tem um nome? Ou é chamada só de deusa?

B: Nós a chamamos apenas de deusa. Dizem que ela tem muitas nomes, pois tem muitas faces. A deusa está sempre mudando com as estações e as fases da lua. Assim, tem muitos nomes para se relacionar com tudo isso. É muito complicado acompanhar todos os seus nomes. Por isso, referimo-nos a ela como a deusa ou a mãe Terra.

D: Assim, fica muito mais fácil. Então, vocês chamam sua religião de "velhos costumes"? (Sim) Ela não tem outro nome?

B: Não que eu saiba. É assim que a chamamos.

D: Certo. Mas dá a impressão que você tem problemas com Dama Joslyn.

B: Tudo bem. Sabemos que tudo precisa se equilibrar, mais cedo ou mais tarde. Ela está forçando demais seu lado da balança. Assim, quando esta voltar ao ponto de equilíbrio, ela será destruída nesse processo.

D: *É assim que funciona?*

B: Sim. É por isso que você precisa manter-se em harmonia, para não ser destruída por coisas em desequilíbrio.

D: *Você já teve outros namorados na casa?*

B: Não. Alguns nobres jovens tentaram se engraçar comigo, mas Roff os impediu.

D: *Então, ele foi basicamente o único.*

B: Ele é o único.

D: *Bem, e o que faz um pajem na casa? Eles têm certos deveres?*

B: Sim. Quando chega um garoto para ser treinado, ele é um pajem. E faz muitas das coisas que os serviçais fazem, mas o faz para aprender o funcionamento interno do sistema. Ele atende os cavaleiros ou lordes. E fica com eles o tempo todo. Ajuda-os a se vestirem. Leva-lhes comidas e bebidas a seus quartos quando eles assim desejam. E entrega mensagens em nome deles. E quando fica mais velho, torna-se um valete. Nessa época, ajuda o cavaleiro ou o senhor com suas armas. Ajuda a poli-las e a cuidar delas. E ajuda-os a se vestirem para batalhas ou assuntos de estado, como esses. E atua como seu assessor. Enquanto isso, ele mesmo está passando por um treinamento com armas junto ao mestre armeiro. E então, quando chega a certo grau de desenvolvimento, começa a fazer as coisas que os cavaleiros fazem para poder ser treinado e, um dia, tornar-se cavaleiro.

D: *Eles precisam passar por todos esses estágios antes de poderem se tornar cavaleiros. (*Sim*) Ele também nasceu nessa casa?*

B: Roff? (*Sim*) Não. Os filhos de uma família são sempre enviados para serem treinados por outra família, para que tenham certeza de que serão treinados adequadamente.

D: *Então, ele veio de outro lugar. E como cavaleiro, seria isso o máximo a que ele poderia aspirar?*

B: Não. Esse seria o ponto mais alto de seu treinamento. Ele terá completado o treinamento de que precisa para saber como assumir uma posição na vida.

D: *Quais seriam os deveres de um cavaleiro?*

B: O cavaleiro defende e luta. O cavaleiro também acompanha pessoas importantes e as mantém seguras, longe de ladrões e salteadores. Além disso, se o duque precisa enviar uma mensagem importante para algum lugar distante, o cavaleiro entrega a mensagem e traz a resposta, assegurando-se de não ser detido por ninguém em seu caminho.

D: *Temos uma palavra para uma pessoa assim: "soldado". Achei que ele poderia ser parecido. Você disse que ele defende.*

B: Não conheço essa palavra.

D: *Seria muito similar. Eles usam armas e defendem.*

B: Além disso, em tempos de paz, quando os cavaleiros não lutam muito, eles promovem torneios para ajudá-los a se manterem em forma e poderem continuar hábeis na defesa.

D: *Ouvi falar disso. Você já assistiu a um?*

B: Ah, sim. É sempre um dia festivo e todos vão assistir. Naturalmente, os serviçais precisam ficar em seu lugar e não podem se misturar com os nobres. Mas é divertido assistir, e sempre torço por Roff.

D: *Em que tipo de dia festivo vocês promovem os torneios?*

B: Como assim?

D: *Você disse que eles se realizavam principalmente em dias festivos?*

B: Sim. Sempre que vai haver uma justa, todos...

D: *Ah, eles o tornam um dia festivo. (Sim) Eu pensei que aconteciam em dias específicos.*

B: Bem, o Dia de Maio, o primeiro dia de maio, é sempre uma data importante para as justas.

D: *Por que o Dia de Maio é importante?*

B: Bem, nós sabemos a verdadeira razão, embora a igreja não o admita. É um dia importante para os velhos costumes. É o começo da primavera e de nova vida para a Terra.

D: *Eu achava que a primavera começava antes.*

B: Na verdade, é. E aqueles de nós envolvidos com os velhos costumes sabem disso. E a comemoramos mais cedo. Mas aqueles que não são dos velhos costumes e que estão envolvidos com a igreja não sabem disso. E comemoram-na no Dia de Maio.

D: *Por que a igreja a comemora no Dia de Maio?*

B: A igreja tem suas razões. Eu não tenho ideia. Deve haver algum santo ou coisa assim no passado que fez alguma coisa nesse Dia de Maio.

D: *Então, eles podem usar a data como uma desculpa para comemorar?* (Sim) *Bem, tudo isso foi muito interessante. Agradeço-lhe por me contar essas coisas. Posso voltar e tornar a conversar com você sobre isso?* (Sim) *E visitá-la desta maneira?* (Sim) *Você compreende que não lhe desejo mal algum, não?*
B: Você me dá a sensação de um espírito familiar. Mas preciso esperar um pouco para ter certeza de que você passa no teste.
D: *É? Que tipo de teste?*
B: Quando acontecer, você saberá.
D: *Hmmm. Interessante. É você que vai me testar?*
B: Pode ser. Ou talvez outra pessoa.
D: *E o que aconteceria se eu não passasse no teste?*
B: Então, eu iria bani-la e não voltaria a falar com você.
D: *Bem, não estou preocupada. Sei que não lhe desejo fazer mal.*
B: Isso contará a seu favor no teste.
D: *Sou apenas curiosa e desejo saber muitas coisas. É por isso que faço tantas perguntas. Mas nunca iria prejudicá-la.*
B: Isso é bom, pois não lhe seria permitido.
D: *Mas gosto de visitá-la. Se tiver alguma coisa que você quer me dizer e não quiser que ninguém mais saiba, estou sempre às ordens.*
B: Muito bem.
D: *Todos precisam de uma coisa assim.* (Sim)

Isso foi tudo que Astelle me disse sobre o misterioso "teste" que seria realizado. Trouxe Brenda de volta à consciência plena e não comentei sobre a curiosidade acerca do teste, ou como e quando seria realizado. Será que eu ficaria sabendo? Não tinha ideia do que Astelle me reservava. Mas sabia que teria de ganhar sua confiança se quisesse que ela continuasse a compartilhar informações comigo. Queria saber particularmente mais sobre a prática dos "velhos costumes".

Capítulo 5
O teste
(Gravado em 6 de maio de 1986)

Usei a senha e voltamos até sua vida como Astelle.

D: Voltamos agora à época em que Astelle estava viva. O que você está fazendo?
B: Estou na cozinha. Estou na mesa no meio do cômodo. Estou ajudando a preparar comida. Hoje à noite, teremos um banquete.
D: Que tipo de comida você está preparando?
B: Vegetais, em sua maioria. Estive preparando diversos recheios para os assados. Isso inclui cortar os vegetais e outros ingredientes, acrescentando os temperos. Temos um leitãozinho para rechear. E também um cordeiro assado. E um pouco de carne de veado.
D: De onde vêm as verduras?
B: Dos fazendeiros. Há muitas hortas ao redor da propriedade. Esta propriedade tem terrenos onde os lordes e as damas podem se divertir. Mas adiante deles, temos hortas. Os fazendeiros trazem parte de suas colheitas para compensar seus impostos.
*D: É? Precisam pagar tributos ao lorde? (*Sim*) Você vai poder comer essa comida?*
B: Depois que os nobres estiverem satisfeitos. O que sobrar e que os cães não comerem. Mas aqui na cozinha é mais fácil conseguir comida. É preciso prová-la antes de levá-la à mesa.
*D: Ah, você precisa prová-la? (*Sim*) Qual é o motivo para o banquete?*
B: Alguns parentes distantes do lorde vieram visitá-lo. Estão aqui para ajudar... não estou a par de todas as implicações. Creio que desejam arranjar casamentos enquanto estão aqui. Além disso, querem fazer um acordo de auxílio mútuo em tempos de guerra e coisas assim. Também vieram festejar e participar do banquete enquanto celebram esses contratos e acordos.
D: Você disse que vieram de longe?

B: Sim, uma viagem de vários dias.
D: Essas pessoas já estiveram aqui antes?
B: Sim, mas faz muito tempo. Na época, eu era uma garotinha.
D: Você falou de guerra. Acha que haverá uma guerra?
B: Nunca se sabe. Há sempre desentendimentos e conflitos. É sempre bom ter acordos e contratos à mão, caso surja a necessidade.
D: Eles vêm de um país diferente ou de outra parte deste país?
B: Vêm do leste daqui. Da França.
D: Antes, você não chegou a me dizer o nome desse país onde você vive. Sabe como se chama?
B: Já ouvi chamarem-no por vários nomes. Os comerciantes chamam-no de Flandres. Acho que ouvi outros nomes, nomes que pessoas de outros países usam. E são palavras que não sei pronunciar.
D: E você disse que querem arranjar casamentos? Que tipo de casamentos?
B: Um casamento é um casamento.
D: (Riso) Quero dizer, com pessoas que vivem na casa? Como seria?
B: Sim. Com pessoas que vivem na casa e pessoas com as quais estão relacionadas. E talvez com pessoas de sua comitiva.
D: Há uma pessoa específica na casa que queira se casar? (Naturalmente, estava pensando na Dama Joslyn.)
B: (Sorrindo) Sim, mas ela tira o chapéu para Roff.
D: (Riso) Eu estava pensando em Joslyn. Você acha que eles podem tentar arranjar um casamento entre Joslyn e outra pessoa?
B: Sim, pois seria um casamento mais adequado para ela. Roff é um valete, prestes a se tornar cavaleiro. Mas ele não nasceu numa família tão nobre quanto a Dama Joslyn.
D: Ela poderia se casar com ele caso quisesse?
B: Sim, mas ela não tem uma visão muito clara sobre isso. Assim...
D: Quer dizer que ela não tem nada a dizer sobre a pessoa com quem vai se casar?
B: Ah, teria, se quisesse. É que o lorde sabe que seria melhor se ela se casasse com outra pessoa. Por isso, ao que parece, ele vai insistir nisso.
D: E como você se sente a respeito? E se ela for embora ou se casar com outra pessoa?
B: Ah, eu gostaria muito disso. A vida seria muito boa para mim.
D: Ela ainda a trata da mesma maneira?

B: Sim. Às vezes, parece que me trata ainda pior. Pois fica claro para todos que sou mais bonita do que ela. Trabalho na cozinha e preciso usar a mesma roupa todos os dias – é a única que tenho – e não tenho as belas joias que ela tem, nem os pós e coisas do gênero que ela passa no rosto. E ouvi dizer que as pessoas concordam que sou a mais bela das duas, embora não use pós no rosto, joias ou coisas parecidas. Ela não liga para isso. E fica particularmente furiosa quando me ouve cantar.

D: *Você gosta de cantar?*

B: Ajuda o dia a passar.

D: *E o que você costuma cantar?*

B: Melodias comuns. Geralmente, cantarolo coisas que invento enquanto estou trabalhando. Nem presto atenção no que estou cantando, e as pessoas dizem, "Cante de novo". Eu respondo, "O que eu estava cantando?" Não presto mesmo atenção. As pessoas dizem que a minha voz é agradável. Mas a voz da Dama Joslyn (sorrindo; eu ri)... parece-se com a dobradiça enferrujada de uma porta.

D: *(Riso) Isso não parece ser um elogio. Bem, você canta alguma música que outras pessoas também cantam?*

Estava tentando levá-la a cantar para mim alguma coisa que eu pudesse conferir posteriormente. Isto já havia acontecido no passado com outro paciente, que tinha sido menestrel noutra vida.

B: Não sei. Canto apenas aqui na cozinha. Geralmente, para mim mesma, pois não gosto de incomodar os outros. Por isso, esqueça que mencionei o canto.

D: *Só estou curiosa porque gosto de música. E estava me perguntando se havia alguma canção que sempre era cantada, uma que você estaria repetindo.*

B: Não sei. Não costumo me misturar muito com as pessoas, estou sempre aqui na cozinha. Não vou às suas comemorações.

D: *Certo. Mas eu gosto de música, foi por isso que fiquei curiosa. – Você me disse que às vezes, Joslyn bate em você. É verdade?*

B: Sim. Com sua escova.

D: *Ela é grande?*

B: Ela... tem dois palmos de largura.

D: *Então, é grande. As escovas que conheço são menores. Não imaginava que pudessem doer tanto.*
B: Fico tentando lhe dizer que... Olhe, as escovas são raras, difíceis de se encontrar e difíceis de se produzir. A maioria das pessoas usa pentes. Tento lhe dizer que ela vai estragar sua escova e então não terá outra. Mas ela ainda teria o cabo, e é com ele que ela me bate.
D: *(Riso) Ela não liga.*
B: Não, nunca ligou.
D: *Ela chegou a conseguir seduzir Roff?*
B: Não. Pois há uma parte da mente que precisa cooperar, e, se ela não cooperar, a sedução não funciona. Ela grita com ele, arranha seu rosto, dá tapas nele, porque ela diz que ele está totalmente apaixonado por mim.
D: *Ela não consegue entender isso, não é?*
B: Não. Ou talvez tenha entendido bem demais e não goste disso.
D: *Pode ser. Sabe, uma vez conversamos sobre a sua religião. Estou curiosa sobre ela.*
B: É a harmonia com a Terra.
D: *Há muitas que praticam os velhos costumes?*
B: Mais do que a igreja suspeita... E nós... idealizamos um teste para testá-la.
D: *É? Bem, estou curiosa.*
B: E... nós a testamos. Você é quem você diz que é. E você não faz parte da Inquisição. Portanto, vou responder às suas perguntas.
D: *Quando vocês me testaram? Eu estava sabendo disso?*
B: Não. Nós não queríamos que você percebesse, pois você estaria alerta.
D: *Nós quem?*
B: Eu e outras deste lugar. Deve haver um nome para este lugar. Sei o nome na minha língua. Mas esta língua que pareço estar usando, ah...
D: *Qual é a palavra na sua língua? Como você o chamaria?*
B: Um momento. Não me confunda. Tem a palavra "castelo", mas ela não seria certa. Tampouco "mansão". Estou descobrindo estas palavras. Estou tentando ver qual a mais adequada. Fortaleza! Fortaleza. Nesta fortaleza.
D: *Mas é assim que você o chama em sua língua? Você disse que havia outra palavra.*

B: Não, isto é na língua... em sua língua. É muito mais bonita do que uma fortaleza comum. É algo entre uma fortaleza e uma mansão.
D: Sim. Mansão é uma casa muito grande. E os castelos também são muito grandes.
B: Sim. A fortaleza, a torre de menagem,** é mais uma construção militar estratégica, ao que parece. Esta tem localização estratégica. É fortificada, mas não tanto quanto um castelo. É como uma mansão fortificada.

** Expressão inglesa correspondente a donjon, em francês, indicando a parte mais robusta da fortificação de um castelo, o lugar de último recurso no caso de cerco ou ataque. Geralmente, a torre de menagem era uma torre única, uma fortaleza ou construção fortificada de maior porte. **

D: *Ah, então é por isso que o nome teria de ser diferente. Compreendo. – Bem, você disse a essas outras pessoas que eu tinha vindo conversar com você? (Sim) Elas não acharam estranho?*
B: Não. É comum conversarmos com vozes desencarnadas. Faz parte de nossa religião. A igreja diria que são demônios, mas não são.
D: *Mas você precisava idealizar um teste antes de ter permissão para tornar a falar comigo?*
B: Não era necessariamente uma permissão para falar com você. Tínhamos de idealizar um teste para termos certeza de que seria seguro, para não causarmos problemas desastrosos para nós.
D: *É? Isso poderia acontecer?*
B: Ah, sim. Você poderia ter sido um truque, uma espiã enviada pela igreja. Alguém que soubesse projetar a voz. E seria desastroso se eu dissesse alguma coisa que a Inquisição pudesse usar.
D: *Sim, e agora você sabe que não vou lhe causar nenhum desastre.*
B: Não. Você é... é difícil descrever, mas o teste... nós a testamos. Você é de outro lugar e de outra época. De algum modo, você consegue projetar sua voz até nós. Mas você não tem conexão alguma com a igreja. E não há como... mesmo que você entregasse todas as informações para a igreja, esta pensaria que você era um demônio e não a ouviria.
D: *Não acreditariam em mim. Isso é verdade. Até na nossa época, eles não acreditam em mim. É para minha própria curiosidade.*

B: Então, você se preocupa com a igreja?
D: *Acho que a igreja nunca vai mudar.*
B: Não, ela não vai. Entretanto, sempre há seguidores do ofício, da religião. Há sempre aqueles dentre nós que respeitam nossa mãe Terra. A grande mãe. Ela tem muitos nomes. E enquanto houver uma pessoa só que seja, uma que respeita a grande mãe, tudo estará bem. Quanto mais pessoas respeitarem a grande mãe, maior será a harmonia. Um dia, a igreja vai desvanecer, murchar e secar. Esse é o ciclo natural de tudo que não está em harmonia com a grande mãe. Ela cresce, ela diminui, ela murcha e seca. A igreja cresceu. Agora, parece estar em seu apogeu e apenas permanece a mesma. Então, vai diminuir, murchar e secar. E a grande mãe ainda estará aqui.
D: *Sim. Você estava falando sobre essa Inquisição. Ela não me parece ser uma parte boa da religião.*
B: Não. Quando uma religião ou coisa do tipo precisa recorrer à força e à violência para se manter, isso significa que ela começou a minguar. E a perceber que para eles o fim está se aproximando. E eles não querem que isso aconteça. O fim pode estar a várias centenas de anos à nossa frente, mas mesmo assim... (ela bocejou e ficou difícil entendê-la) coisas assim são parte do fim.
D: *Creio que quando precisam recorrer a isso, eles parecem mais inseguros.*
B: Bem, sim, eles são inseguros. Estão em desarmonia com a grande mãe. E a principal coisa que garante que a igreja vai murchar e secar é que eles afirmam que um pai celeste é tudo e todos. E não é assim, nem de longe. É a grande mãe.
D: *Creio que eles precisam torná-lo masculino.*
B: Sim, e orientam tudo para a maneira masculina de fazer as coisas. O que não está certo. Quando fazem isso, deixam de lado metade da humanidade.
D: *É verdade. Pois o masculino, na verdade, não pode fazer nada sozinho. Não segundo as leis da natureza.*
B: E seu grande pai nunca teve esposa. Certa vez ele enviou, segundo dizem, seu espírito para engravidar uma virgem sem que ela nunca tivesse conhecido um homem. Isto não é natural. E dizem que ele não precisa de esposa. Isso também não é natural. A grande mãe teve diversos consortes e amantes. E de seu ventre brotou toda a vida.

D: *Então, provavelmente você ouviu falar na história da virgem e do menino a que ela deu à luz, aquilo em que a religião se baseia.*
B: Sim. Todos ouviram a história. A igreja se certifica disto.
D: *Então, é nisso que querem que todos acreditem. (Sim) Não sei se você pode me falar ou não, mas estou curiosa quanto ao teste. Pode me dizer no que consistiu o teste, agora que ele terminou? Como fui testada?*
B: Não tenho certeza se seria sábio lhe dizer.
D: *Creio que você não vai ter de fazer isso de novo, pois já acabou.*
B: Mas se outros do seu tipo aparecerem, nós também teríamos de testá-los.
D: *Acho que ninguém vai aparecer. Não conheço ninguém que possa ir aí. Nunca se sabe, mas acho que sou a única que vai aparecer por enquanto.*
B: Fomos até o bosque sagrado. Temos muita sorte aqui. Temos o bosque sagrado de grande poder. Fica no alto de uma colina, o que é bom. E há uma pedra de foco no meio. Usamos a pedra de foco, levamos uma panela e a enchemos de água. E chamamos as forças de orientação. Nós a apresentamos para elas e lhes pedimos para que falassem de você. E na panela de água – bem, algumas de nós conseguem ver o que é mostrado na água. E aquelas que podem olharam na água e nos disseram que viram coisas a seu respeito.
D: *Pode compartilhar isso comigo?*
B: É difícil explicar. Surgiram muitas coisas maravilhosas que não poderiam ser expressadas na linguagem dos homens.
D: *Pode tentar? Estou curiosa.*
B: Disseram que ficaram com pena de você. Pois você foi criada sob a influência da igreja, com a imagem do pai da igreja enfiada em sua cabeça. Mas puderam ver que, basicamente, você estava tentando trilhar a senda da grande mãe e de seu reino de poder. E disseram que você tem coisas espantosas. Você tem um objeto preto que pega as vozes dos homens e as guarda, e depois pode devolvê-las, sem que ninguém fique mudo.
D: *Sim, tenho. É um objeto maravilhoso.*
B: E que você tem objetos maravilhosos para escrever. Você pode fazer isto sem precisar de um tinteiro ou de uma pedra de tinta. Vimos muitas coisas assim à sua volta. Mas isso não foi o mais importante. Elas precisavam descobrir mais sobre você. E viram que você era uma ferramenta da grande mãe. Ela está usando você

para as finalidades dela. Vimos que você não é de nosso tempo. Que você é de um tempo que virá. E que onde você está, a igreja está começando a murchar. Em breve, ela vai secar e se desfazer ao vento. Mas ela tem diminuído há algum tempo e está começando a murchar. Vai entrar nos estertores da morte, que podem ser... como sabe, quando alguém se aproxima da agonia da morte, o esforço envolvido pode ser muito forte e vigoroso. Além disso, na sua época, a igreja está entrando na agonia da morte, fazendo-a parecer forte, vigorosa, poderosa, mas muito insegura sobre si mesma, pois está sendo prejudicada à sua volta. Em breve, a igreja vai murchar totalmente, secar, desfazer-se e a grande mãe ainda estará lá. Vimos que você vive numa época abençoada, pois os seguidores da grande mãe não precisam se preocupar com a Inquisição. Isso é bom. E que na sua época, foram descobertas muitas maneiras de seguir a grande mãe. E que suas seguidoras têm usado diversos caminhos. Portanto, concordamos que, como você entrou em contato comigo, vou ajudá-la naquilo que eu puder. Talvez possamos conhecer alguma coisa da grande mãe que foi perdida antes de sua época e assim ajudá-la. Há coisas que se perderam mas que são recuperadas novamente através das eras. Esse é o ciclo natural das coisas.

D: Sim, isso é verdade, pois com o tempo livros são destruídos, pergaminhos são destruídos, pessoas morrem e muito conhecimento se perde. É isso que estou sempre tentando fazer, recuperar conhecimentos perdidos que podem ajudar as pessoas. É por isso que você tem razão, não desejo prejudicá-la, de modo algum. Estou apenas procurando e buscando conhecimentos. Em nossa época, não sofremos tanta perseguição quanto vocês em sua época. Ainda há algumas pessoas com ideias incorretas, mas são essas pessoas totalmente mergulhadas na igreja, que não compreendem. Porém, hoje não temos as torturas ou mortes que aconteciam em sua época. Essa é a diferença. Essa parte já é boa, não é? (Sim) *Sofremos perseguições de outra natureza.*

B: A perseguição que vocês sofrem em sua época é uma perseguição espiritual e não física.

D: Sim. Elas têm ideia da distância no tempo desde a qual estou falando?

B: Muitas eras. É difícil dizer. Pois quando encontram informações como essa, coisas como números, por exemplo, as coisas do homem não são importantes. Os sentimentos e as impressões que captamos é que são importantes.

D: Então, elas puderam perceber pelos objetos que viram que era uma época diferente.

B: E também perceberam a distância daqui. Disseram que parecia que estavam olhando por um túnel muito comprido. É o comprimento do túnel que lhes dá uma ideia da distância no tempo em que você está. A Inquisição me mataria por dizer essas coisas, pois dizem que o tempo é agora. E que aquilo que aconteceu no passado não é importante, a menos que esteja registrado na Bíblia. E para não nos preocuparmos com o futuro. Que não existe algo como o futuro, exceto aquilo que foi registrado na Bíblia. Mas eles não vão falar a respeito, pois dizem que os leigos não entenderiam e que por isso não precisam saber.

D: Isso é interessante. Eles baseiam tudo pelo que está na Bíblia. É isso?

B: Supõe-se que sim. Mas creio que ajustam tudo a seus próprios conceitos.

D: Sim. Ouvi dizer que, na sua época, as pessoas não liam a Bíblia. O sacerdote é que lhes dizia o que estava escrito lá.

B: Não temos permissão para ler a Bíblia, pois a Bíblia é considerada sagrada demais para ser tocada por mãos comuns, por mãos profanas.

D: Bem, na nossa época, temos permissão para lê-la, estudá-la e tentar entendê-la. Mas as pessoas ainda encontram muitos significados diferentes nela, até hoje.

B: Sim. É porque não estão em harmonia com a grande mãe. E se estivessem trilhando o caminho da grande mãe, poderiam deixar de lado a escória e manter aquilo que é bom.

D: Hoje, há muitas interpretações e muitos significados. Cada um pode entender o que quiser. Esta é uma das coisas estranhas sobre a Bíblia. (Sim) Basicamente, ela é um bom livro, mas as pessoas a distorcem segundo suas próprias interpretações.

B: É um bom livro. Mas não é o único bom livro que encontramos por aí. E nem é o rei dos livros.

D: Há alguém em seu grupo de seguidoras – creio que seria uma boa palavra – que sabe ler?

B: Deixe-me pensar. (Pausa) Desconfio que uma delas sabe. Mas se ela sabe ler, faz segredo disso, pois ela não deveria ser capaz de ler.

D: *É que eu estava me perguntando se vocês tinham escritos. Algum pergaminho ou coisas que vocês leem sempre que realizam suas cerimônias.*

B: Há alguns pergaminhos com cerimônias escritas neles. É que não realizamos com frequência algumas das cerimônias.

D: *Você simplesmente conhece a maioria delas?* (*Sim*) *Bem, gostaria de trabalhar com você durante algum tempo, desde que você me permita.*

B: Você passou no teste.

D: *Se você me permitir, eu gostaria que você me passasse fragmentos de magias ou feitiços que possam ser usados pelas pessoas comuns de nossa época.*

B: Vou lhe contar, caso você garanta que uma seguidora da mãe vá conhecê-los. Assim, teremos certeza de que outros seguidores da mãe os obterão.

D: *É disso que estou falando. Passá-los para as pessoas certas. Coisas que podem usar como auxílio pessoal e para ajudar outras pessoas.* (*Sim*) *Não queremos qualquer coisa que possa ferir alguém.*

B: De vez em quando, você precisa realizar rituais de proteção contra aqueles que poderiam prejudicá-la.

D: *Sim, estou interessada em conhecê-los, pois desejo estar protegida enquanto faço o meu trabalho. (Pausa) Você teria alguma coisa assim, que possa compartilhar comigo? Como proteção?*

B: Deixe-me pensar. Há tantas que uso como parte de minha vida cotidiana que para mim é difícil separá-las. (Pausa) Uma coisa que é boa, à noite – vou começar pelas mais simples, para que você possa compreender.

D: *Tudo bem. Agradeço.*

B: À noite, quando estiver se preparando para dormir, o quarto onde você dorme deveria ter apenas uma entrada e saída, apenas uma porta. Ao longo da porta, no chão, você coloca um pouco de sal e pensa nesse sal. E se pensar firmemente, imagine que o sal produz luz própria, tal como uma vela produz sua luz. E que essa luz pode se espalhar e repelir todas as forças nocivas. Você pega o sal e o polvilha no chão, na linha da soleira da porta. Ele cria um muro de proteção e com isso você não será prejudicada em seu sono.

D: Isso seria muito bom. Há outros? Você disse que ia começar pelos mais simples.

B: Sempre que for manter contato com alguma pessoa, e não tiver certeza se ela é bem-intencionada ou não, deixe um pouco de sal por perto para poder jogá-lo sobre ela. Nas costas, nos ombros ou noutro lugar que ela não perceba. E pense numa parede branca entre você e ela para se proteger. Isso vai confundir seus pensamentos e suas palavras, e assim ela não será capaz de lhe causar algum mal que estivesse planejando.

D: Por enquanto, essas são coisas fáceis de se fazer. Não exigem muito para serem produzidas. Isso é muito bom.

B: Os rituais mais importantes são aqueles que você faz com a sua mente. É difícil descrevê-los. É por isso que estou começando pelos mais simples. Para prepará-la para ouvir os mais difíceis, mais tarde.

D: Talvez eu seja capaz de compreendê-los, pois na minha época eu estudei o uso da mente. Espero ser capaz de compreender. Você tem outro? Ou acha melhor esperar?

B: Estava tentando ver como poderia lhe falar sobre ele. Na primavera e no verão, quando a temperatura é morna e agradável e a lua é crescente, procure um lugar onde haja flores se abrindo e com aroma agradável. Será melhor ainda se forem flores que abrem à noite, pois estarão lá nesse horário. Colha uma flor que a representará e outra que representará a pessoa amada. E você entrelaça as duas. Vá a uma clareira onde ainda sente o cheiro das flores e dos arbustos, e onde o luar ilumine essas flores. Caminhe treze vezes em círculos em torno delas.

D: Em torno das duas flores ou das outras?

B: Das duas flores, pois você as colocou no chão com a lua brilhando sobre elas. E sempre que você der a volta em torno dessas flores, peça à grande mãe – nesta situação específica, você está lhe fazendo o pedido pois é quando ela está incorporada na lua. Peça à grande mãe para entrelaçar a pessoa que você ama, o seu coração e o dela, para entrelaçá-los tal como essas flores estão entrelaçadas. E para entrelaçar suas vidas, e assim por diante. Cada vez que você der uma volta ao redor das flores, você pede um entrelaçamento diferente. E você precisa parar mesmo para pensar em treze entrelaçamentos distintos, para não repetir os mesmos. Mas fazendo isso, vocês estarão muito bem ligados e entrelaçados. E quando acabar de dar as treze voltas em torno dessas flores, pare e fique de frente para lua, estendendo suas mãos na direção dela. E diga, "Pedi isto à grande mãe, e sei que vai acontecer. Tal como foi pedido, faça com que aconteça". Então, você pega as duas flores e leva-as de volta ao lugar onde as encontrou, nos arbustos dessas flores. E enterra-as no chão em meio aos arbustos que estão com aroma tão agradável. E sai andando sem olhar para trás.

D: *Isso parece ser um feitiço amoroso.*

B: E é.

D: *Você fez esse ritual para você e Roff? (Sim) Ele é bem eficaz. Haveria outros que você gostaria de compartilhar comigo neste momento? Não quero nada que possa prejudicar alguém. Mas você disse que não tem permissão para usar rituais deste tipo, não é?*

B: Não, nem é necessário. Se você não estiver em harmonia com a mãe Terra, se sair por aí prejudicando as pessoas e coisas assim, após algum tempo a deusa vai tomar as coisas em suas próprias mãos e retrucar, simplesmente porque a pessoa que estiver prejudicando outras agiu contra a deusa. E após algum tempo, as coisas precisam voltar a ser como eram antes.

D: *Então, a deusa também não gosta de violência. (Não) Isso é bom, pois acredito nisso. Não gosto de prejudicar ninguém e sequer de dizer coisas negativas para alguém.*

B: Isso é verdade. É por isso que a igreja vai acabar se destruindo, pois todas as coisas que ela tem feito não produziram nada exceto violência. Veja as Cruzadas, por exemplo.

D: *Você ouviu alguma coisa sobre as Cruzadas?*

B: Na verdade, não conheço muito sobre elas. Ouvi algumas histórias.

D: *Então, elas não aconteceram na sua época, não é? (Não) Já ouviu falar de um grupo de mulheres que eram chamadas de druidesas? Conhece-as por outro nome? Druidas, druidesas?*

B: Se entendi corretamente, e não tenho certeza se entendi, creio que é assim que alguns nos chamam. Aqueles que não são parte de nós, nós que trilhamos o caminho. E eles não sabem muito bem o que fazemos... são muitos os nomes pelos quais nos chamam.

D: *A quem você se refere quando diz "trilhar o caminho"?*

B: Aquelas que seguem a grande deusa.

D: *Bem, o que ouvi falar sobre druidas e druidesas é que viveram muitos anos antes de sua época. Mas é possível que tivessem algumas crenças parecidas.*

B: Aquelas de nós que têm trilhado o caminho da deusa estão por aí desde o começo dos tempos. Sempre estivemos aqui. Já faz muitas eras que precisamos começar a ser reservadas com relação ao que fazemos para não sermos mortas.

D: *É que eu conversei com uma que praticava isso. Sabe, desse modo como converso com você?* (Sim) *E ela viveu muitas centenas de anos antes de você. E disse que venerava a Senhora.* (Sim) *Você acha que pode ser o mesmo tipo de coisa?*

B: Sim, creio que sim. Pois sempre estivemos por aqui, e não fazemos muito estardalhaço sobre nossas crenças, tal como fazem os cristãos. Nós as passamos de geração em geração.

D: *Algumas dessas mulheres, porém, nunca se casaram, só seguiam essas crenças.*

B: Algumas fazem isso. Cada uma tem suas próprias opções sobre isso. E não fazemos nada para mostrar nossa religião aos outros. De vez em quando, alguém se interessa por conta própria. Começa a trilhar o caminho da melhor maneira possível, sem a ajuda de ninguém. E quando vemos alguém fazendo isso, observamo-la por um bom tempo. Se ela continuar a fazê-lo, nós a abordamos e começamos a ajudá-la. Mas isso não acontece muito, pelo contrário.

D: *Então, normalmente as pessoas não tentam fazer isso sozinhas. – Fico feliz por qualquer coisa que você possa me contar, pois, como disse, os outros me disseram coisas. Às vezes, essas pessoas estavam tão presas pelo sigilo que havia coisas que elas não podiam revelar.*

B: É difícil alguém encontrar o caminho e percorrê-lo sozinho se a igreja cristã está distorcendo sua mente. Sim, é muito necessário manter o sigilo. Nem todos os grupos têm esses testes que realizamos para espíritos familiares. Pois cada uma tem dons diferentes da deusa. E somos muito afortunadas pelos dons que temos em nosso grupo.

D: *Mas é claro. Elas têm esse medo porque a igreja é muito poderosa. E sempre tiveram medo de que, de algum modo, houvesse uma retaliação contra eles.* (Sim) *É por isso que fico feliz por você poder me contar coisas. Procurei as respostas por muitos períodos diferentes. – Você tem outros feitiços, por assim dizer, que possa compartilhar comigo agora?*

B: Agora, não. A maioria dos feitiços e rituais que temos são para o amor, como esse que lhe contei, e para proteção. Eles são feitiços básicos, cotidianos. Há coisas mais difíceis, também, como conhecer os pensamentos de seu inimigo e coisas assim. Também podemos confundir os pensamentos de alguém que queira prejudicá-la. Mas esses são mais difíceis. E é quase impossível descrevê-los para alguém que não segue a grande mãe há muito tempo. Desconfio que uma das razões para a Dama Joslyn ficar com raiva de mim é que sempre confundo seus pensamentos. Assim, quando ela se aproxima de Roff, começa a gaguejar e a fazer papel de tola. Certa vez, ela me deixou muito irritada porque bateu em mim sem motivo. E eu confundi seus pensamentos quando ela estava indo para um banquete com o senhor da casa. E ficou dizendo coisas muito estranhas, que não faziam sentido em relação ao que estava acontecendo. Ela ficou muito perturbada. E quanto mais perturbada ficava, pior ficava.

D: (Riso) Ela sabia que você estava provocando isso?

B: Não. Talvez tenha uma sensação, pois nunca conseguiu me deixar abalada. Ela não pode provar nada.

D: É por isso que você precisa ser cautelosa. (Sim) Você não disse certa vez que suspeitava que o lorde estava fazendo coisas naquela sala da torre? (Sim) Ouviu mais alguma coisa sobre isso?

B: Pelo que ouvimos falar, aquilo que ele faz não é para a deusa, mas uma corrupção dos aspectos vestais (? místicos?) de sua igreja.

D: Achava que a religião cristã não fazia coisas assim.

B: O sacerdote quer que você pense assim. Mas os sacerdotes fazem muitas coisas no decorrer de uma missa que, se não fossem tão corrompidos, quase tornariam a missa num ritual.

D: É? Pode compartilhar isso comigo?

B: Tenho certeza de que você já viu que eles têm estátuas e acendem velas diante delas. E muita gente passa algum tempo contemplando as estátuas com as velas queimando diante delas. Essa é uma maneira de fazer um ritual. E eles têm várias partes na missa que deveriam ser simbólicas, mas que na verdade são coisas que eles – desconfio que o que aconteceu é que, há muito tempo, quando a igreja encontrou pela primeira vez os seguidores da mãe, alguns seguidores da mãe se infiltraram na igreja e tornaram-se sacerdotes. E começaram a introduzir alguns de nossos costumes na missa, a fim de corromper a missa. Portanto, o poder que queriam obter com ela seria ineficaz. Se a missa não fosse corrompida, poderia trazer muito poder, poder espiritual, poder invisível, que causaria muito mal ao mundo. Assim, corromperam a missa para que não tivesse valor no que diz respeito ao poder.

D: *Quais as simbologias que você acha que fazem parte da missa?*

B: Bem, a missa enfatiza sempre os números três, sete e doze. E esses números têm significados que não estão relacionados com a Bíblia. Têm significados relacionados com a própria deusa.

D: *É? Não conheço muito bem os números. De que forma estão relacionados com a deusa?*

B: O número doze está relacionado com a deusa através dos ciclos das estações. O ano tem doze meses. Antes, havia treze meses no ano. Mas houve uma grande mudança na Terra, muito choro da deusa, pois a mudança foi horrível. E depois que a mudança aconteceu, havia apenas doze meses no ano.

D: *Você sabe o que foi essa mudança?*

B: Não sei. Aconteceu há muitas eras, antes mesmo que existisse a igreja cristã.

D: *Mas a lembrança foi preservada?*

B: Sim, é uma das lendas que temos.

D: *E o número sete?*

B: O número sete é um número espiritual. Mas os números têm diversos níveis. O número três representa multiplicação. Representa crescimento e crianças. É preciso duas pessoas para terem um filho, e então serão três.

D: *Quer dizer que ele representaria a criatividade, o processo criativo?*

B: Sim. É um número ativo. Um elemento ativo. Uma coisa com três lados é ativa, pode se mover. Por outro lado, uma coisa com quatro lados é estável e sólida, e vai ficar parada. Logo, o quatro é um tipo de número de repouso. O cinco é um número muito físico. É o número do ser humano por causa de cinco partes do corpo. Os braços, as pernas e a cabeça. O seis, novamente, é um número ativo, mas num plano mais espiritual. O seis vai além do humano e atinge os planos superiores. O seis é a criatividade espiritual e a multiplicação espiritual. O sete coroa-o, pois o sete é a perfeição do seis. É difícil explicar isto e transmitir o que quero dizer.

D: Creio que compreendi.

B: Portanto, o sete é um número importante. Todos os números são importantes. Todos têm seus significados e seus usos. Mas assim como a igreja tem corrompido tudo, também corrompeu isto.

D: E o um e o dois? Você não falou deles.

B: Um é a fonte. A origem da energia. Há um número antes do um. É um número que não existe. Ele representa o nada. Este número é bom para se meditar, pois representa o vazio, o universo. Representa os limites da consciência e mais. O um é a fonte de energia da qual todas as coisas foram criadas. O dois é um número bom para feitiços de amor, pois representa a grande mãe e seu consorte.

D: Você disse que o um representa o criador. Você acha que a mãe Terra é o criador?

B: Sim, ela é a fonte da energia a partir da qual todas as coisas foram criadas.

D: Então, ela representaria a imagem do criador na sua mente.

B: Sim. A fonte central de energia através da qual ela é o canal primário. A energia por trás da grande mãe.

D: Então, existe outra fonte por trás dela. É isso que você está dizendo?

B: Não, é parte dela, mas a grande mãe é a parte que podemos ver e podemos entender. Mas há mais coisas do que podemos entender. E o número um representa a energia além da qual não podemos entender. Mas a grande mãe é mais do que aquilo que podemos entender. E a energia que a move e a energia que é parte do universo é representada pelo um. Isso é apenas a energia. Mas o conceito completo da grande mãe vai além daquilo que qualquer um consegue entender, pois ela abrange tudo que seja imaginável e ainda mais, ela é representada pelo número que não existe.

D: O número antes do um. (Sim) Tudo bem. Vejamos, estamos no sete. E o oito, tem um significado?

B: O oito é um repouso espiritual. Depois de atingir a perfeição do sete, o oito é um repouso e uma meditação espiritual. O nove é um vínculo espiritual com o três, pois ele é três vezes o três. É um número muito poderoso para a criatividade e coisas assim. E o dez representa a realização que coroa tudo. Quaisquer números acima do dez são simplesmente permutações dos números que já vimos.

D: *Isso faria sentido, pois seriam apenas multiplicações à medida que aumentam.* (Sim) *Isso é muito interessante. Mas você acha que os números fazem parte da simbologia adotada pela igreja?* (Sim) *Existe mais alguma coisa simbólica na igreja ou na missa que você identifique?*

B: Uma coisa que eles fazem e que nós também fazemos é acender fogueiras e colocar ervas nelas para que a fumaça adquira certas cores e produza certos odores que ajudam a evocar a deusa. E eles usam seus censórios** para ajudar a provocar o humor que desejam na missa. Eles querem que todos – eu diria que a palavra certa é treinados – entrem num certo estado de espírito sempre que sentem o cheiro do incenso que usam.

** O turíbulo (ou incensório) é um recipiente para incenso usado em missas. **

D: *Eles usam ervas dos mesmos tipos que vocês usam?*
B: Não. Nós usamos ervas de todos os tipos e eles usam apenas uma combinação específica, o tempo todo.
D: *Você sabe que combinação é essa?*
B: Não exatamente. É uma combinação masculina, muito severa.
D: *Achei que você conseguiria identificar o conteúdo pelo odor.*
B: Em alguns casos consigo, noutros não. Desconfiamos que eles colocam algumas drogas para ajudar a manter todos na linha. Para que fiquem mais suscetíveis a aquilo que o sacerdote tem a dizer.
D: *E isso também aparece no cheiro?*
B: Sim. Há certas plantas que têm sumos poderosos. E quando esses sumos são queimados, entram na fumaça e afetam a todos que a respiram.
D: *Mas isso não afetaria o sacerdote também?*
B: Poderia, exceto pelo fato de usarem o incenso de tal maneira que os sacerdotes não se expõem muito a ele. Mesmo que o façam, provavelmente eles dispõem de alguma planta cujos sumos os afetam de maneira favorável. Ou talvez o queimem num ponto que não os afeta tanto.
D: *Hmmm. Fico imaginando que tipo de planta poderiam usar.*

B: Há muitas que eles poderiam usar. Não sei quais usam. Mas desconfio que usam duas ou três delas.
D: *Você sabe o nome delas, como as chamam?*
B: Não. Nós, do ofício, sabemos como é a sua aparência. E sempre que precisamos delas por algum motivo, vamos ao bosque e as colhemos.
D: *É por isso que vocês não têm um nome para os outros tipos de ervas que possam usar, não é?* (Sim) *Você só conhece a aparência das folhas e das raízes?* (Sim) *Interessante. Pode pensar em alguma outra coisa que a igreja poderia usar na missa? Quero estar alerta para essas coisas.*
B: Sim, é bom estar alerta, proteger-se do incenso dos sacerdotes.
D: *Alguma outra simbologia usada por eles?*
B: A mais hedionda de todas. Embora não digam, eles sabem que a grande mãe é o poder do universo. Mas o poder dela não é um poder masculino direto, é um poder mais indireto, como o efeito da água sobre a pedra.
D: *É gradual.*
B: Sim. Um poder fluido. E sabem que as pessoas vão descobrir isso e segui-la, apesar de seus ensinamentos. Então, o que eles fizeram? Tomaram esse símbolo para representar o poder que as pessoas podem descobrir, explicando-o em termos de sua igreja. Exploram-no e profanam-no para que pareça que não existe poder algum, ou então um poder inferior ao do seguidor. É isso que chamam de Virgem Maria.
D: *Hmmm. Sim, na nossa época, ela é quase venerada. Ela deveria ser igual a seu Filho. É como se venerassem os três.*
B: Sim. O mesmo acontece aqui. Veneram-na, mas fazem-na submissa ao Pai. Assim, ela não tem nenhum poder próprio, mas pode usar ardis femininos para enganar o Pai, por assim dizer. Ou para convencê-Lo a ser misericordioso.
D: *Ah, é por isso que lhe pedem favores?*
B: Sim, e deixam-na muito subserviente ao Pai. Fazem com que pareça que a própria deusa não tem poder.
D: *Você acha que a história da Virgem Maria foi real ou só foi apresentada assim por esse motivo?*
B: Acho que foi por esse motivo, em parte. Acho que havia uma história por trás disso que foi distorcida para ajustar-se às finalidades deles, para que pudessem consolidar seu poder. Creio

que o que aconteceu foi que ela deu à luz a Jesus. José era o pai dele. E que na primeira vez que fizeram amor, ela não sabia o que estava acontecendo. Por isso, não percebeu que tinha perdido a virgindade. Tinham lhe dito para manter-se virgem e ela não sabia do que estavam falando. Por isso, ela não sabia que não era mais senão depois de muitas vezes em que fez amor com José. Ou então, algum tempo depois, percebeu que ia ter um bebê. E sabia que só mulheres que não eram mais virgens poderiam ter um bebê. Mas ela achava que ainda tinha sua virgindade. Isto se deveu ao fato de ser jovem e não saber das coisas. Assim, a igreja tomou isso e distorceu os fatos, dizendo que ela realmente era virgem. E que teria sido uma influência espiritual que a havia engravidado.

D: *Acho que não poderiam ter feito outra coisa. E o Filho, Jesus? Você tem opiniões sobre ele em sua crença?*

B: Ele era um servidor da deusa, e Ele estava tentando levar as pessoas para a deusa. Tentando abrandar a religião judaica para que as pessoas pudessem aceitar mais a deusa. E Ele teria tido sucesso, não fosse pela Inquisição. Veja, dizem que depois que Ele foi morto, Seus seguidores se dividiram em dois grupos diferentes. Um grupo seguiu a deusa de uma maneira que a agradaria muito. E o outro grupo tinha fome de poder. O grupo que tinha fome de poder inventou regras, mudou coisas e consolidou seu poder, tentando anular o outro grupo. Desconfio que tiveram sucesso. Se não tivessem acabado com o outro grupo, a igreja não existiria. Haveria seguidores de Cristo, mas eles não estariam agrupados numa igreja tão poderosa. Estariam em grupos adorando a deusa, tal como a adoramos.

D: *Isso faz sentido. São coisas nas quais nunca pensei, mas fazem sentido. Agradeço muito por você me dizer essas coisas. Tenho de sair, mas será que posso voltar para prosseguirmos em nossa conversa?*

B: Você passou no teste.

D: *Estou tentando aprender essas informações para passá-las para seus próprios seguidores nesta época.*

B: Eu não tenho seguidores.

D: *Quero dizer, os seguidores de sua religião, de suas crenças.*

B: Os seguidores da deusa.

D: *Sim, tem razão. Falei errado, não é? Mas você entendeu o que eu quis dizer. Vou tentar passar isso para aqueles que estão interessados.*
B: Sim. Diga-lhes que sua irmã, Astelle, envia-os com seu amor.
D: *E se eu voltar novamente, poderemos continuar nossa conversa sobre os diferentes feitiços e coisas assim.*
B: Rituais.
D: *Rituais? É assim que você os chama? (*Sim*) Também gostaria de ouvir algumas lendas. Seria interessante.*
B: Hoje, você ouviu algumas.
D: *Sim. Gostaria de ouvir mais. Certo. Agradeço muito por tudo. E quero voltar novamente noutra ocasião. Assim, continuaremos nossa conversa. Muito obrigada. Desejo que fique bem e tenha um bom dia.*
B: Para você também.

(Paciente trazida de volta.)

Capítulo 6
Pentagramas – e mais
(Gravado em 13 de maio de 1986)

Usei a senha e fiz a contagem regressiva até a época em que Astelle vivia.

D: Voltamos através do tempo até a época em que Astelle vivia. O que você está fazendo?
B: Estou no campo. Estou colhendo algumas trufas.**

** A trufa é o esporocarpo de um fungo ascomiceto subterrâneo, predominantemente uma das muitas espécies do gênero Tuber. Algumas espécies de trufas são muito valorizadas como alimento. O gastrônomo francês Jean Anthelme Brillat-Savarin chamava as trufas de "diamantes da cozinha". As trufas comestíveis são usadas na alta culinária italiana, francesa e em diversas outras versões regionais. São cultivadas e colhidas em ambientes naturais. **

D: O que é isso?
B: É... não tenho certeza... uma espécie de... bem, não é uma planta, na verdade... é como um... (estava com dificuldade para descrever) ah, já ouviu falar em cogumelos? (*Sim*) São uma planta mas não são uma planta? As trufas são plantas que não são plantas. E crescem debaixo da terra, e você precisa cavar para pegá-las.
*D: Ah, então é uma coisa que se come. (*Sim*) E como você as encontra se elas crescem debaixo da terra?*
B: Parte delas fica acima da superfície, mas em sua maior parte, ficam sob o solo. Algumas pessoas usam porcos para desenterrá-las, pois os porcos conseguem localizá-las. E os porcos gostam de comê-las. Mas eu não levo um porco comigo. Eu as descubro sozinha, há um modo de perceber coisas que não são visíveis. A igreja adverte contra isso, mas quem segue a antiga religião sabe das coisas. Assim, estou usando essa habilidade para sentir coisas que

não se veem para encontrá-las. Na verdade, é uma desculpa para poder sair um pouco da cozinha e ficar aqui fora, pois o dia está muito bonito.

D: *Elas são cozidas?*

B: Sim, farão parte de... tem um prato que a cozinheira está fazendo. Ou que a cozinheira pode fazer. Não sei se ela o está preparando agora. Elas podem ser usadas de várias maneiras.

D: *O que mais haveria nesse prato além das trufas?*

B: Ah, depende de como você as prepara. Um modo de usá-las é em recheios de assados, de gansos ou coisas assim. Outra forma é como parte de um tipo de... não é bem uma sopa, mas trufas e outros legumes com molho que é servido com carnes ou algo assim.

D: *Nunca vi uma trufa. É por isso que estava curiosa para saber qual seria sua aparência. Elas têm uma cor específica?*

B: Bem, elas têm várias cores, e algumas são consideradas mais desejáveis do que outras. Geralmente, têm determinada forma. E sua superfície tem várias texturas. Ao que parece, a textura depende de sua cor.

D: *Que cores elas costumam ter?*

B: Bem, a maioria delas é laranja-avermelhada. Algumas são acinzentadas, quase brancas, e algumas são pretas. Mas isso é apenas na superfície. No interior, todas são brancas. Exceto a laranja-avermelhada, que geralmente tem interior rosado.

D: *Ah. Acho que nunca vi uma. Essa branca acinzentada de que você falou me fez lembrar os cogumelos.*

B: Sim. E são totalmente sólidas, tal como os cogumelos. Não é como a casca de uma fruta, é só... aquilo.

D: *Provavelmente, eu nem saberia o que é se visse uma. (Riso) Nunca vi nada dessas cores.*

B: É difícil encontrá-las. Não são muito comuns. Os cogumelos e cogumelos esponjosos são muito mais comuns.

D: *Acho que é importante você encontrá-los se estão sob a terra.*

B: Bem, um naco deles aparece acima do solo. (Suavemente) Naco? De onde saiu essa palavra?

D: *(Ela falou tão baixo que não ouvi seu comentário.) De onde o quê?*

B: Usei uma palavra e percebi que ela não era familiar.

D: *Qual foi a palavra?*

B: Naco. Eu disse, "um naco". Quis dizer, "um pedacinho".

D: *Esse é o significado. Um pedacinho. Bem, sei que nunca comi uma trufa. Ela tem um sabor diferente?*
B: Umm, o sabor é suave, mas penetrante. Você sabe que cogumelos têm sabor suave, mas quando se põem cogumelos em alguma coisa, dá para saber que estão ali. O mesmo acontece com as trufas. Seu sabor é suave, mas dá para dizer que estão num prato se elas foram postas nele.
D: *Você é muito boa em usar seus sentidos dessa maneira.*
B:Ah, é bom usá-las, pois quanto mais pomos, melhor e mais confiáveis serão.
D: *É verdade, quanto mais usamos. Bem, você se lembra de ter conversado comigo antes?*
B: Sim. Você passou no teste.
D: *É verdade. Você falou sobre diversas coisas que a igreja fez. Estava curiosa para entender como você sabe essas coisas. Já entrou numa igreja?*
B: Todos conhecem coisas sobre a igreja, queiram ou não.
D: *Você já esteve numa missa?*
B: Não. Mas pessoas como nós, que seguem a velha religião, precisam saber o que a igreja faz para se protegerem. E, muitas vezes, essas coisas que conhecemos sobre o serviço da igreja... sabe, alguns vão à missa para... acho que você pode dizer, "despistar o sacerdote ". E depois podem nos dizer o que acontece na missa. E dizemos, "Ora, ah-há! Isso faz sentido". Por causa disto e daquilo.
D: *As semelhanças.*
B: Hã-hã. E fazem coisas por ignorância, repetem-nas apenas porque a pessoa que a antecedeu fazia aquilo. Assim, ficamos sabendo que eles não conhecem o verdadeiro significado de muitas das coisas que fazem.
D: *Na verdade, não sabem o que estão fazendo. (Sim) Bem, e aqueles que vão a missa, aonde vão? Tem alguma igreja perto daí?*
B: Sim. Há um priorado* aqui na propriedade, além da capela particular do duque.

*Da Wikipédia: Priorado: mosteiro de homens ou mulheres sob votos religiosos, liderado por um prior ou uma prioresa. *

D: *Na casa?* (Sim) *Mas você nunca esteve em nenhum desses dois.* (Não) *Bem, certa vez você mencionou a Inquisição. São sacerdotes? O que são?*

B: Sim. Há um ramo do sacerdócio católico cuja única atividade é sair por aí torturando pessoas. E geralmente... sabe, homens de todos os tipos se sentem atraídos pelo sacerdócio. Por isso é que há tantos ramos do sacerdócio, para acomodar esses tipos de homens. E há um tipo doentio de homem que sente prazer em ferir. Ferir animais ou pessoas. E a única vez em que se sentem pessoas completas, como se valessem alguma coisa, é quando estão ferindo algo ou alguém. São homens assim que se sentem atraídos pela Inquisição.

D: *Machucar as pessoas não me parece lá muito religioso.*

B: Eles se convencem de que estão fazendo isso pela glória de Deus, e rezam até ficarem histéricos.

D: *Sempre achei que a religião deveria se referir a fazer o bem.*

B: Pois é.

D: *Mas ferir outras pessoas não me parece certo. Vamos ver se eu entendi exatamente o que é a Inquisição. Eles estavam tentando encontrar pessoas que não estavam obedecendo à igreja ou obedecendo aos caminhos da igreja?*

B: Sim. Eles acham que seu dever é ajudar a manter pura a noiva de Cristo para Ele, conforme seus termos.

D: *O que querem dizer com isso?*

B: Isso pode significar qualquer coisa que quiserem. Qualquer coisa que seja conveniente no momento.

D: *Quem consideram que seja a noiva de Cristo?*

B: Quando dizem a noiva de Cristo, estão se referindo à igreja. E dizem que querem mantê-la pura para seu noivo. Assim, usam essa desculpa para seus próprios desígnios. Francamente, se esse conceito fosse verdadeiro e se o noivo viesse à Terra para que uma igreja fosse sua esposa, o que não faz sentido, esta não seria a igreja católica. Imagine que bobagem.

D: *Sim, não consigo ver que a estão mantendo pura se estão ferindo e matando.*

B: Exatamente.

D: *Isso é como se a maculassem.* (Hã-hã). *Bem, e o que fazem? Perambulam pelo país, procurando pessoas? Como fazem isso?*

B: Vão por toda parte arrumando encrenca. Há agentes da Inquisição por toda parte. E se não houver um agente da Inquisição bem ali, geralmente há um, dois ou três informantes pagos por perto para dizer aos agentes da Inquisição o que está acontecendo. Creio que são pagos segundo a quantidade de pessoas que conseguem entregar. Quanto mais pessoas eles delatam, mais recebem. Por isso, tudo depende da cobiça deles, entregando pessoas por várias razões inventadas.

D: *Os informantes são pagos?*

B: Sim. Tanto dinheiro por cabeça, como o gado.

D: *O que procuram? Como ficam sabendo?*

B: Não precisam procurar nada. Podem inventar o que precisarem encontrar. Procuram pessoas que têm coragem de olhá-los diretamente. Procuram aqueles que fazem perguntas sobre as coisas. Pessoas que são curiosas. Como se alguém dissesse, "Por que é que as nuvens, que parecem tão sólidas, flutuam sobre a Terra, se tudo o mais que é sólido fica sobre a Terra?"

D: *Sim, eu também me questiono sobre essas coisas.*

B: Então, coisas desse tipo. Se a pessoa tem uma deformidade, vão se apegar a isso. Ou se têm marcas na pele. Às vezes, se estiverem sentindo falta de pessoas para denunciar, vão pegar alguém, fazer uma marca em sua pele e dizer que é uma marca de bruxa. Muitas vezes, se existe alguém que acham que é um fardo para a comunidade, alguém inútil, escolhem essa pessoa. Geralmente, isso significa as viúvas idosas e alguns homens mais velhos.

D: *Isso é meio assustador, porque para mim não é algo propriamente religioso. Isso significa que eu não escaparia, não é? Pois adoro fazer perguntas. (Riso)*

B: Você correria perigo. Teria de receber nossa proteção. E teria de receber diversas lições antes de conseguir sobreviver.

D: *Faço muitas perguntas. Tenho muita curiosidade. Eles não gostariam nem um pouco disso, não é?*

B: Não, não gostariam. O que devemos fazer é olhar para os dedos dos pés sempre que um deles está por perto, tirar seu chapéu e rastejar. E quando não está na missa, absorvendo tudo aquilo que eles têm a dizer sem questionar nada, então deveria estar arando sua terra, sem perguntar nada sobre o que existe além dos limites de sua plantação.

D: *Você não deveria sequer querer saber ou ter curiosidade?*

B: É verdade. Deveria saber o seu lugar e ficar nele. Desse modo, o mundo será bonito e ordeiro.
D: *Sim, mas a mente humana sempre quer saber mais. É o que penso.*
B: Isso é verdade. Eles acham que querer saber mais é uma heresia.
D: *Sempre achei que heresia era uma coisa que você dissesse e que não estava na Bíblia ou em suas crenças.*
B: É isso, esse é o significado de heresia. Mas para as pessoas da Inquisição, heresia é qualquer coisa que eles querem que seja. Espirrar na hora errada é heresia.
D: *(Riso) Não dá para controlar um espirro.*
B: Se você espirra numa hora inadequada, fica óbvio que você é um agente do Diabo tentando perturbar as coisas. (Eu ri.) Portanto, se não conseguirem pegá-la por heresia, vão prendê-la por se associar ao Diabo.
D: *Puxa vida! Você ficaria com medo de tudo que faz.*
B: É isso que estão tentando fazer. Tentam manter as pessoas para baixo.
D: *Mas então, não dá para saber se qualquer coisa que você faz é segura, não é?*
B: Você está certa.
D: *Agora, compreendo a sua hesitação em conversar comigo. (Sim) Mas, para mim, isso seria muito assustador. Você acaba tendo medo de qualquer movimento que faz, de qualquer palavra que diz.*
B: Acho que fazem isso para desestimular as pessoas de viajarem demais, para manter as pessoas em sua terra, porque ninguém confia em estranhos.
D: *Já me disseram isso antes quando faço essas coisas que estou fazendo agora. Dizem, "Você é uma estranha e precisa tomar cuidado".*
B: Sim. Mas você teve sorte. Estava tentando descobrir mais sobre aquilo que fazemos e entrou em contato com alguém da antiga religião, e temos meios de descobrir se você é ou não digna de confiança. Nossos caminhos estão em harmonia com o universo, e assim ninguém se prejudica. E ninguém sofre dor alguma.
D: *Sim. E você também pode ver que estou na mesma harmonia.*
B: Hmm, na maior parte. Em algumas coisas, você não está em harmonia, mas creio que isso se deve ao seu ambiente. Você se esforça para estar em harmonia, mas algumas das coisas com as

quais precisa conviver são coisas que levam-na a estar em desarmonia. Não que você esteja basicamente sem harmonia, pois está tentando estar. Simplesmente, isso acontece por causa de suas circunstâncias.

D: *E da época em que vivo. São tempos diferentes. (*Sim*) Bem, isso significa que qualquer um que tenha deformidades ou sinais... alguns desses sinais são de nascença. (*Sim*) Eles veem tudo isso como marcas de bruxaria? É isso que você disse?*

B: Sim. Se alguém tem um sinal de nascença, isso significa que sua mãe fez amor com o Diabo. Fez amor com Satã, e por isso as crianças estão marcadas pelo sinal de Caim ou outro rótulo sem sentido. Assim, as crianças deveriam morrer, pois são fruto de Satã. E a mãe deve ser morta por ter mantido contato íntimo com Satã.

D: *Então, as mães procuram esconder as eventuais marcas e sinais em seus filhos?*

B: Sim. Se tiverem sorte, o sinal estará num ponto coberto pelas roupas. Se não tiverem sorte, elas mantém os filhos onde só vizinhos, amigos e familiares os veem. E não deixam estranhos verem-nos enquanto não forem mais velhos.

D: *Então, eles pensam a mesma coisa das deformidades?*

B: Sim. A deformidade foi causada pelo fato de os pais terem cometido algum pecado horrendo. Assim, como castigo, supõem que Deus, o Deus deles, deforma o filho para punir os pais. E como o filho está apenas sendo usado como forma de punição, ele não é plenamente humano. Está sendo apenas usado como forma de lição objetiva. Portanto, o filho não tem importância alguma.

D: *E por isso, matam a criança ou o adulto com deformidade?*

B: Sim. Ou a criança e seus pais.

D: *Os pais também?*

B: Depende daquele cuja morte for mais conveniente para a Inquisição. Por exemplo, se um membro da Inquisição desejasse a esposa, matariam o marido. Ou se um membro da Inquisição desejasse o marido, matariam a esposa.

D: *Hmmm. Você se refere aos informantes ou aos próprios sacerdotes?*

B: Os próprios sacerdotes.

D: *Eu achava que eles não deveriam praticar o sexo.*

B: (Risada forte.) Ha-ha! É verdade que eles deveriam se manter celibatários, conforme seus ensinamentos. Pessoalmente, digo que não é natural ser celibatário. Não é assim que deveriam ser as coisas. Isso está fora de harmonia. Fora de ritmo com o universo. Ser celibatário está fora de ritmo com a mãe natureza. E esses sacerdotes mantém uma fachada de celibatários, uma máscara. Mas ela é falsa e oca, pois atrás da máscara eles não são nem um pouco celibatários. Não conheço nenhum sacerdote que foi celibatário. Todos são muito depravados. E fazem amor quando querem e com quem querem. E não importa o sexo da outra pessoa.

D: *Então, ninguém pode falar nada sobre isso, pode?*

B: Não, porque isso acontece a portas fechadas. Sacerdotes fazem festins incríveis, pois recebem o melhor das colheitas. E dizem que nesses festins, toda espécie de depravação acontece. Geralmente, os sacerdotes tiram proveito dos jovens que acabaram de entrar no sacerdócio.

D: *Essas coisas acontecem na casa onde você mora? Sabe de alguma coisa?*

B: Não. Não chegam a tanto. O sacerdote que vive aqui… creio que ele cuida de si mesmo com a mão. De vez em quando, ele pode se valer de um jovem pajem, entende, quando está no confessionário. E se alguém precisa de uma penitência por um pecado, ele pode pensar em alguma coisa incomum.

D: *Entendi. Então, você acha que a maior parte dessas coisas podem acontecer num lugar como o priorado?*

B: Não, o priorado fica nesta propriedade. Como na aldeia. Mas a aldeia é pequena. Em lugares maiores, há mais pessoas e mais sacerdotes por ali. Como nas cidades, entende?

D: *Mas essas são coisas que suas amigas lhe contam?* (Sim) *Você havia dito que não tinha conhecimento pessoal sobre isso.*

B: Certo. São coisas que elas viram. Além disso, temos meios de observar coisas que acontecem, similar à maneira como observamos você.

D: *Então, dessa forma você consegue ver eventos à distância, aquilo que está acontecendo realmente.* (Sim) *Você ficaria mais próxima da verdade, não é?* (Sim) *Mais conhecimento da verdade. – Existe alguma cidade grande próxima de onde você mora?*

B: Não sei. Creio que haja uma a dois dias de cavalgada. Mas não tenho certeza. Nunca saí deste lugar.

D: *Fiquei curiosa para saber se você teria ouvido alguém mencionar o nome de uma cidade grande perto daí.* (Não) *Bem, esses sacerdotes chegam a se casar?*

B: Alguns, sim. Mas deveria ser um segredo, ninguém deveria saber. A maioria se contenta em ter amantes ou rapazes. Ou ambos.

D: *Para mim, não foi exatamente isso que Jesus, o Cristo, quis. Acho que ele nunca ensinou isso.*

B: Pelo que entendo, concordo.

D:*Especialmente quando dizem que estão tentando fazer o que ele queria, e acho que não era essa a sua intenção. A Inquisição e todas essas coisas.*

B: É verdade. Foi por isso que eu disse que a igreja está em declínio. E ela vai acompanhar o ciclo natural dessas coisas, vai esmaecer e murchar até morrer. E a deusa mãe ainda estará por aqui. Esse é o ciclo de todas as religiões de base patriarcal. Começam com boas intenções, mescladas com algumas intenções egoístas. Como resultado, não estão em harmonia com a mãe Terra, e se desequilibram. Após algum tempo, vão entrar em colapso sobre si mesmas e murcharem até morrer. Esse tem sido o destino das religiões que não estão em harmonia com a deusa mãe.

D: *Estou curiosa. Há algum tempo, você disse que talvez eu precisasse aprender a me proteger caso quisesse estar aí.* (Sim) *Poderia me dizer como eu deveria me proteger?*

B: No lugar onde você estar, parece que tem proteção suficiente, embora proteção nunca seja demasiada. Mas a proteção da luz branca que você usa é bem eficaz. Vimos que você a usa. Além disso, o que você pode fazer para que as coisas aconteçam é criar pentagramas para diversas ocasiões.

D: *Pode me falar sobre isso? Não conheço essas coisas.*

B: O tetragrammaton * ou pentagrama é o desenho de uma estrela de cinco pontas envolvida por um círculo. Você a produz sempre que deseja alguma proteção, contra ladrões, assaltantes e coisas assim, digamos. Alguns fazendeiros usam-nos, mas a Inquisição não sabe disso. Por exemplo, sempre que estão trazendo a colheita para ser entregue aos depósitos, se precisam parar durante a noite na estrada, fazem um pentagrama na carroça. Assim, protegem a colheita e os ladrões não saem com ela de noite. Alguns fazendeiros, que não conhecem a verdade por trás disso, desenham um com lama ou coisa parecida na carroça para protegê-la. E isso já basta. Mas é melhor fazê-lo com a mente. E aquilo que você faz é – deixe-me ver se consigo descrever isto – sabe quando o sol brilha entre as nuvens e você vê feixes de luz chegando no chão?

*Esta era uma palavra muito difícil de escrever gramaticalmente, Tetragrammaton. Segundo o dicionário, este é o nome hebreu de Deus transliterado em quatro letras, como YHWH ou JHVH. *

D: *Ah, sim, é muito bonito.*
B: É sim. Bem, use um feixe de luz como aquele e imagine que ele é uma pena de escrever. E o feixe de luz pode ser da cor que você quiser que seja, para qualquer finalidade para a qual for precisar do pentagrama. Neste caso, para proteção, como a que o fazendeiro precisa para sua carroça, seria branco. E você começaria desenhando a estrela de cinco pontas. Você faz isso numa única linha, sem levantar a pena. Então, quando acabar e você estiver na extremidade da última ponta, a partir dali, e sem levantar a pena – no caso, o feixe de luz – prossiga e desenhe um círculo em torno da estrela.
D: *Certo. A partir do pentagrama até o círculo, sem levantar o feixe? Uma só linha contínua?*
B: Sim. E quando estiver desenhando a figura com sua mente, você imagina aquilo de que quer se proteger. E sobrepõe a imagem ao pentagrama.
D: *Entendi. Mas algumas pessoas não percebem que é possível fazer isso com a mente e acabam desenhando mesmo o pentagrama. (*Sim*) Parece que seria bem eficaz.*
B: Você pode usar o pentagrama de muitas formas diferentes, para muitas coisas diferentes. Por exemplo, se alguém está doente e você quer que a pessoa recupere a saúde, você desenha um pentagrama de... (pausa), bem, depende do tipo de doença. Mas para doenças em geral, você desenharia um pentagrama de cor amarelo-ouro com um pouco de rosa. Imagine-o envolvendo o corpo da pessoa. Faça-o grande o suficiente para envolver o corpo. E imagine-o sobre o corpo.
D: *O círculo envolvendo o corpo?*

B: Certo. E se quiser despertar a paixão em alguém, imagine você e a pessoa em pé, juntos. E projete um pentagrama vermelho sobre vocês. Essa cor deve ser intensa e brilhante, um carmim forte.

D: *Envolvendo as duas pessoas. (Sim) Hmmm, parece que isso seria intenso.*

B: Você pode usar isso para muitas finalidades.

D: *Estava curiosa para saber se cada cor teria um significado diferente. (Sim) Usada para propósitos diferentes.*

B: Vermelho é para a paixão. Amarelo para a saúde. Azul para clareza mental. Violeta para atingir planos superiores.

D: *Verde?*

B: O verde é para entrar em contato com coisas vivas. Plantas e animais. E com a mãe Terra em geral. O branco pode ser usado para qualquer uma dessas coisas e para todas elas, além da proteção geral, pois o branco significa todas as cores da luz reunidas. Pelo menos, é o que alguns dizem. Os sacerdotes negam isto. Mas alguns da antiga religião dizem que como os arco-íris brotam do sol e a luz do sol é branca, então todas as cores devem ser encontradas dentro da luz branca.

D: *Faz sentido.*

B: De qualquer modo, estou fugindo do assunto. Vejamos, branco, vermelho, azul, verde, amarelo, violeta. Laranja é para amizade. O azul também pode ser usado para a amizade, mas o laranja seria para uma amizade mais afetuosa, enquanto o azul seria para uma amizade que a estimula mentalmente.

D: *Seriam tipos distintos de amizade. (Sim) E o rosa, sozinho?*

B: O rosa sozinho é para o amor verdadeiro, afeto e atenção.

D: *É por isso que você o combinou com o amarelo, para a atenção com o próximo? (Sim) Então, você pode usar misturas? (Sim) Vejamos, que outras cores temos? Você chega a usar cores como marrom ou preto para alguma coisa?*

B: É muito perigoso usar estas cores. Se você projeta um pentagrama marrom em qualquer coisa viva, ela ficará doente.

D: *Oh. É porque é escura?*

B: Porque o marrom é uma mistura de cores como a lama. E como é uma mistura de cores, elas se cancelam mutuamente e exercem influência negativa. Mas os pentagramas pretos são muito poderosos e podemos usá-los para diversos fins. Algumas pessoas com caráter mais fraco usam pentagramas pretos para fazer as pessoas terem má sorte. Para que coisas negativas aconteçam com elas, ou para que atraiam influências negativas. Você lembra que eu mencionei que o violeta era para atingir planos superiores. (*Sim*) A cor depois do violeta é o preto. Assim, depois que você passa pelo violeta, pode usar o preto para chegar ao núcleo do universo e para descobrir segredos que às vezes a mente não consegue compreender.

D: Seu povo chega a usar pentagramas pretos para causar coisas negativas?

B: Não sei. Ocasionalmente, alguém pode fazê-lo discretamente, se uma pessoa lhe fez mal. Pode projetar um pentagrama preto sobre ela pelo tempo suficiente para ensinar-lhe uma lição e depois desfazê-lo, mas isso seria uma coisa particular. Às vezes, quando a Dama Joslyn se mostra particularmente desagradável e negativa, lanço um pentagrama preto muito pequeno em seu caminho para fazê-la tropeçar em alguma coisa.

D: (Riso) Estava imaginando o que sua religião acha de alguém que faz coisas como essas.

B: Bem, se de vez em quando alguém quiser cutucar outra pessoa para ensinar-lhe uma lição, pois ela precisa aprender uma lição, então é isso que se faz. Mas ser maldosa e provocar má sorte sem motivo algum, isso não é permitido. Causar má sorte em geral, mesmo que haja motivo, não é necessário. Pois aquilo que chega à pessoa virá a ela mais cedo ou mais tarde, graças à maneira como o universo é constituído. Mas se alguém está sendo consistentemente negativo com você em sua vida e você quer retribuir alguns dos favores, pode, desde que não lhe cause dano. Às vezes, faço isso por birra quando Dama Joslyn foi particularmente má. E faço isso com espírito de brincadeira, fazendo-a parecer graciosa, digamos assim, perto de Roff. (Eu ri.) Às vezes, quando eles estão tendo um grande banquete e ela deseja se exibir e ser o centro das atenções, lanço um pequeno pentagrama preto sobre sua boca, sobre seus lábios, e assim, sempre que fala alguma coisa, não sai como ela espera. Ela diz uma coisa, querendo dizer certa coisa, mas acidentalmente diz aquilo com duplo sentido e as pessoas a interpretam de modo diferente.

D: *(Riso) Você percebeu que desse modo, na verdade, não está prejudicando ninguém. (Não) Sempre ouvi dizer que aquilo que você manda para fora acaba retornando para você.*
B: Certo. Bem, ela tem me mandado tanta negatividade que o fato de fazer ocasionalmente algo como isso, em autodefesa, não vai voltar para mim. É só parte daquilo que chega a ela.
D: *Então, você pode interpretar dessa maneira. (Sim) Você menciona o universo, o que você conhece do universo? Seu mundo é muito limitado. Você disse que não pode sair dessa casa.*
B: É verdade que meu mundo físico é limitado. Mas uma das vantagens da minha religião é que não importa se você tem limitações físicas; mentalmente, você não tem limites. E pode ir a qualquer lugar, a qualquer hora, usando apenas a sua mente. Você pode projetar sua mente em qualquer lugar. Assim, o que costumamos fazer é explorar o universo em geral, tentando descobrir como as coisas funcionam, porque funcionam e como funcionam. E tentando descobrir o que a mãe Terra tinha em mente quando criou o universo. Nem falamos sobre o que fazemos, pois isso seria uma heresia da mais alta ordem.
D: *Isso é mesmo um questionamento, uma vontade de saber. Mas vocês fazem isso em grupo?*
B: Geralmente, fazemos isso porque é mais eficaz. Como indivíduos, podemos fazer isso como meditação pessoal. Mas é mais eficaz reunirmo-nos como grupo para que todas se juntem e usem a energia juntas, pois isso parece ampliar um pouco a energia.
D: *Onde vocês fazem isso? No bosque? (Sim) Vocês realizam algum tipo de ritual ou de cerimônia?*
B: Bem, antes de começar vamos todas ao bosque e cada uma encontra um local específico no qual se sente mais confortável. O tipo de local onde podemos nos sintonizar com a mãe Terra. Vamos todas aos nossos pontos preferidos e nos preparamos para isso, pois é necessário certa preparação. Limpamos as mentes, relaxamos o corpo e não pensamos nas coisas que aconteceram durante o dia. Mas para começar a visualizar, há duas coisas que podemos fazer. Podemos visualizar uma luz branca, mergulhando nessa luz branca tal como mergulharíamos numa lagoa num dia de verão.
D: *Certo. Mas o principal é que não quero que você faça isso agora. Quero apenas que você me diga como procedem. (Eu percebera algumas mudanças em suas reações físicas.)*

B: É o que estou fazendo.

D: *Entendi. É que seria perigoso para você fazer isso aí fora enquanto está procurando suas trufas. Basta me contar o procedimento.*

B: Outro modo de fazer isso seria imaginar uma noite repleta de estrelas enquanto a lua não está brilhando. Pensar que você está voando até as estrelas, nas profundezas da escuridão. De qualquer modo, você o faz para afastar as limitações de ser uma pessoa.

D: *Dá a impressão de que deve ser muito agradável.*

B: E é. Depois, quando se sentir pronta, o grupo todo se reúne. Sentamo-nos em círculo no chão e damo-nos as mãos. Geralmente, quando fazemos isso, colocamos alguma coisa no meio do círculo como ponto de concentração, para aquelas que precisam ter alguma coisa visual para olhar.

D: *Alguma coisa em particular?*

B: Geralmente, um desenho feito no chão com pedras, pedregulhos ou alguma outra coisa.

D: *Algum desenho específico?*

B: Depende. Às vezes, é um pentagrama, às vezes um desenho que não quer dizer nada. É só para ajudar-nos a romper as barreiras.

D: *Então, vocês olham para isso?*

B: Sim. E como estamos de mãos dadas, nossa energia flui em conjunto. A partir daí, podemos direcionar a energia para a finalidade para a qual nos reunimos. Se for para explorar o universo, todas nós imaginamos que estamos caindo na luz branca ou nas profundezas do espaço. E viajamos juntas com nossas mentes e vemos muitas coisas maravilhosas.

D: *Vocês não precisam se valer de alguma bebida ou de alguma erva para ajudar nesse momento?*

B: Não. Mantemos algumas bebidas por perto e usamo-las para certas finalidades. Mas para aquilo, é bom manter a mente clara.

D: *Na nossa época, as pessoas pensavam que às vezes seu povo usava drogas de diversas maneiras.*

B: Nós usamos.

D: *E que talvez fossem as drogas que causassem essa sensação de poder viajar.*

B: Não. Este tipo de viagem precisa ser feita com a mente. Bem, às vezes, em certos dias do ano, em celebrações, nós nos reunimos com outro grupo da antiga religião, um que não é de nossa área próxima. E como não estamos acostumadas a trabalhar com esse outro grupo, às vezes tomamos uma bebida que nos ajuda a romper as barreiras para que nossa energia flua em conjunto, como se fôssemos um grupo. No grupo com o qual você está habituada, é muito fácil romper as barreiras. Mas quando você trabalha com um novo grupo, fica mais difícil, e assim a bebida ajuda a romper essas barreiras. Veja, dá a impressão de que fazemos isso com a parte oculta da mente, com a qual a maioria das pessoas não entra em contato. Romper as barreiras dessa forma também ajuda a romper as barreiras internas, para você poder entrar em contato com todas as facetas da sua mente e trabalhá-las em conjunto numa única pessoa.

D: *Que tipo de bebida é essa?*
B: Não tenho certeza. Só algumas pessoas sabem fazê-la. Algumas ervas e frutinhas vermelhas são usadas nela. As frutinhas são consideradas venenosas. Na verdade, porém, não são venenosas, são apenas poderosas. Elas exercem um efeito drástico sobre o corpo. E se você ingerisse muitas delas, sim, poderiam matá-la. Mas não porque são venenosas, só porque são fortes. Mas usamos essas frutinhas além de outras que têm bom sabor. E certas ervas e flores que possuem determinados efeitos. Todas são misturadas em certas proporções para produzir o efeito necessário. Depois, isso é armazenado e fermenta como vinho, mas sem se tornar alcoólico. De algum modo, a maneira como fermenta produz as drogas e ajuda-as a se combinarem ou a se concentrarem de algum modo. Não sei como funciona. Ainda não tenho idade para aprender a fazer isso. Mas vejo-as fazendo e colhi as ervas para sua produção.

D: *Ao que parece, você precisa tomar muito cuidado para usar as proporções adequadas.*
B: Sim, para obter o efeito desejado, pois em proporções diferentes os efeitos serão diferentes.

D: *Que cor têm essas frutinhas consideradas venenosas?*
B: Branca.

D: *Eu estava tentando pensar no tipo de planta que poderia ser. Mas vocês as misturam com outras frutinhas de cores diferentes?*
(Sim) Você teria de tomar cuidado. Se as colocasse em proporções erradas, imagino que a experiência não seria muito agradável.

B: Não. A mistura poderia matar alguém, mas não fazemos isso... geralmente. Mas há proporções que causam efeitos desequilibrados. Desequilibrados em comparação com aquilo que deveria acontecer.

D: *Que efeitos o líquido teria sobre o corpo se fosse misturado incorretamente?*

B: Um efeito particularmente assustador é que ele faz o coração bater forte demais, depressa demais. Ou você pode começar a suar muito, sua pele vai dar a sensação de que está pegando fogo. Ou você pode sentir uma espécie de paralisia. Ou coisas diferentes como essas.

D: *Não, não seria muito agradável usar a combinação errada. É melhor deixar isso para quem sabe fazer a mistura. (*Hã-hã*) Bem, essas são as únicas vezes em que vocês usam algum tipo de drogas quando se reúnem?*

B: Quando alguém de nosso grupo fica doente, às vezes usamos uma droga para ajudar a projeção do pentagrama a fazer efeito. Geralmente, porém, é só nessas reuniões.

D: *As pessoas comuns usam remédios ou drogas quando alguém fica doente?*

B: Só carnes e vinho.

D: *É? Quando estão doentes?*

B: Não. A menos que venha alguém que compre ervas e coisas assim e use algumas ervas para ajudar a pessoa a se sentir melhor. Há algumas árvores cujas cascas ajudam a reduzir a dor, como a do salgueiro. E há algumas ervas que podem ser postas na água para se produzir um bom tônico.

D: *Estava curiosa para saber o que a igreja acha do uso de drogas e ervas para pessoas doentes.*

B: Ah, eles são contra. Mas isso não impede o fazendeiro comum de usá-las. O que a igreja diz que as pessoas devem fazer quando estão doentes é pagar os olhos da cara para a igreja, e assim eles mandam um de seus sábios médicos para cuidar delas. Isso também ajuda a cuidar do sacerdote que reza por sua alma. Assim, dependendo de seu estado de graça e do grau de sua doença, digamos, sua recuperação dependeria de quanto você pagasse à igreja.

D: *Ah, é a isso que você se refere com "pagar os olhos da cara"? Você paga muito como, com dinheiro, bens?*

B: Os dois. Qualquer um. O que você tiver.

D: *Então, a única maneira de poder ser bem tratado é ser rico. Se você tiver essas coisas, não é isso?* (Sim) *Então, eles não cuidam das pessoas comuns, cuidam?*

B: Geralmente, não. A menos que um serviçal particularmente bom de uma pessoa rica fique doente. A pessoa rica paga para que tratem de seu serviçal.

D: *Então, parece que as pessoas comuns precisam recorrer ao seu povo, o povo da velha religião, para obter ajuda. É isso que fazem?*

B: Não. Às vezes, um fazendeiro aparece e diz, "Ouvi dizer que você sabe lidar com ervas. Pode ajudar a minha filha? Ela está doente". Ou algo assim. Mas só dizem isso, embora se entenda muito mais do que o que é dito.

D: *Tenho tantas perguntas. Fico feliz por você ter paciência comigo.*

B: Não tem problema.

D: *Quando você explorou o universo, o que encontrou? Qual a sua versão dele? Como ele é?*

B: É difícil dizer. É difícil descrever o universo em termos de coisas que você viu na Terra e possa compreender. Por um lado, o universo é como uma gigantesca esfera. Por outro lado, o universo é como um túnel que não termina nunca. E dá a volta sobre si mesmo, emaranha-se sobre si mesmo e coisas assim. É parecido com o tempo.

D: *Você descobriu isso?*

B: Bem, parece que o tempo e o universo são a mesma coisa. Descobrimos muitas coisas. É difícil explicar o que descobrimos. E se tentássemos colocar isso em palavras, não teríamos de nos preocupar com os sacerdotes se ficassem sabendo, pois as pessoas comuns iriam nos matar antes.

D: *(Riso) Por quê? É tão estranho assim?* (Sim) *Quando vocês fazem essas coisas, vão lá e exploram por algum tempo em grupo e depois acabam voltando ao bosque?*

B: Primeiro, saímos e exploramos um pouco em grupo. Geralmente, temos um propósito para termos nos encontrado ali. E quando voltamos, descobrimos o que está acontecendo e que pode afetar os seguidores da antiga religião. E nos preparamos para esse evento.

D: *Então, vocês não querem ter surpresas.*

B: Certo. E depois, cuidamos de outras coisas. Por exemplo, se houver uma mulher no grupo que deseja engravidar, vamos fazer com que seu corpo fique mais receptivo a isso. E se houver outra mulher que está tendo problemas com as costas, somos capazes de fazer a dor desaparecer. E coisas diferentes como essas.

D: *Para essa mulher conceber, vocês usam a mente? Seus pensamentos? Ou usam ervas?*

B: Não, usamos o pensamento.

D: *Contam histórias há muito tempo – e elas parecem engraçadas para mim – que o seu povo conseguia voar. Que vocês realmente usavam o corpo para ir fazer essas coisas e visitar lugares diferentes.*

B: Bem, às vezes, algumas pessoas comuns ficam sabendo daquilo que fazemos, ou mencionamos algo que aconteceu a certa distância. E elas não conseguem imaginar outra coisa senão uma de nós voando fisicamente até lá para ver o que está acontecendo. É difícil explicar para elas a projeção mental, dizer que fazemos isso com a mente. Podemos ir a qualquer lugar que quisermos usando a essência da mente. Usando a essência superior.

D: *Então, é daí que vieram essas histórias. Passadas adiante. (*Sim*) Entendi. Bem, nós já ouvimos a palavra "bruxa". Usam essa palavra na sua época?*

B: Às vezes. Usam várias palavras diferentes. Às vezes, usam apenas a expressão "a velha senhora", como forma de respeito. Dizem, "Você é uma velha senhora?", referindo-se a alguém que sabe lidar com ervas e coisas assim, para pedirem ajuda para alguém da casa que esteja doente ou sabe-se lá o que. E não estão querendo dizer, "Você é idosa e grisalha?", mas "Você é velha no sentido de sábia?"

D: *Em conhecimento. Sabe que outras expressões usam?*

B: Às vezes, dizem "povo das árvores", pois sempre nos reunimos em bosques.

D: *Alguém usa a palavra "bruxa"?*

B: A igreja usa, mas quem presta atenção na igreja?

D: *(Riso) Estava curiosa para saber quem eles acham que são bruxas.*

B: A igreja? (*Sim*) Eu sou bruxa, você é bruxa, todos são bruxos.

D: *(Riso) Qualquer um que faz coisas de que a igreja não gosta?*

B: Correto.

D: *Ouvimos as palavras "bruxa" e "bruxaria". É por isso que estava curiosa para saber o que essas palavras significam para você.*
B: Bruxaria é a palavra que se refere à antiga religião.
D: *Mas é uma palavra que você usa para se descrever?*
B: O que? Bruxaria? Não, mas na verdade não uso palavras para me descrever. Penso em mim apenas como o lugar onde estou. E não falamos muito nisso, pois não podemos, e nem precisamos de muitas palavras.
D: *Então, vocês não pensam em seu grupo como sendo bruxas? (Não) Especialmente da maneira como a igreja usa a palavra.*
B:A igreja usa "bruxa" para falar de alguém que se concentra no lado negativo das coisas. E que adora aquilo que a igreja entende como o Diabo. O que a igreja não percebe é que Satã é uma invenção cristã. Pois, para que uma religião se estabeleça, para que alguma figura de admiração se estabeleça, é preciso haver algum tipo de personagem contrária, tentando eliminar esse outro personagem, para que as pessoas sintam pena do bonzinho e sigam o bonzinho. Por conseguinte, o Diabo e Satã são invenções da igreja.
D: *Então, dizem que há uma guerra entre os dois poderes, digamos. É isso que você está dizendo?*
B: Sim. Inventaram isso para despertar o interesse das pessoas e mantê-las envolvidas com a religião.
D: *Então, você não acredita que exista um Diabo?*
B: Não, acho que não, pois ele é uma invenção da igreja. Bem, não estou dizendo que não existem forças negativas por aí. Mas aquilo que parece negativo não é necessariamente negativo. Só equilibra aquilo que parece bom, pois tudo precisa estar em equilíbrio. E tudo faz parte da deusa mãe.
D: *Lamento dizer que até os dias de hoje as pessoas acreditam que exista um Diabo. Eu não acredito nisto, mas outras pessoas ainda acreditam. (Sim) Esse conceito não desapareceu. Já ouviu a palavra "conventículo"?*
B: (Pausa) Sim. É um grupo como o nosso.
D: *Sim, é isso que significa agora, um grupo de pessoas que se reúnem para praticar as coisas de que você falou. Mas você não tem medo que alguém descubra quando estão todas reunidas?*
B: Essa possibilidade sempre existe, só que quando estamos projetando nossas mentes, podemos ver muitas coisas. Podemos ver coisas que os olhos comuns não veem. Podemos ver se alguém

nos deseja o bem ou o mal. Assim, podemos ver o perigo bem antes que este se aproxime. Temos tempo para sair daquele plano e nos dispersarmos, desaparecermos, por assim dizer. Quando alguém chega ali, só vai encontrar um bosque e nada mais.
D: *Era o que eu estava pensando. Se vocês estivessem meditando, poderiam surpreendê-las.*
B: Sim. Enquanto está usando a mente para outras coisas, também pode usá-la para sua proteção.
D: *Mas vocês se sentem mais seguras no bosque. (Sim) Você estava falando de outros dias festivos em que se reúne com outros grupos como o seu. Que dias são esses?*
B: Há a noite santa. E há o Beltane.*
D: *O que são? Não conheço esses dias festivos.*

* Dicionário: Beltane: "Festival da primavera, celebrado em 1o de maio nas terras celtas na época pré-cristã". Isso também poderia se referir ao fato dela ter dito que celebrava a primavera em 1o de maio. *

** Beltane é uma palavra celta que significa "fogos de Bel" (Bel era uma divindade celta). É um festival do fogo que comemora a chegada do verão e a fertilidade do ano vindouro. Esses rituais costumavam incluir torneios e casamentos, tanto imediatamente, no verão que se iniciava, quanto no outono. Beltane é o festival gaélico do Dia de Maio. Geralmente, é celebrado em 1o de maio ou no ponto entre o equinócio da primavera e o solstício de verão. **

B: Temos quatro dias festivos que costumam cair o mais perto possível dos solstícios e dos equinócios.
D: *Pode me falar sobre isso?*
B: Bem, nós nos reunimos. E devido à época do ano, as energias da Terra fluem de maneira particular, propiciando a realização de coisas como essas, e tiramos proveito disso.
D: *Vocês têm um nome para esse equinócio da primavera?*
B: Sim. Às vezes, é difícil manter os nomes direito, pois não são importantes. A noite santa, Halloween, é no outono.
D: *Perto do equinócio do outono?*
B: Hã-hã. E no inverno temos Lamas. Na primavera, Beltane. O grande festival é no verão. Este do verão é chamado de grande

festival porque o sol está em seu ponto mais forte. Mas a maior comemoração é no outono, na noite santa. Além disso, gostamos de nos reunir e de fazer determinadas coisas em certas fases da lua.

D: *Eu ia lhe perguntar sobre isso. Por que o maior é a noite santa? É mais importante do que os outros?*

B: Sim, pois é o final de um ano e o início do próximo, em nosso ciclo. É como o Ano Novo dos cristãos.

D: *Nessa época, vocês fazem alguma coisa diferente?*

B: Sim, geralmente realizamos rituais mais complexos. E geralmente temos bebidas com ervas por perto. Ficamos acordadas a noite toda de Halloween, pois às vezes a combinação da meditação, das bebidas herbáceas e a energia de estar num grupo com o qual estamos familiarizadas, pode produzir experiências muito profundas.

D: *Que tipo de experiência?*

B: Coisas como profecias e outras assim. Às vezes, obtemos uma visão muito clara sobre como serão as coisas em eras distantes de nós no futuro.

D: *E você acha que isso tem relação com a época do ano e com a lua?*

B: Sim, pois tudo isso afeta o modo como as energias fluem através da Terra. Entretanto, as energias fluem através da Terra tal como fluem através de você.

D: *Entendi. Estou tentando compreender todas essas coisas. Tenho muitas perguntas. Você disse que Lamas se comemora no inverno? (Sim) Alguma coisa diferente é feita nessa época?*

B: Geralmente, nessa época, invocamos o poder do fogo e usamos esse poder. Geralmente, acendemos uma fogueira e contemplamos as chamas, e isso parece fazer alguma coisa com a mente. Quando a mente muda dessa maneira, o grupo pode fazer muitas coisas.

D: *Como o quê, por exemplo?*

B: Nada específico. Pensamos naquilo que precisa ser feito.

D: *Como as viagens ou se alguém do grupo deseja alguma coisa, como você disse antes?*

B: Sim. Além disso, geralmente fazemos alguma coisa com a terra. Para que a energia flua bem na terra quando a primavera chegar e todas as plantações cresçam direito.

D: *O que vocês fazem com a terra?*

B: Fazemos isso com nossas mentes. Tudo é feito com nossas mentes.

D: *É como renovar a terra, ou recarregá-la, para deixá-la preparada? (*Sim) *E você disse que Beltane é na primavera? O que há de especial nessa data?*
B: O equinócio, que é quando tudo está em equilíbrio. O equilíbrio sempre pende para um lado ou para o outro, mas no equinócio o equilíbrio está balanceado. Por isso, fazemos certas coisas nele.
D: *Quer dizer que parte de seus rituais precisa estar relacionada com a estação de crescimento?*
B: Não. Isso já foi alvo de nossos cuidados. Os rituais têm relação com o equilíbrio das coisas, pois estamos no equinócio.
D: *Entendo.*
B: Não, você não entende.
D: *(Riso) Estou tentando. Geralmente, penso no equinócio como o início da estação de crescimento, quando as coisas começam a voltar.*
B: Bem, isso não é verdade. Pois a estação de crescimento começa antes do dia do equinócio. Quando o equinócio se dá, a proporção entre dia e noite está equilibrada. E as coisas celestes estão em equilíbrio. (Ela pareceu um pouco irritada ou impaciente comigo.) Você precisa procurar coisas mais elevadas. Você não está olhando para o alto como poderia. Acho que você não está nos dando crédito suficiente simplesmente porque somos do passado.
D: *Sim. Creio que as pessoas acham que vocês não tinham conhecimentos desse tipo em sua época.*
B: A igreja tem procurado eliminar esses conhecimentos, mas nós continuamos a transmiti-lo. Antes, esses conhecimentos eram muito mais comuns, além de muitos outros conhecimentos. Mas a igreja vem suprimindo tudo há vários séculos ou tentado apagá-los, como a uma vela.
D: *Você acha que obtiveram algum sucesso nisso?*
B: Ah, sim. Praticamente todos os conhecimentos foram eliminados, exceto por aqueles que pequenos grupos, como os nossos, puderam preservar.
D: *Então, havia muito mais no passado.*
B: Ah, sim. Muito mais espantosos até do que as coisas de sua época.
D: *Sabe mais sobre isso? Ou isso vem de suas lendas?*
B: Não sei quase nada sobre isso.
D: *Você acha que eram coisas físicas ou mentais?*
B: Ambas.

D: *É muito bom que haja grupos como o seu, tentando dar continuidade a essas coisas. Tentando preservá-las.*

B: Porém, o que torna isso difícil é que, como sabemos muito mais do que deveríamos, fica difícil agir como se fôssemos tão ignorantes quanto todos os demais.

D: *(Riso) Sim, creio que essa seria a pior parte. Acho que seria difícil para mim também, imagine, não olhar nos olhos dos outros e dizer, "Não acredito que você esteja fazendo isso". (Riso)*

B: Sim, exatamente. Você entende isso.

D: *Sim, isso seria perigoso. E então, você disse que o maior festival do verão acontece quando o sol está no máximo. (Sim) Certo. Acho que agora entendo os dias festivos e a razão pela qual são importantes. Você disse também que há certas fases da lua que são importantes?*

B: Sim, as diversas fases da lua significam coisas distintas, pois as fases da lua correspondem ao ciclo do ano. Coisas que são feitas durante certos festivais do ano, se precisar fazê-las noutra época, devem ser feitas segundo as fases da lua.

D: *Há fases da lua que são mais importantes para você do que outras? Qual o significado delas?*

B: Bem, eu não diria necessariamente "mais importantes". É que para certas coisas, você precisa conhecer a fase da lua para ter certeza de que a fase não está em oposição a aquilo que você precisa fazer.

D: *Conheço um pouco sobre a lua e o crescimento das plantas.*

B: Sim, isso é uma coisa. Além disso, certas coisas mentais que fazemos com alguma frequência como parte de nossa religião, ajudam-nos mutuamente e a nós mesmas. E dependendo do tipo de coisa que queremos fazer, precisamos estar de acordo com a fase da lua. Por exemplo, se quero fazer um ritual que ajude Roff a se sentir próximo de mim, preciso fazê-lo quando a lua está crescendo. E se quero fazer um ritual para que a vida seja particularmente incômoda para a Dama Joslyn, devo realizá-lo quando a lua está minguando. Para certas coisas, a lua cheia é a melhor; para outras, a lua escura é um momento mais adequado.

D: *O que é melhor fazer na lua cheia?*

B: Ter boa sorte com bens materiais, bons relacionamentos com as pessoas próximas e coisas assim. A lua escura pode ser usada para rituais que nos ajudem a remover barreiras entre nossos diversos aspectos. E a lua escura também pode ser usada para entrarmos em contato com aqueles que já passaram para o plano seguinte da existência.

D: *Então, quando vocês se encontram no seu bosque, fazem-no principalmente na lua escura?*

B: Nós nos reunimos em todas as fases da lua, pois sempre há coisas diferentes a se fazer. Reunimo-nos com razoável frequência.

D: *Então, vocês não precisam esperar essa época da lua.*

B: Não, pois se a época da lua não for adequada para determinada coisa, sempre será possível projetar nossas mentes para diversos lugares e ver como são.

D: *Esse grupo é formado por mulheres que vivem e trabalham lá?* (Sim) *É um grupo grande?*

B: Não sei. Grande em comparação com o quê?

D: *Estava curiosa para saber quantas compõem o grupo. Trinta? Esse seria um grupo grande.*

B: Não, não somos tantas. Há umas quinze... ou dezessete? Depende de como você conta, pois duas de nós são mascates e viajam.

D: *Ah, não estão lá o tempo todo?* (Certo) *Então, elas se reúnem com vocês quando estão passando por aí?* (Certo) *Estava curiosa para saber o tamanho do grupo. Ouvi histórias dizendo que vocês conseguem entrar em contato com os espíritos de pessoas que morreram.*

B: Sim, é verdade. No começo, pensamos que você seria um espírito que havia morrido. Pois seu espírito adota um corpo durante algum tempo e depois você morre para contemplar as lições que aprendeu. Mais tarde, volta e adota outro corpo. Pensamos que você era uma dessas pessoas que havia deixado um corpo e estava aprendendo e pensando um pouco mais antes de adotar outro corpo. E ficamos surpresas ao descobrir que você era uma pessoa, um espírito que está num corpo neste momento.

D: *Isso é pouco comum, não é?*

B: Sim, mas já ouvimos falar nisso. Mas não há problema. Você consegue entrar em contato conosco e passou no teste, o que significa que também é uma seguidora da deusa. Embora na parte de sua mente da qual você está mais consciente você se chame de seguidora do Deus patriarcal, lá no fundo você é uma seguidora da deusa.

D: *Mais do que qualquer outra coisa, sou uma buscadora de conhecimentos.*

B: Isso faz de você uma seguidora da deusa. Busca os segredos do universo e torna-os simples, mostrando-os de modo que todos possam vê-los.

D: *Sim, é isso que estou tentando fazer. Volta e meia, quando faço isso, pergunto-me se você consegue me ver ou se apenas me ouve.*

B: Não vemos com os olhos, tal como os olhos podem ver. Mas vemos você com nossas mentes, ou podemos ver suas intenções em sua mente.

D: *Mas quando venho, você me ouve falar, basicamente? É isso que acontece?*

B: É difícil descrever.

D: *É que sempre quis saber como apareço para as pessoas.*

B: Para mim, estou falando com você dentro de minha cabeça.

D: *Ah, era o que eu pensava. Mas muita gente não percebe isso.*

B: É verdade, pois a maioria das pessoas não tem consciência dos diversos aspectos delas mesmas.

D: *Pois viajo desta maneira através de muitos períodos de tempo e a maioria das pessoas consegue falar comigo, mas não percebe que estou realmente ali. Foi por isso que me surpreendi quando você pareceu me perceber.*

B: É porque nós duas somos seguidoras da deusa.

D: *Deve ser essa a diferença. Provavelmente, as outras pessoas não estavam usando aquela parte de sua mente.*

B: Você está certa.

D: *Mas nunca causei mal a ninguém ao fazer isso. Sou muito cautelosa. (Sim) Interesso-me muito por esses rituais porque gostaria de transmiti-los às seguidoras da antiga religião que estão vivas hoje. Elas ainda se mantém em segredo. Alguns desses rituais podem ter sido perdidos.*

B: Isso é verdade, ou talvez usem aspectos diferentes desses rituais em sua época. Mas serão bem recebidos por elas. Posso ver que você está em contato com algumas seguidoras da deusa. Assim, oferecendo-os a todas elas, os rituais chegarão aos lugares certos. Posso ver que algumas seguidoras da deusa que você conhece estão em contato com outras seguidoras. E há algumas que estão sozinhas. Compreendo o que você quer dizer com a necessidade de se manterem em segredo. Há uma em particular que trabalha sozinha, mas aquelas que trabalham sozinhas fazem-no porque é difícil entrar em contato com as outras. Mas elas também precisam desse conhecimento.

D: Estava pensando que poderiam querer saber como os rituais mudaram. E poderiam querer voltar a fazê-los à sua maneira.

B: Sim, ou então adicionar nossa maneira à maneira delas e desenvolver uma maneira mais completa.

D: Pode haver muitas coisas que se perderam, ou as razões por trás disso. Algumas pessoas de nossa época usam pentagramas, pentáculos.

B: Sim, posso ver isso. E é bom, pois é sinal de que a igreja está definitivamente murchando. Quando as pessoas podem usar pentagramas abertamente sem recearem a Inquisição, isso é um bom sinal. E fico muito contente por ver isso. Eu gostaria de poder usar abertamente um pentagrama.

D: Usam-nos em colares, correntes em torno do pescoço, em anéis e coisas como essas.

B: Sim, e às vezes no suporte da espada. (Provavelmente, estava se referindo à fivela dos cintos.)

D: É claro que a maioria das pessoas não conhece seu significado quando veem um. Na sua época, as pessoas não usam pentagramas abertamente, usam?

B: Não, não usamos nada.

D: Para se reconhecerem mutuamente?

B: Não usamos nada, mas fazemos gestos sutis quando estamos falando. Parecem ser gestos banais, mas quem os conhece e os identifica pode retribuí-los.

D: Pode me falar sobre isso?

B: É muito difícil descrevê-los. É uma coisa com a qual você cresce. Sabe, há pessoas que se posicionam de certa maneira, fazem determinados gestos com as mãos. Aqui, parece ser o tipo de coisa que as pessoas fazem. É isso, mas é diferente de certas maneiras.

D: Você está se referindo a colocar a mão em determinada parte do corpo?

B: Isso, ou então a posicionar os dedos de certa maneira quando fazemos algum gesto.

D: Poderia me mostrar para eu poder ver se identifico alguém?

B: Acho que esse conhecimento não iria ajudá-la, pois é uma coisa usada pelo nosso grupo local.

D: Seu grupo local, certo. Seria uma forma de se identificarem.

B: Um gesto que fazemos e que é comum a todas nós é o dos Chifres da Deusa. (Ela levantou a mão, e todos os dedos estavam dobrados, exceto o polegar e o dedo mínimo. Muito parecido com o símbolo do time de futebol americano Texas Longhorns. Fiz a descrição para o gravador.)

D: Ah, o polegar e o dedo mínimo?

B: Sim. Alguns fazem assim. (Ela fez outro gesto.)

D: O indicador e o dedo mínimo.

B: Sim. E elas tiraram isso da fase da lua. O primeiro quarto.

D: Ah. A lua crescente, como a chamamos?

B: Sim, a crescente.

D: É isso que chamam de "Chifres da Deusa"? (Sim) Ouvi alguns chamarem-no às vezes de "Chifres do Diabo" em nossa época. (Riso)

B: Isso também é obra da igreja.

D: (Riso) Mas seria um gesto para que se reconhecessem. Entendo de onde você tirou os chifres da lua, pois se parecem com chifres quando estão na última fase.

B: Ou na primeira fase.

D: Sim, ambas. – Estava curiosa para saber se as pessoas usavam cruzes. Você sabe o que é uma cruz?

B: (Tom de voz indignado e de desaprovação.) Sim, sei o que é uma cruz.

D: As pessoas comuns usam-nas, ou só a igreja?

B: Naturalmente, os sacerdotes as usam. Alguns fazendeiros mais supersticiosos costumam carregar uma cruz. Geralmente, são dois gravetos atados. Às vezes, as jovens usam dois gravetos atados e pendurados ao pescoço com algum tipo de cordão. Imagina-se que isso as protegem do Diabo, de vampiros e sabe-se lá mais do quê.

D: Hmmm, eles acreditam em vampiros?

B: Na verdade, não. Ouvi rumores de que esta crença é mais forte a leste daqui. Mas eles acreditam que haja criaturas fantásticas, espreitando e esperando para agarrar suas almas eternas.

D: O que acham que é um vampiro? Você pode ter um significado diferente do meu para essa palavra.

B: Não, só existe um significado para essa palavra.

D: O que ela significa?

B: O vampiro é outra invenção da igreja. Não tenho certeza se existem vampiros, mas supõe-se que seja um espírito aprisionado num corpo e o espírito se recusa a sair e passar para o próximo estágio de desenvolvimento. E, para poder ficar e manter seu lugar no corpo, ele precisa beber sangue humano.

D: *Isso seria um espírito?*

B: Bem, um espírito num corpo. Você é um espírito, eu sou um espírito.

D: *Ah, um espírito num corpo. Certo. Eu estava pensando que se fosse apenas um espírito, não precisaria beber. Você está se referindo a um espírito num corpo.*

B: Ouça o que eu digo. Eu disse que era num corpo.

D: *Certo. E a igreja inventou essa ideia?*

B: Creio que sim. Ou isso, ou milagrosamente captaram um conceito sobre... veja, o espírito fica no corpo por certo tempo, depois precisa passar ao próximo estágio de desenvolvimento. De algum modo, a igreja conseguiu perceber que alguns espíritos não se desapegam quando deveriam. Assim, a igreja inventou coisas fantásticas sobre a razão de não irem embora e sobre como se mantém no corpo. E os efeitos que exercem sobre as pessoas comuns.

D: *Você acha que fizeram isso só para aumentar o medo?* (Sim) *Entendi. Bem, estou gostando muito de nossa conversa, mas chegou a hora de partir, mais uma vez. (Riso) Geralmente, preciso ir bem na hora em que tenho alguma coisa sobre a qual desejo falar. Mas sempre posso lhe pedir mais informações da próxima vez, não posso?* (Sim) *Talvez você possa me falar um pouco mais sobre essas coisas. Então, posso voltar a conversar com você?* (Sim) *Sempre que você me permite voltar, aprendo muitas coisas. E lhe agradeço por me deixar voltar.* (Sim) *Certo, então vamos nos encontrar novamente e vou lhe fazer mais perguntas. Tenha paciência comigo quando eu não entender direito.*

B: Vou tentar.

D: *Então, obrigada, Astelle. (Ela corrigiu vigorosamente minha pronúncia com o acento na primeira sílaba.) Vivo falando errado, não é? De qualquer modo, sei quem é você.*

(Paciente trazida para o presente.)

Capítulo 7
Falando com os animais
(Gravado em 20 de maio de 1986)

Usei a senha e fiz a contagem regressiva até a vida de Astelle.

D: *Voltamos à época em que Astelle vive. O que você está fazendo?*
B: Estou nos estábulos.
D: *O que você está fazendo aí?*
B: (Sua voz pareceu triste.) Estou ficando longe da Dama Joslyn.
D: *Ah, ela está lhe causando problemas? (Sim) Quer me falar sobre isso?*
B: O que tenho para falar? É o que ela costuma fazer. (Suspiro) Estão tentando conseguir um pretendente para ela, mas todos a rejeitam. E ela fica irritada e me bate com sua escova.
D: *Como se fosse sua culpa.*
B: Bem, ela sente que é, pois sou mais bonita do que ela.
D: *Creio que uma vez você me disse que fizeram um grande banquete, ao qual compareceram muitas pessoas. E iam tentar arranjar um casamento para ela. (Hã-hã) Não deu certo? O que houve?*
B: Bem, combinaram o casamento, mas quando as pessoas foram até o lugar onde viviam para informar o homem sobre o casamento que haviam arranjado, descobriram que ele já havia se casado enquanto eles estavam fora.
D: *Aposto que isso não deixou a Dama Joslyn muito feliz.*
B: Ela berrou. Saiu berrando, girando os olhos e jogando coisas.
D: *É comum arranjarem casamentos assim, antes que os noivos tenham se visto?*
B: É bem comum.
D: *E ela pensou que já estava tudo certo.*
B: Sim, pensou. Mas o homem tinha ouvido falar dela e de como ela lida com as coisas. Creio que ele não quis se casar com ela. Dizem que ele amava outra dama e foi com ela que se casou. Ele não queria se casar com alguém que não amasse.

139

D: *Estava curiosa para saber se ele realmente se casou ou se disseram isso porque ele não quis se casar com ela.*

B: Pelo que ouvi, ele realmente se casou.

D: *Então, Dama Joslyn ficou realmente aborrecida.*

B: Sim. E houve outras tentativas. Mas todas fracassaram. Se ao menos ela percebesse isso, se a Dama Joslyn não se preocupasse tanto em se casar, parasse de berrar e de se preocupar com as coisas, não ficasse tão feia. E talvez fosse mais desejável para um pretendente. Mas parece que ela não consegue ver as coisas desse modo.

D: *Você disse que ela ficou brava com você, por isso achei que tivesse acontecido alguma coisa.*

B: Bem, Roff rejeitou-a novamente na noite passada. Nesta manhã, ela foi até a área da cozinha logo cedo e nos encontrou juntos. Então, ficou bastante incomodada.

D: *E foi essa a causa.* (Sim) *Roff tenta fazer alguma coisa quando ela a agride?*

B: Não. Ela nos viu juntos, deu meia volta e saiu. Mais tarde, porém, creio que perto da hora de alguma refeição, resolveu que queria comer em seu quarto. E disse especificamente que queria que eu levasse a comida. Assim, quando levei a comida, ela já estava me esperando com sua escova de cabelo.

D: *Então, ela não faz nada na frente dele.* (Não) *Isso a faria parecer pior ainda, não acha?* (Sim) *Então, agora você está se escondendo nos estábulos?*

B: Pode-se dizer que sim. Ela nunca vem aos estábulos. Não gosta de andar a cavalo. Por isso, estou aqui, observando os homens no pátio de treinamento. E não estão precisando de mim na cozinha por enquanto.

D: *Só tentando ficar longe da vista dela?*

B: Sim. Além disso, aqui é bem tranquilo. Fico ouvindo os cavalos conversando. Ouço o vento soprando.

D: *Você consegue ouvir os cavalos conversando uns com os outros?* (Sim) *Nunca conheci alguém que conseguisse ouvir os animais conversando.*

B: Bem, você pode ouvi-los falar, mas às vezes pode entender ou não o que estão dizendo. Depende de sua boa relação com a deusa mãe. Se você tiver a mente sintonizada com a dela, então pode compreender o que estão dizendo.

D: Como é a conversa?
B: Com os ouvidos, você ouve os sons que eles costumam fazer. Dentro de sua cabeça, é como ouvir duas pessoas conversando.
D: Parecem palavras, como uma comunicação mental?
B: Parecem ser palavras.
D: Hmmm, fiquei curiosa para saber como é a conversa deles.
B: Várias coisas. Falam muito sobre o tempo. E se vão precisar ou não de novas ferraduras. Os garanhões que temos para cruzar só têm uma coisa na cabeça.
*D:(Riso) Só pensam naquilo? (*Sim*) E o que pensam das pessoas? De seus donos?*
B: Ah, ouço coisas escandalosas sobre alguns moradores da casa. Os cavalos são muito mexeriqueiros. As pessoas que vêm aos estábulos para fazer amor. Acham que estão seguras, mas não entendem o que dizem os cavalos. Eles falam de tudo. (Eu ri.) E se divertem imitando as características de alguns humanos.
D: O quê, por exemplo?
B: Bem, há um homem aqui que manca. Eles o imitam, mancam em sua baia. E há outro homem com nariz grande e boca pequena. Um dos cavalos imita muito bem o jeito como ele fala. É muito engraçado. Fazem coisas diferentes como essas.
D: Normalmente, nem imaginamos que possam estar interessados ou percebendo as coisas. Muita gente acha que são apenas animais tolos.
B: Isso é verdade, e é aí que se enganam. Os animais não são nem um pouco tolos. Há apenas uma parede entre eles e nós, e por isso não podemos falar. As pessoas que descem aos estábulos para fazer amor acham que os cavalos nem percebem. E que, se percebem, acham que não há nada que possam fazer a respeito, pois só interagem com outros cavalos. E não percebem que há algumas pessoas que entendem o que dizem os cavalos.
D: (Riso) Os cavalos sabem que você pode entendê-los?
B: Creio que sabem. Há dois que tenho certeza que sabem.
*D: Acho que acontece muita coisa no mundo animal que as pessoas não percebem. (*Sim*) Você já tentou se comunicar com outros animais além dos cavalos?*
B: Ah, sim. Não consigo necessariamente responder, mas posso ouvir o que têm a dizer.

D: *Então, se você tentasse falar com eles, eles não conseguiriam entendê-la?*
B: Eu poderia falar com eles com minha mente e eles poderiam me compreender. Mas alguns deles são como pessoas, ficam desconfiados sempre que faço isso.
D: *Eles não estão acostumados com isso.* (Certo) *Mas pelo menos você sabe o que estão pensando.* (Sim) *Creio que muita gente imagina que os animais não têm muita coisa na cabeça, não têm assunto para conversas.*
B: Bem, isso depende do animal e do que ele está fazendo.
D: *E você se lembra de mim, não lembra?*
B: Sim. Você passou no teste.
D: *Sim.*

Quando voltou a fazer nova sessão, Dolores quis retomar um assunto sobre o qual não conseguiu fazer todas as perguntas que queria. Eis o que ela descobriu.

D: *E da última vez que conversamos, estávamos falando sobre uma coisa e eu tive de sair, e não terminamos a conversa. Você disse que algumas pessoas usavam cruzes na forma de pedaços de madeira amarrados.* (Sim) *E que penduravam-nas no pescoço para se protegerem das coisas. Uma das coisas que você disse foi que elas acreditavam em vampiros. E nunca cheguei a obter todas as informações sobre isso. Você disse que era uma crença inventada pela igreja? Foi isso mesmo?*
B: Sim. A igreja tem usado e vai usar toda e qualquer coisa que puder para manter as pessoas com medo e ignorantes. Uma de suas melhores armas é o medo. Assim, inventam essas histórias malucas para contar às pessoas e mantê-las com medo, porque fica mais fácil controlá-las. Ouvi dizer que essa é uma crença em regiões montanhosas a leste daqui. Mas não sei onde poderia ser. Ninguém disse. E nunca fui lá.
D: *Você acha que as histórias se basearam em algum fato? Em alguma coisa real?*

B: É difícil dizer. Às vezes penso que sim, às vezes, que não. Acontecem muitas coisas no mundo que não conhecemos, que não sabemos das razões. E essas coisas são muito intrigantes. Às vezes, a explicação pode ser fantástica; às vezes, se você observar um pouco melhor, verá que há uma razão que a mente pode aceitar.
D: *Estava pensando que talvez a igreja não tenha inventado toda a história. Talvez tenha acontecido alguma coisa e eles mexeram na história.*
B: Acho que pegaram histórias sobre lobos que levam crianças no inverno. Pegaram essa história e inventaram o resto, inclusive a história da boneca.

Creio que não ouvi essa menção à boneca, pois não dei seguimento a ela. Fico imaginando a que estaria se referindo.

D: *Como é a crença das pessoas? O que acham que os vampiros fazem?*
B: Ora, o que acontece quando o vampiro tira o sangue?
D: *A história daquilo que se imagina que eles sejam.*

Eu queria a história dela. Não queria influenciá-la. Mas não sabia muito bem como verbalizar isso.

B: Sim. Bem, a igreja quer que você pense que são mortos-vivos. Que deveriam estar mortos, mas não estão. Mas uma mulher sábia de nosso círculo disse que pessoas que são assim estão vivas, mas têm uma doença sutil. E que talvez a única nutrição que as mantém vivas seja o sangue.
D: *Como conseguem o sangue?*
B: Dizem que mordem as pessoas no ombro ou no pescoço para tirar o sangue. Pelo que ouvi, mordem-nos num lugar onde o sangue fica perto da superfície e em grande quantidade.
D: *Bem, essa me parece uma ideia estranha. Mas a igreja diz às pessoas que se usarem a cruz estarão protegidas?*
B: Sim, dizem. Tenho sérias dúvidas sobre isto. Como a igreja está tão corrompida, nenhuma de suas magias funciona mais. Por isso, ela vai tentar qualquer coisa para procurar manter seu poder.

D: *Você acha que houve época em que isso teria uma magia que funcionava?*
B: Sim, acho, embora a igreja nunca vá admiti-lo.
D: *Nos primeiros tempos?* (Sim) *Bem, há alguma outra coisa, como os vampiros, na qual querem que o povo acredite?*
B: A igreja está sempre tentando assustar as pessoas com a ideia dos demônios. E como os demônios estão por toda parte, prontos para fazerem várias coisas, segundo o lugar onde o demônio está. É tudo uma questão de deixar de lado o que a igreja nos diz e tentar olhar com clareza para as coisas. Muita gente não tem forças para isso.
D: *Elas só acompanham o que dizem.* (Sim) *Você acha que os demônios são reais?* (Não) *Você acha que existem coisas como espíritos desse tipo?*
B: Do outro lado do véu, há coisas como espíritos e pessoas. Eu os vi. Mas não é aquilo que a igreja descreve como demônios e nem como anjos. É diferente daquilo que a igreja descreve. A igreja tenta atribuir um significado matemático a tudo, mas a natureza não é assim.
D: *Como assim, matemático?*
B: Tentam, por exemplo, dizer que existem sete reinos no céu, pois consideram o sete um número sagrado. E tentam pensar que o inferno tem treze divisões, pois consideram o treze um número da bruxaria. E isso é totalmente arbitrário. Eles simplesmente usam esses números porque lhes parecem bons. Eles não sabem seguir seus sentimentos, não deixam as coisas acontecer naturalmente. Simplesmente querem que tudo se encaixe em seu padrão para o mundo.
D: *E os anjos, o que dizem que são?*
B: Essa é uma das razões para fazerem tantos concílios. Eles não conseguem chegar a um acordo sobre os anjos.
D: *Você se refere aos concílios da igreja?*
B: Alguns deles dizem que os anjos são grandes e altos, e outros dizem que são tão pequenos que vários deles conseguem dançar sobre uma colher ou algo assim. Mas eles não entram em acordo. Por um lado, dizem que são espirituais; por outro, começam a fazer descrições físicas ridículas deles. Os espíritos não estão presos à terra, como você e eu. Assim, a igreja presume que eles precisam

ter asas. Mas as coisas do outro lado não precisam ter manifestação física. É confuso.
D: Pergunto-me se já viram um, ou apenas os inventaram.
B: Eles os inventaram.
D: Achava que poderia haver alguma coisa em seus livros sagrados que lhes dissessem que poderiam existir ou algo assim.
B: Não sei. Não ouvi nada sobre a existência deles.
D: Bem, e o que acham que os anjos fazem? Qual seu propósito?
B: O anjo procura manter os crentes em segurança, especialmente em relação ao Diabo e seus demônios. De modo geral, mantém as pessoas seguras umas das outras.
D: Certo. E os demônios, imagina-se que sejam... o quê?
B: Diabretes de Satã. Este assunto é cansativo.
D: Bem, só queria obter a informação. (Riso) Pois algumas dessas crenças ainda existem na minha época.
B: Entendi.
D: As pessoas ainda não se livraram dessas crenças. É por isso que estava me perguntando de onde teriam vindo. Vamos falar de outra coisa. Eles também acreditam em santos, não é? (Sim) O que dizem que são os santos?
B: Bem, a igreja afirma que uma pessoa que vive uma vida particularmente sagrada ou abençoada para a sua igreja será, naturalmente, abençoada ao morrer. E terão vantagens sobre outras pessoas que morreram. Como resultado, há objetos usados para representar essa pessoa, para que as demais a venerem. Além disso, posso usar essas... diferentes... (Pausa) Estou confusa.
D: Como?
B: Minha mente está toda confusa. Dá a impressão que estou com dificuldade para falar. Parece que há duas mentes ao mesmo tempo aqui.
D: É? Isso está incomodando você?
B: Está me dificultando falar, pois tenho a sensação de que há duas mentes ao mesmo tempo aqui, e isso me deixa bem sonolenta. A outra mente também está pensando em coisas e está preocupada com as coisas. E eu estou pensando nas coisas que estou tentando lhe dizer. E essa outra mente... tenho de me esforçar muito para manter a concentração. E sempre que perco um pouco a concentração, a outra mente aparece com outros pensamentos. E

eu esqueço o que ia dizer. Tentar me concentrar dessa maneira está me deixando cansada.

Acho que isso significa que ela estava começando a perceber a mente de Brenda, ou então a mente de Brenda estava tentando interferir ou se interpor de alguma maneira.

D: *Talvez eu possa ajudar. Talvez seja esse o problema, provavelmente você está com sono.*
B: Pode ser isso. Não dormi bem depois que a Dama Joslyn bateu em mim.

Achei que a melhor maneira de interromper a confusão que estava gerando interferência seria levá-la para outra cena. Pedi-lhe para avançar até um dia importante em sua vida. Quando parei de contar, ela anunciou, empolgada, "Estou no banquete. As pessoas estão comendo e os músicos estão tocando".

D: *Você está fazendo algum trabalho aí?*
B: Neste momento, já terminei. Trouxe um pouco de comida para o banquete. Estou ouvindo os músicos antes de voltar à cozinha.
D: *Como são esses músicos?*
B: São comuns. São um grupo itinerante de músicos que parou por aqui. Eles estão percorrendo a estrada aqui perto e depois vão voltar a viajar.
D: *Há muitos deles?*
B: Ah, uns seis, sete.
D: *Que instrumentos eles tocam?*
B: A maioria toca instrumentos de sopro. Alguns tocam em cordas com os dedos. Não sei muito bem. Gosto de música, mas não conheço instrumentos.
D: *A música é bonita?*
B: Sim. É alegre. É boa para um banquete. O som é bom. E sempre que não estão tocando seus instrumentos, estão contando piadas.
D: *(Riso) Como são essas piadas?*
B: Geralmente, são picantes. Coisas diferentes. Fazem graça com as pessoas do banquete.
D: *Pode me dar um exemplo?*

B: Bem, por exemplo, em dado momento estavam dizendo, "Quando um salão de banquetes é um estábulo?" E alguém perguntou, "Quando?" E eles disseram, "Quando há cavalos à mesa". E apontaram para a Dama Joslyn ao dizerem isso.

D: *Oh-oh! O que quiseram dizer com isso? É a aparência dela?* (Sim) *(Riso) O que será que ela pensou?*

B: Ela jogou fora o pedaço de carne que estava comendo e saiu do salão batendo os pés. E não voltou mais.

D: *(Riso) Hmmm. Eles estão contando outras piadas? Eu também gosto de rir.*

B: Essa é a principal de que me lembro, pois foi com a Dama Joslyn. Eles estão fazendo isso a noite toda, brincando com todo mundo. Não é para levá-los a sério, só querem ver as pessoas rindo.

D: *Hã-hã. Mas foi uma brincadeira errada de se fazer com ela.*

B: Sim, mas todos os demais riram.

D: *Eles contam alguma piada sobre o senhor da casa, o lorde?*

B: Ah, sim. Ah, sim. Mas são piadas que mostram que mesmo fazendo rir às custas do mestre, respeitam-no. E por isso, é uma espécie de elogio.

D: *Eles cantam alguma coisa?*

B: Um pouco. Geralmente, sempre é uma canção contendo algumas palavras que alguém solicitou.

D: *Você conhece alguma das canções que eles cantam?*

B: Não, nunca as ouvi antes. Esta trupe é nova, nunca havia passado antes por aqui. Dizem que são do sul, e têm algumas canções que não costumam ser ouvidas aqui nesta região mais ao norte.

D: *Há algum outro entretenimento?*

B: Bem, enquanto as damas estão à mesa, esse é o principal. Desconfio que tenham outras coisas planejadas para depois, quando as damas se levantam e saem da sala. Normalmente, as damas ficam com os homens até o fim do banquete, mas com este outro entretenimento que terão, resolveram que as damas devem abreviar a comilança e saírem.

D: *Pergunto-me como seria esse entretenimento.*

B: Não temos como saber.

D: *Você tem alguma ideia?*

B: Desconfio que possa envolver atividades antinaturais com uma mulher nua.

D: *É? Fazem isso nesses banquetes?*

B: Não sei. Ouvi rumores.
D: *Eles consideram isso uma forma de entretenimento?* (Sim) *Seria uma mulher trazida especialmente, alguém da casa ou o quê?*
B: Uma mulher trazida. Uma mulher que veio com a trupe.
D: *Hmmm. Dá para entender porque não querem que as mulheres estejam na sala. Estava curiosa para saber o que faziam como entretenimento. O banquete teve algum prato especial?*
B: Diversos tipos de carne com preparações variadas. E pães de vários tipos. As carnes têm vários recheios diferentes.
D: *Eles nunca comem nada doce?*(Não) *Gostaria de saber se o seu povo comia coisas doces.*
B: Às vezes, sim, mas não com frequência.
D: *Por que será?*
B: Aquilo que deixa doce as coisas é muito difícil de encontrar. O mel é particularmente raro nesta região.
D: *Ah, eu não sabia disso. Então, vocês não comem coisas doces com frequência.*
B: Certo. É uma iguaria que comemos apenas de vez em quando.
D: *Também ouvi falar alguma coisa sobre o sal. (Pausa) Você sabe o que é sal?*
B: Sim. Sei o que é sal. Há um comércio de sal. E temos um pouco à disposição, mas não muito.
D: *Comércio de sal? Como é isso?*
B: Há um mascate que passa de vez em quando por aqui e vende sal. Não usamos muito na mesa de banquete. Usamo-lo principalmente para preservar a carne.
D: *Vocês não o usam para cozinhar?*
B: Bem, a carne que foi preservada no sal já acrescenta bastante à comida. E assim, usamos ervas e coisas parecidas para deixar a refeição saborosa.
D: *Outras pessoas me disseram que o sal é valioso. Que é difícil de encontrar. É verdade?*
B: Não tenho certeza. Parece que temos bastante dele, mas ele percorre uma longa distância até chegar aqui.
D: *Então, você não o usa à vontade.*
B: Correto.
D: *Bem, e nem seria preciso, creio, uma vez que a carne foi preservada daquela maneira. É assim que vocês preservam a carne para o inverno?*

B: Essa é uma maneira de fazê-lo. Outra maneira é se você tem uma anca. (Dicionário: Anca: o quarto traseiro.) Cobrimo-lo com cera e esta o sela.

D: *Isso impede a carne de se deteriorar?* (Sim) *Nunca teria pensado nisso. São as únicas maneiras de preservar a comida nos meses de inverno?*

B: Esta é a melhor maneira. A carne que acabou de ser abatida no inverno vai se manter por algum tempo se os dias estiverem frios. Nos outros dias, você precisa confiar na salmoura. Geralmente, quando a carne foi recém abatida, no frio cortam-na e a salgam. Assim, ela estará disponível por vários dias.

D: *Sabe o que são verduras?* (Sim) *Vocês têm verduras no inverno?*

B: Algumas. Principalmente aquelas que crescem no chão, como beterrabas e cenouras. Elas se preservam bem por algum tempo depois do fim da estação de crescimento. Outras não se mantém muito bem.

D: *Sabe o que são frutas?*

B: Ah, sim. Temos muitas frutas. Maçãs, peras, frutinhas selvagens de vários tipos. Há um modo de preservá-las, também, para comê-las quando desejar. E elas vão se manter pelo tempo que for preciso.

D: *Como você faz isso?*

B: Com brandy. Uma bebida alcoólica muito forte. Você pega a fruta e a corta em pedaços do tamanho que quiser. Despeja o brandy neles e deixa a bebida assentar. Põe uma cobertura para afastar a poeira e os insetos. E no inverno, sempre que precisar de uma fruta, tire-a do brandy. Depois, filtre o brandy restante e passe-o por um pano, pois terá o sabor da fruta no brandy, que será uma bebida muito boa.

D: *Isso também dá um sabor diferente à fruta, não dá?*

B: Sim. Mas qualquer coisa que fazemos com a comida para mantê-la preservada por algum tempo altera seu sabor.

D: *Ah, sim, altera. E são coisas que vocês comem no inverno?*

B: Sim. Às vezes, o dono da casa manda trazer outras coisas, mas geralmente isso acontece na estação festiva.

D: *Quais os dias festivos observados pelo lorde?*

B: Ele e seus familiares costumam observar aquilo que a igreja católica diz que precisa ser observado. Natal. Páscoa. Dia de São Pedro. Dia de São Paulo. Os dias dos santos também são

importantes, assim como os dias que antecedem o Natal e a Páscoa. E aqueles que sucedem o Natal e a Páscoa.
D: Há algum evento especial em torno do Natal?
B: Difícil dizer. Eles cantam mais, cantam sobre temas religiosos. Realizam mais missas. E as pessoas que fazem parte da igreja devem fazer certas coisas segundo os costumes, mostrando que estão observando esses dias festivos, sejam quais forem.
D: E o que fazem para respeitar esses costumes?
B: É difícil dizer. Tento me manter distante disso sempre que posso, pois nossos próprios dias festivos são próximos dessas épocas. Assim, para poder me manter no estado mental apropriado, tento me afastar das atividades da igreja.
D: Certo. Achei que talvez houvesse alguma coisa muito importante e que você precisasse ajudar.
B: Só cozinhar mais.
D: Cozinhar mais. Você disse que eles cozinham coisas especiais, comem coisas especiais?
B: Bem, se você consegue comprar ingredientes frescos, certamente isso resolve tudo. Além disso, tudo que podemos encontrar nos depósitos.
D: É, parece ser mesmo uma época boa. Por que esse é um dia especial?
B: O que é um dia especial?
D: Ele é importante apenas por ser um banquete? Por quê?
B: Ah, você está se referindo a este, agora?
D: É, a esse dia.

Quando ouvi a gravação, percebi que isso deve tê-la deixado confusa. Estava falando de dias festivos e de repente voltei a perguntar sobre o banquete sem esclarecer melhor as coisas.

B: É importante para esta casa porque a trupe parou aqui, e é muito divertido. Para mim, é importante também, porque mesmo não conhecendo muito sobre música, às vezes invento uma melodia e gosto de ouvir como fica. Conversei com dois músicos da trupe e lhes pedi para tocarem para mim. Agora, pude ouvir como soava para me assegurar de que ficou do jeito que eu queria.

D: *Ah, você está se referindo às melodias que compôs, é isso? (Certo) Então, foi importante por causa disso. Não é sempre que você encontra um grupo musical por aí.*
B: Verdade, não é sempre.
D: *Então, na maior parte do tempo, vocês não têm entretenimento nessa casa?*
B: Geralmente, criamos nosso próprio entretenimento. A maior diversão está nos entretenimentos externos. Geralmente, temos certames entre os diversos cavaleiros, valetes, pajens e outros, para ver quem é o mais habilidoso ou forte em alguma coisa. E as coisas diferentes que são feitas numa casa comum.
D: *Esses certames são perigosos?*
B: Não, não, pois o senhor da casa não poderia matar os homens da casa para realizar um certame. Eles procuram ser desafiadores mas sem colocar em risco as vidas. Se você não tomar cuidado, pode se ferir, mas isso seria devido apenas à sua própria falta de jeito.
D: *E no que consistem os certames?*
B: Arco e flecha, lanças, facas, montaria. Alguns valetes e cavaleiros gostam de exibir sua habilidade numa sela, fazendo coisas que você acha que não são possíveis de ser feitas a cavalo. E coisas diferentes como essa. Esgrima com espadas.
D: *Então, são como jogos de habilidade. Eles chegam a realizar torneios com cavaleiros de outros lugares, que poderiam ser perigosos?*
B: Não. Eles se mantém em boa forma com os jogos de habilidade, para estarem preparados no caso de entrarmos em guerra. Assim, geralmente há muitas apostas envolvidas nesses certames. Essa é a principal parte do aspecto de entretenimento deles, ver todos alucinados com as apostas em seus favoritos.
D: *Você tem dinheiro? Com que vocês apostam?*
B: Geralmente, apostamos com coisas que temos, coisas que podemos conseguir.
D: *Sempre ouvi falar que às vezes se realizavam torneios entre cavaleiros de casas diferentes que podiam ficar bem sérios.*
B: Isso é verdade, e acontece quando há uma disputa entre as duas casas. E ela vai ficando cada vez pior, até as casas se envolverem completamente. Mas, se não há disputa, por que realizar torneios que matam seus melhores cavaleiros? Se é apenas um certame

como o nosso, para entretenimento, ele é feito para ver quem é mais habilidoso. Não para saber quem pode ser morto.

D: *Para mim, isso faz sentido, pois os cavaleiros treinam durante anos. Roff já é cavaleiro ou ainda é valete?*

B: Ainda é valete. Mas creio que está prestes a se tornar cavaleiro, pois dominou todas as habilidades de que precisa. Acho que estão esperando por algum torneio maior, com cavaleiros e mais gente para assistir, para fazerem uma grande comemoração. Leva alguns anos para aprender tudo. E esse período é diferente para cada pessoa.

D: *Quanto tempo, mais ou menos?*

B: Não sei ao certo.

D: *Então, quando estão prontos, realizam uma cerimônia para vários deles ao mesmo tempo?*

B: Não, geralmente apenas um ou dois.

D: *Isso é interessante. Sei que você está apreciando o banquete, mas posso lhe fazer mais perguntas sobre sua religião?* (Sim) *Ninguém mais pode nos ouvir, certo? (Riso)*

B: Acho que não. Estou aqui em pé do lado dos músicos. E a maioria da multidão está... para lá.

D: *Bem, então não vão saber do que estamos falando.* (Certo) *Você estava falando sobre os diversos rituais que você faz?* (Sim) *Vocês fazem alguma coisa envolvendo velas?*

B: Às vezes, é bom usar uma vela para acalmar a mente ao realizar o ritual. Mas geralmente os rituais que realizamos não precisam de nada. Na maioria, tudo de que precisam é manter a mente na postura adequada, para que ela possa fazer aquilo que você deseja fazer.

D: *Então, vocês não precisam usar velas de várias cores?*

B: Se você usar, é útil, mas se não as tiver à mão, pode fazer o ritual sem elas.

D: *Então, elas não são realmente necessárias.*

B: Elas ajudam a dar mais poder aos seus rituais. Mas você pode realizar os rituais sem elas.

D: *E outras pedras? Não precisam ser joias, mas...*

B: Pedras preciosas?

D: *Sim. Vocês têm crenças relacionadas a elas?*

B: Ah, sim, elas possuem poderes mágicos de proteção e coisas assim para seu proprietário. Cada uma das gemas tem seu próprio significado. Não conheço muito bem a tradição das gemas, mas ainda sou jovem. Ainda estou aprendendo. Temos uma mulher mais velha no grupo que conhece, e eu gostaria de aprender com ela. Mas ela não teve chance de obter uma boa quantidade de gemas para eu poder aprender o que ela conhece. Para me mostrar para que servem, para os rituais. – A pessoa comum, todas, todas têm pelo menos uma coisa para proteção ou algo assim. Geralmente, ela não sabe se veio de nossa religião, mas acaba usando por hábito. É uma coisa que é passada de pais para filhos.

D: *Que coisas elas fazem?*

B: Ah, sempre que o coletor de impostos passa por aqui, ele faz os Chifres da Deusa para proteção. Ele só sabe que é um gesto de proteção. Ele não compreende o significado por trás dele.

D: *O que mais?*

B: Às vezes, quando alguém passa perto de uma pessoa doente, cospe sobre o ombro, pois supõe-se que isso afaste influências negativas. Às vezes, as esposas dos agricultores espalham sal na cozinha para atrair boa sorte. Elas não sabem que o sal é muito poderoso para boa sorte, proteção e limpeza.

D: *Bem, e o que diz das pedras preciosas? As pessoas as usam?*

B: Lordes e damas usam pedras preciosas. Usam pérolas, rubis, esmeraldas e opalas.

D: *Mas não se dão conta dos poderes por trás delas?*

B: Não, não se dão. Usam-nas só porque têm bela aparência.

D: *Quem sabe, depois que você aprender essas coisas, possa me contar. Temos uma pedra que chamamos de cristal. Você já viu algo assim? Não sei se existem na sua parte do mundo.*

B: Cristal? É como aquilo em que vejo meu reflexo?

D: *É transparente, você pode ver através dele. Você já ouviu falar em vidro? (*Não*) Bem, é um material através do qual se pode ver.*

Este foi mais um caso de alguém que não sabia o que era vidro em seu período do tempo. Isso aconteceu muitas vezes antes.

B: Como água, mas é sólido? É parecido com gelo?

D: *Sim, parece-se com gelo, mas não derrete. Cristal é uma pedra parecida com ele. Parece-se muito com o gelo, mas é duro.*

B: Nunca vi nada parecido.

D: *Há muitas pessoas pelo mundo afora que acreditam que estas pedras têm grandes poderes, inclusive para cura.*
B: Posso ver para que ela seria boa, mas nós não a temos aqui.
D: *Mas você disse que tem uma coisa na qual pode se ver?*
B: Ummm. Bem, às vezes as damas da casa usam um pedaço de metal polido no qual podem se ver.
D: *Uma vez, você me disse que nunca tinha se visto.*
B: Sim. Às vezes, posso ver meu contorno na água.
D: *Sim, é verdade. – Você tem alguma crença referente às estrelas?*
B: Dizem que as estrelas podem nos ajudar a determinar o plano de nossas vidas. Talvez seja verdade, pois há tantas delas, seria algo diferente para cada vida. Tudo depende de se ter a capacidade de interpretar o que elas têm para dizer. Sei que existe essa capacidade, mas aqui nós não a temos. Temos apenas algumas coisas áridas sobre as estrelas. Coisas pequenas.
D: *Como o quê?*
B: Como a estrela do amor. Se você faz um pedido para a estrela do amor, ele deve se realizar.
D: *Que estrela é essa?*
B: É a primeira da noite. Ou, se vir uma estrela cadente, algum evento vai acontecer em sua vida.
D: *Bom, ruim, o quê?*
B: Um evento importante, que você não vai esquecer. Pode ser uma coisa ou outra. E coisas diferentes como essas.
D: *Uma vez, você me disse que havia muitas lendas transmitidas por seu povo. Havia uma sobre o mundo há muito, muito tempo atrás. Você estava me falando sobre isso.*
B: Desculpe. Sobre o quê?
D: *Estou distraindo você?*
B: (Pausa) Parece que hoje a nossa comunicação não está clara.
D: *Bem, não íamos falar muito mesmo.*
B: Mas peço-lhe desculpas. Eu prometi ajudá-la.
D: *Acho que a música a estava distraindo.*
B: E está. Ficou ouvindo a música e tentando ouvir você também. Às vezes, as coisas se misturam e não consigo me lembrar de tudo que você disse numa frase.
D: *Você poderia se afastar da música, mas sei que você também está interessada nela.*
B: Se você puder repetir sua pergunta, eu a responderei.

D: *Muito bem. Não vou demorar e assim você poderá desfrutar da música. Certa vez, você estava falando sobre lendas do seu povo. (*Sim*) Você mencionou alguma coisa sobre como era o mundo, muitos, muitos anos atrás. Lembra-se de ter falado sobre isso?*
B: Tenho a sensação de ter mencionado isso a você, mas não me lembro do que eu disse.
D: *Estou tentando me lembrar. Alguma coisa que aconteceu com o mundo.*
B: A única coisa de que me lembro neste momento é que o número de dias das estações era diferente.
D: *Sim, era algo parecido. Aconteceu alguma coisa?*
B: Nunca tivemos certeza do que aconteceu. Não sabemos. Só sabemos que aconteceu alguma coisa. E de algum modo, por algum motivo, tudo ficou diferente. Os meses ficaram diferentes, os anos ficaram diferentes, as estações ficaram diferentes. E, segundo as lendas, as plantações não se desenvolveram por muitos anos. Por algum motivo, o ar ficou envenenado, ou coisa assim.
D: *Isso durou muitos anos?*
B: Sim. Depois, o veneno desapareceu do ar, mas os dias nunca voltaram a ser como eram.
D: *Você acha que os dias ficaram mais longos, mais curtos? Sabe algo sobre isso?*
B: Não sei. Só sei que o número de dias ficou diferente. Antes, os números eram redondos. Agora, os números são pontudos e difíceis de se lembrar. O número de dias do mês, o número de meses do ano.
D: *Todos ficaram diferentes?*
B: Sim. E dizem que levou algum tempo até as pessoas entenderem novamente os meses. Por isso, foi um período difícil para todos.
D: *Hmmm. Então, o que aconteceu deve ter sido realmente poderoso.*
B: É verdade. Mas não consigo imaginar o que pode ter acontecido para mudar tanto as coisas.
D: *Não. Não a ponto de afetar as plantações e tudo o mais.*
B: Assim, creio que foi uma coisa que provavelmente nunca chegaremos a saber, nem mesmo você, em sua época de prodígios.
D: *Não, não sabemos. Nunca ouvimos a história. Às vezes, as histórias morrem e não ficamos sabendo sobre elas caso não nos sejam transmitidas. (*Verdade*) Quantos dias há na sua época?*

B: É difícil lembrar. Parece que os dias são diferentes em cada mês. Às vezes são trinta, às vezes trinta e um.
D: Quantos dias havia em cada mês antes? Você tem esse conhecimento?
B: Creio que eram vinte e oito. Não tenho certeza. É difícil dizer.
D: Claro que seria mais fácil lembrar se todos fossem iguais, não é?
B: Sim. Talvez fossem vinte e oito, ou trinta, ou até trinta e dois. Era um número assim. Era o mesmo número, todos os meses.

** Em The Legend of Starcrash, a história mostra que aconteceu alguma coisa com a Terra que fez a "lua percorrer um caminho diferente". Ao que parece, aconteceu alguma coisa catastrófica que alterou as estações e o clima. **

D: Quantos meses há no ano?
B: Doze. Mas as lendas dizem que antes eram treze.
D: Você tem nomes diferentes para cada mês?
B:Meses são meses. Os meses têm nomes. São os mesmos em todas as partes. Às vezes são um pouco diferentes quando falados noutras línguas, mas são os mesmos meses.
D: Como você os chama? Gostaria de saber se são os mesmos nomes pelos quais nós os chamamos hoje.
B: Creio que sim. Não há motivo para terem mudado.
D: Nunca se sabe. É por isso que faço muitas perguntas, para ver se as coisas mudaram. (Sim) Por exemplo, sabe em que mês você tem a noite santa?
B: É o mês da colheita. Também chamado de outubro.
D: E você falou em Lamas?
B: Fevereiro.
D: Deixe-me ver. Havia outro. Já estava me esquecendo. Vocês têm esse grande festival e depois têm outro na primavera, não é?
B: Aquele da primavera e o do outono, nos equinócios, às vezes não correspondem ao mesmo mês. Os equinócios nem sempre caem no mesmo mês. Geralmente, os solstícios caem no mesmo mês, mas isso nem sempre acontece com os equinócios. Os festivais surgiram antes daquela mudança, e são realizados segundo o mês lunar, pois os meses lunares são mais próximos dos antigos meses. E acontecem segundo a fase da lua, nem sempre de acordo com o calendário habitual.

D: Então, quer dizer que a noite de Halloween nem sempre caía em outubro?
B: Geralmente, sim. Acho até que a colocaram no último dia de outubro para terem certeza de que todos estariam celebrando juntos pelo menos um festival, a fim de produzir mais energia. Aquele da primavera, Beltane, geralmente cai em abril e às vezes em maio. Varia. Às vezes, fico confusa com o mês em que vai acontecer o festival, porque não dá para saber direito até ele estar prestes a acontecer. É que você precisa acompanhar os ciclos da lua para poder dizer quando ele vai ser.
D: Geralmente, nessa época, as coisas já estarão crescendo há algum tempo. Não corresponde ao começo da estação fértil.
B: Depende se o inverno foi pouco ou muito frio, mas você tem razão.
D: Então, você disse que o maior festival é no verão?
B: Sim. Em junho.
D: Isso é no solstício. (Sim) Bem, parece que os meses são os mesmos. Nós temos algo que chamamos de calendário, muito útil. Vocês têm algo assim?
B: Creio que o senhor da casa tem um. Não tenho certeza. Creio que ele tem, como você disse, para acompanhar os dias.
D: E os meses.
B: Não precisamos de calendário para acompanhar os meses. Basta prestar atenção nos dias e ficamos sabendo quando o mês vai mudar. Mas pessoas comuns como eu não precisamos deles.
D: Hoje em dia, se não tivéssemos calendários, ficaríamos confusos. (Ah!) Isso facilita um pouco a vida para as pessoas comuns. (Sim) Bem, estou interessada nas lendas do seu povo. Você conhece outras lendas sobre o começo do seu povo ou a história de sua religião?
B: (Suspiro) Não restou muita coisa, pois sempre tivemos de ser reservadas a respeito disso. As coisas eram passadas oralmente. E ao longo dos anos, muito se perdeu assim.
D: Sim, é verdade. Você não tem muitas informações sobre o começo de sua religião ou de onde ela veio?
B: Dizem que nossa religião começou quando a deusa Terra quis dar um presente a seus filhos, para que crescessem e fossem felizes. Assim, ela nos deu esta religião.

D: *No passado, há muito tempo.* (Sim) *E as pessoas passaram-na adiante esse tempo todo?* (Sim) *Vocês sempre tiveram problemas com as perseguições? Suponho que você conheça a palavra.*

B: Só depois que a igreja cristã apareceu. Antes disso, não.

D: *Então, nessa época as pessoas não tinham medo da religião.*

B: Não. Por que deveriam?

D: *Porque você disse que a igreja fez com que as pessoas tivessem medo de você.*

B: Sim, mas antes de a igreja subir ao poder, as pessoas não tinham medo. É o que me disseram.

D: *Estava curiosa para saber de onde teria vindo tudo isso. Então, você não se lembra de outras lendas sobre seu povo? Histórias?*

B:Só me lembro de dizerem que houve época em que homens e animais conseguiam se comunicar, mas não conheço toda essa história. Ela está quase esquecida. Geralmente, os contadores de histórias contam-nas para as crianças para entretê-las. E inventam coisas para terminar a história, pois não a conhecemos por completo.

D: *Mas você disse que você consegue se comunicar. No mínimo, consegue ouvi-los.*

B: Sim, mas isso não é comum. Antigamente, todos podiam fazer isso sem esforço.

D: *Consegue se lembrar de outras coisas? Estou tentando ver se o povo de minha época se esqueceu das histórias que você conhece.*

B: (Pausa) Hoje, não consigo me lembrar de nada. Vou pensar nisso entre hoje e a próxima vez que você entrar em contato comigo. A maioria das histórias que contamos estão relacionadas com o ensino de uma lição às crianças, para ajudá-las a se lembrarem de um ritual ou coisa parecida. Geralmente, as histórias não são verdadeiras. São apenas algo que inventamos para ajudar a transmitir a lição.

D: *Eu estaria interessada nelas, também, pois podem haver algumas que ajudariam as pessoas da minha época.*

B: Pode ser. Uma hora dessas eu lhe conto mais.

D: *Poderia perguntar às outras sobre as histórias que pode me contar?* (Sim) *Você mesma disse que as histórias se perdem e são esquecidas ao longo dos anos. E que mudam.* (Sim) *Pode haver pessoas na minha época que gostariam de conhecer essas coisas.*

Tentei perguntar mais sobre os rituais e feitiços realizados por seu grupo, mas, novamente, ela parou de responder. Foi como se tivesse mergulhado em seu mundo e não quisesse se comunicar comigo. Pedi desculpas por afastá-la da música, que era uma diversão rara para ela.

B: Peço-lhe desculpas por não conseguir me comunicar bem esta noite.
D: *Tudo bem. A Dama Joslyn voltou?*
B: Não a vejo. O que é bom. Sem ela, aproveito melhor a noite.
D: *Então, os serviçais recebem permissão para virem assistir?*
B: Sim, pois as trupes não vêm sempre. É uma alegria para todos. Depois de termos servido comida para todos, temos liberdade para ficar e ouvir.
D: *Então, ao que parece, o senhor da casa é uma pessoa boa com quem se pode trabalhar, não é?*
B: Sim, ouvi dizer que alguns são bem piores.
D: *Uma vez, você falou sobre coisas que ele fazia na sala da torre, coisas que você achou que ele não deveria fazer.*
B: Sim. Pois sempre que ele faz isso, sentimos que está tentando corromper o poder natural e inerente às coisas da deusa mãe. Ele o usa para seus próprios fins. Usa-o por motivos egoístas e não para o bem de todos.
D: *Você chegou a descobrir o que ele faz lá?*
B: Não. Mas ainda estamos tentando.
D: *Você acha que ele realiza rituais semelhantes a esses que vocês fazem?*
B: Para um forasteiro, podem parecer semelhantes, mas basicamente são diferentes, pois sua meta é diferente.
D: *Na sua opinião, qual é a meta dele?*
B: Provavelmente, ganhar mais dinheiro.
D: *Você pode conseguir coisas assim fazendo rituais?*
B: Pode, mas um dia elas podem voltar caso você seja egoísta. Se pensar apenas em si mesma e não pensar no ponto onde está em relação à deusa mãe.
D: *A igreja não gosta do que você faz, mas não fala nada sobre o que ele faz?*
B: É que somos uma ameaça ao poder dela e ele não é. Sempre que ganha dinheiro, ele dá uma parte para a igreja.

D: *Parece que faz as mesmas coisas que você, só que com propósitos diferentes.*
B: Propósitos muito diferentes.
D: *Talvez, algum dia, você descubra o que ele faz lá em cima e consiga me contar.*
B: Sim, vou tentar. Precisamos mesmo saber. E provavelmente, você está curiosa.
D: *Sim. Ele vai lá regularmente? Saberia me dizer?*
B: Quase todas as noites.
D: *E sempre vai sozinho? (Sim) Seria difícil descobrir o que ele está fazendo se vai sempre sozinho.*
B: Sim. Essa é a principal razão pela qual não sabemos nada até agora.
D: *Você mencionou o fogo estranho que ele alimentava lá.*
B: Sim. E estamos tentando descobrir o que ele faz lá. Desenvolvemos várias maneiras para tentar descobrir. E estamos tentando ver qual delas vai funcionar melhor. Assim que descobrirmos alguma coisa, vou lhe dizer. Posso até lhe dizer como descobrimos, pois tenho certeza de que teremos de fazer alguma coisa incomum. Ele tem se mostrado extremamente reservado.
D: *Se o seu povo achasse que o que ele faz não é correto, vocês tentariam detê-lo, de algum modo? Podem fazer coisas assim?*
B: Podemos, e provavelmente nós o faríamos. Depende se aquilo que ele está fazendo é mau a ponto de corrermos o risco de sermos expostas.
D: *Mas você acha que outra pessoa da casa pode estar envolvida?*
B: Não, ele é o único. A Dama Joslyn pode estar, mas na verdade não creio nisso. Ela não age como se estivesse.
D: *Se tivesse poder suficiente – se poder é a palavra certa – se ela tivesse conhecimento suficiente para fazer qualquer coisa como aquela, estaria conseguindo o que deseja, não estaria? (Riso)*
B: Sim. Não está funcionando. Pode ser que esteja tentando e esteja fazendo algo errado. Assim, seria outro motivo para ter esse temperamento. Ela não consegue descobrir o que está fazendo de errado.
D: *Isso também é possível. Naturalmente, porém, o maior problema é a postura dela.*
B: Sim, mas ela nunca vai perceber isso.

D: (Riso) É verdade. Bem, vou em frente e deixá-la apreciando a música. Você está se divertindo bastante aí. E isso não é algo que acontece com frequência.
B: Não é frequente. Desta vez, não fui muito informativa para você.
D: Ah, mas você me contou algumas coisas. Não espero que tudo seja sempre igual.
B: Não, eu sou humana.
D: E nunca sei o que você vai estar fazendo quando eu a encontro. (Riso) Talvez, da próxima vez, você possa descobrir mais alguma coisa sobre as pedras preciosas.
B: Vou tentar. Não sei se vou conseguir todas as informações. Ouvi rumores sobre algumas delas. Mas queria tornar a confirmar o que ouvi antes de lhe dizer, pois a tradição que vou lhe passar precisa estar correta.
D: Sim, é verdade. Quero que a informação esteja correta. Depois, quem sabe você consegue descobrir mais dessas histórias. Não precisam ser histórias de verdade, apenas aquelas que vocês contam para as crianças, para que não esqueçam os rituais. Elas podem ser úteis para as pessoas do meu tempo.
B: Certo, se você pensa assim. Você poderá julgar melhor do que eu.
D: Sim. Algumas podem ser, outras não. Só posso saber depois de ouvi-las. Então, talvez possamos fazer isso da próxima vez que nos encontrarmos. (Sim) E agradeço-lhe por conversar comigo. Quero voltar noutra hora. Agora, aproveite a música e divirta-se.
B: Vou fazer isso.
D: Muito bem. Grata por falar comigo.
B: Agradeço-lhe por sua paciência.
D: Tudo bem. Tenho muita, muita paciência.

(Paciente trazida para o presente.)

Nesse mesmo dia, aconteceu uma coisa estranha. Tive outra sessão com Elaine em Eureka Springs nessa mesma noite. Ela também teve a mesma desorientação e dificuldade para me ouvir de vez em quando. Ela disse que era como se eu estivesse falando desde outro quarto. Brenda disse que às vezes tinha a impressão de que minha voz estava sumindo, ou que saía do final de um longo túnel. Achei que a razão seria as circunstâncias que Astelle estava tendo em sua própria vida naquela época, causando confusão. Mas quando isso também aconteceu no mesmo dia com Elaine, fiquei me perguntando se alguma outra coisa estaria envolvida. Condições atmosféricas, a fase da lua ou alguma coisa envolvendo o tempo e outras dimensões que estivessem presentes naquele dia e que não compreendemos. Foi estranho, pois aconteceu com duas pacientes diferentes no mesmo dia. Isso nunca aconteceu novamente com qualquer outro paciente. Mais tarde, ocasionalmente, Nostradamus sentiu algo parecido com estática, mas não sei dizer se foi a mesma coisa.

Capítulo 8
Os pequeninos
(Gravado em 3 de junho de 1986)

Usei a senha e fiz a contagem regressiva, levando-a de volta à época em que Astelle vivia.

D: *Voltamos à época em que Astelle vivia em Flandres. O que você está fazendo?*
B: Estou com Grendell. Ela é uma senhora idosa que mora aqui. É uma mulher sábia. Ela também é uma de nós.
D: *Ela é muito velha?*
B: Não sei o que você chama de "muito velha". Ela é encurvada e grisalha. Mas nunca se casou para ter filhos, e por isso não posso lhe dizer quantos netos ela poderia ter tido. Mas é velha o suficiente para que seus netos tivessem filhos, caso tivesse tido netos.
D: *Então, ela seria o que considero como muito velha. É assim que você calcula a idade de alguém, por seus filhos e netos?*
B: Sim, se você não conhece a idade em anos.
D: *Ela mora lá na casa grande?*
B: Ahh ... não diretamente na casa. Ela mora numa cabana próxima.
D: *Por que você está com ela?*
B: Eu tinha uma dúvida e ela está me ajudando a descobrir a resposta. Ela tem muitos conhecimentos.
D: *Qual era a sua dúvida? Se é que você pode me contar?*
B: Posso lhe contar. É só questão de colocar isso em palavras. (Pausa) Como todos sabem, cada cor tem suas propriedades mágicas. Eu estava lhe perguntando se havia algum ritual específico que precisava de um arco-íris, ou se tiraria proveito de sua presença, com todas aquelas cores. Assim, ela está me ajudando a explorar algumas formas de usar o arco-íris.

D: Os arco-íris são muito bonitos, mas nunca tinha pensado nisso. Usam-se todas as cores ao mesmo tempo. Foi uma ideia que lhe ocorreu?

B: Sim. Tenho pensado nisso já faz algum tempo, pois sempre gostei dos arco-íris. São muito bonitos. Quando era menina e estava aprendendo o significado das cores, sempre que via um arco-íris me esforçava para lembrar do significado das cores que via nele. Agora, ultimamente, tenho pensado que talvez haja um ritual que, para ser eficaz, exija um arco-íris. Há alguns rituais que precisam ser feitos em certas fases da lua. Talvez haja um ritual que requeira um arco-íris. Por isso, pensei em perguntar à Grendell para descobrir. O que ela está me dizendo, basicamente, é que o arco-íris pode ser usado para meditação.

D: Pode compartilhar isso comigo?

B: Ainda estou aprendendo. Depois de aprender com ela, posso lhe dizer.

D: Achei que talvez você pudesse repetir aquilo que ela estava lhe dizendo.

B: Bem, ela explica coisas através de vários exemplos, e às vezes isso dificulta o aprendizado, às vezes não. Depois de descobrir o que ela quer que eu aprenda, poderei lhe contar.

D: Certo. Mas ela disse algo além de seu uso em meditação?

B: Sim, há um ritual feito na presença de um arco-íris. Ele pode ajudar a conseguir ver os pequeninos e unicórnios. (Isso foi uma surpresa.) Ambos são seres mágicos e têm seus próprios feitiços de proteção, e assim não conseguimos vê-los. A menos que façamos esse ritual com a ajuda do arco-íris. Assim, você pode enxergar através de seus feitiços de proteção e vê-los.

D: Ouvi falar nos pequeninos, essas pessoas pequenas, mas não sabia se existiam mesmo ou não.

B: Sim, existem mesmo. Mas usam feitiços muito poderosos, rituais de proteção muito poderosos. Eles precisam disso. São perseguidos há muitos séculos.

D: Eles têm medo das pessoas?

B: Depende. Da maioria das pessoas, sim, têm medo. Pois sabem o que elas vão tentar fazer. Mas pessoas que estão em harmonia com a mãe Terra, eles não receiam. Pois também a veneram.

D: Você já viu algum pequenino? (Sim) Pode me dizer como é a sua aparência?

B: Parecem-se com pessoas comuns. Têm as proporções que deveriam ter. Suas cabeças podem ser um pouco maiores do que deveriam ser em relação ao tamanho de seus corpos. E a única diferença é que sua pele é mais escura que a das pessoas comuns.

D: *Eles são tão altos quanto nós?*

B: (Enfática) Não! São pequeninos!

D: *Qual a sua altura?*

B: Bem, do alto do chapéu até o chão, chegam mais ou menos à altura dos joelhos, ou um pouco mais.

D: *Sua aparência é de pessoas idosas, de jovens ou de crianças?*

B: De todas as idades. A maioria dá a impressão de serem pessoas plenamente desenvolvidas. E algumas parecem idosas. Esse ritual que você pode fazer com o arco-íris quebra os feitiços de proteção a ponto de você poder ver os adultos, mas não dá para ver suas crianças, pois eles colocam até feitiços adicionais de proteção para elas.

D: *Eles têm medo de que possa acontecer alguma coisa com seus filhos? (Sim) Ouvi histórias sobre essas coisas diferentes, mas não sabia se eram reais.*

B: Sim, são reais.

D: *Temos vários nomes para eles. Não sei se são os mesmos pelos quais vocês os chamam.*

B: Há vários nomes para eles, pois há muitos grupos diferentes deles. E os diferentes grupos têm propósitos de vida diferentes. Às vezes, essas diferenças de propósitos fazem com que pareçam diferentes, pois seu modo de vida é diferente. Desse modo, são chamados de forma diferente.

D: *Quais são alguns desses grupos diferentes?*

B: Bem, de modo geral, são chamados de elfos. E há vários tipos de elfos. Há elfos do campo, elfos da floresta, elfos domésticos e elfos do solo. E há as damas brancas.

D: *Damas brancas? (Hã-hã) O que são?*

B: As damas brancas são encontradas principalmente nos campos. Seu poder está relacionado com o vento. Se elas ficam zangadas com você, podem invocar uma tempestade. Se você entra na propriedade de uma delas, ela invoca uma chuva de granizo. Mas se gostar de você e você a tratar com respeito, ela vai fazer chover em sua plantação no momento certo.

D: *Mas como podemos saber onde fica a propriedade delas?*

B: Não dá para saber. O que se precisa fazer é estar em harmonia com a mãe Terra e ter respeito por todos eles. E eles têm como saber se você os respeita ou não.
D: Então, se você os respeita, eles não a consideram uma invasora? *(*Certo*) Por que são chamadas de damas brancas? É por causa de sua aparência?*
B: Não sei ao certo porque são chamadas damas brancas. Dizem que uma das hipóteses é que num de seus feitiços, elas têm a aparência de uma grande senhora branca, meio transparente, através da qual se pode enxergar. É como uma nuvem. Por isso, seriam chamadas de damas brancas.
D: Então, elas não parecem ser tão sólidas quanto os elfos?
B: Certo. Sempre que lançam este feitiço específico, quando ficam irritadas com um ser humano normal e vão invocar o vento, querem que o ser humano consiga ver a fonte desse vento para que ele saiba que está invadindo. O ser humano verá essa grande senhora branca que tem mais ou menos a altura de uma árvore. Mas ele vê através dela. Ela se parece com uma névoa. E a verá até o vento começar a soprar e ela for dissipada pelo vento. Ele não poderá dizer nada sobre isso, pois as pessoas vão pensar que ele está louco. É por isso que são chamadas de damas brancas.
D: E elas são grandes e os elfos são pequenos?
B: Bem, os elfos em si são pequenos. Só que quando realizam esse ritual específico, têm essa aparência. Mas não é sua aparência real.
*D: Ah, então isso é apenas uma aparência que projetam. Isso assusta as pessoas, que veem algo grande. (*Sim*) Bem, e há outros grupos de pequeninos?*
B: Sim, os elfos do campo. Estão relacionados com as damas brancas. Todos os elfos estão relacionados. É como uma grande família. São apenas ramos diferentes da família que se concentra em certas coisas. Os elfos do campo são aqueles que cuidam das lavouras e do solo. Procuram se assegurar de que a terra está boa. E que as sementes vão germinar. Os elfos do solo são os que chamamos de gnomos. Eles são aqueles ocasionalmente vistos nas minas. Os elfos da floresta vivem nas matas. Ajudam a proteger a vida selvagem dos caçadores do lorde.
D: Mandam os animais se esconderem e coisas assim?
B: Geralmente, são mais travessos. Fazem os cavalos tropeçar, por exemplo, dando tempo para que os animais selvagens fujam.

Todos os elfos têm esse lado traquinas. Particularmente os elfos domésticos. Os elfos domésticos têm muitas oportunidades para causar confusão do que os outros.

D: (Riso) E o que eles fazem?

B: Às vezes, jogam um prato pela sala. Ou batem a porta, prendendo a saia de uma dama e deixando-a em situação embaraçosa. Às vezes, fazem alguma coisa erguer-se no ar, sem meios visíveis de apoio.

D: E o que os elfos domésticos devem fazer normalmente?

B: Numa casa que está de acordo com a mãe Terra e respeita os elfos, os elfos domésticos procuram fazer com que tudo funcione direito. Fazem o pão crescer como deve. Impedem que o carvão se apague no forno. Mantém a cerveja ou o vinho como devem quando você os produz. Fazem seu queijo ficar firme. E impedem o leite de coalhar. Mas se ficam irritados com você, o leite coalha, o queijo escorre, seu pão não cresce e fica baixo, sua cerveja e seu vinho avinagram.

D: Então, se você está em harmonia, seus propósitos são bons.

B: Sim, com todos eles.

D: Então, se fazem traquinagens, fazem-no porque estão zangados ou só por brincadeira?

B: Às vezes, creio que se entediam e querem apenas pregar peças. Se você está em harmonia com eles, vão brincar e fazer truques. Se você não está em harmonia, farão tudo ao contrário do que deveria ser. O fogo fica apagando na lareira e no fogão. Se estiverem realmente maldosos, então todas as manhãs você terá de ir à fazenda de outra pessoa para obter um balde de carvão para sua lareira. E como você sabe, quando faz pão, precisa deixar um pouco de massa de lado para que o pão possa crescer. A parte que deixar de lado não vai crescer e não vai vingar. E você terá de procurar outra pessoa que está fazendo pão e pedir emprestado um pouco de massa.

A menos que a pessoa tenha morado numa área rural, não saberia que as pessoas mais "antigas" ainda fazem isso. Geralmente, não dispõe de levedura para fazer o pão crescer e por isso usam o que chamam de massa mãe, guardada da fornada anterior, para que a nova fornada possa crescer. Esse costume parece ser bem antigo, mas ainda é usado nestas colinas de Ozark.

D: Bem, dão a impressão de que são como criancinhas que querem pregar peças.
B: Sim, todos pregam peças para se divertirem. É que eles precisam recorrer a isso com mais frequência do que nós, humanos comuns, pois esse é seu principal meio de manter as pessoas grandes "na linha", digamos.
D: Existe alguma coisa que você possa fazer quando eles começam a causar problemas? Não coisas ruins, mas quando provocam esses transtornos. Quando essas coisas começam a acontecer, você pode fazer algo para que parem?
B: Sim. Você pode fazer muitas coisas. Primeiro, você põe roupas velhas, rasga-as um pouco, joga cinzas sobre sua cabeça e faz uma cena, chorando e lamentando-se, dizendo como você está arrependida de tê-los deixado zangados com você. Faz isso pelo tempo suficiente para que saibam que você realmente se arrepende. Depois, você põe roupas para uma ocasião solene. Claro, se dispõe de outras roupas. Se for pobre, só vai ter uma muda de roupas. Se for rica e tiver mais roupas, ponha uma adequada para uma ocasião solene. Depois, pegue um pão fresco, quebre-o em migalhas numa tigela e despeje um pouco de mel e depois leite. Ponha a tigela num canto que você sabe que é o favorito deles como uma oferta de paz. Diga que lamenta tê-los ofendido e que vai tentar não tornar a ofendê-los. Peça-lhes para ficarem morando ali como seus amigos.
D: Isso funciona?
B: Deveria.
D: Então, na verdade eles não querem fazer o mal. Só fazem essas pequenas travessuras.
B: Sim. A menos que vejam que você está determinada a não se portar em harmonia com a mãe Terra. Então, ficarão zangados com você e farão coisas para tentar corrigi-la.
D: Eles já fizeram alguma coisa assim, já tentaram feri-la?
B: Bem, às vezes, sim. Se jogarem um prato pela sala e você estiver no caminho, o prato vai se quebrar em você e não na parede.
D: Estava me perguntando se eles tinham permissão para ferir propositalmente seres humanos.
B: Eles fazem o que querem.
D: Eles não têm regras que os governe?

B: Eles não podem fazer com que alguém perca a vida. Por exemplo, uma das coisas de que os elfos não gostam são caçadores, caçadores por esporte. Se a pessoa está caçando para alimentar a família, eles a ajudam. Mas se é um lorde rico que sai caçando simplesmente porque não tem nada melhor para fazer e deseja demonstrar sua habilidade, ficam furiosos com ele. E fazem seu cavalo tropeçar nas raízes das árvores. Ou, se o cavalo tem ferraduras, fazem com que perca uma. Ou a mira do caçador não estará boa. Ou fazem com que a corda de seu arco fique úmida e não tenha tensão suficiente para ele disparar bem. Podem fazer várias coisas.

D: Eles feririam o caçador?

B: Depende. Se ele ficar furioso e violento e resolver caçar ainda assim, então eles podem fazer com que torça seu tornozelo ou algo assim, impedindo-o de perseguir a caça.

D: Então, eles não podem ferir gravemente alguém.

B: Por motivos negativos, não. Mas como nesse caso, se for por um bom motivo, podem.

D: Mas não têm permissão de ferir alguém gravemente, a ponto de deixar a pessoa permanentemente inválida ou até morta. (Não) Então, eles têm algumas regras. Esses elfos têm a mesma aparência?

B: Eles se vestem de maneira diferente conforme o lugar onde vivem, pois precisam se vestir de modo a se misturarem com o ambiente. Mas se estiverem sem roupas, são parecidos.

D: Quer dizer que os elfos do campo usam roupas verdes? Seria isso?

B: Sim. Aqueles que vivem nas matas usam marrom. Os elfos do campo costumam usar roupas verdes e douradas. As damas brancas usam cinza e azul. Os elfos domésticos são os mais travessos de todos e gostam de usar vermelho vivo.

D: (Riso) Vermelho vivo. Dá para vê-los bem.

B: Só se conseguir desfazer seus feitiços de proteção.

D: Estava pensando que o vermelho seria mais visível.

B: Bem, creio que eles pensam que como estão dentro de casa, não interessa muito a cor de suas roupas. E todos gostam de cores vivas, todos eles.

D: Os gnomos que vivem no solo usam roupas escuras?

B: Os elfos do solo... não sei que cores usam. Creio que eles pensam que isso não importa, uma vez que vivem no escuro. Mas acho que usam cores diferentes, sempre escuras. Vermelho escuro, azul escuro, preto, cinza escuro. Os elfos do solo usam essas cores escuras, exceto nos chapéus. Seus chapéus sempre têm cor viva.

D: *Todos os elfos usam chapéus de cor viva?* (Sim) *Então, não importa a cor de suas roupas, seus chapéus sempre serão diferentes?*

B: Sim, e não deve ser uma cor que combine com as outras roupas. Sempre têm de ser de cores diferentes. Por exemplo, um elfo da floresta que esteja usando roupas em tons como marrom, castanho-avermelhado ou vinho pode usar um chapéu roxo de tom vivo.

D: *Alguma razão para isso?*

B: Acho que é por vaidade.

D: *(Riso) Então, eles também são vaidosos.*

B: Ah, sim. Mas não lhes diga que fui eu que disse isso. Podem ficar zangados comigo.

D: *(Eu ri.) Há algum outro grupo de pequeninos além dos elfos e das damas brancas?*

B: Dizem que há outros que vivem noutras partes do mundo, pois há pequeninos no mundo todo. Estava apenas contando aqueles que vivem perto daqui. São esses que conheço. Ah, tem mais um grupo que esqueci de mencionar. Não por desrespeito ao grupo, mas só porque eles se escondem muito bem. São os duendes da água. São elfos de outro tipo, mas vivem na água. Mantém a água limpa e pura para beber. Procuram fazer com que peixes, plantas e a água sejam bem cuidados. Se você estiver numa floresta e irritá-los ou aos elfos da floresta – geralmente, aqueles costumam trabalhar em conjunto com os elfos da floresta – e parar num córrego para beber um pouco, de repente a água do córrego vai ficar enlameada e imprópria para se beber. Às vezes, eles também ajudam os elfos domésticos. Se alguma pessoa da casa não estiver se comportando como deveria, a água de beber estará sempre salobra.

D: *Só a água?*

B: Sim. A menos que o morador tenha feito alguma coisa que os tenha irritado de verdade. Então, eles farão com que toda a água da casa fique ruim. Assim, os moradores, as pessoas grandes, você e eu, vão começar a reclamar e a pressionar esse outro morador a se emendar.

D: *A parar de enfurecer os elfos.* (Sim) *Qual a aparência dos duendes da água?*

B: É difícil descrevê-los. São quase transparentes. Parecem-se com os outros elfos, mas seus braços e pernas são mais compridos. Os duendes da água são loiros. Suas roupas são plantas aquáticas entrelaçadas.

D: *Se eles são loiros, então os elfos têm cabelos escuros?*

B: Geralmente, são castanhos, às vezes pretos. Se são velhos, são grisalhos. Os duendes da água são tão loiros que seus cabelos são quase brancos.

D: *E você disse que quase se pode enxergar através deles porque eles são transparentes?* (Sim) *Bem, nas nossas histórias, há um grupo chamado de "fadas". Imagina-se que tenham asas. Você sabe alguma coisa sobre elas?*

B: Nunca vi uma. Mas alguns dos elfos me falaram de suas primas, as fadas. São muito pequenas e vivem entre campos de flores. E voam mesmo.

D: *Devem ser essas de que ouvi falar. Dizem que têm asas. Elas têm uma aparência diferente? Sabe me dizer?*

B: Não sei. Nunca vi uma. Sei apenas que são menores do que os elfos.

D: *Certo. Há algum tempo, você mencionou os unicórnios.* (Sim) *Já ouvi falar desse animal. Muita gente acha que eles podem ter sido reais.*

B: E são. Os pequeninos ajudam a protegê-los, pois os homens, os lordes e outros estão sempre tentando conseguir uma cabeça de unicórnio como troféu.

D: *Eu não gosto dessa ideia.* (Não) *Você já viu um unicórnio de verdade?*

B: Sim. Uma vez. Ele é muito bonito.

D: *Então, eles são animais reais, físicos?*

B: Sim. Mas, como mencionei antes, você precisa fazer um feitiço para dissipar seus véus de proteção e assim conseguir vê-los.

D: *Então, eles não são visíveis para todos.* (Não) *Achava que eram animais reais que ficavam escondidos e protegidos.*

B: Eles são animais reais. E têm véus de proteção postos sobre eles pelos pequeninos a fim de ocultá-los. Os pequeninos ajudam a protegê-los.

D: *Existe uma razão especial?*

B: O unicórnio é um animal mágico. A Terra não seria a mesma sem eles. Provavelmente, parte do espírito da Terra morreria se não houvesse unicórnios aqui.
D: *Que magia eles fazem?*
B: É difícil dizer. É uma magia indisciplinada. É sempre para o bem, mas é tão indisciplinada que nunca se sabe que forma vai assumir. Pode ser feita para um propósito específico, mas você não sabe o que vai acontecer ou quais serão os resultados finais.
D: *Os outros grupos de que você falou têm certos deveres. A magia do unicórnio não é assim?* (Não) *Que aparência tinha esse unicórnio que você viu?*
B: Bem, nas tapeçarias, eles sempre são brancos. Mas eles não são brancos. Sua cor é mais... ah, você já viu o interior de uma concha de molusco?
D: *Acinzentada?*
B: Não, não, não, não é acinzentada. É meio prateada, com todas as cores do arco-íris nela. Ou como a opala ou madrepérola.
D: *Ah, sim, sei o que você quer dizer. É muito bonito.*
B: Bem, essa era a cor do unicórnio. Ele era meio prateado, com as cores do arco-íris espalhadas. Como o que você vê na madrepérola. E seus olhos eram grandes e de um azul intenso. E seu chifre era como se costuma retratar. É um chifre espiralado, também parecido com madrepérola. Mas o que não vemos nas tapeçarias é que a parte espiralada tem uma linha prateada.
D: *Ao longo da espiral.*
B: Sim. E seu queixo tem pelos encaracolados como a barbicha de um bode. Sua crina é fluida e seus cascos são fendidos.
D: *São?* (Sim) *Ouvi dizer que eles se parecem com cavalos.*
B: Eles se parecem com cavalos de cascos fendidos.
D: *São tão grandes quanto um cavalo?*
B: Só vi um. Não sei se todos são do mesmo tamanho ou não. Tinha o tamanho de um pônei. Não era grande como um cavalo de guerra. E assim como tinha pelos no queixo, também tinha pelos parecidos sobre os cascos na parte traseira da perna. Sua cauda era metade como a de um asno, metade como a de um cavalo. Saía do corpo lisa, como a cauda de um asno; a parte inferior tinha pelos encaracolados. Sabe, como a cauda de um cavalo, mas encaracolados.

D: *Mais ou menos meio a meio.* (Sim) *A crina era encaracolada ou lisa?*
B: Provavelmente, encaracolada, creio. Parecia ondulada porque era muito comprida.
D: *Maior que a de um cavalo?* (Sim) *E qual o tamanho do chifre?*
B: (Pausa, como se estivesse pensando.) O chifre tinha tamanho suficiente para ir dos meus quadris até o chão. O comprimento da minha perna. Era muito aguçado.
D: *Ah, então é muito maior do que eu pensava. Sempre achei que iriam, digamos, da sua mão até o cotovelo.*
B: (Enfática) Não, não, são bem compridos.
D: *Bem compridos. Seria como toda a extensão do seu braço ou toda a extensão da sua perna?*
B: Da extensão da minha perna. Era muito aguçado e fino, mas muito forte. Não dá para quebrá-los.
D: *Hmmm, parece que o unicórnio teria dificuldade para entrar e sair dos lugares, de bosques e coisas assim, com um chifre desse tamanho.*
B: É por isso que os unicórnios são amigos dos elfos da floresta.
D: *Se era do tamanho de um pônei, o chifre teria quase o mesmo comprimento do corpo, não?*
B: O comprimento do chifre parece-se com a distância entre a cernelha e o focinho.
D: *Seria bem longo. Nas imagens que vemos, ele é bem menor.*
B: Sim, as tapeçarias mostram o chifre bem curto. Mas geralmente as tapeçarias mostram as coisas distorcidas, pois precisam colocar muitas imagens nelas.
D: *Fico me perguntando se as pessoas que fizeram as tapeçarias chegaram a ver um deles.*
B: Eles se baseiam em velhas imagens desenhadas por monges que se basearam em velhas imagens feitas a partir de velhas imagens, desenhadas de memória por alguém que viu um deles por acaso.
D: *Bem, e quando você viu um, ele estava na floresta?*
B: Não, estava no campo, perto da borda da floresta.
D: *E ele não tentou correr?*
B: Não de imediato, pois sabia que tento me manter em harmonia com a mãe Terra. Ficou ali olhando para mim por tempo suficiente para que eu pudesse admirar sua beleza. Depois, virou-se e correu para a floresta. E deixou uma cintilação no ar.

D: *Como assim?*
B: Tal como as estrelas cintilam.
D: *Puxa, parece adorável.*
B: E isso desapareceu quase na mesma hora. Mas ficou no ar durante alguns momentos.
D: *Oh, deve ter sido uma visão linda.*
B: E foi.
D: *Mas você disse que são animais mágicos. (*Sim*) Você aprendeu a usar essa magia?*
B: Humanos não podem usar essa magia. Só o unicórnio a possui, e o unicórnio usa-a como desejar. Ele aceita conselhos dos pequeninos, mas, no frigir dos ovos, toma suas próprias decisões quanto a como vai usar sua magia em diversas situações.
D: *Então, ele é muito inteligente.*
B: Sim, mas na verdade todos os animais são. Mais do que os humanos supõem.
D: *Então, se você estiver em harmonia com a Terra, pode conversar com o unicórnio e pedir-lhe que use sua magia para ajudá-la?*
B: Sim. Mas você nunca sabe que forma essa ajuda terá. Pois a magia do unicórnio é sempre imprevisível.
D: *Quer dizer que nem ele consegue controlar sua magia?*
B: Ele consegue. É que nós não sabemos que direção ela vai tomar, pois o unicórnio não é humano. Assim, não pensa como humano, pensa como unicórnio.
D: *Pensa mais como um animal?*
B: Pensa como um unicórnio. (Ela estava ficando irritada com minha falta de compreensão.)
D: *(Riso) Acho que estou tentando enquadrá-lo na categoria dos animais.*
B: É um unicórnio.
D: *(Riso) Certo. Então, a magia poderia dar errado?*
B: Não, é que você nunca sabe o que vai acontecer entre o início da magia e seus resultados. E os resultados serão aqueles que você pediu. Não serão necessariamente aquilo que você previu. Pois se você formular a pergunta de forma errada, obterá resultados errados.
D: *Creio que entendi o que você está dizendo. Você terá um resultado, mas este pode não ser exatamente o que você queria em função*

da maneira como você o disse. (Sim) Mas não será necessariamente uma coisa ruim.

B: Não, não será propositalmente ruim.

D: Mas pode não ser aquilo que você queria. (Sim) Creio que compreendi. Ele ainda tem um pouco de traquinagem, como os elfos.

B: Sim, mas não é algo deliberado, como os elfos. Ele tenta ajudar. Se gostar de você, vai tentar ajudar. Porém, como é uma criatura diferente, pensa de forma diferente. Assim, aquilo que acontece pode parecer imprevisível segundo nosso ponto de vista.

D: Sim, percebi. Pensamos de um jeito e achamos que todos deveriam pensar do mesmo jeito. (Sim) É nossa forma de lógica.

B: Mas não é assim que funciona.

D: Foi essa a principal razão de sua visita à Grendell, descobrir mais sobre o arco-iris? (Sim) Ela é a única que conhece algo sobre as gemas?

B: Creio que sim. Vou perguntar a ela.

D: É que certa vez, eu lhe perguntei sobre as gemas e você disse que ainda não havia aprendido isso.

B: Sim, agora já aprendi um pouco.

D: Pode compartilhar comigo aquilo que você aprendeu?

B: Sim. As gemas podem ser usadas em certos rituais para enfatizar certos efeitos. Gemas vermelhas como os rubis, por exemplo, podem ser usadas para reforçar sentimentos passionais, como amor, ódio ou ciúme. Gemas de cor rosa, e me disseram o nome de uma, mas não consigo me lembrar. Era um nome comprido, difícil de pronunciar. Sua cor é rosa, e podem ser usadas para lealdade – quando você quer que a pessoa amada lhe seja leal. Gemas verdes podem ser usadas para amizade e para crescimento. Sabe, qualquer coisa verde que cresça. E também podem ser usadas para a amizade. Gemas azuis, como as safiras, podem ser usadas no desenvolvimento da parte mental do espírito. Pois as gemas de cor púrpura são usadas para se desenvolver a parte espiritual do espírito. Há gemas que atraem má sorte, como os diamantes.

D: São brancos, ou melhor, transparentes.

B: Sim, são transparentes. E podem dar má sorte porque não estão claramente orientados para a vibração específica de uma cor específica, dando-lhes a influência daquela cor.

D: *É interessante isso, pois na minha época, quando alguém se casa, sempre ganha um diamante.*

B: E esses casamentos dão sempre certo?

D: *Bem, é costume o homem dar um diamante para a mulher.*

B: Sim. E aposto que esse casamento não dá certo.

D: *Bem, ela deve usar o diamante pela vida toda depois disso. É estranho. Eles não perceberam que esse é o significado dessa pedra.*

B: E as pedras pretas servem para a busca da verdade ou para dar início a alguma mudança.

D: *Então, elas não atraem má sorte. (Não) Só o diamante traz má sorte?*

B: Ou outras gemas transparentes. Pois tanto podem atrair forças ruins quanto boas. Mas o diamante pode ser uma poderosa pedra de boa sorte caso você o purifique e o dedique ao bem.

D: *Na nossa época, é uma pedra muito cara. Talvez seja por isso que usam-na em casamentos.*

B: Não compreendo. O que quer dizer isso? Usar pedras para casamentos?

D: *Bem, quando realizam a cerimônia de casamento. (Sim) O diamante está num anel. Este é dado à mulher na cerimônia.*

B: É? Eu não sabia que havia diamantes grandes o suficiente para serem entalhados na forma de um anel.

D: *Gostaria de ver o meu? (Sim) Muito bem. Agora... abra os olhos e olhe para a minha mão. (Ela fez isso.)*

B: Ah! Montado num anel.

D: *Sim. Você pensou que eu estivesse dizendo que ele era todo o anel?*

B: Sim. Como fazem anéis de ouro. Ou de prata, como o seu.

D: *Sim. Isto é que é dado a uma mulher quando ela se casa. Ele está no anel.*

B: Talvez o ourives que o monta no anel purifique-o e deseje que ele faça o bem, trazendo poder para o seu casamento.

D: *O ato de usar um anel como este diz a todos que a mulher é casada.*

B: Entendi. Como um noivado.

D: *É. Gostaria que você visse meu outro anel e me dissesse o que você pensa sobre ele. (Tenho um anel na forma de um pentáculo, feito de turquesa e rodeado por sete pequenas esferas prateadas. Pedi-lhe para tornar a abrir os olhos e direcionei sua atenção para minha mão direita.) Esta mão.*

B: Esse é um anel de boa sorte. A prata é um bom metal e tem uma pedra azul. É boa para desenvolver a parte mental de seu desenvolvimento espiritual.
D: *Isso é um pentagrama?*
B: Há um pentagrama dentro do círculo. Mas está rodeado por sete esferas de prata. O sete é um número de sorte. Assim, é como se tivesse um círculo ao redor dele. É um bom anel para se usar. É um bom amuleto.
D: *É por isso que eu o uso. Nunca o tiro.*
B: Isso é bom.
D: *A prata é um bom metal?*
B: (Ela havia tornado a fechar os olhos.) Sim. A prata também é boa para desenvolver a capacidade de entrar em contato com os planos superiores. E a combinação da prata com a pedra azul é uma combinação boa.
D: *Então, ele deve me dar boa sorte.*
B: Sim. Pedras azuis e ouro também são uma boa combinação.
D: *Mas o outro anel é apenas aquilo que as mulheres usam para mostrar que são casadas. Na nossa época, são apenas um símbolo.*
B: Sim, entendi.
D: *Na sua época, as mulheres usam alguma coisa para indicar que são casadas?*
B: Sim. Uma pulseira.
D: *De ouro, prata ou de quê?*
B: Geralmente, de cobre com pedras. É muito difícil conseguir ouro ou prata. Geralmente, aplicam um tipo de verniz sobre ela para que o cobre não escureça.
D: *Entendi. E até as pessoas mais pobres usam a pulseira?*
B: Geralmente, as pessoas muito, muito pobres não usam. Mas os diversos artífices que trabalham metal, comerciantes e outros, usam.
D: *Na nossa época é a mesma coisa. Se a pessoa é muito pobre, também não consegue comprar um diamante. Então, acaba usando um anel só de ouro. (*Sim*) São apenas costumes diferentes. (*Sim*) Para que serviam mesmo as pedras pretas?*
B: Para buscar a verdade e para iniciar mudanças. Mas uma proteção diferente. O azul e o púrpura podem ser usados para envolver sua essência corpórea com uma essência protetora que vai repelir o

mal e danos. Mas a proteção oferecida pela pedra preta é conseguir atravessar o coração das coisas para ver a verdade de tudo. E saber se alguma coisa vai lhe causar mal.

D: *Vocês usam alguma pedra amarela, alguma coisa dessa cor?*
B: Não. Temos o ouro, ele é amarelo.
D: *Vejamos, que outras cores temos então?*
B: Temos púrpura, azul, verde, vermelho, preto e transparente.
D: *Com tantas pedras diferentes, é difícil saber qual usar.*
B: Você usa pedras diferentes conforme a situação na qual você acha que pode estar.
D: *Ou quais pedras vai levar. Na maioria das vezes, elas não estão em joias, estão?*
B: Não, você as usa colocando-as numa bolsinha e pendurando-as ao pescoço.
D: *É que é caro usá-las em joias. (Sim) Você me disse antes que às vezes as pessoas ricas, os lordes e as damas, usam joias e sequer sabem o seu significado.*
B: Sim. Usam-nas apenas para parecerem bonitas, geralmente várias de uma vez.
D: *Na minha época é a mesma coisa. As pessoas usam-nas apenas porque são bonitas. Não sabem o que significam. Mas mesmo que não conheçam seu significado e usem essas coisas diferentes, elas atenderão o mesmo propósito?*
B: Creio que não. Pois a pedra precisa saber que você sabe que ela é especial para que trabalhe direito. E se você está usando todas essas pedras diferentes porque parecem bonitas, muitas vezes suas essências podem colidir umas com as outras, e assim elas não lhe farão bem algum.
D: *Então, sua magia só vai funcionar caso você saiba que a magia está ali.*
B: Sim, você precisa ativar a magia com a sua mente.
D: *Então, as pessoas que apenas as usam não estariam protegidas, não atrairiam a paixão ou coisas assim, a menos que soubessem que essas pedras podem fazer essas coisas. (Sim) Muito interessante. Grendell lhe disse mais alguma coisa sobre o arco-íris e o que ele poderia fazer?*
B: Você pode usar o arco-íris para selar amuletos. Há várias etapas na elaboração de um amuleto. Primeiro, precisa decidir para que será usado. Depois, precisa ver se tem os materiais de que precisa para

elaborar o pergaminho para ele. Mas se não tiver, tudo bem. Vai precisar sair e encontrar a pedra que irá no seu amuleto, que dará ao amuleto a força de que ele precisa. O pergaminho e a pedra serão postos numa bolsinha e selados com um ritual, para que seu poder se concentre e amplifique, espalhando sua influência por toda parte e faça o que deveria fazer. Um modo muito poderoso de selar um amuleto é usar um arco-íris.

D: *Precisa ser um arco-íris de verdade?* (Sim) *Às vezes, não dá para saber se vai aparecer um arco-íris.*

B: Dá para saber se você souber onde procurar.

D: *Para que serve o pergaminho?*

B: Você escreve nele símbolos que significam coisas específicas, ajudando-a a atrair e a concentrar certos poderes em seu amuleto, visando certas coisas. Se o seu amuleto visa atrair dinheiro, você faz um pergaminho com símbolos que funcionam bem com Júpiter.

D: *Por quê? Júpiter está associado com dinheiro?*

B: Sim. Ele também é conhecido por outros nomes. E como você vai usar o pergaminho para chamar a atenção de certas divindades para seu amuleto, você deve tentar fazer o amuleto no dia em que essa divindade está com mais poder. E tenta fazer a maior parte de seu trabalho naquele dia. Até chegar a hora de selá-lo. Se for a primavera ou o outono, sempre que chove muito e você tem a chance de encontrar um arco-íris, você o sela com o arco-íris e não no dia da divindade.

D: *Você disse que Júpiter tem vários outros nomes. Todos eles têm diversos nomes?* (Sim) *Quais os outros nomes de Júpiter?*

B: Bem... você precisa entender que estou me valendo das lendas.

D: *Sim. Se eu puder, quero aprender as lendas.*

B: Júpiter também é conhecido como Zeus e Thor, além de outro nome que não consigo pronunciar porque sempre me esqueço dele. Bem... Assim, cada divindade tem vários nomes. Acho que é porque são conhecidas por toda parte. Assim, povos diferentes têm nomes diferentes para elas.

D: *Faz sentido.*

B: Creio que é por isso que não consigo pronunciar aquele nome. Nunca me lembro dele.

D: *(Riso) Bem, e qual seria o dia de Júpiter caso você quisesse criar um amuleto para atrair dinheiro?*

B: Depende de como você conhece Júpiter. Algumas pessoas associam-no a Thor, e assim eles o fariam na quinta-feira (Thursday em inglês). Mas aqui, a maioria de nós diz que Júpiter é o mesmo que Odin, e o faríamos na quarta-feira (Wednesday em inglês).

D: *Então, você pega o pergaminho com os símbolos escritos, o amuleto e a pedra e o que você faz?*

B: No dia apropriado, e será melhor ainda se a fase da lua for correta – mas, como você sabe, não dá para esperar tanto para fazer o amuleto. Você espera cair a noite. Preferivelmente à meia-noite, você vai até um lugar que fica sob a luz direta da lua. Pega o pergaminho e a pedra e dobra o pergaminho de certa maneira sobre a pedra, para que esta fique contida dentro do pergaminho e assim esteja protegida. Esta é a parte que você também pode fazer com o arco-íris. Mas se não houver um arco-íris por perto, você faz como acabei de dizer. E o sela, digamos assim, e, dependendo do tipo de amuleto, o modo de selar vai variar. Então, coloca-o na bolsinha e mantém-na fechada. Assim, depois de abençoar a bolsinha, ela está pronta para ser usada.

D: *No meu modo de pensar, quando você sela o amuleto, isto significa que ele não pode ser aberto novamente. É isso que você está dizendo?*

B: Bem, você o sela com magia.

D: *Entendi. Não significa que o selou ou lacrou de fato.*

B: Às vezes, sim. Depende do tipo de amuleto. Você pode lacrá-lo com cera, mas nem sempre. Mas sempre pode selá-lo com magia. Assim, ele está sintonizado para certo propósito, e apenas para esse propósito. Por isso, não pode ser reaberto e reajustado para outro propósito. E quanto maior o tempo de uso do amuleto, mais poderoso ele fica.

D: *Noutras palavras, a magia não se desgasta.*

B: Não, quanto mais você o usa, mais forte ele fica. E quando você passa o amuleto de pai para filho, ele simplesmente acumula mais e mais poder.

D: *Mas quando você está fazendo tudo isso, existe um ritual ou coisa do gênero que você faz ou diz?*

B: Depende do tipo de amuleto que você está fazendo. Há rituais para todos eles.

D: *Uma hora dessas, você teria permissão para me ensinar esses rituais e símbolos?*
B: Não posso lhe ensinar os símbolos porque eu mesma não os conheço. Não sei ler e nem escrever, entende? Mas há duas pessoas que sabem. São elas que desenham os símbolos para nós.
D: *Ah, elas os desenham nos pergaminhos?*
B: Sim. E posso lhe dizer o que fazer depois, depois que você já está com o pergaminho pronto, com os símbolos.
D: *Estava curiosa para saber se você as viu desenhando, e assim poderia copiá-los para mim.*
B: Não. Mas estou pensando se ainda há algumas de nós em seu mundo, elas ainda teriam os símbolos.
D: *Pode ser. Há pessoas que acreditam nas mesmas coisas.*
B: Nós temos sido muito cautelosas a passar esses símbolos adiante, para termos certeza de que não iremos perdê-los.
D: *Eu poderia lhe mostrar alguns dos símbolos que temos agora e você poderia me dizer se são os mesmos, pois conheceria sua aparência. (Sim) Pode ser um modo de fazer isso. E você também pode me dizer se eles estão errados.*
B: Não sei se posso dizer se estão errados. Posso lhe dizer se não parecem estar certos.
D: *Sim, se não são os mesmos que você conhece. Seria uma coisa sobre a qual poderíamos conversar da próxima vez que nos encontrarmos. (Sim) Estou muito interessada nessas histórias. E você também poderia me falar dos rituais que faz quando sela os amuletos.*
B: Sim, posso lhe falar sobre isso.
D: *E posso desenhar os símbolos e lhe mostrar, para que você veja se são os mesmos. (Sim) Talvez você possa me dizer também qual o melhor dia para cada coisa.*
B: Posso tentar.
D: *Estou muito interessada em transmitir isso, pois parte desse conhecimento pode ter sido perdido.*
B: Pode ser.

(Paciente trazida ao presente.)

Capítulo 9
Signos e símbolos
(Gravado em 10 de junho de 1986)

Usei a senha e fiz a contagem regressiva até a vida de Astelle.

D: *Voltamos à época em que Astelle viveu. O que você está fazendo?*
B: Estou sentada à sombra de um carvalho. Busco disciplinar minha mente, existe um modo de acalmar os pensamentos. E eu precisava me afastar da casa por alguns momentos para acalmar meus pensamentos.
D: *Por quê? Estava acontecendo alguma coisa da qual você precisou se afastar?*
B: (Irritada) Só aquilo que acontece normalmente. Estava cansada disso. A Dama Joslyn estava sendo o que sempre é e a cozinheira estava sendo o que sempre é. Roff estava de mau humor. (Suspiro) E tudo estava muito barulhento. Eu precisava de sossego.
D: *E você foi até o bosque dos carvalhos? (*Sim*) Que método você usa para acalmar a mente? Eu gostaria de tentar aplicá-lo um dia.*
B: Cada método funciona melhor para cada pessoa. O que eu faço é isto: fico confortável e fecho os olhos. Imagino que há um unicórnio em pé, ao meu lado. Gosto de unicórnios. E finjo que há um arco-íris à minha frente. Eu monto no unicórnio e cavalgamos até a base do arco-íris. Estou montada no unicórnio e ele está subindo pelo arco-íris. Nós subimos por ele, subimos e subimos. E quando o arco-íris começa a descer, ele vai até aquilo que meu coração deseja. E eu imagino coisas maravilhosas de todos os tipos.
D: *Puxa, essa é uma bela imagem mental. E aquilo que você deseja estará ali. Você medita assim com frequência?*
B: Sim. Também é um modo de viajar.
D: *Viajar para onde?*
B: Para onde você quiser ir.
D: *Quer dizer que você sai do outro lado e estará onde quiser estar?*

B: Sim. Não em seu corpo físico, mas em seu corpo mental.
D: *E aonde você costuma ir normalmente?*
B: Depende. Vou a diversos lugares. Desta vez, porém, eu quis ir a um lugar pacífico, quieto e confortável. Assim, quando saí pelo final do arco-íris, encontrei um pasto verde com algumas ovelhas. Havia um córrego, e pus meus pés na água para que se refrescassem. E ouvi apenas o vento e os pássaros cantando.
D: *Uma cena bem pacífica. É isso que você está imaginando agora, enquanto me ouve?* (Sim) *Muito bonito. Bem, você sabe que já conversamos antes.* (Sim) *E você estava me dando algumas informações quando precisei sair. E eu queria lhe fazer algumas perguntas. Posso fazê-las?* (Sim) *Muito bem. Uma das coisas que eu queria saber era o uso do arco-íris para meditação. E agora você me contou.*
B: Esse é um modo de usar o arco-íris.
D: *Existe outro?*
B: Sim. Você pode usar o arco-íris de várias maneiras. Uma maneira que algumas pessoas usam é... bem, primeiro eu vou lhe contar. Na casa, na grande escadaria do salão principal, os dois ou três primeiros degraus têm a forma do contorno externo da lua. Um círculo parcial. Eles são curvos. O que algumas pessoas gostam de imaginar é que o arco-íris é uma escadaria curva. E que cada cor é um degrau diferente. E imaginam que estão subindo até o alto dessa escadaria curva. E quando chegam ao alto, aquilo que querem ou aquilo que estão imaginando estará lá. Isso não funciona muito bem comigo, mas é outro modo de fazê-lo.
D: *Não haveria mais degraus do que cores?*
B: Há cores de todos os tons.
D: *Achava que o arco-íris teria, o quê, cinco ou seis cores.*
B: Bem, depende. Se você usar matizes diferentes das cores, terá mais degraus. Ao flutuar de uma cor para a outra, terá mais tons entre cada cor.
D: *Sim, posso ver isso agora. Mas então só podemos subir, e o final estaria no alto da escada.* (Sim) *Há outros meios de usá-lo?*
B: Sim. Estou tentando me lembrar de meios que me contaram mas nunca usei, pois não funcionam bem comigo. Creio que algumas pessoas imaginam que estão voando através do arco-íris, tal como as aves fazem. Mas não sei muito bem como fariam, e portanto

não sei dizer. O que sei é que descreveram esse método assim. Não sei como funciona.

D: *Foi Grendell que lhe ensinou esses métodos?*

B: Não. Ouvi falar do método da escadaria e lhe perguntei sobre ele. Ela disse que foi o que funcionou para aquela pessoa, pois foi isso que conseguiu imaginar. E ela me disse que é bom imaginar alguma coisa de que você realmente gosta. E imagine isso de modo a poder realizar alguma coisa em sua imaginação. E, de algum modo, use um arco-íris em suas imagens. Como gosto de unicórnios, achei que funcionariam para mim. Foi assim que inventei essa cavalgada do arco-íris com um unicórnio. E quando chego ao final, aquilo que desejo estará lá.

D: *Esse me parece ser um método muito bom. É bem fácil imaginar isso. Mas todos têm coisas diferentes que podem imaginar.* (Sim) *E é uma coisa muito pacífica e feliz, imaginar isso faz com que nos sintamos bem.* (Sim) *Da última vez em que conversei com você, você estava falando sobre o modo de preparação de amuletos.* (Sim) *E você usava pedras diferentes e dizia que usava um pedaço de pergaminho.* (Sim) *E escrevia um símbolo no pergaminho. Quero ver se entendi direito isso. Depois, você embrulhava a pedra com o pergaminho. E colocava tudo dentro de uma bolsinha?*

B: Sim. E às vezes, põe-se mais do que um símbolo no pergaminho.

D: *E você o leva consigo perto do corpo?* (Sim) *Estávamos falando sobre esses símbolos da última vez, quando tive de sair.* (Sim) *Creio que você estava falando sobre aquele para Júpiter, que você usa para dinheiro. Era desse que você estava me falando.* (Sim) *Por que você usaria mais de um símbolo?*

B: Às vezes, se entendi isso direito, há símbolos que significam coisas como prosperidade, felicidade, amor e coisas assim. Mas cada uma dessas coisas tem aspectos diferentes, e por isso você usa outros símbolos para enfatizar os aspectos que deseja ressaltar.

D: *Achava que você precisava se concentrar numa só coisa de cada vez.*

B: Bem, você pode combinar coisas e usá-las assim.

D: *Você disse que era importante usá-las num dia específico da semana?*

B: Sim. Júpiter seria na quinta-feira ou na quarta-feira. Quarta-feira se você deseja riqueza, por exemplo. Você pode obter riquezas encontrando-as milagrosamente. Ou pode obtê-las trabalhando por elas, e o dinheiro virá até você de forma muito, muito fácil. Ou você pode conseguir riquezas tomando emprestado dinheiro de um nobre, sem pagá-lo. É como alguns assaltantes fazem. (Eu ri.) Esse é o uso do amuleto com o símbolo de Júpiter, a riqueza. E você pode temperá-lo com outro símbolo, para ajudar a guiar o amuleto para o tipo de riqueza que você quer. Para isso, a concentração ajuda. Mas as pessoas comuns para as quais você dá amuletos, camponeses e pessoas assim, nem sempre são boas em concentração.

D: *Que outros símbolos você usaria com Júpiter?*

B: Com Júpiter, se você quer riqueza trabalhando por ela e dinheiro saindo de todos os lados, pelo trabalho que você faz, você também deveria usar o símbolo do sol, também conhecido como Apolo. Pois este é um símbolo de artesanato e habilidade, bem como de sorte.

D: *E você colocaria ambos no pergaminho?*

B: Sim. E sempre se faz um contorno desenhado para envolver o poder para um propósito específico.

D: *E então, você faria tudo isso numa quarta-feira, usando esses dois símbolos?*

B: Como você está usando os dois símbolos, pode fazê-lo numa quarta-feira ou num domingo, dependendo do símbolo que você queira que seja um pouco mais forte.

D: *Estou tentando me lembrar do que você disse da última vez. Você sela o amuleto nesses dias para que ele fique mais poderoso. É isso?*

B: Você o sela para ajudar a direcionar o poder pelo amuleto. Se não o selar, os poderes podem se dissipar, tentando afetar tudo e não apenas aquilo que deveriam afetar.

D: *Então, ele os direciona.*

B: Certo. Ele também ajuda a protegê-lo de influências externas.

D: *Creio que você disse antes que fazia um ritual. O ritual é o mesmo para cada amuleto?*

B: Creio que não. Não me parece ser assim. Aqueles que vi sendo feitos dependem da finalidade do amuleto. A parte purificadora do ritual é sempre a mesma. Mas há diferenças no restante do ritual, dependendo do tipo do amuleto.

D: *O que é essa parte de purificação?*

B: A purificação consiste em pegar o amuleto e cercá-lo com cinzas de teixo. Dentro do círculo, você coloca sal na forma de uma estrela de cinco pontas. Depois, borrifa água sobre ele, nas quatro direções. Enquanto isso, recita as palavras apropriadas. Depois que estiver tudo junto, você deixa o amuleto descansando por um período de tempo específico. Cada amuleto tem seu período de tempo.

D: *Quer dizer, o amuleto está no meio desse círculo.*

B: E a estrela, sim. Geralmente, ele precisa ficar ali até certo dia, para que quando o amuleto for exposto ao mundo pela primeira vez, digamos, ou quando você o entregar a seu dono, isso seja feito num dia de sorte para o amuleto.

D: *Seria uma semana ou menos?*

B: Geralmente, uma semana ou menos. Três dias é bom. Mas se for um pouco mais, tudo bem. Por exemplo, um amuleto para dinheiro: sua purificação dura seis dias. Você faz isso num número que é propício para o amuleto. Um amuleto para aprender coisas, para conhecimento, deve ser feito em cinco ou sete dias, dependendo se o conhecimento é mental ou espiritual. Um amuleto para o amor leva três ou nove dias, dependendo da força que você quer dar ao amuleto. E assim por diante.

D: *Mas são usadas certas palavras quando se faz isso?*

B: Sim. Creio que se guiam por sentimentos para usar as palavras mais apropriadas. Geralmente, porém, cantam sobre o amuleto na parte final da purificação. Isso ajuda a direcionar o amuleto.

D: *A selagem é feita no final ou no começo?*

B: A selagem é feita no começo, em parte, quando você desenha o amuleto, e depois ela é completada pela purificação. Depois, quando você canta as palavras sobre ele, isso ativa o amuleto e completa a selagem.

D: *Qual seria o símbolo para o amor?*

B: O símbolo do amor. Eu conheço esse símbolo. Geralmente, os Chifres da Deusa são usados para o amor. Outra face da deusa é a estrela matutina, ou estrela vespertina. No caso de amuletos feitos para o amor, é muito bom começar a prepará-los numa sexta-feira, que é o dia regido pelo amor. E pode concluir a selagem do amuleto no domingo seguinte ou no próximo domingo. É o número correto de dias, e além disso você conta com a sorte do sol.

D: *Então, o processo pode ficar bem complicado, não é?*
B: Sim, pode.
D: *Eu sei que você disse que a lua também representava os Chifres da Deusa.* (Sim) *Vamos ver, quem sabe seria mais fácil se eu percorresse a semana e lhe perguntasse que dia representa cada signo.*
B: Vou tentar.
D: *Muito bem. Estou tentando entender tudo isso. Vejamos, você disse que domingo seria Apolo?* (Sim) *E a quem caberia a segunda-feira?*
B: À lua.
D: *Terça-feira?*
B: Marte. As terças-feiras são para torneios, lutas e coisas como estas.
D: *E você disse que a quarta-feira é de Júpiter?*
B: Júpiter.
D: *E a quinta-feira?*
B: Falam coisas diferentes sobre as quintas-feiras. Alguns dizem que é do irmão de Júpiter, outros dizem que é de seu sobrinho.
D: *Quem é o sobrinho dele?*
B: Não sei como se chama.
D: *Bem, e que tipo de poderes seu sobrinho teria nesse dia?*
B: Hmmm, comunicação. Dizem que os romanos chamavam-no de Mercúrio.
D: *E a sexta-feira?*
B: Os Chifres da Deusa.
D: *Então, ela tem dois dias. Você disse que a lua tem a segunda-feira?* (Sim) *E também a sexta-feira?* (Sim) *Ela tem dois dias da semana, mas, como você disse, ela tem muitas faces. É por isto?*
B: Sim. É possível ligar todos os dias da semana a ela se você realmente desejar, pois ela está por toda parte.
D: *Suponho que sejam apenas suas várias fases. Maneiras diferentes de vê-la.*
B: Você entendeu.
D: *E sábado?*
B: Sábado é para Kronos.* O pai de Júpiter. Ele está relacionado com o conhecimento antigo, a história e o tempo.

Dicionário: Cronus: Na mitologia grega, um titã que derrubou seu pai, Urano, e que, por sua vez, foi derrubado por seu filho Zeus; identificado com Saturno pelos romanos. Também grafado Cronos.

D: *Então, é para isso que você usa cada dia, segundo o seu nome ou quem ele representa?* (Sim) *Você disse que viu muitos desses símbolos, não foi?*
B: Sim, alguns.
D: *Veja, eu lhe disse que ia trazer alguns símbolos para que você olhasse para eles e visse se era capaz de reconhecer algum deles.* (Sim) *Pode fazer isso para mim?* (Sim) *Não sei se são os mesmos. Talvez nós os tenhamos alterado.*

Eu levei um calendário astrológico que continha todos os símbolos dos planetas e do zodíaco em caracteres grandes na capa. Mostrei-lhe o calendário.

D: *Vamos ver se você consegue mexer a mão. Quero lhe dar um pergaminho.*
B: É uma peça bem grossa.
D: *Sim. Mas quero que você abra os olhos e olhe para o alto. Aqui.*

Orientei-a para que olhasse para os signos e não para a imagem da capa.

D: *Há alguns símbolos no alto, que descem pela lateral.*
B: (Ela pareceu fascinada com aquilo.) Sim.
D: *Veja se alguns deles lhe parecem familiares.*
B: Alguns, sim. (Ela os estudou, começando pelo final da primeira fileira, apontando para o símbolo.) Isto é do sol. Estes são os Chifres da Deusa. (A lua.) Este é para a segunda-feira. Este é para sexta-feira. (Mercúrio.)
D: *Esse terceiro é da sexta-feira?* (Sim) *Tudo bem.*
B: Este é do domingo. (Vênus) Este é uma variação daquele da sexta-feira, mas geralmente colocamos os chifres para homenagear a deusa.
D: *Então, esse próximo é uma variação?* (Sim) *Seria usado para um dia específico?*

B: Também é usado para a sexta-feira. Outros grupos usam-no para a sexta-feira. No nosso grupo, porém, fazemos isto para homenagear a deusa.
D: Com os chifres. *(Sim) E esse ao lado? Ele lhe parece familiar? (Não) (Eu também não sei o que ele representa.) São apenas duas linhas cruzadas, não?*
B: Sim. Pode ser usado para representar uma encruzilhada. Além disso, pode representar as quatro direções. Quando você homenageia as quatro direções, quando precisa do poder da natureza por trás de seu trabalho.
D: *Certo. Mas não é um símbolo que você usaria com os outros.*
B: Não que eu saiba. Estou apenas dizendo uma possível aplicação para eles.
D: *E esse do lado? Parece-lhe familiar?*
B: Esse parece ser um símbolo que poderia ser usado para a terça-feira.
D: *É como uma flecha, não é? (Sim) Muito bem. E este abaixo?*
B: Certo. Este símbolo e este símbolo. (Júpiter e Saturno) Estes são dois símbolos que eu reconheço. Às vezes, fico confusa, pois são parecidos. Vamos ver se posso ter certeza e dizer-lhe corretamente. Não quero que você tenha uma informação errada. (Pausa)
D: *Sinto que os significados podem ter mudado com o tempo.*
B: Sim. Estes dois símbolos, um é de Kronos e o outro é de Júpiter. Estou tentando lembrar qual é qual. Sinto que este é de Kronos e este é de Júpiter. (Ela pode ter invertido as coisas. Não me lembro e a gravação não indica.) Este é de Saturno. (Ela estava apontando para o símbolo de Netuno.)
D: *Saturno? (Ela não havia falado nele antes.)*
B: Sim. Sábado.
D: *Vejamos. Você não tinha dito que Kronos era no sábado?*
B: Sim, Kronos também é no sábado.
D: *Há dois que podem ser usados no sábado?*
B: Sim. Kronos também pode ser usado na quarta-feira, junto com Júpiter.
D: *Por causa de seu relacionamento? (Sim) Mas este é chamado de "Saturno"? Para que é usado?*
B: Este é chamado de Saturno. Alguns dizem que é o símbolo de Netuno por causa do tridente. E é usado para... deixe-me pensar.

(Pausa) Netuno e Saturno são usados para coisas relacionadas com a sabedoria oculta.

D: *Muito bem. Talvez você não identifique alguns deles. Você está indo muito bem. Temos outro abaixo daquele. (Urano)*

B: Vejo esse símbolo em alguns amuletos de vez em quando, mas não conheço o seu significado. Ele não é usado com muita frequência. Este eu não conheço. (Ela apontou para Plutão.)

D: *Certo. Agora, estes de baixo. (Os signos do zodíaco.) Eles lhe parecem familiares? Não são os símbolos dos dias. São símbolos diferentes.*

B: Sim, são os símbolos das estações do ano, dos meses.

D: *Vamos ver se você os conhece tal como eu os conheço.*

B: Bem, posso lhe dizer como me parecem. Estes símbolos aqui são para o crescimento na primavera. Estes três primeiros. (Áries, Touro e Gêmeos.)

D: *Você tem nomes para eles ou só usa o símbolo?*

B: Creio que eles têm nomes, mas não consigo me lembrar. E este é o começo do verão. (Câncer) E estes também são do verão.

D: *Estes três aqui? (Câncer, Leão, Virgem)*

B: Sim. Eles parecem estar em ordem. E aqui estão os do inverno. E estes são do outono. (Ela indicou os signos corretos.)

D: *Então, são três para cada estação. Você usa esses símbolos para alguma coisa?*

B: Às vezes, quando estamos no bosque fazendo rituais, nós os desenhamos no chão. Às vezes, orientamo-los segundo as direções: norte, sul, leste e oeste. Depende. Se estivermos celebrando um dos equinócios ou solstícios, usamos esses símbolos.

D: *Você usa todos os três?*

B: Depende do que está acontecendo.

D: *Bem, parece que na verdade os símbolos não mudaram muito, não é?*

B: Isso que você tem aí não está completo. Há mais símbolos.

D: *Há? Você poderia desenhá-los para mim?*

B: Não os conheço bem a ponto de poder desenhá-los, mas eu os vi. São mais ornados do que isso. São mais complicados do que estes. Estes são alguns dos símbolos mais simples. Há outros com mais linhas e curvas. São usados para invocar determinados espíritos. Espíritos de proteção, espíritos de prosperidade e outros.

D: *Estes são aqueles que usamos na minha época. Creio que são os mais comuns.*
B: Imagino que sim.
D: *Então não mudaram muito, pois você pôde reconhecê-los.*
B: Há variações neles. Como as variações destes dois para a deusa, aqui. Esse com chifres e aquele sem chifres. (Mercúrio e Vênus.) Também há variações nestes aqui. (Não me lembro quais ela indicou.) Mas alguns deles são similares. Foi assim que reconheci aqueles que são similares.
D: *Quais mudaram mais?*
B: Este não está tão ornado quanto deveria. (Áries) Este ainda é muito parecido. (Touro) Este não está tão ornado quanto deveria. (Gêmeos) Mudou um pouco. Há diversas variações neste aqui, mas todos os temas são similares. (Câncer) Este aqui ainda é bem similar.
D: *Vejamos. Temos nomes para estes. Estava tentando ver qual era aquele. Seria o terceiro do verão, então? (Virgem) (Sim) Esse é bem semelhante?*
B: Sim. E este, o primeiro do outono (Libra) ainda é bem parecido. O segundo do outono é bem parecido. (Escorpião). No caso do terceiro do outono (Sagitário), temos algumas variações.
D: *Parece-se com uma flecha. Qual é a variação que você tem?*
B: Às vezes, há uma figura que a segura, em vez da flecha sozinha.
D: *Ah, sim, já vi isso.*
B: E ... (Ela estava apontando para Peixes.)
D: *O último do inverno?*
B: Do inverno. Às vezes, ele é mostrado com peixes.
D: *Este aqui foi o que você disse que mudou mais. O terceiro da primavera. (Gêmeos)*
B: O terceiro da primavera. Para esse, usamos um animal.
D: *Um animal? Sabe qual animal?*
B: (Pausa) Não me lembro. E também usamos um animal para ele. (Áries) Às vezes, usamos um animal para este, mas ele é mais fácil de se desenhar, pois todos sabem que se parece com um touro. (Touro)
D: *Usamos animais para os dois primeiros, mas para o terceiro, geralmente usamos duas pessoas. (Gêmeos) Vocês usam um animal?*
B: Sim. Creio que é um animal mitológico. Não sei como se chama.

D: Há animais representando alguns deles. Este aqui, no nosso, é um animal. (Leão)
B: Não me lembro de ter visto um animal para este.
D: Como vocês o representam?
B: Com um símbolo muito parecido com este. Esses são os símbolos simples, básicos. Imagino que os mais complexos se perderam ou mudaram.
D: Sim, são esses que eu gostaria de recuperar. Porque provavelmente perdemos um pouco disso.
B: Sem dúvida, por causa dos cristãos.
D: Você acha que conseguiria desenhar esses símbolos para mim?
B: Ahh, acho que não. Eu me sentiria pouco à vontade desenhando-os sem realizar os rituais apropriados com eles.
D: Não quero que você faça nada que a deixe desconfortável.
B: E geralmente, fazemos esses símbolos mais ornamentados. Mas, só para ensinar os símbolos básicos, usamos símbolos similares a estes. E quando os usamos, nós os fazemos mais ornamentados.
D: É mais fácil desenhá-los desta maneira. (Sim) Veja, a figura também tem os Chifres da Deusa ali, não é? (A figura no calendário tinha uma lua crescente.)
B: Sim, estou vendo.
D: E tem uma mulher com muita comida. (Uma mulher despeja comida de uma cornucópia.)
B: Sim, a época da colheita.
D: Sim, é isso que deveria representar. Bem, ainda temos esses símbolos para as épocas do ano. Portanto, isso não foi perdido.
B: Agrada-me ouvir isso. Que a Inquisição não teve sucesso.
D: Estes outros estão relacionados com Júpiter e Saturno. Temos estes representando estrelas no firmamento. Vocês também têm estes?
B: (Enfática) Não! Estrelas são estrelas.
D: É como dar nome a certa estrela e dizer que é Júpiter.
B: É verdade. Mas creio que os alquimistas lidam com isso.
D: Então, você está como que lidando com o nome da divindade ou do deus?
B: Sim. Com o poder por trás dele.

Disse-lhe para fechar novamente os olhos e afastei o calendário.

D: *Quero lhe agradecer. Conseguimos muitas informações com isso. E fiquei contente por saber que as coisas não mudaram muito, na verdade. Você sabe que as estrelas estão lá e que às vezes dizemos que elas formam padrões no céu.* (Sim) *E deram nomes a alguns padrões.* (Sim) *Você mencionou os alquimistas. O que fazem os alquimistas?*
B: Não tenho certeza. Há rumores. Pelo que entendi, alquimistas são homens que tentam encontrar aquilo que temos. Mas não querem ter problemas com a igreja e não sabem onde procurar. Por isso, ficam procurando debaixo de cada pedra e rocha, tentando encontrar os poderes que usamos.
D: *Em coisas materiais.*
B: Sim. E alguns deles percebem que precisam ter certo desenvolvimento espiritual, mas não sabem como obtê-lo.
D: *Seria muito mais fácil se pudessem perguntar a uma de vocês, não seria?*
B: Sim, mas a Inquisição impede que isso aconteça.
D: *Ouvimos dizer que os alquimistas tentaram transformar coisas comuns em ouro. Seria uma história? Você a ouviu?*
B: Alguns conseguiram.
D: *(Surpresa) Conseguiram?* (Sim) *Puxa, sempre ouvimos dizer que eram apenas histórias. Que nunca tinham sido capazes de fazê-lo.*
B: Alguns conseguiram.
D: *Deve ter sido difícil, não?*
B: No começo, quando você não sabe o que está procurando, é. Mas depois que você sabe o que fazer, acho que não fica muito difícil. Conquanto você tenha um bom fole por perto para manter o fogo bem quente.
D: *Você ouviu dizer como conseguiram isso?*
B: Eles pegam várias coisas e misturam-nas, fazendo um pó. E depois, pegam alguma coisa feita de chumbo e esfregam o pó nela. Quando a aquecem ao fogo, o lugar onde o pó foi esfregado se transforma em ouro. Mas o fogo precisa ser muito quente. Além disso, o ouro é apenas temporário. Depois de certo tempo, ele reverte ao que era antes.
D: *Então, ele não fica assim?* (Não) *Ouvi dizer que às vezes, o alquimista ficava muito frustrado tentando transformar coisas em ouro. Achava que nunca conseguiam.*

B: Aqueles que conseguem também se frustram.
D: *Pelo fato de o ouro não se manter firme? (Sim) Você acha que é porque ele muda quando esfria?*
B: Talvez. Leva algum tempo para esfriar. E então, ele começa a mudar de novo. É uma mudança muito gradual. Finalmente, após um ou dois dias, você sabe que o metal voltou a ser o que era.
D: *Então, se eles tentassem usar esse ouro para comprar alguma coisa, digamos, não daria certo, não é? (Não) Bem, contam histórias de que alguns governantes queriam que seus alquimistas produzissem ouro para que eles ficassem mais ricos. (Sim) Mas se estão mais interessados em coisas materiais do que espirituais, talvez seja esta a razão para o processo não dar certo.*
B: Pode ser. Eles estão sempre fervendo e cozinhando coisas, misturando coisas, em vez de meditarem um pouco e de tentarem descobrir seu caminho espiritual interior.
D: *Seu povo se interessa por coisas assim?*
B: Como a alquimia? Não.
D: *Mas seria uma forma de ficarem ricos.*
B: Mas as riquezas não são necessárias. Temos um lugar para morar. Temos comida para comer. Enquanto agradarmos o senhor da casa, não temos motivo para preocupação.
D: *Então, não há nada que você queira. Essa é uma boa maneira de ver as coisas. Mas, como você sabe, há pessoas egoístas por aí. Algumas pessoas querem mais, mais e mais. Nunca estão satisfeitas.*
B: Elas não são felizes. A Dama Joslyn é assim.
D: *Nada satisfaz pessoas desse tipo. (Não) Você disse que o lorde vai à torre e que você tem curiosidade sobre o que ele faz. Você acha que ele está envolvido com alquimia? (Sim) Certa vez, você me disse que se o seu povo descobrisse o que ele faz, você compartilharia isso comigo.*
B: Receamos que seja uma combinação de alquimia com o lado sombrio de nosso trabalho. Porque quando ele está na torre, ocupado com sua atividade, às vezes acontecem coisas. Como uma árvore que cai de repente, sem motivo algum. Coisas diferentes como essa.
D: *Então, você acha que ele está fazendo alguma coisa que não devia. (Sim) Estava curiosa para saber como ele conseguia invocar o lado sombrio. Achava que suas crenças eram todas positivas.*

B: E são. Mas o universo precisa ter equilíbrio.
D: *E você acha que ele faz isso intencionalmente? Ou é só porque ele não sabe?*
B: Não temos absoluta certeza, mas achamos que ele faz isso intencionalmente.
D: *Certa vez, você disse que ia tentar saber. Não sei como você pode saber isso sem ser descoberta.*
B: Bem, estamos trabalhando nisso.
D: *É ruim tentar lidar com o lado sombrio?*
B: Depende das circunstâncias. Se você invoca o lado sombrio por motivos egoístas, sim, é ruim, pois isso vai voltar para você. Mas se você invoca o lado sombrio para ajudar alguém que está realmente precisando, então tudo fica bem.

Ao que parece, eu me distraí e a fita do gravador acabou. Não sei quanto perdi até perceber e virar a fita. Quando retomei a gravação do outro lado, tive a impressão de que estava me referindo ao som de desligar o gravador e virar a fita.

D: *... a atmosfera. Não quis incomodá-la.*
B: Atmosfera? O que é atmosfera?
D: *Ar. Como o som das aves, das árvores e das folhas que se tocam. (Sim) Foi só um ruído. Não quer dizer nada. (Oh) É como alguma coisa que cai no chão, sabe? (Oh) Certo. Mas estou curiosa porque eu gostaria de conhecer os avisos, entende, e não fazer coisas que não devo fazer. Você disse que se usar o lado sombrio por motivos errados, motivos egoístas, isso volta para você?*
B: Quando você usa o lado sombrio para amaldiçoar alguém só porque não gosta da maneira como a pessoa se veste ou coisa assim. Como a pessoa não fez nada contra você, qualquer maldição que você lançar sobre ela não vai funcionar, mas voltará e cairá sobre você. Alguns dizem que com força dobrada, outros dizem que é dez vezes maior.
D: *Sim, ouvi isso com outras palavras. Que aquilo que você manda volta. Sejam coisas boas, sejam coisas ruins.*
B: Bem, se a coisa é boa, vai fazer efeito e você não precisa se preocupar se ela voltar. E você não recebe aquilo que foi enviado. Mas recebe os resultados de que precisava.
D: *E você disse que o lado sombrio pode ser usado para o bem?*

B: Ele pode ser usado para ajudar alguém. Por exemplo, se uma pessoa que você conhece foi enganada por alguém. Você pode usá-la em quem a enganou para que as coisas sejam corrigidas.

D: *Quer dizer que ela causa o mal aos enganadores?*

B: Não deveria ser preciso.

D: *O que você diria que é o oposto? Usar as coisas para o bem? O lado da luz?*

B: Há o lado sombrio e o outro lado é o caminho, a senda. Esse é o caminho pelo qual guiamos nossas vidas.

D: *Então, vocês não usam o lado sombrio com frequência? (*Não*) Isso é muito bom. A igreja nos passou noções diferentes.*

B: Isso não me surpreende.

D: *Durante um longo tempo, eles tentaram transmitir ideias erradas a respeito de seu povo. (*Sim*) É por isso que eu quis conhecer a verdade, saber como vocês realmente são.*

B: Que bom, isso é bom.

D: *Uma vez, você disse que tinham histórias que vocês contavam às crianças para ajudá-las a se lembrar dos rituais? Lembra-se de ter me dito isso? (*Sim*) E você disse que poderia me contar algumas dessas histórias. Elas facilitavam a recordação. Poderia me contar algumas?*

B: (Pausa) Estou tentando me lembrar de algumas. Geralmente, essas histórias tratam de como os rituais começaram.

D: *Pode me contar? Compartilhar isso comigo?*

B: Há um ritual que fazemos – estou tentando me lembrar de um que seria bom para contar, sem uma história difícil ou complicada demais.

D: *Tudo bem. Vou tentar compreender para acompanhá-la.*

B: Certo. Há um ritual que fazemos para o amor, envolvendo muitos gestos com as mãos. Os gestos das mãos explicam e ajudam a lembrar o sentimento básico dos gestos, contando a história desses dois cisnes. Antigamente, os cisnes conseguiam falar. E havia um cisne que era um grande mexeriqueiro, contava fofocas sobre todo mundo. E como todos os cisnes parecem iguais para os seres humanos, esse cisne estava gerando uma má reputação para os outros cisnes perante os seres humanos. Estes não gostavam que o cisne ficasse espalhando os segredos de todos. É que os cisnes podiam caminhar por aí e descobrirem coisas sem que as pessoas percebessem. Quem vai prestar atenção num cisne? Os cisnes são muito bonitos quando voam ou nadam, mas, quando andam, são um pouco desajeitados. E por isso, chegou uma hora em que a vida ficou muito difícil para todos os cisnes. Convocaram um conselho e a deusa também estava lá. Contaram-lhe a situação e perguntaram à deusa o que deveriam fazer. Ela disse que poderia consertar a situação, impedindo esse cisne específico de fofocar. Ao mesmo tempo, iria alterar a memória das pessoas, que iam se lembrar dos cisnes apenas como as belas criaturas que são. E disseram, "Bem, e o que teremos de dar em troca disso? Porque precisamos dar algo em troca, para que tudo se mantenha em equilíbrio". E ela diz, "Vou tirar o poder da fala de vocês e todos ficarão mudos". Eles responderam, "Podemos entender a razão para você fazer isso, mas como iremos nos comunicar? Como diremos às nossas esposas, aos nossos maridos, que nós os amamos?" E ela disse, "Vou lhes dar uma bela maneira de dizer isso". Assim, a deusa fez tudo que prometeu. Agora, na primavera, quando você vê dois cisnes namorando, fazem-no enroscando seus pescoços e cabeças. É algo muito bonito de se ver. E nós imitamos esses gestos com nossas mãos em alguns de nossos rituais de amor.

Enquanto contava essa história, ela entrelaçou as mãos e os braços num gesto que imitava as ações das aves.

D: *Entendi. Sim, isso seria muito adequado. É uma história linda, gostei dela. Desse modo, você se lembra dos movimentos que precisa fazer com as mãos. (Sim) Você tem outras histórias como essa? Poderia me contar?*
B: Deixe-me pensar. Lembro-me melhor dessa porque é a minha favorita.
D: *Entendo porque seria.*
B: Há outras histórias, mas não me lembro de todos os detalhes. Neste momento, não consigo trazê-las à mente. Mas vou pensar nelas, tentar deixá-las em ordem e prontas para lhe contar da próxima vez que você vier.
D: *Muito bem. Você disse que conhecia algumas lendas que explicavam como sua religião começou, se é que você a chama de religião. É assim que você a chama?*

B: Sim. Há várias lendas sobre a forma como começou nossa religião. Eu também teria de pensar sobre isso para me assegurar de que não estou misturando detalhes de uma história com a outra.

D: Fico grata com qualquer coisa que possa me contar.

B: Peço-lhe apenas que seja paciente com minha memória lerda.

D: Sei que quando alguém tenta contar uma história, as coisas sempre podem se confundir. (Sim) É muito normal fazer isso. Mas gostaria de conhecê-las para poder passá-las para outras pessoas que podem ter esquecido essas histórias.

B: Sim. Só procure se assegurar que serão apenas aquelas que seguem nosso caminho.

D: Sim. É isso que estou tentando fazer, passar adiante todas essas informações. E elas poderão ver o que mudou. (Sim) É por isso que eu quis ter a informação para transmiti-la. Elas podem ter se esquecido dessas histórias.

B: Pode ser.

D: Você quer pensar nisso ou quer perguntar para outras pessoas?

B: As duas coisas. Também vou conversar com Grendell sobre isso.

D: Ah, ela deve ter uma longa memória.

B: Sim, ela tem.

D: Eu também gostaria de saber quais são as plantas que você usa, mas você disse que elas não têm nomes.

B: Sim. Sei que não têm nomes. Mas parece que nesta língua que estou usando há nomes para algumas dessas plantas. Verei se consigo pensar nisso também, conectando o nome certo à planta certa.

D: Porque você conhece a aparência delas. (Sim) Talvez usemos nomes diferentes hoje em dia. Você disse que algumas plantas são venenosas e que é preciso tomar muito cuidado. (Sim) Depois, da próxima vez que nos virmos, talvez você tenha reunido as histórias e outras coisas que eu poderei passar adiante. (Sim) Bem, e como vão as coisas entre você e Roff? (Ela corrigiu a minha pronúncia.)

B: De certo modo bem, de outro modo, mal. Nós nos vemos para nos amarmos e isso vai muito bem. Mas dizem que ele terá de ser mandado para longe e que não vai voltar.

D: Oh. Sinto muito por isso. Ele ainda é valete?

B: Em breve, será cavaleiro e então será mandado para longe.

D: Por que ele não pode ficar aí?

B: Aqui, ele não é necessário. Temos cavaleiros suficientes.

D: *Sei que você gostaria que ele ficasse, não gostaria?*
B: Sim. Ele não sabe disso, mas... na noite passada, eu poderia ternos casado segundo nossos meios. Mas ele não conhece nossos meios, e assim eu não fiz isso. É secreto, e ele só perceberia isso quando eu pusesse a corda em torno de seus braços... em certo momento. E então, ele começaria a se perguntar o que estaria acontecendo.
D: *Pode me dizer como você teria feito isso?*
B: Não pude descobrir. Foi por isso que não o fiz.
D: *Ah, você não conhecia os detalhes?*
B: Conheço os detalhes. Estava apenas tentando imaginar uma forma de fazer isso sem perturbar Roff.
D: *Como você o faria se você mesma também iria se casar?*
B: Primeiro, você vai caminhando em torno do bosque e depois vai ao centro. Há uma pedra no centro. Você coloca alguma coisa na pedra para a mãe Terra, dependendo da época do ano. Na noite passada, fomos andando em torno do bosque e eu pus um buquê de flores na pedra. Depois que você coloca alguma coisa na pedra para a mãe Terra, você se vira e olha nos olhos do outro. Há várias maneiras de jurar fidelidade mútua. Você está fazendo isso diante da deusa. Depois que juram fidelidade um ao outro, você sela isso colocando uma corda de flores em torno das duas pessoas. Uma corda de flores feita pela jovem de antemão, como preparação. À vista da mãe Terra e de quem mais estiver assistindo, isto sela a união. É melhor fazê-lo quando a lua está crescendo. Não deve ser feito na lua escura. É preciso que haja luar.
D: *E por que você não conseguiu fazer isso?*
B: Porque ele não havia me pedido em casamento e ficaria se questionando se eu prometesse meu amor a ele. Teria se perguntado porque eu estaria nos envolvendo com uma corrente de flores e fazendo os gestos rituais.
D: *Você não poderia dizer que era apenas uma expressão afetiva ou algo parecido?*
B: Não, porque ele não suspeita da minha atividade.
D: *Ah. Achei que ele conhecia algumas coisas que você faz. (Não) Você não poderia ter dito que era uma forma de mostrar seu amor? Bem, mas aí você o estaria enganando, não é?*
B: Sim, e não podemos fazer isso.

D: *Então, é por isso que você ficou triste? Por não ter conseguido fazer isso?*
B: Em parte. Parece que não estou disposta a fazer isso. E parece também que, se for para eu me casar, terei de encontrar outra pessoa. Roff... ele é bom para rolarmos na grama, mas ele não deseja se casar.
D: *Você está dizendo que sente necessidade de estar casada? (Sim) Algum motivo para isso? (Estava achando que talvez ela estivesse grávida.)*
B: (Triste) Para não ficar sozinha a minha vida toda. Preciso que alguém faça parte da minha vida. Sempre fui sozinha. Preciso de alguém para cuidar. Alguém que esteja comigo até sermos velhos.
D: *Mas você não é velha, é? Por que está preocupada em ficar sozinha?*
B: Sou velha o bastante. Estou na idade de casar. Mas é preciso pensar nisso rápido e cedo. Nunca se sabe se uma doença pode levá-la. Ou levar seu companheiro. Ou levar seus amigos e sua família.
D: *É verdade. Essas coisas são inesperadas. Mas ele está indo embora. Se você se casasse com ele, poderia acompanhá-lo?*
B: Não, não poderia. Foi isso que me ajudou a perceber que eu tinha de encontrar outra pessoa.
D: *Você teria tido autorização para acompanhá-lo?*
B: Não. Não sob essas circunstâncias.
D: *Então, ele não seria mesmo uma boa escolha, exceto pelo fato de você amá-lo, pelo que me disse. (Sim) Ele vai viajar logo?*
B: (Incerta.) Creio que sim.
D: *Então, ele também não teria sido uma boa escolha para a dama Joslyn, não é?*
B: Mas a Dama Joslyn poderia acompanhá-lo, pois não está presa a esta casa, como eu. Ela é uma dama. Tem um cavalo para montar e ir aonde quiser. E se ela e Roff se casassem, onde quer que ele fosse morar, ela também poderia ir.
D: *Entendi. Achei que seria a mesma coisa com você, que você poderia ir com ele.*
B: Não, eu teria de obter a permissão do senhor da casa.
D: *E ele não a daria?*
B: Nunca se sabe. Ele age de maneira diferente. Age de maneira estranha. Alguns dizem que ele foi enfeitiçado, mas nós entendemos.

D: *O que você acha que é?*
B: Não sei. Creio que alguma doença estranha e espantosa o está afetando.
D: *O que no modo de agir dele é tão diferente?*
B: Isso de ficar tanto tempo na torre. Ele não gosta de ser incomodado durante o dia. E fala em círculos e tem acessos de raiva inesperados, tudo desproporcional à situação.
D: *Eram coisas que ele não fazia antes?*
B: (Suspiro) Algumas coisas sim, mas ele está ficando cada vez pior. (Subitamente) Está quente! Como ficou quente assim?

Estava quente naquele quarto pequeno e eu liguei o ventilador apontado para Brenda. O calor a afeta muito. Incomoda-a. A única maneira de realizarmos sessões no verão foi ligar o ventilador, embora o gravador capte o ruído do motor. Quando transcrevo, tenho de contornar este inconveniente, pois é essencial que o paciente esteja confortável.

D: *Ah, não sei. Há uma brisa soprando?* (Não) *Talvez seja porque as árvores estão bloqueando a brisa.*
B: Não, aqui está agradável. Mas sinto que está quente aí onde você está.

Estranho: ela estava sendo afetada em seu tempo por uma coisa que estava acontecendo no nosso tempo.

D: *Um pouco, sim. Mas não vai incomodá-la. Agora vai soprar uma brisa fresca.*
B: Não estou sentindo a brisa fresca. Sou muito sensível a esse lugar onde você está. Está quente demais nesse lugar. Não é confortável.
D: *Tudo bem. Mas você sempre pode se posicionar noutro lugar que seja confortável.*
B: Eu estou confortável. Estou dizendo que o lugar onde você está não é confortável. Para mim.
D: *Hmmm, é estranho você sentir isso, não é? (Eu estava tentando desviar sua atenção do calor do quarto.) Bem, sinto muito por você e Roff estarem com problemas. Estou sempre pronunciando errado o nome dele. Desculpe.*

B: Tudo bem. Você também tem dificuldade com o meu. Parece que você tem dificuldade com o nome de todo mundo, exceto o de Joslyn.
D: *Tem razão. É que esses não são nomes com os quais eu esteja familiarizada. (Oh) São nomes diferentes daqueles que usamos.*
B: Então, você também conhece Joslyn. Sinto muito por você.
D: *Sim, esse é um nome que já ouvi, mas os outros nomes não são comuns.*
B: Sinto por você conhecer a Dama Joslyn.
D: *Eu não a conheço. Conheço o nome dela. (Riso) Acho que não gostaria de conhecê-la. (Oh) Não, só conheço o nome. É um nome que já ouvi. Os outros nomes eu nunca ouvi. É por isso que tenho problemas para pronunciá-los. (Sim) Certo. Mas em alguns momentos, vamos refrescar aqui também e você não ficará incomodada. Podemos abrir janelas e deixar a brisa entrar.*

A cortina estava puxada sobre a janela mais próxima para escurecer o quarto, e talvez estivesse bloqueando a brisa.

B: Janelas? O que é janela?
D: *É uma abertura na parede.*
B: Ah! Temos aberturas com persianas.
D: *Sim, tenho de abrir a persiana e isso vai permitir que a brisa fresco entre. As persianas estão fechadas, talvez seja por isso que esteja quente.*
B: Pode ser.
D: *Mas isso não vai incomodá-la nem um pouco, pois você está confortável aí onde está.*
B: É difícil respirar.

Continuei a dar-lhe sugestões reconfortantes para aliviar qualquer sensação ruim, mas parece que não adiantou. Astelle parecia sentir que o corpo que estava na nossa época não estava confortável. Levantei enquanto estava falando com ela e puxei a cortina da janela mais próxima dela. Minha intenção era que isso permitisse a entrada de um pouco de ar. Também resolvi levá-la para outra cena, na esperança de distraí-la ainda mais. Ou isto funcionou, ou o ar começou a circular, finalmente, pois quando ela entrou na cena seguinte, pareceu voltar ao normal.

D: O que você está fazendo?
B: Estou me casando.

Isso foi uma surpresa. Pedi-lhe para me falar disso.

B: Sim. Roff foi embora.
D: Foi?
B: Sim, ele se foi.
D: Já como cavaleiro? Como?
B: Sim. E nunca mais o vi. Creio que sempre terei lembranças carinhosas dele. Depois que ele se foi, apareceu um homem que cuidava de cavalos. Era novo. E ele entendeu a dor. Tinha acontecido uma coisa muito parecida com ele, e conversamos muito. E nos entendemos muito bem. E nos sentimos muito à vontade juntos. E ele começou a fazer coisas especiais para mim. E descobri que ele era um de nós. Ele não percebeu que havia alguns de nós por perto. E ele estava esperando... estava desejando que houvesse. Certa noite, flagrei-o fazendo gestos para a lua que eram semelhantes a aquilo que fazemos em homenagem à deusa. Eu não lhe disse que tinha percebido, mas contei às anciãs do grupo para que pudessem decidir o que fazer. E uma delas abordou-o com astúcia. E enquanto conversavam, faziam referências obscuras à deusa, de um modo que só um seguidor da deusa conseguiria captar e perceber. E ele deu as respostas apropriadas. Assim, finalmente, conseguiram falar abertamente se ele era ou não seguidor da deusa.

D: Desse modo, não havia perigo de ser alguém da Inquisição, pois vocês tinham certeza de que era um de vocês.
B: Sim. Por isso, concluímos que ele estava planejando ficar aqui, passar sua vida aqui – ele veio aqui para fugir da dor. Veio de muito longe. Não sei muito bem de onde. A Inquisição prendeu sua esposa. Ele é viúvo. É jovem. Sua esposa tinha mais ou menos a minha idade. Assim, havia muitas lembranças para ele lá. Ele quis fugir disso. E como tem certas habilidades, sabe lidar com cavalos, consegue se comunicar com eles e aplica bem as ferraduras. Sabe que poderia ir para outra mansão e que lhe permitiriam viver e trabalhar ali.

D: *Normalmente, não aparecem muitos forasteiros na sua região, não é?*
B: Não. E assim, ele compreendeu a dor pela qual passei.
D: *O que aconteceu com a esposa dele? Ele lhe contou a história?*
B: Para ele, foi muito doloroso falar sobre isso. A Inquisição a torturou porque ela também era uma de nós. Eles suspeitavam, mas ela nunca admitiu nada. Torturaram-na até ela morrer.
D: *Você acha que viram alguma coisa, suspeitaram de algo? Normalmente, seu povo é muito cauteloso.*
B: Sim, desconfio que um dos membros da Inquisição queria levá-la para a cama e ela se recusou. Ele disse que ela era muito bonita. E como ela não se deitou com esse membro da Inquisição, resolveram obter seu prazer de outra maneira. Porque já disseram, várias vezes, que eles têm orgasmos enquanto torturam as pessoas.
D: *Oh. Isso dá a eles prazer de maneiras estranhas, não é?*
B: Sim. Por isso, ele pôde me ajudar e eu pude ajudá-lo.
D: *Eles tinham filhos?*
B: Na época, ela estava esperando.
D: *Isso tornou a lembrança ainda mais dolorida, não?* (*Sim*) *Entendo porque ele quis sair e rumar para outro lugar. Ele também teria ficado em perigo, não?*
B: Sim. Iriam atrás dele em seguida. Por isso, ele reuniu todas as ferramentas que conseguiu levar, mesmo algumas que não eram propriamente dele. Levou as ferramentas para poder ir a qualquer lugar e conseguir trabalhar.
D: *Ele veio de longe?*
B: Creio que sim. Ele pareceu muito empoeirado e cansado quando chegou aqui. Já faz vários meses que chegou. Estávamos precisando de alguém como ele. Além disso, quando ele não está ocupado com os cavalos, ajuda a consertar as armas. Mas sua principal responsabilidade são os cavalos.
D: *Estou muito feliz por você. Vocês vão se casar à sua própria maneira?*
B: Sim. Todos estão aqui. Todos que seguem a deusa. Não é sempre que podemos realizar um casamento em homenagem à deusa. E é um motivo para comemoração.
D: *Vocês estão no bosque?*
B: Sim. Na pedra.
D: *Você vai morar lá na casa com esse homem?*

B: Não, ele tem sua própria cabana. Vamos morar lá.
D: *Qual é o nome dele? Eu não cheguei a lhe perguntar.*
B: É verdade, você não perguntou. Estou na dúvida se devo lhe contar seu nome interno ou seu nome externo.
D: *O que quer dizer isso?*
B: Aqueles que seguem a deusa têm nomes pelos quais se conhecem uns aos outros, apenas, e nomes comuns, que damos às outras pessoas.
D: *Você pode me dizer quais são os dois dele?*
B: Acho que não vou lhe dizer seu nome interno, mas vou lhe dizer seu nome externo.
D: *Para que eu saiba de quem você está falando.*
B: Sim, meu marido. Sim, pensei em Roff por alguns instantes. Que será que ele está fazendo agora?
D: *Bem, é natural você também pensar nele.*
B: Sim, também acho.
D: *Qual é o nome externo de seu marido?*
B: Deixe-me ver. Eu nunca o uso. (Eu ri.) Um instante. Minha memória está falhando novamente.
D: *(Riso) Bem, você tem outras coisas em que pensar agora.*
B: É verdade.
D: *Como as outras pessoas o chamam?*
B: Seu nome externo é Gundevar. (Fonético. Pedi-lhe para repetir.)
D: *Oh, terei dificuldades para pronunciar isso. Pode repetir para mim?*
B: (Lentamente) Gun-devar. (Fonético. Repeti depois dela.)
D:*Certo. E é assim que os outros o chamam? (Sim) Esse é um nome meio estranho.*
B: Sim. Não sei de que povo era a sua família, com esses nomes tão estranhos.
D: *Bem, o único nome pelo qual eu a conheço é Astelle.*
B: Sim, esse é o meu nome externo.
D: *Você poderia me dizer qual é seu nome interno?*
B: Não. Creio que não.
D:*Pensei que você confiasse em mim o suficiente para me contar.*
B: Eu confio em você. Mas dizem que até as árvores têm ouvidos. A Inquisição está por toda parte. Ultimamente, eles têm sido muito maus. Talvez quando a Inquisição não estiver tão dura eu possa lhe dizer. (Ela fez uma pausa e depois disse rapidamente) Vou lhe

dizer bem depressa: Sharra. (Fonético. O som dos erres era estranho. Pedi-lhe para dizer novamente e tentei repetir.) Perto, mas não igual. É difícil pronunciá-lo se você não está acostumada.

D: *Tem algum significado?*

B: Creio que significa seguidora da deusa da estrela.

D: *Por que vocês têm dois nomes?*

B: Nossos nomes internos contém poder. Nomes externos não querem dizer nada, na verdade. São apenas sons. Astelle, Gundevar, Roff, Joslyn. São apenas sons para chamar alguém. Mas os nomes internos têm significados que lhes dão poder, que pode ser usado nos rituais.

D: *Então, todos do seu povo têm dois nomes.*

B: Sim, exceto as crianças muito novas. Quando as crianças nascem, recebem nomes externos. Temos de observar sua personalidade e características e quais rituais elas fazem melhor antes de lhes darmos um nome interno que vai se ajustar bem às suas vidas.

D: *Então, elas só recebem seu nome interno após algum tempo.*

B: Só depois de sua iniciação primária. Geralmente, esta acontece quando a criança tem sete anos, depois de ter sido bem ensinada em casa por seus pais, que lhe dizem o que ela precisa saber.

D: *Elas são questionadas durante a iniciação?*

B: Sim. E também são testadas em rituais similares para ver se sabem realizá-los e se conhecem as respostas apropriadas para os rituais coletivos que fazemos. Além disso, são testadas sobre o grau de sigilo que conseguem manter.

D: *Sim, vocês não podem contar a uma criança coisas que podem por em risco o grupo, podem?*

B: A menos que a criança tenha aprendido a ser reservada.

D: *Você teria permissão para me falar desses rituais de iniciação algum dia? (Sim) Com isso, posso ver como mudaram. (Sim) O que vocês farão hoje à noite, após a cerimônia? Irão à cabana?*

B: Hoje à noite, após a cerimônia, todos vão sair e nós vamos dormir no bosque, sob o arco de pedra. Há duas colunas de pedra, e havia uma pedra que servia de viga mestra, mas ela caiu, e por isso colocamos uma viga de carvalho em seu lugar.

D: *Era uma coisa que estava lá ou vocês o construíram?*

B: Não sei. É muito antiga.

D: *É disso que vocês falam quando mencionam uma pedra?*

B: Há um altar... bem, na verdade não é um altar de pedra. Há outra pedra alinhada com o arco de pedra e que usamos em rituais. É plana no alto.
D: *Mas o arco de pedra não é usado para nada?*
B: Sim, em rituais. Hoje à noite, Gundevar e eu vamos dormir entre o arco e a pedra. Então, nas primeiras horas, enquanto ainda estiver escuro e ninguém nos vir, vamos à sua casa para que as pessoas da mansão não desconfiem de nada.
D: *Eles teriam algo contra vocês se casarem?*
B: Não. Eles não se importam se nos casamos ou se apenas moramos juntos. Sabem que não temos dinheiro para pagar o sacerdote para nos casar.
D: *Você já está velha quando isso acontece?*
B: Tenho vinte e três, uma idade considerada um tanto avançada para nos casarmos. A maioria se casa com dezesseis ou dezessete.
D: *Bem, quero que você aproveite. Depois, podemos tornar a conversar quando eu vier novamente?* (Sim) *E então, terei muitas perguntas a lhe fazer. Fiquei muito feliz por você.*
B: Grata.
D: *Espero que você seja feliz com ele.*
B: Serei.

(Paciente trazida para o presente.)

Depois que puxei a cortina da janela, ela não se mostrou mais afetada pelo calor do quarto. Creio que foi um modo interessante encontrado pela outra personalidade para eu saber que o corpo através do qual ela estava falando não estava se sentindo confortável. De algum modo, ela sentiu isso através do tempo.

Capítulo 10
Lendas e histórias
(Gravado em 19 de junho de 1986)

Usei a senha e regredi-a até a vida de Astelle.

D: Vamos voltar à época em que Astelle vivia em Flandres. Ela ia me contar algumas das lendas e histórias de sua época e queria ter certeza de que estavam corretas. Gostaria que voltássemos a aquela época, à época de sua vida em que ela teve acesso a essas informações que ela iria me dar. Vou contar até três e teremos voltado a essa época. 1, 2, 3, voltamos à época em que Astelle vivia. O que você está fazendo agora?

B: Estou sentada diante da lareira da minha casa.

D: Agora, você tem sua própria casa?

B: Desde que nos casamos.

D: Como ela é?

B: Você entra pela porta e, à esquerda da sala, tem a lareira que aquece o meu lar. É nela que cozinho. E tenho algumas coisas para cozinhar. Um pouco à esquerda da lareira, tem a mesa com duas cadeiras e um banquinho. Estou sentada no banquinho, ao lado da lareira. Depois, à direita da porta, na outra ponta, fica o espaço onde meu marido e eu dormimos. Temos uma cama feita com cordas amarradas e com cobertas por cima.

D: Ela tem vários cômodos?

B: Não, só esse.

D: Vocês estão casados há muito tempo?

B: Sim, estamos casados há cerca de cinco anos.

D: Você ainda trabalha na casa grande?

B: Não, agora não. Tenho de cuidar da minha família. Tenho três filhos e está chegando o quarto.

D: Oh, vocês fizeram muita coisa em cinco anos. São meninos ou meninas?

B: A mais velha é uma menina. O do meio é um menino e a caçula é menina. Essa que está a caminho é menina.
D: *Como você sabe?*
B: Tenho meus meios.
D: *Esse sempre foi um dos maiores segredos.*
B: Aqueles que seguem os velhos costumes conhecem meios de descobrir. Se você trabalha em harmonia com a deusa, a deusa vai lhe contar muitas coisas. E a deusa está particularmente sintonizada com a vida e a criação da vida. Por isso, há meios de descobrir a qualidade dessa vida, se será menino ou menina.
D: *Pode me dizer como isso é feito?*
B: Há várias formas de fazê-lo. Uma que você pode fazer é pegar um pedregulho – se for furado, fica mais fácil. Mas pega um pedregulho ou uma moeda e amarra um cordão em torno dele para que possa oscilar. E segura o cordão com o pedregulho pendurado no cordão. O comprimento do cordão deve ser a distância entre o pulso e o interior do cotovelo. Você o segura com a mão que ficar mais fácil para isso. Para algumas pessoas, será a mão direita; para outras, a esquerda. Você o segura e segura o pedregulho pendente no cordão sobre o alto do pulso da outra mão, a uma distância de quatro dedos entre os dois.
D: *A parte externa ou interna do pulso?*
B: A externa. Sua mão fica apoiada no joelho ou algo parecido. Você segura o cordão, relaxa e pensa no bebê. Você precisa estar grávida ao fazer isso. Pensa no bebê. Se for menina, ele vai fazer um círculo para a direita. Se for menino, vai fazer um círculo para a esquerda ou apenas oscilar para frente e para trás.
D: *Você fez isso quando estava grávida dos outros filhos? (Sim) E a predição foi correta? (Sim) E você disse que há outros meios?*
B: Sim, meios mais complexos. Mas não são mais precisos do que este. E foi esse o meio que usei, pois não é difícil e é preciso. Mas dizem que há algumas pessoas que não conseguem fazer isso do meu jeito, assim como há algumas que não conseguem usar a forquilha para procurar água; elas simplesmente não têm esse talento. O truque consiste em estar em sintonia com a mãe Terra.
D: *Você sabe usar a forquilha para localizar água?*
B: Conheço o processo, sei usá-lo, mas nunca o usei pessoalmente. Creio que conseguiria. É que temos alguém em nosso grupo que é muito bom nisso, deixo essa tarefa para ele. O que ele costuma

fazer é pegar um galho verde que tem uma bifurcação numa extremidade, segura-o e caminha até a área onde é preciso localizar água subterrânea. O galho vai se vergar no lugar certo. Dependendo do modo como se dobra e da sensação que transmite, ele será capaz de lhe dizer a que profundidade você terá de cavar para fazer seu poço.

D: *Este método também é usado na minha época.*

B: É um método muito antigo.

D: *Então, é um método que não foi esquecido.*

Dois exemplos de radiestesia que existem há muito tempo, com métodos que não mudaram muito.

D: *Achei que você precisasse trabalhar na casa grande. Que não havia forma de sair de lá quando você era serviçal.*

B: Eu não saí. Ainda moro na propriedade. Meu marido ainda trabalha para o lorde. É verdade que geralmente, eu teria de ficar na cozinha. Mas o nosso grupo resolveu que seria melhor se eu trabalhasse apenas parte do tempo na cozinha. Assim, fizemos um ritual para mudar a situação.

D: *Por isso, deixaram você ficar em casa?* (Sim) *Com as crianças, teria sido difícil, não?* (Sim) *A menos que levasse as crianças para a cozinha com você.*

B: Se eu tivesse um que ainda está amamentando, poderia levá-lo. Os outros teriam de... há um lugar onde os filhos dos serviçais ficam brincando. E eu teria de levar os outros lá.

D: *Bem, provavelmente, você não se importa de trabalhar na cozinha, não é?*

B: Não. (Riso) Isso tornou a vida interessante para a Dama Joslyn.

D: *Em que sentido?*

B: Ela não consegue mais me ver. Não me chama no meio da noite para bater em mim.

D: *Estava curiosa sobre a Dama Joslyn. Ela conseguiu se casar?*

B: Não, desconfio que não. Hoje, ela é uma solteirona. Tem trinta e dois anos.

D: *Aposto que ela deve estar mais frustrada do que nunca.*

B: Muito amargurada, sim.

D: *Imagino que ainda deve ter ciúmes de você, que está casada agora. Ao que parece, ela sempre teve ciúmes.*

B: Sim, mas nunca admitiria isso. Creio que seria uma coisa abaixo de sua dignidade, abaixo de sua posição.

D: De certo modo, sinto pena dela.

B: Ela provocou sua situação, pois cada pessoa tem que trilhar seu próprio caminho. As moiras tecem o fio da vida e suas ações determinam a trama desse fio. Aquilo que acontece no final é determinado por suas ações em sua vida. Portanto, o que quer que aconteça foi algo que você provocou, quer nesta vida, quer na passada.

D: Para mim, isso faz sentido. Então, em suas crenças, vocês acham que têm mais de uma vida?

B: Sim, o que a igreja considera heresia. Mas antes eles também ensinavam isso. Mas poucos se lembram desse fato.

D: Hoje em dia, sei que tiraram-no de todos os ensinamentos. E fico me perguntando se antigamente isso era ensinado.

B: Era, mas começou a ser eliminado. Depois de terem eliminado sua menção por tempo suficiente, conseguiram excluir os textos da Bíblia. Tiveram de suprimir o fato por tempo suficiente para que sumisse da memória viva, para que ninguém pudesse perceber que a menção tinha sido eliminada.

D: Você já ouviu falar dos textos que foram suprimidos e excluídos?

B: Ouvimos alguns rumores, mas são tantos os rumores sobre a igreja que não dá para saber o que é verdade e o que não é.

D: Você sabe o que eram?

B: Bem, eram ensinamentos sobre viver mais de uma vida. Não cheguei a saber o que diziam.

D: Só estava curiosa. É que estou sempre procurando coisas que foram eliminadas e perdidas.

B: Sim. E na Bíblia, dizem, está escrito que não devemos eliminar nada. Mas os sacerdotes fazem isso regularmente.

D: Por que você acha que quiseram tirar essa informação de lá?

B: Se todos sabem que terão outra chance, as ameaças dos sacerdotes não serão muito eficazes. Mas se você achar que esta vida é sua única chance, isso ajuda os sacerdotes a terem mais poder, ajuda você a ser mais reprimido. Não foi correto tirar esse ensinamento.

D: Estão fazendo todas essas coisas em nome do poder e do controle?

B: Sim, é verdade. Pois eles não percebem que não teriam tanto poder do outro modo, mas teriam muito mais respeito, o que é um poder por si só.

D: *A Inquisição ainda está ativa?*
B: Eles estão concentrando seus esforços noutro lugar. Agora, estão noutra parte do país, concentrando seus esforços lá. Não aparecem por aqui faz dois anos, mais ou menos.
D: *Então, você se sente mais segura? Seu grupo não precisa se preocupar tanto?*
B: Sim, mas não vamos nos descuidar.
D: *Por precaução, vocês ainda se manterão discretas. (Certo) Estou curiosa com uma coisa. Se eu for indiscreta... se eu lhe fizer uma pergunta e você não gostar, basta me dizer. Você disse que estava com três filhos, prestes a ter um quarto. Estava curiosa para saber porque você não ficou grávida quando estava com Roff.*
B: Há maneiras de impedir a gravidez ou de estimulá-la. Se você está em harmonia com a mãe Terra, pode determinar se quer ou não, e quando quer, ter um filho.
D: *Porque estava pensando que você poderia ter ficado grávida naquela época.*
B: Sob circunstâncias normais, sim, mas eu não queria e por isso não fiquei.
D: *Pode compartilhar esses métodos comigo? Na nossa época, algumas pessoas não sabem como controlar isso.*
B: É uma coisa mental. Algo que você precisa praticar desde cedo. (Pausa) É difícil explicar. Não sei se vou conseguir colocar em palavras. Chega um momento mais ou menos no meio do caminho entre um ciclo e o seguinte. Há um certo número de dias envolvido, mas varia de pessoa para pessoa. E nesse ponto, é preciso fazer certo ritual de disciplina mental, ou do contrário, um mês depois, você estará grávida.
D: *Pode me dizer como é esse ritual?*
B: Você vai até o bosque à noite e leva consigo certos objetos. Você tem um punhado de cabelos da cabeça do seu amado, alguns cabelos seus e um ovo. No ritual, você diz aos poderes que embora você e seu amado estejam unidos no amor – e com isso você faz alguma coisa com os cabelos no ritual. Não vou entrar em grandes detalhes aqui. Você lhes diz que não deseja fruto dessa união. Neste momento, você quebra o ovo e o esmaga no chão, simbolizando que nada virá dessa união. Então, focaliza seus pensamentos para dentro de si, focaliza-os em suas partes

femininas, focaliza o pensamento de não ficar grávida. Assim, é isso que eu faço. E dá resultado.

D: *Então, você sabe mentalmente em que período do mês você está?*

B: Sim. Se você estiver sintonizada com seu corpo, pode saber em que época do mês está.

D: *Este é um dos problemas das mulheres de nosso tempo. Muitas vezes, elas ficam grávidas sem querer por não saberem qual é o período seguro.*

B: Quando se derem a oportunidade de escutar a mãe Terra, vão descobrir em que época estão.

D: *Então, vocês têm um ritual da fertilidade para quando querem ficar grávidas? Ou simplesmente não fazem nada para impedir isso?*

B: Há vários rituais para estimular a gravidez. São populares entre mulheres que têm dificuldade para ficar grávidas.

D: *Pode compartilhá-los comigo?*

B: Não estou muito familiarizada com eles. Nunca tive esse problema.

D: *Aparentemente, não mesmo. Mas há muitas mulheres na nossa época que também gostariam de ficar grávidas. Temos os mesmos problemas. Parece que o tempo não mudou muito as coisas.*

B: Não. Uma coisa que dizem que ajuda é banhar as partes íntimas da mulher com urina de bebê.

D: *Nunca ouvi falar disso. Vai saber. Talvez essas coisas diferentes funcionem. – Estava curiosa porque você ficou durante algum tempo com Roff. Agora, você tem todos esses filhos. Você está feliz aí?* (Sim) *Ele é um bom marido?*

B: Sim. Ele trabalha muito. Temos um lugar para morar. Ele não bate em mim. E cuidamos mesmo um do outro.

D: *E Roff nunca voltou?*

B: Não. Imagino que nunca vá voltar. Se voltar, Dama Joslyn vai achar que voltou por causa dela, e onde ele iria se esconder?

D: *(Riso) Oh, pobre Dama Joslyn. E o lorde? Ele ainda faz aquelas coisas na torre?*

B: O lorde... creio que ele tentou fazer mais do que poderia, pois agora ele é um homem abalado. Sua cabeça quase não funciona mais. Trancaram a torre e agora ninguém mais sobe lá. E o lorde está confinado aos seus aposentos.

D: *O que aconteceu?*

B: Certa noite, ele invocou uma tempestade. Há maneiras e maneiras de invocar a chuva. Se você fizer da maneira errada, ela pode fugir ao controle e fazer coisas estranhas com você. Ele invocou uma tempestade porque estava furioso. Quis lançar relâmpagos sobre a casa de um vizinho, uma casa bem grande. Estava furioso com o senhor daquela casa. Por isso, quis lançar alguns relâmpagos sobre a casa. Assim, invocou essa grande tempestade e ficou esgotado. Ele não percebeu, depois de invocar a tempestade, que ia precisar de mais força ainda para arremessar os relâmpagos. Perdeu o controle sobre as forças que havia invocado. E desde então, sua mente não tem sido mais a mesma. Dizem que agora, ele vê coisas estranhas. Porque... bem, este mundo não é o único. Há outros mundos, mundos invisíveis, à nossa volta. Alguns são mais maravilhosos do que outros. E dizem que desde aquele dia, ele tem sido capaz de olhar para o mundo ao qual ficou preso em função do poder de invocar a tempestade. Ele não consegue sair completamente dele. Ficou preso entre dois mundos. E isso está destruindo sua mente.

D: *Deve ter sido uma noite e tanto quando isso aconteceu.*

B: Sim, foi muito tempestuosa. Danificou muitas plantações.

D: *Não sabia que era possível ter controle assim sobre as forças da natureza.*

B: Na verdade, não temos controle sobre elas. Fazemos apenas com que trabalhem conosco, dentro de seus confins naturais. Não dá para fazer as forças da natureza realizarem algo totalmente contrário à natureza. Por exemplo, não dá para invocar a chuva e fazê-la subir em vez de cair.

D: *Ah, não, isso seria realmente contrário à natureza, não?* (Sim) *Mas com esses rituais, ele aprendeu que podia controlar o clima e criar uma tempestade.*

B: Sim. Mas os rituais que ele aprendeu estavam centrados no homem e não na deusa. Por isso, não funcionaram. Ou melhor, eu diria que voltaram-se contra ele. Deram errado e o prejudicaram. O resultado foi diferente daquele que ele esperava.

D: *Havia mais poder do que ele era capaz de manejar.* (Sim) *E você disse que ele está sendo mantido em confinamento. Ele ficou perigoso?*

B: Hmmm. Alguns dias, sim. Na maior parte do tempo, não. É só questão de esperar até que morra. Ele só come, dorme e murmura coisas para si mesmo, na maior parte do tempo.

D: Estava curiosa para saber se estava... louco, se poderia fazer coisas que prejudicariam outras pessoas.

B: Nunca se sabe. Creio que ficam de olho nele o tempo todo para terem certeza de que ele não vai fazer isso.

D: Você sabe se a igreja disse alguma coisa sobre o que aconteceu?

B: Acho que não diriam nada. Ele sempre foi generoso com suas doações no passado.

D: Eles não têm explicação para o que aconteceu? *(*Não*)* Mas isso é um exemplo do que acontece quando alguém usa as forças de maneira errada ou em seu próprio benefício. *(*Sim*)* Seu povo nunca faria algo assim, faria?

B: Não, creio que não.

D: A menos que soubessem controlar melhor tudo isso.

B: Certo. Geralmente, são necessárias apenas duas ou três pessoas para controlar uma tempestade. Se você quiser invocar um pouco de vento e um pouco de chuva, uma pessoa pode fazê-lo. Mas para uma tempestade vigorosa, geralmente é preciso que três pessoas trabalhem juntas.

D: Sim, às vezes você pode querer chuva para suas plantações ou algo assim. *(*Certo*)* Compreendo porque várias pessoas seriam mais capazes de controlar o poder do que uma única pessoa. *(*Sim*)* Antes, você disse que não tinha certeza do que ele fazia lá em cima.

B: Acho que tudo foi se acumulando através dos anos e esta última coisa foi a gota d'água.

D: Quanto tempo faz que isso aconteceu e ele foi confinado ao quarto dele?

B: Agora, faz mais ou menos um ano.

D: Certo. Mas você está feliz com sua vida aí e não precisa trabalhar na cozinha. Seu marido trabalha com os cavalos?

B: Sim. E agora, ele também é chefe armeiro.

D: O que ele faz com as armas?

B: Ele precisa mantê-las em boas condições. Qualquer reparo ou algo com a forja é ele que faz. É preciso habilidade e força.

D: Seria a mesma coisa que trabalhar com ferraduras?

B: Sim, mas exige mais habilidade, pois há as cotas de malhas e coisas parecidas que ele precisa manter em boas condições.

D: Sim, isso mostra que ele é bem habilidoso. *(Sim)* Certo. *Da última vez que conversamos, você estava me falando sobre outras coisas para as quais teria mais informações. E queria ter certeza de que elas estariam corretas. Eu lhe fiz algumas perguntas. Posso fazê-las agora? Você me dará as respostas?* (Sim) Muito bem. *Você estava falando sobre lendas. Uma das lendas era sobre o início de sua religião. E você disse que queria ter certeza da história antes de me contar. E agora, pode me falar disso? A lenda sobre o início da religião?*

B: Sim. Aconteceu há muito tempo. No começo dos tempos, todos estavam em sintonia com a mãe Terra, pois as almas haviam começado sua jornada. Tinham sido recém separados dela, e por isso se lembravam de como era estar em harmonia com ela. E sabiam estar em harmonia com a natureza. Por isso, respeitavam as coisas que sabiam que tinham de ser respeitadas para que permanecessem dessa maneira. O tempo passou, tiveram filhos, seus filhos tiveram filhos e assim por diante, e continuaram a fazer isso. Tudo continuou assim e se desenvolveu até isto que temos hoje. As coisas tiveram de mudar muito depois que o cristianismo tornou-se poderoso. Mas seu tempo está limitado devido ao modo como se estabeleceram. Tantas vezes, dizemos a nossos filhos que nossa religião é como... deixe-me pensar. Usamos diversos exemplos em função das circunstâncias. Nossa religião é como o cavalo e o cristianismo é como a sela. O cavalo está em harmonia com a mãe Terra. O cavalo tem a força. E a sela pensa que está no controle. Mas não é a sela que está no controle, é o cavalo que está no controle. Os pensamentos do cavalo e coisas assim. E o cavalo escolhe deixar que a sela pense que está no controle. Isso é o que acontece entre nossa religião e o cristianismo. O cristianismo pensa que está no controle simplesmente porque, no momento, como nossos membros estão espalhados, para nós é conveniente deixar que pensem que estão no controle.

D: *Seria uma boa maneira de apresentar a história. Você disse que tinha outro exemplo de explicação para as crianças?*

B: Aquele é o que eu gosto mais de usar. Às vezes, a comparação é entre a grama e o gafanhoto. Nossa religião é como a grama que cresce sob o sol forte do verão, cresce e fica forte, alta e bonita, em harmonia com tudo. E o cristianismo é como o gafanhoto, pulando de uma coisa para outra, procurando algo com que se ocupar.

D: *Também percebo isso. Muito bem. Às vezes, essas histórias facilitam a compreensão.*

B: Sim, e é por isso que nós as contamos para as crianças.

D: *Ótimo. Você também me disse que tinha histórias que contava para as crianças a fim de memorizarem certos rituais. (Sim) Pode me contar algumas delas?*

B: Sim. Alguns rituais são fáceis de lembrar, simplesmente porque fazem sentido. Às vezes, porém, pode ser que um ritual não faça sentido no começo porque você não conhece a história por trás dele. Eu lhe falei do ritual dos cisnes.

D: *Sim, esse é muito bonito.*

B: É que, com frequência, os gestos com as mãos são muito complexos, difíceis de recordar. É difícil lembrar como devem ser feitos, a menos que você se lembre do cisne. Então, fica mais fácil fazê-los. Outra coisa que é difícil para as crianças aprenderem são as diversas fases da lua. Que rituais são bons em quais fases da lua. Por isso, ajuda lembrar delas comparando as fases da lua com as estações do ano. Dessa forma, fica mais fácil lembrarem quais rituais vão bem em cada fase da lua. A lua nova representa o inverno e a lua cheia representa o verão, a fase crescente e a minguante são a primavera e o outono. Rituais para aumento e crescimento são feitos na primavera ou na lua crescente. E rituais para concretização e conclusão são feitos no verão ou na lua cheia. Rituais para dar os últimos retoques em detalhes são feitos no outono ou na lua minguante. E rituais para limpeza e preparação para outro ciclo de coisas são feitos no inverno ou na lua nova.

D: *Acreditamos que há coisas que podem ser feitas em certas fases da lua, mas é bem difícil lembrar disso. Dessa forma, fica muito mais fácil compreender.*

B: Que bom.

D: *Agradeço-lhe por me contar isso. Há outras histórias que vocês contam às crianças?*

B: Há muitas. Estou contando apenas aquelas de que me lembro de imediato. Há muitos rituais que envolvem o emprego de encruzilhadas. Geralmente, esses rituais envolvem algum tipo de escolha, e você não sabe ao certo o que deve escolher. Para isso, fazemos rituais em encruzilhadas, tornando a escolha mais clara. Para que você saiba qual caminho tomar, digamos.

D: *Vocês têm um ritual para isso?*

B: Temos vários. Estava falando apenas das circunstâncias gerais. Quando estamos produzindo um ritual e precisamos de certos elementos nele, temos de nos lembrar para que serve cada elemento. Assim, se colocarmos os elementos corretos no ritual, vamos obter os resultados corretos.

D: *Então, se você estivesse tentando tomar uma decisão, como faria isso com a encruzilhada?*

B: Dependendo do tipo de decisão que você esteja tentando tomar, vai obter algo compatível. Por exemplo, se estiver tentando decidir se deve ou não trocar um pouco de lã por milho, ou algo assim. Ou talvez você tenha a oportunidade de trocar um pouco de trigo por corantes. E está tentando resolver que caminho seguir. Você vai a uma encruzilhada à noite com uma moeda. E no centro da encruzilhada há certos símbolos que você pode desenhar, indicando que caminho da encruzilhada representa cada uma das opções. E enterra a moeda ali. Aguarda algum tempo, compatível com o ritual, e volta. A primeira pessoa que passar pela estrada e atravessar a encruzilhada, seja qual for o caminho que seguir, este irá indicar a melhor escolha a se fazer.

D: *Como são os símbolos que você desenha no chão?*

B: Geralmente, um pentagrama e, dependendo do tipo de ritual, você muda os símbolos que inclui. Se for um ritual para o amor, coloca o símbolo de Vênus.

D: *Ah, aqueles símbolos de que falamos antes.*

B: Sim. E se você tem algo como uma moeda para enterrar, é bom desenhar esses símbolos na terra da encruzilhada com essa moeda e depois enterra a moeda bem ali onde está o símbolo.

D: *Hmmm. Como são as suas moedas? Você já viu muitas?*

B: Não. Bem, muito poucas.

D: *Estava pensando que deve ser difícil ver uma.*

B: Mas às vezes... é engraçado, uma de nossas anciãs é conhecida por ser muito sábia. Geralmente, os nobres ricos procuram-na atrás de conselhos em questões do amor e coisas assim. Ficam desesperados e querem tentar qualquer coisa. Assim, não se importam em ir contra a igreja e experimentar nossos caminhos.

D: *(Riso) Desde que mais ninguém fique sabendo.*

B: Certo. Portanto, foi assim que conheci as moedas que são usadas em alguns rituais, pois esses nobres sempre tinham algumas.
D: *Você chegou a ver a aparência das moedas?*
B: De perto, não. Geralmente, elas têm o retrato de um membro da realeza de um lado e um brasão do outro. E também o equivalente noutro metal do valor dessa moeda. Por exemplo, uma moeda de cobre pode valer uma porção de prata de tal e tal tamanho.
D: *E isso está escrito na moeda?*
B: Geralmente, há alguns símbolos para representar isso. Aparecem na moeda. E as moedas têm tamanhos diferentes, por isso é fácil distingui-las. Portanto, você não precisa prestar atenção nos símbolos se não quiser.
D: *Você quer dizer que quanto maior a moeda, mais ela vale?*
B: Depende do metal dela, mas geralmente sim, pois uma moeda grande de cobre não valeria tanto quanto uma pequena moeda de ouro. As moedas costumam ser de cobre e prata, e às vezes de ouro. Mas o ouro é um tanto raro, difícil de se obter.
D: *Muito bem. Certa vez, quando estávamos conversando, você falou da iniciação primária das crianças. (Sim) E você ia me falar mais sobre como isso era feito. Você disse que havia um ritual para se certificarem de que poderiam guardar segredos.*
B: Sim. Geralmente, a maneira de testar se são capazes de ser sigilosos é pegarmos um adulto que a criança conhece, mas não sabe se está ou não em nosso grupo. E que está. A criança não sabe disso. O adulto vai se sentar e conversar com ela, usando todos os meios para tentar obter informações dela. Dependendo da liberalidade com que transmitem informações ou as mantém reservadas, a criança passará pelo teste ou não. Quando fazemos isso, levamos em conta sua idade. Mas mesmo se forem mais novas, dá para saber se conseguirão manter segredo ou não.
D: *Essa criança mais jovem teria muita coisa para contar?*
B: Poderia mencionar alguns nomes, e seria suficiente.
D: *Porque ela não conheceria muitos rituais, não é?*
B: Na verdade, não. Mas a Inquisição não está interessada em rituais. A Inquisição está interessada em pessoas que possa torturar.
D: *É por isso que estariam procurando nomes. – Estou curiosa para saber porque precisam torturar pessoas. Por que não as matam, simplesmente, se estão procurando bruxas ou seja lá como as chamam? Por que se dão ao trabalho de torturá-las?*

B: Porque eles têm um prazer doentio com a dor alheia.
D: *Sempre achei que tentavam fazê-las confessar.*
B: Sim, mas se você fizer a pessoa sentir muita dor, ela vai confessor qualquer coisa, mesmo que nunca tenha feito nada. Qualquer coisa para a dor cessar. Dizem que estão fazendo isso em nome do deus deles. E se a pessoa for fraca a ponto de confessar sob a dor, se ainda não se comprometeu com o que quer que tenha confessado, estará se comprometendo no futuro, pois foi fraca a ponto de confessar.
D: *Hmmm. Mas eles não as libertam após a confissão, libertam?*
B: Creio que não. Ocasionalmente, libertam uma ou outra para ensinar uma lição para os outros. Geralmente, é alguém que tem deformações e desfigurações horrorosas, mas isso não acontece com frequência.
D: *A tortura não prova que são bruxas ou não. Isso não parece normal, não é?*
B: Não, não parece.
D: *Bem, voltando à iniciação. Depois de ter visto que são capazes de guardar segredos, então, segundo você disse, elas passam por sua primeira iniciação?*
B: Sim. É uma cerimônia muito simples. Acendem uma vela branca, pegam um punhado de terra e colocam-no diante dela. E prometem se lembrar sempre de que fazem parte dessa terra. E que precisam se manter em harmonia com a deusa, a força motriz da Terra. E então, bebem um pouco de vinho simbólico. Geralmente, faz-se depois uma celebração.
D: *Quantas crianças participam de cada vez?*
B: Uma, tudo é feito individualmente, uma pessoa de cada vez. Fazemos isso sempre que a criança está pronta para ela, pois é uma experiência muito individual. Para se preparar para o ritual, a criança precisa praticar a meditação que aprendeu para que sua mente se mantenha aberta e em sintonia.
D: *Então, vocês as ensinam a meditar desde cedo?*
B: Desde que nascem. Desde antes de nascer.
D: *Hmmm. É que as pessoas acham que os bebês não sabem nada.*
B: Isso não é verdade.
D: *Vocês fazem isso mentalmente ou conversam com o bebê?*
B: As duas coisas.

D: É que para mim é difícil entender como é possível ensinar um bebê a meditar.

B: Há maneiras de fazer isso. Você precisa ser muito paciente e ser capaz de dizer isso em palavras que ele possa entender.

D: Poderia compartilhar isso comigo? Creio que seria muito bom se pudéssemos acalmar os bebês de vez em quando. (Riso)

B: O que você faz é usar as diversas maneiras de ajudar a alterar sua respiração, tornando-a mais lenta ou rápida. Quando ele está excitado e perturbado, você pode acalmá-lo tornando sua respiração mais lenta.

D: E como você faz isso?

B: É difícil explicar. De certo modo, você faz isso com a mente. Quando a criança for um pouco mais velha e puder falar um pouco, puder entender, você lhe fala sobre inspirar e expirar lentamente. Faz alguns paralelos entre ela e sobre como as coisas ficam tranquilas e pacíficas quando o vento é fraco. Fala que o mesmo acontece com a mente dela quando a respiração é tranquila. E ajuda-a a se explorar dessa maneira. Depois de algum tempo, ela chega ao ponto de querer fazer isso sozinha, só para ver o que consegue fazer. E vai começar a fazê-lo por curiosidade. Assim, vai ficando cada vez melhor nisso.

D: Sim, compreendo que fica mais fácil quando ela aprende a falar. Pensei que quando fosse bebê, seria mais difícil.

B: Normalmente, os bebês fazem isso bem. Só não percebem o que estão fazendo. E é apenas questão de mostrar-lhes quando estiverem fazendo isso, para que tenham consciência do que fazem.

D: Então, eles aprendem desde muito cedo e não é difícil para eles lembrarem-se disso. Crescem habituados a isso e podem aprender a fazê-lo com muito mais facilidade. Não creio que haja perigo em fazer a criança aprender a meditar, não é? (Não) Pois acho que às vezes a criança não é tão disciplinada.

B: A criança não parece disciplinada porque ainda não foi limitada por regras feitas pelo homem. Ainda está agindo espontaneamente e, geralmente, em sintonia com a mãe Terra.

D: Portanto, não existe perigo para a criança se fizer uma dessas coisas.

B: Não. Nós não poríamos em perigo nossas crianças.

D: Nem achei que o fizessem. Mas há outras iniciações mais tarde?

B: Sim, quando chegam aos treze anos, tornam-se membros plenos do grupo.
D: *Nessa ocasião, como é o ritual que vocês realizam?*
B: Ele é bem complexo e com muito simbolismo. E é nesse momento que a criança é confirmada em seu nome secreto interno. Até este momento, ela realizou rituais individuais tradicionais, que requerem apenas uma pessoa para sua realização. Ou talvez duas, ela e seu professor. Agora, pela primeira vez, vai participar de um ritual que envolve diversas pessoas do grupo para um propósito específico. Até agora, esteve envolvida em rituais com seu professor e está em sintonia com o professor. Agora, ela aprende a se expandir e a se manter em sintonia com os outros membros do grupo para diversos rituais.
D: *E você disse que é nessa época que lhes dão o nome interno?*
B: Ele é dado antes, mas só é confirmado se o nome parece se adequar à sua personalidade. A menos que tenha um familiar** de algum tipo. Se for este o caso, seu familiar recebe um nome interno.

** No folclore europeu do período medieval e início do moderno, acreditava-se que os familiares (às vezes chamados de espíritos familiares) eram entidades sobrenaturais que ajudavam bruxas e curandeiros na prática da magia. O principal papel dos familiares era servir à bruxa ou jovem bruxo, dando-lhe proteção quando começasse a praticar seus novos poderes.**

D: *Que ritual fazem nesse momento?*
B: É bem longo e complexo.
D: *Vocês realizam outros rituais à medida que a criança fica mais velha?*
B: Há um ritual realizado quando a criança, um jovem adulto, sente que encontrou sua alma companheira. Há um ritual realizado para saber se isso é verdade. E ela é auxiliada, como se fosse guiada nesse caminho, quanto ao que deve fazer e que rituais deve realizar para que aconteça aquilo que ela quer que aconteça nesse relacionamento.
D: *Como você pode saber se a pessoa é mesmo sua alma companheira?*
B: Na noite da lua cheia, você usa uma bola de cristal ou uma chaleira preta com um pouco de água. E fica sob a luz da lua, fora de casa.

Olha fixamente para a superfície refletiva, pensando nessa pessoa. Se a pessoa for a certa, você verá um sinal afirmativo. Ele é diferente para cada um, não dá para descrevê-lo. Mas não há como se enganar quando você o recebe.

D: *Acontece alguma coisa, algo na natureza, o que seria?*

B: As duas coisas. Ou é algo que você sente, ou aparece um pensamento na mente, ou é uma coisa que você vê na superfície refletiva. Qualquer coisa. Uma estrela cadente. Pode ser qualquer coisa. Mas quando aparecer, você vai saber que é o seu sinal.

D: *Mas se não for, você também terá um sinal? (Sim) Seria um modo de saber que a pessoa não é sua verdadeira alma companheira? (Sim) Então, esses são os rituais, iniciações e coisas mais importantes que vocês fazem?*

B: Sim, há outros para coisas menores, do cotidiano, mas aqueles são os principais. Há outra comemoração que fazemos e que é particularmente desaprovado pela igreja. É o que fazemos com a morte de alguém. Celebramos o fato da pessoa ter concluído um ciclo de sua vida e de estar pronta para o próximo ciclo.

D: *Por que a igreja não aprova isso?*

B: Porque a igreja diz que quando alguém morre, sua alma vai para o purgatório e fica no limbo ou em algum tipo de tortura até estar pronta para entrar no paraíso.

D: *Crença estranha, não é? (Sim) Uma crença muito negativa. Então, não gostam porque vocês ficam felizes quando isso acontece. (Sim) Então, vocês não ficam de luto quando morre algum membro do grupo?*

B: Ah, você sente a falta da pessoa, claro, e por isso fica de luto. Mas não fica de luto por sua alma. Apenas lamenta o fato da pessoa não estar mais por perto e vai sentir sua falta.

D: *O que vocês fazem com o corpo quando alguém morre?*

B: Não podemos fazer nada com ele. O corpo precisa ser enterrado.

D: *Achei que vocês teriam um modo especial de se livrarem do corpo.*

B: Se pudéssemos, teríamos. Mas a igreja é poderosa demais.

D:*Então, eles levam o corpo? (Sim) Vocês têm um ritual para quando alguém morre, ou fazem uma celebração simples?*

B: Você coloca a pessoa dentro de um círculo sagrado de sal e projeta um pentagrama sobre ela. Dependendo dos rituais que ela fazia melhor, você dispõe em torno dela as coisas usadas para esses rituais. E esse é o começo. É difícil dizer. Nunca conseguimos fazer um. Só ouvimos falar nele. E o passamos de geração em geração.

D: *Sim, seria difícil esconder algo desse teor com a igreja por perto. Agora, tenho de sair. E quero voltar novamente para conversar com você.* (Sim) *E fico muito contente por saber que você está feliz com seus filhos. Volto novamente noutra hora para falar com você. Agradeço.* (Sim)

(Paciente trazida ao presente.)

Capítulo 11
A volta da Inquisição
(Gravado em 24 de junho de 1986)

Usei a senha e regredi-a até sua vida como Astelle.

D: Vamos voltar à época em que Astelle vivia e trabalhava em Flandres. Da última vez que fomos lá, ela estava casada e tinha vários filhos. Gostaria de voltar para aquela época da vida de Astelle. A um dia importante em sua vida, perto dessa época, após seu casamento. Vou contar até três e estaremos lá. 1, 2, 3, estamos de volta a um dia importante da vida de Astelle, depois que ela se casou. O que você está fazendo?
B: Estou sentada diante da minha casa. Tenho uma tigela de mistura no colo e estou preparando um pouco de pão.
D: Quantos filhos você tem agora?
B: Quer dizer filhos vivos ou quantos nasceram?
D: Oh! Da última vez que falamos, você tinha três filhos e estava grávida de um quarto. (Sim) O que você quis dizer?
B: Aquele morreu no parto. Veio uma praga e matou outros dois. Depois, tive outro filho, e por isso agora tenho dois filhos.
D: Sinto muito por isso.
B: (Triste) Acontece. Acontece com todo mundo.
D: Você teve como saber que aquele nasceria morto?
B: Ele não nasceu morto, morreu ao nascer. O cordão que liga o bebê à mãe estava enrolado em seu pescoço e o sufocou enquanto ele estava nascendo.
D: Você estava com a sensação de que seria uma menina.
B: (Triste) Era uma menina.
D: Sinto muito por isso. Que praga levou os outros?
B: Alguma doença. Felizmente, não era a Peste Negra. Mas ficaram doentes, com febre e tosse. A umidade parava na garganta e se acumulava. E eles tentavam expeli-la. Ficavam doentes e fracos e não conseguiam tossir com a força que deveriam, e por isso o

líquido se acumulava e eles engasgavam. Afetou muitas crianças. Por algum motivo, não afetou adultos. É uma praga que só afeta crianças.

Ao estudar a história através de meu trabalho com regressões a vidas passadas, descobri que, no passado, a palavra "praga" referia-se a qualquer coisa que fosse contagiosa. Eles não tinham nomes para doenças específicas, a menos que elas tivessem determinadas características. Foi por isso que não questionei seu uso da expressão. Eu já a havia ouvido de outras pessoas em diversos períodos do tempo.

D: *Você não podia fazer nada usando as práticas de seu povo?*
B: Eu tentei. Tentei fazer com que inalassem vapor para soltar um pouco a respiração, mas só funcionou por pouco tempo. Cada vez que faziam inalação de vapor, o fluido voltava ainda mais espesso do que antes.
D: *E você não podia usar ervas ou algo assim?*
B: Bem, eu punha algumas ervas no vapor, quer dizer, na água que produzia o vapor. E dei-lhes medicamentos. Mas era algo além de minhas capacidades. As crianças de nosso grupo viveram mais do que outras que tiveram essa praga, mas... Esta praga já havia vindo antes, mas não tão forte. Às vezes, as pragas são mais fortes, noutras vezes, mais fracas. Desta vez, ela estava particularmente forte.
D: *Aquela criança que você perdeu era uma das mais velhas?*
B: Era meu segundo filho.
D: *Ele não pegou a praga?*
B: Não, não pegou. Não entendo porquê, mas não pegou.
D: *É estranho alguns pegarem e outros não.*
B: Sim, é verdade.
D: *Mas você disse que agora tem outro bebê? (*Sim*) Isso acontece muito na sua terra? As crianças passam por maus bocados para crescer?*
B: Sim. É por isso que temos muitos filhos. Para termos certeza de que alguns viverão e irão em frente. Se você tem muitos filhos, se sobrevivem à infância, atingem a juventude, vão à guerra e são mortos. É isso.

D: *Você não sabe o que vai acontecer. Você corre o risco. Seu marido ainda trabalha na casa grande?* (Sim) *Mas você nunca teve de voltar a trabalhar na cozinha, teve?*
B: Não, na cozinha não. Agora costuro e faço bordados para as damas da casa. Produzo véus delicados e coisas de renda. Faço artigos de beleza.
D: *Como você faz isso?*
B: Depende do que estou fazendo. Disse a elas, na casa, que faço bordados. Para os véus, só os preparo. Mas os outros artigos de beleza não são bordados, eu coloco o fio em torno dele mesmo. Uso uma vareta que me ajuda. Uma vareta com um gancho na ponta. Uso-a para enrolar o fio em torno dele mesmo. (Achei isto parecido com crochê.)
D: *Quando você está tecendo, usa um tear? Sabe o que é um tear?*
B: Sim, sei o que é um tear. Não uso um tear completo porque ele é usado para fazer tecidos, cobertores e coisas assim. Tenho um tear pequeno, desses que você prende uma ponta na parede. A outra ponta é apertada ou afrouxada conforme a prendo numa cadeira e aproximo ou afasto a cadeira da parede. As partes do tear ficam no lugar presas com barbante. É preciso prender com barbante antes de pendurar na parede. E você tece com ele.
D: *Parece complicado.*
B: Bem, a maioria das coisas é.
D: *Bem, naturalmente, isso lhe permite ficar em casa, não é?*
B: Sim, para cuidar de meus dois filhos. Às vezes, é difícil tecer no inverno, pois minhas mãos ficam frias. Pelo menos, não estou na casa grande. Posso muito bem fazer as minhas coisas aqui.
D: *Você está com que idade neste momento?*
B: Estou com trinta e sete.
D: *O que aconteceu com Joslyn? Ela chegou a se casar?*
B: Não. O que aconteceu foi que Joslyn seguiu os passos do velho lorde. O velho lorde... foi trancado em seus aposentos. Um dia, ele ficou tão alucinado que tiveram de amarrá-lo à sua cama e mantê-lo assim. Finalmente, alguém lhe deu uma bebida envenenada e pôs fim ao seu drama.
D: *Ele ainda tinha alucinações?*
B: Ficou ainda pior. E acreditava que aquilo que via era real, e não o que estava ao seu redor. Foi por isso que tiveram de amarrá-lo.
D: *Ele tentava se ferir, ou ferir os outros?*

B: Sim. E a Dama Joslyn, sem ter a desculpa que o lorde teria, estava tendo um temperamento cada vez mais extremo. Ela também enlouqueceu, mas sua insanidade era diferente. Trancaram-na em seus aposentos. Finalmente, tiveram de colocá-la numa pequena cela emparedada, com uma abertura larga o suficiente apenas para lhe passar comida e água, pois ela estava violenta demais.

D: Hmmm, isso parece radical demais.

B: Foi para a segurança de todos. Ela ficava ali sentada, agindo de forma perfeitamente normal. E não dava para saber quando ela começava a berrar. Seus gritos eram típicos, gelavam o sangue. E ela atacava a pessoa mais próxima dela e tentava matá-la.

D: Ela teria algum motivo?

B: Não! Podia estar sentada diante da lareira, costurando com as outras damas. De repente, berrava, jogava a costura no chão e se virava para a dama mais próxima, tentando matá-la.

D: Hmmm. Bem, de certo modo, você sabe que ela sempre foi furiosa e violenta, você via como ela a agredia.

B: Sim. Ao que parece, ela começou a ficar insana, mas as pessoas a ignoravam pensando que era seu temperamento ruim. Mas ela foi ficando cada vez pior, até que tiveram de emparedá-la. Desconfio que ainda está viva e que ainda a estejam alimentando. Provavelmente, agora é uma pobre criatura patética. Mas dizem que ainda a ouvem berrando à noite. E por causa da posição de seu quarto, os gritos ecoam por boa parte da casa. Imagino que quando ela morrer, haverá um fantasma errante na casa grande.

D: E o lorde? Você acha que ele será um fantasma errante?

B: Bem, ele já morreu. E estava pronto para partir. Na verdade, acho que ele não se tornará um fantasma errante. Desconfio que no momento em que libertaram seu espírito, ele foi em frente e foi parar naquela dimensão que buscou por tantos anos, depois que ficou louco.

D: Mas ele também tentava atacar as pessoas, como ela?

B: Não, ele não tentava atacar as pessoas. Ele só tentava lançar sua magia distorcida sobre elas. Na maior parte do tempo, isso não funcionava. Às vezes, porém, funcionava de forma muito bizarra. Assim, em nosso grupo, ficamos muito ocupados tentando manter tudo isso sob controle.

D: Pode me falar de algum incidente bizarro?

B: Certa vez, ele estava conversando com um amigo e este mencionou que sua vaca premiada estava grávida. E que iria dar à luz a um bezerro dentro de alguns meses. Sabe, às vezes o velho lorde se sentia bem e noutras vezes, sentia-se mal. Naquele dia, estava se sentindo bem e achou que podia ajudar seu amigo. Para isso, fez um ritual para a vaca. Quando o bezerro nasceu, veio com duas cabeças e não sobreviveu.

D: *Oh. Ele estava tentando fazer com que nascessem gêmeos ou coisa assim?* (Sim) *Isso é bizarro. Fico curiosa para saber o que o lorde pensou quando soube disso.*

B: Ele não soube quando isso aconteceu, porque tinha voltado para o lado ruim e não tinha noção daquilo que acontecia.

D: *Então, ele não era tão violento quando Joslyn.* (Não) *Mas não consigo imaginá-lo amarrado à sua cama.*

B: Não. Mas às vezes ele ficava violento e começava a tentar praticar alguns rituais nesse estágio, o que poderia ser muito perigoso. Ele era muito astuto. Gostava de andar com uma faca escondida e esperava até um de seus serviçais se aproximarem bem dele. Então, cortava a garganta deles. Fazia-o depressa, sem violência. Ele era apenas... furtivo.

D: *Então, era perigoso por causa disso.* (Sim) *Isso mostra que nem sempre é bom tentar lidar com esses poderes, não é?*

B: Se você não sabe o que está fazendo e tenta ir para o lado negativo. Tudo que podíamos ver é que ele estava fraco e não iria viver por muito mais tempo. Amarraram-no e deixaram-no em sua cama para morrer. Ainda o alimentavam, mas sabiam que iria morrer em breve. Mas a Dama Joslyn é bem saudável e ainda está forte. Por isso, emparedaram-na.

D: *Achava que os serviçais não conseguiriam fazer isso com os lordes.*

B: Não, não, quem fez isso foram as outras pessoas da casa. Quem ordenou que o amarrássemos na cama foi o novo lorde, o filho mais velho do lorde. E quando o velho lorde morreu, isso fez do filho o novo lorde. E uma das primeiras coisas que fez foi ordenar que tomássemos medidas mais vigorosas para manter a Dama Joslyn sob controle. Finalmente, percebeu que não poderia dar a um serviçal a ordem para emparedar a Dama Joslyn, e por isso ele o fez sozinho.

D: *Foi o que pensei. Os serviçais não teriam poder ou autoridade suficiente para fazer isso.* (Sim) *Imagino que a Dama Joslyn não gostou muito disso.* (Não) *Mas a única maneira de alguém manter contato com ela é passando coisas pela abertura?*

B: Sim, a abertura tem um palmo de altura e cerca de um cúbito de largura.

D: *Então, ninguém entra lá para cuidar dela, de jeito nenhum?*

B: A única abertura dessa câmara é essa. A única coisa que pode ser passada por ali é um prato de comida.

D: *Estava pensando em suas funções corporais e coisas assim. E roupas. Como ela consegue viver num lugar desses?*

B: Há um buraco num canto da câmara para que possa fazer suas necessidades corporais. E há outra abertura no teto da câmara. É alta e não dá para ela alcançá-la. Com uma corda e um gancho, descem uma jarra de água para ela. E passam a comida pela abertura da parede onde a prenderam. A abertura é larga o suficiente para passarem roupas dobradas, mas não sabemos se as usa ou não.

D: *Estava pensando nisso. Seria muito difícil alguém viver num cômodo sem ter contato algum. Parece bem drástico.*

B: A situação ficou muito ruim. Não dá para descrever em palavras o estado em que ela ficou. Nunca sabíamos quando ela teria um acesso de fúria. Seus olhos sempre pareceram engraçados. Ela ficava ali sentada, muito tranquila, agindo de maneira quase normal. De repente, ela simplesmente... se virava bem depressa e tentava esfaqueá-la.

D: *Você acha que as coisas teriam sido diferentes caso ela tivesse se casado?* (Não) *Achei que podia ser frustração.*

B: Creio que era apenas uma extensão do temperamento difícil que ela sempre exibiu. Basicamente, a Dama Joslyn nunca foi certa da cabeça. E nunca controlou seu temperamento. Tinha paixões e acessos direcionados de maneira negativa. E isso tomou conta dela.

D: *E o novo lorde? Ele demonstra algum sinal parecido com esses?*

B: Não. O novo lorde mandou emparedar aquela torre e ninguém entra mais lá. Ele se interessa por outras coisas.

D: *E a Inquisição? Ainda está ativa em seu país?*

B: Sim. Para falar a verdade, desconfio que a Inquisição está aqui agora mesmo. Faz alguns dias, alguns senhores estranhos

estiveram visitando a casa grande. E em vez de fazer as coisas que os lordes fazem normalmente quando visitam a casa, caçando e coisas do gênero, ficaram fazendo perguntas, conversando com todo mundo e bisbilhotando as acomodações dos serviçais. Por isso, desconfio que sejam da Inquisição.
D: *Então, não são sacerdotes?*
B: São sacerdotes disfarçados, pois os sacerdotes têm muito dinheiro. Para eles, é fácil se disfarçarem com trajes caros.
D: *Naturalmente, porém, você precisa desconfiar de quaisquer forasteiros, não é?*
B: Sim. Mas estou com medo que alguém deixe escapar alguma coisa.
D: *Sim, você precisa tomar muito cuidado desta vez. Estava curiosa para saber se ainda estavam ativos. Então, eles não foram embora. – Mas você está razoavelmente feliz com sua vida?*
B: Sim. Meu marido é bom comigo. E sou boa para ele. E fazemos nossos rituais juntos.
D: *Foi muito bom saber que tudo deu certo para você.*

Resolvi levá-la até algum evento posterior importante. Tive a sensação inquietante de que a Inquisição iria pegá-la. Dei-lhe instruções para ver com objetividade coisas que poderiam incomodá-la. Tive essa sensação ao longo de toda a história: que ela não escaparia de um confronto final com eles. Não consegui vê-la envelhecer vivendo dessa maneira sigilosa, nesse período da história. Quando mencionou que a Inquisição continuava ativa e disse que estava apreensiva, senti que seu momento se aproximava. Contei até três e levei-a adiante no tempo.

B: Assei meu pão e tirei-o do forno. Estão batendo à porta. Levanto-me e abro a porta. É um dos visitantes que está em pé ali. Ele entra e quer conversar comigo. Eu lhe pergunto porque ele haveria de querer falar com alguém tão humilde como eu. Não penso isso, entende, mas preciso dizê-lo para que ele não fique desconfiado. Ele começa a fazer comentários sobre coisas de que desconfia, segundo me diz, mas na verdade está pescando informações.
D: *Para ver o que você vai dizer?*
B: Sim. Por isso, finjo que sou muito burra. Ajo como se fosse levemente louca. Há pessoas que são um pouco loucas e não sabem direito as coisas. Não falam direito.

D: *Essa é sempre uma maneira segura.*

Virei a fita antes que estivesse perto do fim, pois não queria que ela acabasse num momento que poderia ser crítico.

D: *E depois, o que aconteceu?*
B: Aquele senhor, o homem que estava ali, não conseguiu respostas comigo. Percebo que está ficando furioso. Que vai ficar perigoso. Mas se eu lhe disser aquilo que sei, será pior ainda.
D: *Mas ele podia achar que você é tola ou estúpida.*
B: Podia, só que ele ouviu falar que tenho a reputação de curar as pessoas.
D: *Você acha que alguém disse alguma coisa que não devia?*
B: Sim. Acho que uma das crianças pode ter falado demais. Uma das crianças aqui do lugar, não um dos meus filhos, o filho de alguém, acidentalmente deixou escapar alguma coisa.
D: *Sim, as crianças são inocentes assim. É difícil. Então, esse homem não acredita em você?*
B: Não. E ele fica violento e começa a me machucar e bater em mim. Rasga as minhas roupas. E fica bem violento.

Tudo isso foi dito de maneira bem calma, distante, sem emoções envolvidas. Aparentemente, ela estava obedecendo às instruções para se manter objetiva e não se perturbar. Fiquei grata por ela ter escolhido essa maneira de relatar os fatos.

B: E ele... em certo momento, pega... tenho um bastão de ferro que uso para cuidar do fogo na lareira. Ele agarra isso e o enfia no fogo para que fique quente e ameaça me queimar com ele caso eu não lhe diga o que ele quer saber.
D: *Mas você não tem problemas em observar a cena dessa forma não é? (Sim) Não é tão doloroso.*
B: Não, estou flutuando acima da cena, observando-a.

também explicaria o distanciamento. Ela tinha a capacidade de sair do corpo graças a anos de prática em sua religião. Ela pode ter escolhido fazer isso quando a dor começou.

D: *Não quero que você se sinta desconfortável. Foi por isso que lhe pedi para ser objetiva. (Sim) Tento ser gentil com você.*
B: Sim. Este homem está alucinado. Ele sente prazer com a dor. E começa a fazer queimaduras nos meus braços e pernas com esse ferro quente. Finalmente, ele me estupra. Mas o modo como me estupra não é normal. Ele pega o ferro quente... e o enfia em mim. E enquanto está fazendo isso... ele me amarrou... enquanto está fazendo isso com uma mão, ele se dá prazer com a outra. E sente prazer ao me ver sofrer assim. Ele enfia esse ferro quente nas minhas partes íntimas.
D: *Sim, isso é pervertido.*

Achei essa cena mental horrivelmente revoltante.

B: E ele espalha seu orgasmo sobre o meu corpo, e, enquanto isso, sinto uma dor cada vez maior. Agora, ele está furioso, pois ainda não conseguiu nada de mim. Então, perde a calma. Torna a pegar o ferro quente e me golpeia na garganta com ele. Faz isso de tal modo que esmaga minha traqueia. Morro sufocada.

Ela relatou todo esse episódio horrendo com distanciamento total, sem se emocionar.

D: *Então, ele não obteve outros prazeres. É uma pessoa muito pervertida.*

A raiva dele deve ter ficado ainda maior caso ela tivesse realmente saído do corpo, pois não exibiria as reações esperadas de agonia necessárias para alimentar seus desejos pervertidos. Isso também pode ter sido a causa do golpe furioso que desferiu nela, pois ela não havia lhe proporcionado todo o prazer que ele buscava. Provavelmente, ele se sentiu insatisfeito.

D: *Você estava sozinha em casa quando isso aconteceu? (*Sim*) E agora, você está flutuando sobre a cena, observando tudo? (*Sim*)*

Fiquei grata por ela. Fiquei feliz por ela não ter tornado a sentir a experiência daquela morte tão horrível.

D: *O que aconteceu? O que o homem fez depois?*
B: Bem, cobriu suas partes íntimas. Colocou o ferro de volta na lareira. E saiu, deixando-me ali, deitada. Ele sai e fecha a porta às suas costas, tal como a encontrou. E volta à casa grande como se nada tivesse acontecido. Meu marido chega em casa e descobre o meu corpo. Meus filhos estavam no campo com outras crianças. Por isso, ainda não chegaram em casa.
D: *Pelo menos, foi bom não estarem lá.*
B: Sim. E meu marido descobre meu corpo e sabe imediatamente o que aconteceu, devido ao estado do meu corpo. Ele está pensando no que vai fazer a respeito. Pois, a menos que queira ser morto nesse processo, não pode agir sozinho, física e diretamente, contra esse homem. Ele convoca uma reunião do nosso grupo. Dois dos homens mais fortes enganam o homem para afastá-lo da casa. Dizem-lhe que têm informações para ele. Que há uma jovem que quer lhe dar informações. Assim, dizem-no para se encontrar em certo lugar. Encontram-se e levam-no até a floresta, onde o restante do grupo o aguarda. É um lugar bem distante da casa, e por isso ninguém consegue ouvir o que está acontecendo. Amarram-no esparramado sobre uma pedra grande e ele não consegue se mexer. Vão perguntar a ele o que aconteceu comigo. E eles... eles precisam recorrer à dor para que ele fale.
D: *Eles tinham certeza de que era ele mesmo?*
B: Sim, tinham como saber. Uma de suas mãos estava enfaixada por causa de uma queimadura: em dado momento, o ferro com que estava me ferindo escapou dessa mão e ele se queimou.
D: *E você disse que tiveram de recorrer à dor. Geralmente, não é o que seu povo faz, é?*
B: Não, não é. Tentaram outros caminhos antes. E ele se recusou a lhes dizer qualquer coisa. Foi então que decidiram que ele teria de morrer, pois pessoas doentias como ele não deveriam viver. A dor que usaram foi principalmente a dor mental e não a física. Mas tiveram de recorrer à dor física. No começo, não iam infligir muita dor. Mas viram que a dor que estavam lhe causando, suficiente para que uma pessoa normal não gostasse e se sentisse mal, estava dando prazer a esse homem.
D: *Bem, ele era mesmo pervertido.*
B: Sim. Por isso, tiveram de mudar o que estavam fazendo. E descobriram com ele o que ele tinha feito comigo. E que ele fazia

parte da Inquisição. Por isso, viram que, se o deixassem livre, iria matar todos eles. Por isso... foram em frente e o mataram. Depois de descobrir com ele aquilo que estavam tentando descobrir.

D: Não, este não é o costume normal do seu povo. Às vezes, porém, é algo que não se pode evitar.

B: É verdade. Levaram-no e o enterraram. E puseram alguns feitiços sobre sua cova para que nunca fosse encontrada.

D: Como você se sente com relação a tudo que aconteceu?

B: Fico triste por ver que meu povo teve de se sujar, recorrendo às táticas da Inquisição.

D: De certo modo, fizeram-nos iguais, não foi?

B: Um pouco. Entretanto, devo admitir que aqueles que recorreram ao emprego da dor eram os mais jovens e por isso mais impacientes. Os mais velhos sabiam que podiam fazê-lo simplesmente pela tortura mental, em vez da tortura física.

D: Mas você acha que foi justificado?

B: É difícil dizer. Pois quando ele não voltou à casa grande, os outros ficaram desconfiados. E ficaram mais tempo do que pretendiam ficar.

D: Tentando descobrir o que havia acontecido com ele.

B: Sim. Finalmente, concluíram que alguns assaltantes de estradas devem ter dado cabo dele.

D: Essa teria sido uma suposição segura. Seria mais seguro para o seu povo. (Sim) Bem, como se sente com o que aconteceu com você? Digo, sente raiva? Emocionalmente, como se sente com o que aconteceu?

B: Sinto-me triste, pois acho que meu tempo ainda não havia terminado. Eu tinha outras coisas para fazer. E sinto-me confusa. Por que eu? Por que eu? Nunca fiz nada contra aquele homem.

D: Sim, você é uma pessoa muito gentil. Mas você sente raiva?

B: Raiva, não. Podia muito bem sentir. Mas não ia ajudar em nada. Ia apenas fazer o ciclo começar novamente.

D: Sim. Você estaria criando um karma negativo, digamos, que mais tarde teria de ser compensado. Se é que você conhece aquela palavra.

B: Entendo o conceito. E o que aconteceu não afetou negativamente meu karma, mas fez coisas pesadas com o karma dele.

D: Sinto muito por aquilo que aconteceu. Mas temos mantido um contato tão próximo que eu quis saber o que aconteceu com você.

Agradeço por você me contar. E fico feliz por você ter feito isso daquela maneira, para não ter de sentir tudo aquilo.
B: Sim, foi muito doloroso, e também foi excessivo.
D: Mas não foi dolorosa a mera observação. Fico contente por você ter escolhido essa maneira de fazê-lo. (Sim) Muito bem. Vamos sair dessa cena tão dolorosa e triste. Vamos nos afastar dela e seguir em frente. Quero que você avance no tempo até o presente, no qual você tem esta vida como Brenda. E possa olhar para aquela vida objetivamente desde este ponto de vista. Estamos em 24 de junho de 1986. E você pode Agora, você consegue entender os padrões com mais facilidade. Existe alguém naquela vida que você conhece atualmente como Brenda? Com o qual você veja um relacionamento?
B: Deixe-me ver. O padrão é muito complicado.
D: E é, com certeza. E havia muita gente envolvida.
B: O lorde, o senhor da casa está envolvido nesta vida. Estou tentando acompanhar o elo através de meu pai.
D: E a Dama Joslyn? Você mantém um relacionamento com ela nesta vida? Você a conheceu?
B: (Pausa) Ainda não.
D: Porque me parece que há muito karma no modo como ela a tratava.
B: Sim, muito karma. Mas parte deste foi trabalhada em algumas vidas intermediárias. E mais será trabalhado em vidas futuras. Por enquanto, elas não se envolveram nesta vida. É difícil saber se isso acontecerá ou não.
D: Torço para que não aconteça. (Sim) Bem, e os dois homens da vida dela? Você vê algum relacionamento desta vida com eles?
B: Deixe-me ver.

Uma coisa que complica tudo é que na vida atual, ela está num ponto crítico central. Onde todas as linhas se encontram e saem em novos padrões.

B: (Pausa) Vejamos. Roff passou rapidamente por sua vida. Ele seguiu um padrão similar, mais uma vez. Foi aquele conhecido como Rick. E na vida presente, esse homem chamado Rick não está lidando muito bem com o karma. Está adicionando um pouco mais a ele. Tanto positivo quanto negativo. Gundevar está nesta vida. Ele está tendo dificuldades para lidar com este karma. Naquela vida, ele se dedicou a Astelle. E quando Astelle foi assassinada brutalmente, isso o destruiu por dentro, coisa com a qual ele não conseguiu lidar muito bem. Ele não quis passar novamente por aquilo. Por isso, nas vidas subsequentes em que essas duas almas se encontraram, Gundevar sempre se retraiu com dor e medo, tentando evitar a conexão kármica. Pois Gundevar não quer passar de novo por aquela dor.

D: Dá para entender.

B: Ele tem medo de que isso aconteça novamente.

D: Bem, disseram-nos que se analisássemos esta vida, Brenda compreenderia os problemas que estava tendo em sua vida afetiva.

B: Sim. Gundevar é aquele conhecido como John. E Gundevar tem medo de se envolver nesta conexão kármica e lidar com aquele karma. Gundevar precisa trabalhar este karma. Quanto antes lidar com isso, melhor para ele. Assim, parece promissor resolver isso nesta vida. Mas pode resolver ir em frente e esperar até a próxima vida, mais uma vez. Ele teve muitas chances em vidas passadas para lidar com isso. E, a cada vez, fica um pouco menos doloroso para ele. E ele se aproxima um pouco mais da solução antes de fugir dele.

D: Bem, creio que você fez muito bem em abordar isso para tentar entender o que estava acontecendo. E, pensando a respeito, provavelmente conseguirá entender mais. Neste momento, teremos de sair. Mas agradeço por ter me passado a história. Espero que, ao pensar nisso, consiga descobrir mais coisas em sua vida, fazendo com que se encaixem no lugar e tenham sentido para você. (Sim) Embora tenha sido uma vida violenta, teve vários pontos com os quais você pode aprender.

(Paciente trazida para o presente.) Ela demonstrou algumas reações físicas estranhas depois que despertou, apesar das instruções de bem-estar físico e mental. Creio que a morte foi tão violenta que ainda deixou alguns resíduos emocionais.

Quando estava saindo do transe, percebi um curioso fenômeno físico que já havia observado algumas vezes no passado. Por algum motivo, nos outros casos, isto também envolveu a área do pescoço. Percebi uma área avermelhada aparecendo em seu pescoço, na laringe.

Uma marca vermelha com cerca de dois centímetros quadrados. Os outros casos tinham envolvido enforcamento, deixando uma área mais larga na garganta. Não fiquei muito preocupada, pois, nos outros casos, após o choque e surpresa iniciais, as marcas desapareceram cerca de cinco minutos depois, sem efeitos permanentes. Desta vez, quando acordou, não percebeu a marca, mas sua respiração a incomodou. Ela se sentou, limpou a garganta e tossiu. Tornei a ligar o gravador e gravei suas reações. Disse que estava com dificuldade para respirar. "Não consigo respirar. Não estou conseguindo que o ar entre".

Desliguei o gravador para olhar seu pescoço. Dei instruções para que a marca e o desconforto desaparecessem rapidamente. Enquanto olhava, a vermelhidão foi desaparecendo até seu pescoço voltar ao normal. Ela pareceu respirar com facilidade e, assim que ficou confortável, falou de algumas cenas de que se lembrava da sessão. Eu queria ouvir suas eventuais lembranças antes de lhe falar sobre sua morte. Tudo de que ela se lembrava conscientemente da sessão era uma lareira e uma tigela de mistura com um pouco de massa dentro dela. Toda a imagem tinha uma aura marrom, que ela considerou uma cor deprimente. Isto é comum no caso de pacientes que vivenciaram um estado sonambúlico. As únicas recordações costumam ser do começo ou do final da sessão, geralmente vistas como imagens oníricas. Elas também esmaecem rapidamente, como nossos sonhos depois que acordamos.

Então, eu lhe falei do que tratamos naquela sessão e de sua morte. Achei interessante ver que a marca vermelha tinha parecido no mesmo lugar em que Astelle havia sido golpeada com o ferro quente. Sua reação inicial de não conseguir respirar desapareceu em poucos segundos. A marca levou um pouco mais, saiu após alguns minutos. Ela achou revoltante meu relato sobre sua morte horrível, mas não evocou nenhuma reação pessoal. Foi como se eu estivesse lhe falando de um filme ao qual eu assistira. Porém, falou que tinha uma marca de nascença num lugar incomum. Uma marca de nascença escura na parte carnuda de sua genitália.

A Astelle de que vou me lembrar não é a figura trágica que morreu de forma tão terrível nas mãos do inquisidor implacável. Aquela que vai permanecer para sempre em minha memória é a menina gentil, de cabelos loiros, que cavalga seu unicórnio sobre o arco-íris até aquela terra de paz e beleza do outro lado.

Seção 3

Mais vidas de Karen

Capítulo 12
O menestrel, parte 1
(Gravado em 13 de maio de 1983)

Acabamos de deixar a vida da druidesa. Ela acabou de morrer.

D: *Vamos recuar no tempo mais uns cem anos. Vamos ao século 7, lá para trás. Recuamos no tempo mais cem anos a partir desta vida da qual acabamos de falar. Vou contar até três e estaremos cem anos antes desta época. 1, 2, 3, o que você está fazendo?*
K: Estou encordoando a minha harpa.
D: *Você toca harpa?*
K: É. Eu tento. (Estava emergindo um sotaque.)
D: *É um belo instrumento. É difícil?*
K: Tem suas complexidades.
D: *Você já toca faz tempo?*
K: Toda a vida.
D: *É uma harpa grande ou uma harpa pequena?*
K: É uma harpa de colo.
D: *Harpa de colo? Já vi algumas que são bem grandes. É parecida com essa?*
K: Não. Não chega a ser uma harpa de carregar, é mais uma que você usaria para uma apresentação num salão, para que todos no salão pudessem ouvir. (Definitivamente, um sotaque forte [irlandês?])
D: *Você é homem ou mulher?*
K: Homem, sou sim.
D: *Você é homem. Como você se chama?*
K: Chamo O'Keefe.
D: *O'Keefe? Em que país estamos?*
K: Erin, é. (Ela falou tão depressa que embaralhou as palavras. Pedi-lhe para repetir. Achei que fosse Er ou talvez Irlanda.) Chama-se Erin. (Com muita ênfase.)
D: *Certo. Estava apenas com um pouco de dificuldade para compreender. Quantos anos você tem?*

K: Um, devo ter vinte e quatro, talvez vinte e cinco.
D: Então, você é jovem.
K: Já entrei na meia idade.
D: É assim que você se sustenta, tocando harpa? (É) Onde você toca harpa?
K: (Sorri) Onde não vou eu? Bardo**, esse é o meu ofício.

**Bardo: poeta e cantor tribal versado em composição e em recitar versos sobre heróis e seus feitos. **

D: Ah, quer dizer que você viaja por toda parte e faz músicas onde quer que vá?
K: É. Faço canções sobre o que acontece e conto histórias de glórias passadas e o que mais desejem ouvir.
D: Você vai às cidades ou aos castelos – seriam as palavras certas – ou a outros lugares?
K: Vou às fortalezas e às hospedarias. E às vezes a reuniões.
D: Onde quer que haja pessoas? (É) Pagam-no para fazer isso?
K: Ah, é, do contrário eu não tocaria. Às vezes, é só a refeição e um lugar para dormir naquela noite. Outras vezes, pagam-me em moedas de ouro. Mas dá para viver.
D: Mas você não tem um lar onde reside habitualmente?
K: Não. Meu lar é onde deito a cabeça.
D: Como você viaja?
K: Principalmente a pé.
D: Oh, achei que talvez você tivesse um cavalo ou algo assim.
K: De vez em quando, consigo ganhar dinheiro suficiente para comprar um cavalo, mas aí acontece alguma coisa. E às vezes as coisas ficam mais difíceis, e então preciso confiar nos meus pés.
D: E isso não é difícil demais? Você precisa caminhar muito?
K: Sim, às vezes os caminhos são longos. E às vezes consigo uma carona com alguém que se apieda de mim e outras coisas. Mas não é ruim.
D: E aí, você vai a cavalo com outra pessoa?
K: É, a cavalo ou numa carroça com um fazendeiro, quem sabe?
D: Quantas harpas você leva consigo?
K: Tenho a minha própria harpa de viagem, que levo. Mas esta daqui – esta é de salão, vou usá-la para me apresentar agora. Mas não é minha.

D: *Então, você só leva uma? (É) E nos outros lugares, você pode usar as harpas dos outros?*
K: Na maioria das vezes, uso a minha, a menos que seja para uma apresentação como esta. Se houver um salão grande para me apresentar, então a harpa portátil não seria grande o suficiente para ser ouvida. Mas me serve bem.
D: *Ela não teria volume suficiente. (Não) Você disse que está se preparando para uma apresentação? Vai fazer uma hoje?*
K: Esta noite, é.
D: *Onde vai ser?*
K: No salão daqui!
D: *Onde estamos? (Pausa) Este lugar onde você vai se apresentar.*
K: É a Fortaleza ** O'Connor.
D: *Fortaleza O'Connor? Fica na casa de alguém? (Eu não sabia se casa seria a palavra certa neste caso.) (Sim)*

** Termo inglês correspondente ao donjon francês para a parte mais forte da fortificação de um castelo, o local de último recurso em caso de cerco ou ataque. A fortaleza era uma única torre ou um recinto fortificado maior.**

D: *O público será grande? Muita gente lá?*
K: Oh, provavelmente.
D: *É uma ocasião especial? Algo deste tipo?*
K: É um encontro. Todos vão, fazem isso de vez em quando. Fizeram a colheita recentemente e todos estão cansados de trabalhar, já é hora de se divertirem um pouco.
D: *Haverá outras atrações além de você?*
K: Ah – terão acrobatas (teve dificuldade para encontrar a palavra – e malabaristas e um casal com flauta. Coisas assim, é.
D: *Então, muito entretenimento. Parece que a diversão será boa.*
K: Nada má, sim.
D: *Acha que vão lhe pagar bem pela apresentação?*
K: É. Provavelmente, vou receber uma sacola de prata.
D: *Puxa, isso será bom, não é mesmo? Você vai se vestir especialmente para essa ocasião? Você leva roupas em suas viagens?*
K: Estou usando o meu melhor (a palavra não ficou clara) azul e uma túnica com capuz e botas.

D: Você usa alguma coisa na cabeça?
K: Tenho um chapéu, ehhh.
D: São suas melhores roupas?
K: É o que tenho.
D: (Riso) Não dá para carregar muita coisa se você precisa andar, não é? (Não) E como você consegue comida?
K: Geralmente, apresento-me em troca do jantar ou então caço um coelho ou coisa parecida quando estou no meio do nada.
D: Ah, você tem armas?
K: Bem, tenho uma corda e um laço.
D: E isso basta para pegar alguma presa? Certo. Bem, onde você consegue as canções que você canta?
K: Às vezes, crio algumas, e há aquelas que outros harpistas criaram. Os harpistas se reúnem e trocam canções, segredos e notícias dos lugares onde estiveram.
D: Ah. Então, algumas dessas canções falam de coisas que aconteceram? (É) E você criou várias?
K: Algumas.
D: O que vai tocar hoje? Já escolheu as músicas?
K: Na verdade, não. Depende da plateia. Não sou o primeiro a me apresentar, a ser ouvido. Geralmente, o harpista fica por último. E aí, vejo o que o povo parece querer ouvir.
D: Você canta canções de amor, às vezes?
K: Ocasionalmente. Depende, repito, do público. A maioria dos homens quer ouvir sobre bravos feitos. E as senhoras, é claro, querem ouvir sobre namorados, mas o que escolherem está bom.
D: Então, você só vai ficar sabendo na hora. Certo. Vamos avançar até a noite de sua apresentação, quando você já está se apresentando. O que você está fazendo?
K: Estou apenas cantando uma música.
D: Certo. Cante-a para mim.

Achei que seria uma chance incomum de averiguar se conseguiríamos fazer isso. Sempre confiei na minha intuição, pois essas oportunidades surgem inesperadamente. Nunca sei se alguma coisa é possível enquanto não tento. Fiquei curiosa para saber se seríamos ou não capazes de conseguir alguma música. Talvez tenha sido a primeira vez que isso foi feito.

D: *Que tipo de canção é?*
K: Não sei. É apenas uma canção.
D:*Sobre grandes feitos? Qual o tema? Vamos, cante para que eu também possa ouvi-la.*
K: Ah, você não quer ouvir a minha voz. Ela não é muito boa.
D: *Ah, sim. Você canta para eles. Você deixa que o ouçam. Sou tão boa quanto eles, não sou?*
K: Começa a cantar. (Canção no 1.) A primeira parte é em inglês: "Havia um rapaz, um belo e jovem rapaz. Ele foi cortejar uma moça".

O resto (a gravação tem quarenta segundos) certamente não era em inglês, mas noutra língua. Uma bela melodia, com palavras que pareciam seguir um padrão. Acho que não eram apenas palavras sem sentido.
Tenho uma teoria a respeito disto. Ao que parece, o paciente em regressão usa seu cérebro (ou o meu?) para traduzir outras línguas. Isto explicaria a procura por palavras que às vezes se vê. Talvez a música seja diferente. Pode ser mais difícil traduzir. Ela começou a traduzir e depois trocou. A maioria de nós canta automaticamente noutra língua. Talvez isto seja natural, e como é mais difícil traduzir poesias ou músicas, ele acabou deixando-a no estado natural. Este fenômeno terá de ser investigado mais a fundo. (Estas canções ficarão disponíveis para download através de um link no final do capítulo.)

D: *Oh, isso é muito bonito. Eu gostei. As pessoas gostaram?*
K: Parecem estar no clima certo para ouvi-la, é.
D: *Essa é uma das que você compôs? (É) É bonita. Gostei.*
K: Não é má.
D: *Você canta mais de uma música nessas apresentações?*
K: É. Geralmente, canto duas e vinte, até mais. Todos querem ouvir coisas diferentes.
D: *Você vai cantar outra diferente além daquela?*
K: É, vou cantar um monte.
D: *Pode cantar outra para mim?*
K: É, deixe-me pensar um pouco.
D: *Você precisa pensar depressa quando está se apresentando, não é?*

Ela começa a cantar inesperadamente e noutra língua. (Canção no 2. Dura vinte e sete segundos.)
Isso foi muito empolgante. Voltei no tempo e estava realmente presente na apresentação de um menestrel. Foi incrível ouvir uma canção numa língua desconhecida. Eu percebi que havia encontrado algo muito original e valioso.

D: *Ah, também gostei desta. Que língua é essa?*
K: Isso é celta.
D: *Puxa! Do que trata essa canção?*
K: Fala de um rapaz que, há muito tempo, viu um dragão. E este ameaçou uma dama, por isso ele teve de matá-lo. E prossegue.
D: *Então, é uma canção sobre bravura, sobre feitos corajosos?*
K: É, acho que você pode considerá-la assim. Talvez seja uma canção de amor, talvez. Hmm.
D: *Não consegui entender as palavras. É uma língua que não conheço. Você também compôs essa?*
K: Não, essa é uma canção tradicional, muito antiga.
D: *Então, essa é uma que você canta com frequência.*
K: De vez em quando.

Outro fenômeno interessante ocorreu enquanto ela cantava. Ela movia os dedos como se estivesse tocando uma harpa apoiada em pé sobre o seu colo. Seus dedos tangiam cordas invisíveis, e seu polegar direito percorria todas as cordas lateralmente no mesmo ritmo do canto.

D: *Bem, e você acha que vão lhe pagar uma sacola de ouro hoje?*
K: Não, talvez prata. Se eu tiver sorte.
D: *Mas será uma sacola de moedas. (É) Ah, muito bom. Creio que você merece isso. Gosto da sua voz. E você disse que as pessoas reagiram como se gostassem também?*
K: Parecem muito felizes, mas é claro que todos estão ficando bêbadas e por isso, daqui a pouco não vão entender nada.
D: *Porque você é o último. Nessa altura, estarão bem embriagados, não é mesmo? (Eu ri.)*
K: Há aqueles que se mantêm razoavelmente sóbrios, pois o harpista traz notícias de todas as partes. É como ter seu próprio mensageiro que vai a vários lugares.

D: Ah, sim, você viaja por toda parte e conhece tudo que está acontecendo. (É) Bem, e como você dá as notícias? Você canta ou...

K: Na maioria das vezes, sim. Às vezes, você fala e só toca a harpa enquanto está falando. Conta o que está acontecendo, quem está fazendo o quê, e quem está se casando, e...

D: Ah. Como você faz isso? Pode me mostrar? Digamos que hoje você fosse contar o que aconteceu recentemente, as últimas notícias.

K: Não. Quem sabe, se perguntassem sobre o que está acontecendo em diversos condados, eu fosse dizer – não sei. É como vem no momento.

D: Bem, e se você fosse apresentar as notícias, como faria?

K: Talvez usasse uma voz bem musical para que tudo parecesse rimar, tudo viesse em harmonia, com a música somando-se às notícias.

D: É difícil pensar em rimas nessa situação?

K: (Riso) Às vezes.

D: (Riso) Você precisa fazer isso depressa, sem pensar antes. (É) Parece difícil fazer tudo rimar.

K: Bem, no mínimo, se não dá rima, você precisa fazer com que tudo pareça se encaixar.

D: Acho que seria difícil fazer isso. (Sim) E você também toca harpa. Esse também é um talento difícil. Nem todos conseguem fazer essas coisas.

K: Isso é verdade.

D: Cantar e fazer as coisas rimarem e tocar a música. Você disse que também haverá flauta? Você toca com eles ou...?

K: Geralmente, o harpista toca sozinho.

D: Você disse que está numa fortaleza. Essas pessoas que moram aí têm um título? Você sabe qual é o título delas?

K: Quer dizer, como lordes ou algo assim?

D: É, algo assim.

K: Deixe-me ver. O O'Connell é apenas o O'Connell. Quer dizer, ele deve ser o bisneto ou algo assim. Um primo um pouco afastado do rei.

D: Você acha que ele pode ser um chefe ou algo do gênero?

K: Ah. Isso é o mais perto que você pode chegar, pois o O'Connell que foi seu tataravô ou coisa assim foi rei da Irlanda. E, como sabe, foi assim que ele conseguiu essa posição, digamos.

D: Então, em seu país há um rei?

K: Bem, da última vez que ouvi isso, sim.
D: *Estava curiosa para saber se havia um governante de todo o...?*
K: (Interrompe) Agora, seria o O'Brien.
D: *Da terra toda?*
K: Bem, veja, estão brigando para ver quem tem direito ao título. Reuniram todas as casas, aqueles que foram reis e aqueles que são reis e então – ah, a discussão não para.
D: *Quer dizer que estão em guerra?*
K: Tem sempre alguém em guerra contra outro alguém.
D: *Não dá para fugir das guerras, não é? (Não) São notícias assim que você transmite?*
K: É. Principalmente quem ganhou, quem morreu e coisas do gênero.
D: *Essa é a única maneira de alguém saber o que está acontecendo. (Hã-hã) (Suas mãos estavam se movendo novamente.) Você está cantando agora?*
K: Não, tocando apenas.
D: *Eles gostam disso? (É) Depois que sair desse lugar, para onde você vai?*
K: Bem, ainda não tenho certeza. Talvez vá para o norte daqui. Talvez vá até Kerry, mais para o sul. Ainda não sei ao certo. Não me decidi ainda. Tenho alguns dias para pensar.
D: *Você vai ficar aí por mais alguns dias? (É) Que bom. Você tenta ficar distante do cenário das guerras?*
K: Sabe, é assim. Geralmente, o bardo não precisa se preocupar com quem está lutando com quem, pois todo mundo quer ouvir as notícias dos outros lugares. Por isso, ele é considerado um território protegido.
D: *Entendi. Então, não o considerariam perigoso. Não tentariam matá-lo ou mandá-lo para a guerra.*
K: Certo.
D: *Isso é bom. Você não precisa se preocupar com isso. – Você já desejou se acomodar e ter um lar?*
K: Isso me parece meio entediante.
D: *Bem, e o que acha de ter uma esposa?*
K: Mais problemas do que vantagens.
D: *(Riso) Então, você nunca pensou em ter um lar, uma família ou filhos.*

K: Sempre que penso em ter um lar ou uma família, encontro um casal feliz. A esposa reclama do marido e ele tem cinco pestinhas briguentas, e aí mudo de ideia bem depressa.
D: (Riso) Então, a ideia não lhe atrai. (Não) Eu achava que todos queriam ter um lar. Você já teve um lar? Há muito tempo?
K: Lembro-me quando era jovem e morava com a minha mãe. Então, um dia, meu pai foi até a nossa casa e disse que era meu pai. Nessa noite, fiz minhas malas e, quando ele foi embora, eu também fui.
D: Você foi com ele? (É) Como sua mãe se sentiu?
K: Não sei. Não a vi desde então.
D: E você viajou por algum tempo com seu pai?
K: É. Acho que ela deve ter lhe dito para livrar-se de mim, pois eu dava muito trabalho para ela. Ela queria viver sem a "inconveniência" de um filho em idade de crescimento. (Ele me pareceu aborrecido com essa lembrança.)
D: Então, você deu trabalho para seu pai?
K: Quando dava, ele me batia na cabeça, e por isso eu me endireitei bem depressa. Ele me ensinou a tocar harpa e a cantar.
D: Ah, então você aprendeu com ele. (É) Ele deve tê-lo ensinado bem.
– Essa harpa que você toca fica em pé, no seu colo ou...?
K: Fica no meu colo. É uma harpa de colo. (Durante esse tempo todo, ela ficou dedilhando cordas invisíveis enquanto falava comigo.)
D: Então, você fica sentado numa cadeira e põe-na no colo? E então você dedilha as cordas? (É) Bem, eu já tinha visto harpas que ficam em pé no chão.
K: Eu as vi e acho grandes, mas provavelmente dão mais trabalho do que valem. Nunca toquei numa grande assim. Esta é uma das maiores em que já toquei.
D: E não dá para você levar essas maiores de lá para cá. (Não) Bem, quero lhe agradecer muito por me permitir ouvir suas canções. Gostei delas e acho que as outras pessoas também gostaram.
K: É o que espero.
D: Vão lhe dar dinheiro e um lugar para ficar por alguns dias. Isso é muito bom. Divirta-se. Agora, vamos sair dessa cena. É uma cena feliz, um momento feliz, um momento agradável.

(Paciente trazido ao presente.)

De várias maneiras, esta sessão foi incomum. Achei a música particularmente interessante. Vou tentar conseguir outras quando nos encontrarmos na casa de Harriet, na semana que vem. Quero que ela testemunhe isso.

Você pode fazer o download dessas canções e de mais coisas pelo website:

www.ozarkmt.com
https://ozarkmt.com/product/horns-of-the-goddess-songs/.

Capítulo 13
O menestrel, parte 2
(Gravado em 19 de maio de 1983)

Sessão realizada na casa de Harriet. Espero obter mais músicas para ouvirmos. O começo da fita tem parte da história de Hiroshima e depois parte da vida como viking.

D: Vamos sair dessa cena e vamos recuar mais ainda no passado. Vamos voltar ao século 7. (Fiz contagem regressiva em saltos de cem anos.) Vou contar até três e estaremos nos anos 600. 1, 2, 3, estamos no século 7, em algum momento dele. O que você está fazendo?

K: Andando, sim.

D: Aonde você está indo? (Tive a impressão de ter tornado a encontrar o menestrel.)

K: Não sei muito bem. Não tenho certeza de onde estou. (Riso)

D: (Riso) Onde você estava?

K: Fui até Kerry e dei a volta no lago. Hmm – perambulei um pouco, visitei um pouco do país.

D: Qual o seu meio de sustento?

K: Sou um bardo.

D: Você se apresentou recentemente em algum lugar?

K: Não, a menos que considere que tocar harpa numa hospedaria é uma apresentação. Não.

D: É isso que você tem feito?

K: Nas últimas semanas, é.

D: Bem, você recebeu bastante por isso?

K: Um pouco de cerveja, um teto sobre a cabeça e um pouco de comida na barriga.

D: Nada de dinheiro? Nada de moedas?

K: Aquilo mantém o corpo inteiro.

D: Bem, é uma coisa que você pode fazer até encontrar um lugar que possa pagá-lo, não é?

K: Não estou preocupado com isso.
D: *As pessoas nas hospedarias não lhe dão dinheiro, dão? Nada de moedas?*
K: Às vezes, dão, mas é raro. Geralmente, só me alimentam, dão-me de beber e comida, e...
D: *Dão um lugar para dormir, não é? (É) Você está com a sua harpa?*
K: É, está presa à minha sacola nas costas.
D: *O que mais você leva lá?*
K: Uma muda de roupas, algumas cordas extras, uma faca. É isso.
D: *Você não precisa de muita coisa, não é? (Não) E sapatos?*
K: É, tem o par que está nos meus pés.
D: *Isso é tudo.*
K: Por que carregar mais coisas?
D: *Bem, achei que eles acabam se gastando.*
K: Aí, posso cantar e comprar um par novo.
D: *(Riso) Canta pelo jantar, canta por algumas roupas novas. Então, você não sabe aonde vai ou aonde vai se apresentar em seguida?*
K: Não, a menos que descubra bem depressa onde estou. Quem sabe?
D: *Você está perdido?*
K: Não me considero perdido. Só não sei aonde estou indo.
D: *(Riso) Pelo menos, sabe aonde estava. É isso. (É) Normalmente, o que você faz? Vai andando até encontrar alguma coisa?*
K: É. Até resolver onde quero ir. Nem sempre eu sei. Mesmo quando sei, às vezes mudo de ideia.
D: *Você me disse que canta muito. (É) É assim que você se sustenta, cantando e tocando harpa?*
K: E também sou pago pelas notícias que levo.
D: *Você disse que compõe algumas das músicas que canta, não é?*
K: É verdade.
D: *Bem, e o que acha de cantar uma canção para mim? Neste momento, você não tem mais nada para fazer.*

Eu queria que Harriet ouvisse a música.

K: Não muito. Mas está meio úmido para cantar aqui.
D: *Por que está úmido?*
K: Tá chovendo.
D: *Ah, você está se molhando, não é?*
K: É. Mas ainda não derreti.

D: *(Riso) Então, você não se preocupa se achar um lugar para ficar.*
K: Não seria mau. Mas não quero tirar minha harpa da sacola.
D: *Você precisa da harpa para cantar?*
K: Ah, seria muito mais fácil.
D: *Mas você não quer tirá-la porque está chovendo.*
K: Bem, se ela se molhar, pode envergar e então seu som ficará arruinado.
D: *Você deixa ela embrulhada?*
K: Num oleado, é.
D: *Então, você não precisa se preocupar com a harpa ficar molhada, só com você ficar molhado. (É) Bem, vamos em frente até você encontrar um lugar onde vai se apresentar. Em breve, você deve encontrar um lugar para sair da chuva. Vai ficar bem e aquecido. Vou contar até três e vamos avançar até você encontrar um lugar abrigado, onde você vai tocar para alguém. 1, 2, 3, avançamos até um lugar abrigado. O que você está fazendo?*
K: Sentado do lado do fogo, aquecendo-me.
D: *Onde você está?*
K: Isto é uma hospedaria.
D: *Sabe onde está neste momento?*
K: De certo modo. Chama-se Galo Amarelo.
D: *Há alguma cidade próxima?*
K: Não, é uma encruzilhada.
D: *Há outras pessoas aí?*
K: Alguns viajantes que vieram passar a noite e escapar da chuva.
D: *Você vai cantar para eles?*

Estava tentando colocá-lo numa posição na qual ele poderia cantar um pouco mais para mim e para Harriet.

K: É. Daqui a pouco alguém vai ver a harpa e vai pedir para eu cantar um pouco, veremos.
D: *E depois, vão querer saber das notícias. É assim que você consegue ficar ali, não é? (É) Do contrário, não conseguiria um quarto e comida de graça, não é?*
K: É verdade.
D: *Agora que você está abrigado e seco, pode cantar para mim? Assim, as outras pessoas também ficariam interessadas.*
K: O que você quer ouvir?

D: Qualquer coisa. Não importa. Gosto de todas as canções. Cante uma de suas preferidas.

Neste momento, Karen fez uma série de movimentos complicados. Ela deu a impressão de estar segurando a harpa em pé, sobre o colo, ajustando ou apertando parafusos invisíveis no alto. Isso durou alguns segundos. Depois, ela pareceu testar o som, dedilhando as cordas. Quando isto terminou, ela cantou uma canção lenta. (Canção no 3. Duração de um minuto e cinco segundos.) Mais uma vez, suas mãos se moveram junto com a música, dedilhando cordas invisíveis e passando o polegar direito pelas cordas. Talvez tenha pinçado as cordas em vez de dedilhá-las. Foi muito interessante ver isso.

D: Uma canção muito bonita. Gostei dela. O que diz?
K: (Suspiro) Não tenho ideia. Ela é antiga, com um significado que se perdeu. Não tenho nem certeza do que diz.
D: Em que língua ela foi composta?
K: Um, vejamos. Meu pai disse alguma coisa sobre ela, era – ah, picto. Não tenho certeza. Alguma coisa assim.
D: Picto? (É) Oh, então é mais antiga do que a sua língua? (É) Qual a sua língua?
K: Celta.
*D: Celta? Já ouviu falar na língua inglesa? (Ela franziu a testa.) É uma língua. Não conhece essa? (*Não*) E o latim?*
K: Isso é o que os sacerdotes falam.
D: Ah, então você conhece essa.
K: Não a conheço, mas sei que ela existe.
D: Então, essa língua na qual você cantou é muito antiga.
K: Dizem que é tão antiga quanto as colinas. Tenho minhas dúvidas a respeito disso.
D: (Riso) Mas é bem bonita. Fiquei curiosa para saber se era uma canção de amor, parece que sim, mas é difícil dizer.
K: Meu pai disse que era algo assim, mas era – hm, deixe-me pensar. Num minuto eu lembro. Ah, algo como uma garota à qual ele prometeu que o amor seria correspondido, mas não o fez.
D: Oh, uma canção triste?
K: É, algo como – você sabe. Algo como a vida.

D: *Sim, muitas de suas canções são sobre a vida, coisas que acontecem, não são? (É) Gosto disso. O que as outras pessoas acharam?*
K: É, parece mesmo que gostaram. Essa é uma canção com bela melodia, que parece comover as pessoas.
D: *Sim. Você poderia cantar outra? (Ela suspirou.) Isso lhe dará mais comida.*
K: (Maliciosamente) Quanto você vai me pagar por isso?
D: *Bem, quanto você quer?*
K: Oh, talvez alguns drinques, hmm, quem sabe?
D: *O que você bebe?*
K: Cerveja.
D: *Certo. Acho que tenho dinheiro suficiente para lhe comprar uns drinques. Eles também vão aquecê-lo por dentro. (Riso)*

Ela cantou outra canção lenta. (Canção no 4. Duração exata de um minuto.) Mesmos movimentos com as mãos. Ela dava a impressão de segurar a harpa em pé à sua frente, com uma mão de cada lado.

D: *Essa é outra que parece um pouco triste.*
K: Fala de um homem que perdeu seu reino e que lamenta por isso.
D: *Que língua é essa?*
K: É, essa é celta.
D: *Para mim, são parecidas.*
K: Ah, são muito diferentes. Não têm nada de igual. Talvez tenham algumas semelhanças, mas não muitas.
D: *Mas para mim, são parecidas, porque eu não conheço nenhuma das duas. (Riso)*
K: Estranho. Se você não conhece nenhuma, então não é daqui.
D: *Não, não sou. É por isso que gostei de sua música. (Ah) (Tive de pensar depressa.) É por isso que estava perguntando se... Já ouviu falar num país chamado Inglaterra?*
K: (Ela franziu a testa.) Inglaterra?
D: *Ou Escócia?*
K: Ouvi falar na Escócia. Do outro lado da água.
D: *É o meu país. Sou de lá. É por isso que...*
K:(Ela interrompeu enfaticamente.) Então, como você não conhece os pictos?
D: *Eles são de lá?*

K: É. Com certeza, você está brincando comigo.
D: *(Como saio desta?) Não, não estou. Mas acho que eles não vivem na região de onde vim.*
K: É, os pictos vieram da Escócia para cá. Você tem de conhecê-los.
D: *Bem, talvez eu não soubesse que se chamavam assim.*
K: Pode ser.
D: *A Inglaterra fica mais ao sul ainda do que a Escócia. Também é do outro lado da água. Certo. Qual a sua idade hoje?*
K: Oh ... tenho uns vinte e nove, trinta, talvez... ah.
D: *Então, você não é muito velho, não é?*
K: (Suspiro) Estou passando da flor da idade.
D: *(Riso) Você nunca se casou?*
K: Não tenho desejo de fazê-lo.
D: *(Riso) Bem, e o que você vai fazer quando estiver velho demais para cantar?*
K: Encontrar uma caverna, enfiar-me nela e puxá-la sobre mim.
D: *(Riso) Você sabe que quando está casado, tem alguém para cuidar de você.*
K: Ha! Essa é boa. Geralmente, é o contrário.
D: *Você acha?*
K: Acho.
D: *Eu achava que se você tivesse uma esposa, quando ficasse velho ela poderia cuidar de você.*
K: (Risada) Mais provável que me incomode até o caixão.
D: *(Riso) Você já teve uma namorada ou noiva?*
K: Não fiquei parado tempo suficiente para aproveitar.
D: *Ah. Você é só um andarilho. (É) Então, não está preocupado com o futuro, está?*
K: O futuro cuida de si mesmo. Não me preocupo com ele.
D: *(Riso) Bem, você disse que viaja por Erin? (É) Já esteve em alguma cidade grande?*
K: Seria, ah ... Kerry. Não é má. E algumas das fortalezas. Não podemos considerá-las cidades, mas estive em algumas, e coisas assim.
D: *Qual a maior cidade onde você já esteve? (Pausa, como se estivesse pensando.) Sabe, onde há muitas pessoas?*
K: Muitas pessoas. Acho que a maior em que já estive seria, ah... talvez a Fortaleza O'Brien, mas na verdade não é o que você consideraria... (tosse) você consideraria uma cidade.

D: *Está tossindo porque se molhou, não é?*
K: Talvez eu esteja com um pouco de frio.
D: *Bem, quando penso numa cidade imagino muitas casas juntas, e elas têm nomes. Vocês têm algo desse tipo?*
K: Só aquilo que cresce ao redor das fortalezas, é tudo. Desse modo, se acontece uma guerra ou coisa parecida, todos podem ir para a fortaleza sem se preocupar.
D: *Assim, seria mais seguro, não é mesmo? (É) Bem, e as hospedarias ficam isoladas?*
K: Geralmente, ficam nas junções de duas estradas, ou às vezes numa aldeia. Sabe, onde se reúnem, mas talvez sejam pessoas que não gostam de... associar-se muito com os outros, e por isso vão e vivem ali.
D: *Mas então, a maioria das pessoas mora em torno das fortalezas. (É) Alguns desses lugares são aquilo que chamam de cidades. São maiores do que as aldeias. Muita, muita gente.*
K: Isso é uma coisa que... nada como o que já visitei.
D: *Nada parecido em Erin? (*Não*) Bem, você conhece canções alegres? Até agora, só cantou canções tristes.*
K: (Suspiro) Alguém já compôs uma canção alegre?
D: *Fazem mais canções tristes do que alegres? (É) Por que será?*
K: Não tenho como saber. Ao que parece, o povo de Erin gosta de ser triste e pesaroso. Dá-lhes uma desculpa.
D: *Estava curiosa para saber se já compuseram alguma coisa mais animada.*
K: Não que me lembre de pronto. (Ela bocejou.)
D: *Você está bocejando como se estivesse ficando com sono.*
K: É, é tarde. Estive na estrada o dia todo. (Ela bocejou novamente.)
D: *Já ouviu alguém falar nos "pequeninos"?*
K: Você se refere aos shay (fonético)?
D: *O que é isso?*
K: Os miudinhos. Os... hmm, deixe-me ver. Algumas pessoas chamam-nos de, ah... leprechauns.
D: *Sim, e outras chamam-nos de fey. Conhece a palavra?*
K: Nós os chamamos de shay. Eles dançam nos prados sob o luar e deixam seus círculos, e... Todos já ouviram falar neles.
D: *Você já viu um?*
K: Não me lembro bem, quem sabe quando eu era criança, mas... Todos sabem que eles são reais. Mas são maliciosos. Pregam

peças nas pessoas. Dizem que levam as crianças e deixam alguma coisa – uma "criança trocada" – em seu lugar, mas que nunca sobrevive por muito tempo. Mas eu nunca lidei com eles.

D: Acha que são apenas histórias ou que são reais?

K: Não, reais! Há pessoas que dizem que são "enfeitiçadas" por eles e que não batem muito bem. Fazem coisas estranhas, dançam nuas na floresta no meio da noite e coisas desse tipo.

D: (Riso) Você acha que os pequeninos levam-nas a fazer essas coisas?

K: É, pois são maliciosos e riem dos humanos.

D: Acho que fazem isso apenas para se divertir.

K: Pode ser.

D: O que é uma criança trocada?

K: Veja... as fey, como você as chama, ou shay, têm pouquíssimos filhos. Mas eles gostam de bebezinhos e coisas assim. Com sua magia, eles criam alguma coisa na forma da criança que estão levando. Deixam-na lá e levam a criança.

D: E como dá para saber que é uma criança trocada?

K: Bem, entenda o seguinte. Geralmente, ela fica doente e morre. Ela é como uma sombra. E os sacerdotes dizem que há várias maneiras de se saber, mas eu não conheço.

D: A criança trocada vive e cresce?

K: Não, morre pouco depois.

D: Então, dizem que os pequeninos levaram a criança de verdade? (É) Achava que você estava dizendo que deixavam outra no lugar daquela, que iria viver e crescer.

K: Dizem que isso aconteceu algumas vezes no passado, mas nunca ouvi falar de casos recentes em que a criança chegou a viver.

D: O sacerdote sabe dizer.

K: Dizem que sim. Quem sabe?

D: Você costuma ir à igreja? (Não) Há igrejas em Erin?

K: Eles têm... ah, frades ou monges itinerantes, ou algo assim. Não tenho certeza. Eles andam por aí tentando converter as pessoas ao cristianismo e usam o medo. Não me parece muito bom.

D: Oh, você está dizendo que eles assustam as pessoas?

K: Eles dizem muito mais "não faça isso" do que "faça aquilo".

D: (Riso) O que você acha disso?

K: Acho que estou feliz do jeito que sou.

D: Há outras religiões no país? Você disse que eles tentam converter, tentam mudar as pessoas?
K: Dizem que somos um bando de pagãos que acreditam em Belldain* e coisas assim, e em fey** e shay.
D: Qual a primeira palavra que você disse? Acreditam em quê?
K: Belldain? (Fonético. Talvez Belltain?) São as fogueiras e essas coisas do meio do inverno e coisas assim. Mantemos os espíritos ruins à distância e para isso as fogueiras precisam estar ardendo.

* Beltane é uma palavra celta que significa "fogos de Bel" (Bel era uma divindade celta). É um festival do fogo que celebra a chegada do verão e a fertilidade do ano vindouro. Esses rituais costumavam levar a torneios e a casamentos, tanto no verão quanto no outono seguinte. Beltane é o festival gaélico do Dia de Maio. Geralmente, é comemorado no dia 1o de maio, o ponto médio entre o equinócio da primavera e o solstício de verão. *
**Fey: o mundo dos pequeninos, leprechauns, fadas, espíritos domésticos, duendes, etc. **

D: E dizem que é ruim acreditar nessas coisas?
K: Dizem que você está condenando sua alma e que ela vai queimar nessas mesmas fogueiras. (Rimos.) E eu lhes perguntei, como sabem disso, já morreram, foram enterrados e descobriram?
D: (Riso) E o que eles disseram?
K: Que certamente eu iria para o inferno, porque...
D: Porque você faz perguntas?
K: É. Para as quais eles não têm respostas. Claro, então estou errado e eles estão certos. Ehhh!
D: Sim, é mais fácil dizer isso quando não têm uma resposta. Já ouviu falar nos druidas?
K: (Pensando) Ah … druidas, druidas? Um … não.
D: Ouvi dizer que eram uma religião. Vocês não têm druidas em Erin?
K: Se está falando de religiões e coisas assim, são o povo que trouxe os Dançarinos para cá e outras coisas.
D: Fizeram o quê?
K: Ergueram os Dançarinos.
D: (Não entendi a pronúncia.) Os dadinhos?

K: Não, os Dançarinos. Sabe, os Dançarinos de Pedra. Dizem que foram eles que os ergueram, mas eu não... Eles se foram ou, no mínimo, se esconderam.

D: *Você já viu esse lugar ou só ouviu falar nele?*

K: Oh, há vários Dançarinos de Pedra. Há um no sul que é bem grande e que tem algumas coisas e... Há vários menores no norte. Ah... e há dois lugares nas grandes colinas que são enrolados em sentidos diferentes, não se sabe ao certo quem os fez. Mas tem alguma coisa a ver com certas crenças deles, ou algo assim.

D: *Então, devem ser muito velhos. (É) Você viu esses lugares porque viaja muito.*

K: É. De alguns deles, só ouvi falar. Mas esse do sul eu vi com meus próprios olhos. É bem grande.

D: *Pode me dizer qual é a sua aparência?*

K: Bem, todas as pedras têm a altura de um homem e são azuis. E há uma grande pedra de altar que eles não sabem dizer de onde veio. Ela é preta como carvão, muito escura. E dizem que era usada para sacrifícios, mas quem tem como saber?

D: *Mas hoje, não fazem mais isso.*

K: Bem, pelo menos, não abertamente.

D: *(Riso) Por que chamam-nos de Dançarinos de Pedra?*

K: Porque agora estão em ângulos diferentes e se parecem com bêbados que estão dançando ali.

D: *As pedras ficam encostadas umas nas outras?*

K: Algumas estão tortas numa direção e outras tortas noutra, e...

D: *Você disse que havia espirais?*

K: É. Há espirais, sabe, grandes montes na forma de espirais.

D: *Como foram feitos?*

K: (Sorrindo) Eu não os fiz. São de terra e torrões (torres?)

D: *Pedras?*

K: Não, apenas de torrões de terra.

D: *Dá a impressão de que a chuva poderia levá-los.*

K: Mas estão ali desde sempre, e a grama cresceu sobre eles.

D: *Você acha que alguma religião de alguma época passada fez essas coisas?*

K: Alguém fez. Não foi algo que simplesmente aconteceu.

D: *Eles não teriam aparecido sozinhos. Você acha que são lugares sagrados?*

K: Dizem que se um homem passa sobre eles, alguém fica zangado e o homem tende a desaparecer.
D: *Seria uma boa maneira de afastar as pessoas, não seria? (É) Você tem alguma crença?*
K: Acredito naquilo que posso ver e sentir, e é tudo.
D: *Bem, esse é um bom modo de se viver. Então, você não tem medo dessas coisas que as pessoas dizem.*
K: Não me preocupo com elas. Entendo que vou descobrir tudo quando morrer. Se não houver nada, ficarei feliz, e se houver, talvez me surpreenda.
D: *(Riso) É uma boa maneira de acreditar. Aconteça o que acontecer, será bom. (É) Mas você não conhece nenhuma canção alegre?*
K: (Ela bocejou.) Não consigo me lembrar de nenhuma.
D: *Com certeza, eu gostaria que você cantasse mais uma para mim. Poderia fazer isso antes de ir dormir?*
K: Parece com a eterna pergunta, "Ah, mais uma. Só mais uma".
D: *(Riso) As pessoas sempre dizem isso?*
K: Geralmente. (Ela pareceu cansada.) Deixe-me pensar.
D: *Cante só mais uma e deixo você ir para a cama.*

Ela fez uma pausa como se estivesse pensando. Então, cantou. (Canção no 5. Duração de um minuto e vinte e cinco segundos.) Essa foi a canção mais longa que ela cantou. Era lenta e foi acompanhada pelos costumeiros movimentos com as mãos.

D: *Muito bonita. Agradeço-lhe, de verdade. Conte-me o que significa.*
K: Bem, vejamos. É sobre um lugar que dizem que fica do outro lado do mar e que... oh, como os chamam? Ah, esses irmãos navegaram até lá e disseram que há uma ilha de vidro. E voltaram, falaram dela e ninguém acreditou neles. Por isso, eles voltaram e nunca mais foram vistos.
D: *Também era em celta? (É) Ah, fiquei curiosa, o que seria essa ilha de vidro?*
K: Não tenho como saber.
D: *Mas é uma bela canção. Agradeço por cantar para mim. E você disse que estava ficando cansado.*
K: Estou pronto para me esticar numa esteira, num canto qualquer.

D: *Mas antes, você vai tomar seus drinques, não vai? (Tornou a bocejar.) Bem, agradeço-lhe por fazer isso para mim. Creio que as outras pessoas também devem ter gostado.*

K: Pelo menos, não estão gritando e jogando coisas, por isso não devem ter pensado demais.

D: *(Riso) Às vezes, acontece isso?*

K: Bem, de vez em quando, já vi acontecer. É, ficam muito bêbados e não querem ouvir mais nada do que estou cantando ou...

D: *(Riso) Certo, se não estão jogando coisas é porque gostaram. Pois eu gostei.*

(Paciente trazido ao presente.)

Capítulo 14
O menestrel, parte 3
(Gravado em 20 de junho de 1985)

D: Vamos voltar ao O'Keefe, o harpista. O homem que tocava harpa e cantava canções, viajando para muitos e muitos lugares. Viajava e cantava canções, levando notícias. Creio que seu nome era O'Keefe. Vamos voltar à época em que ele viveu. Vou contar até três e estaremos lá. 1, 2, 3, estamos na época em que o harpista viveu, tocou e se divertiu com sua atividade. O que você está fazendo?
K: Sentado ao lado da fogueira. É pequena, só alguns galhos que consegui juntar.
D: Onde você está?
K: Na estrada.
D: Lá fora? Achava que você estava numa hospedaria ou coisa parecida.
K: Não, nesta noite, não.
D: Você esteve em alguma cidade?
K: Estive viajando.
D: Aonde está indo?
K: Pela estrada. Nenhum lugar específico.
D: Esteve em alguma fortaleza recentemente?
K: Não neste ultimo mês ou coisa assim.
D: Você gosta do seu trabalho, não gosta?
K: Põe o pão na minha boca.
D: Esteve cantando recentemente?
K: Quando tenho a oportunidade.
D: Qual o lugar que você mais gosta de visitar?
K: Ah, não sei. Talvez Taramoor (fonético) e Shawnray (fonético).
D: São lugares onde você é bem tratado e por isso gosta de voltar lá?
K: São gentis, sim.
D: Estava curiosa sobre essa região na qual você anda a pé. É um terreno plano, é fácil caminhar aí?

Não tinha visitado a Irlanda e sabia que Karen também não tinha. Queria saber se sua descrição seria precisa.

K: Bem, se o terreno daqui fosse plano, não seria a Irlanda. Ela tem um monte de colinas, vales e coisas assim. Você sobe uma colina e desce pela seguinte.

D: *As pessoas moram em áreas assim ou moram nas partes planas?*

K: Moram em todo lugar. Onde quer que consigam ganhar a vida.

D: *Bem, e está acontecendo alguma coisa importante no país ultimamente? Algo que você esteja comentando quando fala das notícias?*

Estava procurando alguma coisa histórica que eu pudesse confirmar.

K: (Pausa) Só pessoas diferentes brigando para lá e para cá, como de costume. É tudo. Há sempre lutas. Os O'Connor dizem que os Bradys estão na sua terra e brigam por isso, e coisas assim. Normalmente, a situação é essa.

Seu sotaque era tão forte que frequentemente tive dificuldade para transcrever os nomes.

D: *Você já soube de problemas com alguém de fora do país que tivesse vindo e tentado conquistar alguma coisa? Guerras ou coisas assim?*

K: Há sempre gente que desembarca nas praias e tenta nos invadir, mas em geral... um irlandês luta com o irmão até que alguém comece a bater em seu irmão. Então, os dois se juntam. Por isso, não tivemos muitos problemas assim.

D: *Achei que você soubesse dessas coisas, já que leva as notícias. Soube de guerras assim no passado?*

K: Ah, tem sempre gente vindo da terra do outro lado das águas. Às vezes, estabelecem-se pacificamente, às vezes, lutam, mas... na história recente, não.

D: *Era o que eu estava imaginando, se houve alguma guerra recente que você precisou relatar.*

K: Do exterior, não. Só os irlandeses de costume provocando um bafafá. (Eu ri.) Não há nada muito empolgante acontecendo agora.

D: Antes, você disse que quando vai às torres de menagem, precisa contar as últimas notícias.

K: Sim, isso é verdade.

D: E é só isso que está acontecendo agora, grupos diferentes em disputas?

K: Ah, são duas facções que querem colocar seu homem como rei. Esse é o tamanho da disputa.

D: Como assim?

K: Bem, os O'Connor querem que seu homem torne a ser rei. Os O'Leary querem que o deles seja rei. Estão brigando por causa disso, como de costume.

D: Então, vocês têm um rei que manda em tudo?

K: Geralmente, é o homem com o bastão maior ou com o exército maior.

D: E quem é o rei agora? É um deles?

K: Não, é dos O'Brady. Eles fazem rodízio a cada cem anos, depois de terem esmagado as cabeças de todos do clã. A Irlanda tem sido uma série de eventos assim, desde que existe. É um rei sobre o outro, de modo geral.

D: E é assim que decidem? Brigando uns com os outros?

K: Como regra, sim.

D: Você tem ideia de quem será o próximo?

K: Quem tiver mais dinheiro na despensa.

D: Você vai a esses lugares onde há disputas?

K: Às vezes, vou, mas prefiro ficar longe deles. Quer dizer, às vezes um harpista itinerante também é atingido por uma flechada.

D: Ah, sim. Pode ser. Estava curiosa, que língua é essa que você fala? Sua língua tem um nome?

K: Você se refere ao gaélico?

D: É essa a língua que você fala?

K: É como a chamam.

D: Estava curiosa. Certa vez, você cantou algumas canções para mim e me disse que eram numa língua. Estava querendo saber se você canta numa língua diferente daquela que você fala.

Isto me foi sugerido por um linguista para uma explicação para a língua das canções.

K: Não, como regra, não. De vez em quando, alguém me pede para cantar, digamos, em picto ou algo assim. Como regra, porém, é sempre algo que todos entendem.

D: *Foi o que imaginei. Alguém me disse que talvez você cantasse numa língua diferente daquela que as outras pessoas poderiam entender.*

K: Não. Quer dizer, por que eu cantaria numa língua que os outros não entenderiam? Se fosse assim, eu não receberia minha prata ou ouro por cantar, pois não entenderiam o que eu estava cantando para eles.

D: *Sim, é verdade. E você acha que é uma língua chamada gaélico?*

K: É assim que os outros a chamam, as pessoas que são forasteiras aqui.

D: *Todo mundo fala a mesma língua na Irlanda?*

K: Todos que já conheci. Quer dizer, tem gente que vem do norte, digamos, e que fala um pouco diferente. Mas todos têm a mesma língua.

D: *Certa vez, você cantou sobre dragões. Você acha que eles existem mesmo?*

K: Isso me parece uma coisa inventada pelas mães para assustar as criancinhas. Não acha?

D: *Você já viajou tanto, nunca viu nada parecido?*

K: Não, e nem conheci alguém que tenha posto os olhos num deles de verdade. Essas coisas estavam só na cabeça.

D: *(Riso) E unicórnios? Sabe o que são?*

K: Oh, já ouvi falar deles. Quem não ouviu? É claro que sempre tem esses comerciantes vendendo poções que seriam feitas de partes diferentes de unicórnios e coisas assim. Mas eu não acredito neles. Creio que só inventam isso para ganhar dinheiro. Todo homem faz o que pode para sobreviver.

D: *Então, você nunca viu unicórnios ou dragões. (*Não*) Você acha que são apenas histórias.*

K: Quem sabe se eles teriam existido antes que viéssemos? Deve haver alguma verdade até nas lendas mais antigas. Do contrário, elas não teriam começado, como regra geral.

D: *Fale-me dessa harpa que você toca. Essa que você carrega nas costas.*

K: O que você quer saber sobre ela?

D: Quantas cordas ela tem?
K: Esta que levo nas minhas costas tem doze.
D: Ouvi dizer que algumas têm poucas cordas e que outras têm muitas.
K: Quanto maior, mais cordas tem.
D: Você a construiu sozinho?
K: De que outro modo eu iria conseguir uma se não a construísse?
D: Achava que às vezes outras pessoas fazem as coisas e depois as vendem.
K: Por que um homem iria vender uma boa harpa? A menos que não pudesse mais tocar. Mesmo assim, provavelmente iria passá-la para seu filho ou talvez para seu neto.
D: Às vezes as pessoas fazem coisas para vender para outras pessoas.
K: E você iria comprar uma harpa construída por alguém que não tivesse música nos dedos? O som desafina, fica como o som que parece tocado por um arco (aqui, o sotaque estava forte. Creio que a palavra foi: arco.) Não seria bom.
D: Faz sentido, não faz? Estava curiosa para saber se você poderia falar algumas palavras em sua língua. Algumas palavras simples ou coisa assim, para eu ouvir seu som.

Eu já havia pesquisado as músicas e a língua com uma linguista. Ela deu esta sugestão. Karen fez uma pausa e suas expressões faciais mostraram angústia. Ela estava confusa.

K: Não sei se entendi direito o que você quer. Sabe, estou conversando com você desta maneira e você parece me entender direito. Por isso, por que você quer... não entendo.
D: Tudo bem. achei que você poderia ter palavras diferentes para coisas que eu não entendo. Não há problema. Estamos nos comunicando muito bem desta maneira, não estamos?
K: Ah, é.
D: Bem, eu gosto de falar com você. Certo. Vamos sair dessa cena. Vou contar até três e vamos até um momento quando você está numa das fortalezas. Vou contar até três e estaremos lá. 1, 2, 3, agora estamos numa fortaleza, um lugar aonde você gosta de ir. O que você está fazendo?
K: Estou tocando a minha harpa.
D: Onde você está?

K: Estou em Strafmoor. (Pedi-lhe para repetir. Fonético: Straf moor.)
D: Você está no salão? Onde você está?
K: Sim, estou no grande salão.
D: Qual a aparência do grande salão? Nunca o vi. Pode olhar à sua volta e descrevê-lo para mim?
K: Ele tem paredes bem altas, feitas de pedra. E janelas muito altas nelas. Tem vigas de madeira e é coberto de palha.
D: O teto é alto?
K: Ah, é.
D: As janelas são muito grandes?
K: Não, são relativamente pequenas.
D: E estão lá no alto. (É) Não dá para olhar por elas, dá?
K: Não, e ninguém conseguiria entrar por elas.
D: É por isso que ficam bem no alto?
K: Isso e, creio, o fato de elas permitirem que a fumaça saia.
D: Oh. Então, as janelas não são cobertas?
K: São cobertas por umas peles oleadas.
D: Por que haveria fumaça? Há fogueiras no salão?
K: Ah, é. Há uma grande lareira central no meio do salão. Do contrário, como as pessoas iriam se manter aquecidas?
D: Qual a aparência dela?
K: Ela fica um pouco acima do chão, no centro de tudo. É redonda e aberta. É como uma lareira externa.
D: Ela fica acima do chão?
K: É. Se não fosse elevada acima do chão, o tapete de cordas trançadas pegaria fogo. E isso não faz nenhum sentido.
D: (Eu não tinha entendido a palavra.) Cordas traçadas?
K: Trançadas.
D: Trançadas? Onde estão as tranças?
K: Espalhadas pelo chão.
D: Por que estão no chão?
K: Para tudo ficar limpo e organizado. (Ela estava ficando um pouco irritada comigo por não entender.) Nunca perguntei porque estão ali. É como se faz.
D: Quero dizer... pensando em cordas... são como cordas trabalhadas em forma de tapete?
K: Ah, é, é.
D: E ficam no chão? (É) Pensava que o chão seria limpo, só varrido.
K: (Riso) Do jeito que as pessoas daqui são, ele nunca ficaria limpo.

D: *Então, espalham esses tapetes de corda pelo chão como se fosse grama? (É) Cobrindo tudo.*
K: E assim, jogam as coisas no tapete. Depois da refeição, é lá que vão parar os ossos, com os cachorros brigando por eles e coisas assim.

Não é exatamente esta a imagem romântica de um banquete num castelo apresentada pelos filmes.

D: *Oh! E então, jogam as coisas no chão? (É) E as mesas ficam postas em torno de...*
K: Mesas e trenches, sim.
D: *Trenches?** Ficam em torno do fogo?* (Sim*) Em círculo?*

** Webster's New World Dictionary: 1. Antigo nome de uma prancha de madeira para cortar e servir carnes. 2. Qualquer prato. A pergunta de Dolores deve-se ao outro significado de trench, em inglês, que é "trincheira", que faria sentido ficarem em círculo em torno da lareira [N. do T.]**

K: Não, são postos em filas.
D: *Mesas compridas?*
K: Bem compridas. Mais longas do que um homem.
D: *E o que fazem? Trazem a comida e põem-na nas mesas? (É) Quem faz isso? Serviçais?*
K: É. Os criados.**

** Criado: pessoa que faz trabalhos braçais ou servis. **

D: *Os criados levam a comida? As pessoas comem, jogam os ossos e outras coisas no chão? (É) E há muitos cães lá?*
K: Suficientes para fazerem confusão e disputarem os restos.
D: *(Riso) Brigam pela comida. (É) E que tipo de comida você vê nas mesas?*
K: Coisas como carne de veado e... (pausa enquanto observa) oh... aves defumadas. E perdizes, faisões e coisas assim. Vários peixes diferentes. E tubéres e outros.
D: *E o quê?*
K: Tubéres (fonético).

D: *O que é isso?*
K: (Na frase a seguir, consegui entender o que ela estava dizendo.) Tubérculos são tubérculos, não conheço outro nome para eles.
D: *Ah. Como vegetais, batatas? Você conhece a palavra? (Pausa) Crescem no chão?*
K: Oh, é, é.
D: *Muito bem. É um nome diferente. Agora sei a que você se referiu. Vocês têm aí para comer muitas dessas coisas que crescem no chão?*
K: A quantidade é suficiente para alimentar todas as bocas que estão aqui.
D: *E pão? Alguém faz pão?*
K: Temos bolos achatados, se é a eles que você se refere.
D: *São bolos doces ou...?*
K: Oh, não, não. São bolos simples. São bolos achatados. Não conheço outra maneira de dizer.
D: *Não são muito espessos?*
K: Teriam a espessura de um polegar e meio.
D: *Quero dizer, qual a altura deles?*
K: Essa é a altura deles.
D: *E qual a sua largura?*
K: Ah, mais ou menos assim. (Movimentos com as mãos) Se você juntar as duas mãos, vai ver o tamanho deles.
D: *E eles não são doces? (*Não*) De que cor são?*
K: Marrom, quem sabe?
D: *E comem-nos com a carne?*
K: Geralmente, são usados para limpar a travessa depois do almoço. São comidos assim. (Riso) É a única maneira de comê-los, com um pouco de molho.
D: *Você sabe o que são pratos? (Pausa) Algumas pessoas comem em pratos.*
K: Não tenho conhecimento desta palavra, não.
D: *É um... você sabe o que é cerâmica? Vocês têm cerâmica? Ou...*
K: Temos cálices, se é disso que você está falando.
D: *Cálices. Certo. Às vezes, usam-se coisas para colocar a comida, e você...*
K: Ah, usam as pranchas.
D: *As pranchas. E vocês têm cálices onde se colocam as bebidas?*

K: Algumas pessoas têm cálices. Outras têm apenas... como você chamaria? Canecas, creio que é uma boa palavra.
D: O cálice é mais elegante?
K: É para os ricos, é.
D: Que bebidas eles têm?
K: Oh, cerveja preta, cerveja comum, hidromel e coisas assim.
D: Alguém bebe leite? Sabe o que é isso?
K: É o que se dá aos bearns.**

** Sinônimo de bebê [N. do T.] **

D:(Eu não entendi a palavra.) Os barões? Então as pessoas comuns não bebem? (Pausa. Ela demonstrou confusão.)
K: Você não está me entendendo. Não, isso é o que dão aos bebês.
D: Oh, certo. Achei que você se referia a barões.
K: Não tenho ideia do que seja um barão. Essa é uma palavra estranha para mim. Pode me explicar?
D: Bem, é parecido com um chefe. Uma pessoa que estaria entre um chefe e um rei.
K: É uma palavra interessante, é.
D: É uma pessoa importante. Então, dão leite aos bebês? (É) Pessoas da sua idade não bebem leite?
K: Não, como regra, não.
D: Nesses jantares, chegam a servir alguma coisa doce?
K: Doces? Só quem tem muito dinheiro serve doces. É raro, muito raro. Fazem com mel e coisas assim. São muito caros.
D: Achei que em festas grandes como essa, preparariam algum doce. Só em ocasiões especiais?
K: Como regra, em casamentos e coisas assim.
D: Eles se sentam em determinada ordem? Alguém que seria mais importante do que os outros?
K: É, tem aqueles nas mesas altas e uma espécie de ordem descendente. Você fica acima ou abaixo dos saleiros e coisas assim.
D: O que quer dizer isso, acima e abaixo dos saleiros?
K: O lugar onde guardam o sal. As pessoas ficam acima ou abaixo dos saleiros.
D: As mesas altas? Quer dizer que ficam elevadas acima das outras pessoas?

K: Ah, uma delas é. Pertence ao dono do lugar. Ele ocupa a mesa alta. Todos os visitantes que sejam parentes dele ficam lá com ele. E depois, há uma ordem descendente na sala, digamos assim.
D: Quando você diz que as pessoas ficam acima e abaixo do sal, quer dizer que nem todos usam o sal?
K: Não. Você só ganha sal se tiver certa importância.
D: Por quê? O sal é raro? É difícil de encontrar?
K: É. Em muitos lugares, sal e dinheiro são a mesma coisa.
D: Então, as pessoas que ficam sentadas mais para baixo não usam sal na comida. (É) Hmmm. Então, quando acabam de comer, jogam o resto no chão.
K: E os cães limpam tudo.
D: Eles usam alguma coisa para comer?
K: Eles têm facas.
D: E como as pessoas estão vestidas? Especialmente as mulheres. Elas se vestem de determinada maneira?
K: Como assim, como estão vestidas? Sabe, usam túnicas, saias.
D: Túnicas?**

** Túnica: peça de roupa usada sobre o vestido. **

K: E o que mais há? Sabe, eu não conheço moda feminina.
D: As saias são compridas?
K: É, tocam o chão.
D: E na cabeça, usam alguma coisa?
K: Elas têm os hábitos.**

** Hábitos: tipo de véu que cobre a cabeça, pescoço e laterais do rosto, usado pelas mulheres no passado e ainda usado por algumas freiras. **

D: E então, não deixam os cabelos soltos, deixam?
K: Geralmente, são trançados ou usam uma coifa** qualquer.

** Coifa: peça justa para a cabeça usada dentro de casa, como uma touca. **

D: E a parte superior do traje? Ele vai até o pescoço ou...
K: É. Vai até em cima.

D: Não usam decote?
K: Não. Você morreria congelada se usasse.
D: (Riso) Ah, então é frio aí, não é?
K: Ah, o inverno é meio rigoroso.
D: As mangas são longas ou curtas?
K: São longas.
D: Elas usam joias?
K: Aquelas que têm dinheiro suficiente para isso. E se não têm, não usam. Geralmente é um anel ou uma cruz. E seria tudo.
D: Nada muito mais ornado do que isso. E o dono do lugar? Ele usa alguma joia especial?
K: Ele usa seu anel de sinete e uma espécie de... (pensando na palavra). Uma espécie de... medalha. Fica no meio do peito.
D: Um metal redondo pendurado numa corrente ou coisa assim?
K: É. Ela mostra seu cargo. Elas têm desenhos diferentes e são gravadas com suas armas e coisas assim.
D: E isso diz quem eles são. (É) Que roupas os homens usam?
K: Um gibão** e meias compridas. Sabe, não tenho como explicar melhor.

** Gibão: jaqueta masculina justa, geralmente de couro. **

D: O gibão cobre muito das pernas?
K: Vai até metade das coxas.
D: As mangas são compridas?
K: É. Às vezes, usam uma camisa por baixo. E então, o gibão em si terá mangas curtas e a camisa terá mangas longas. Assim, a roupa será bem mais quente. Mas acho que depende da época do ano.
D: Eles usam alguma coisa na cabeça?
K: Cada um usa um chapéu diferente. Depende do seu humor, creio, ou de quem você é e do que pode pagar. Alguns deles são bem estranhos. Vi um que parecia uma ave prestes a decolar e voar.
D: (Riso) Num homem? (É) Parece ser algo que uma mulher usaria.
K: Não, evidentemente era um homem que se achava bastante importante, ao que pareceu.
D: (Riso) Ele queria ser diferente para que todos o notassem.
K: Ele foi notado, sim, mas muitos o consideraram tolo.
D: E você, que roupas usa?

K: Só calças justas e gibão, de modo geral. Se estiver frio, uma capa. Mas é tudo.

D: *Usa alguma coisa na cabeça?*

K: Às vezes, uso um boné no inverno ou quando chove. Normalmente, porém, não uso nada na cabeça.

D: *As roupas têm uma cor determinada?*

K: As minhas são marrons e tenho um par que é vermelho. Mas uso este só em ocasiões especiais.

D: *As pessoas usam cores vivas?*

K: Como conseguem pagar pelos corantes delas? Se não estiverem presentes nas coisas próximas a elas, não vão conseguir corantes.

D: *Então, a maioria das pessoas usa apenas roupas marrons?*

K: Ou coisas da cor de que são feitas. Se forem de lã, serão da cor da ovelha da qual a lã foi tosquiada.

D: *Então, elas não as tingem. (Não) E poucas pessoas usam cores vivas?*

K: Não muitas, só as que podem pagar por elas.

D: *Onde você comprou suas roupas vermelhas?*

K: Tive de pagar um dinheiro suado por elas. Consegui-as com um alfaiate. Quando você vai às fortalezas, precisa ter pelo menos um jogo de roupas que faz com que pareça que você pertence a aquele lugar.

D: *Bem, quando você está cantando e tocando sua harpa, onde se senta no salão?*

K: Geralmente, numa cadeira próxima da mesa alta. Assim, posso ser ouvido por eles e eles podem me dizer o que querem ouvir e coisas assim.

D: *E você disse que às vezes há malabaristas. (É) E acrobatas? Sabe o que são?*

K: Não conheço essa palavra.

D: *São essas pessoas que... ah, pulam para lá e para cá, fazem truques com o corpo. Dão cambalhotas e coisas parecidas.*

K: Já vi pessoas fazendo isso, sim. E temos mascarados** e outros que às vezes aparecem. E fazem representações.

** Os mascarados eram atores amadores que se apresentavam disfarçados em aldeias na época da colheita ou em ocasiões religiosas, como o Natal. **

D: *Mascarados? Ah, você está dizendo aqueles que atuam sem falar?*

Estava pensando nos mímicos.

K: Não, eles falam. Mas usam vozes diferentes. Para ficarem mais engraçados para as pessoas. Está entendendo o que digo?

D: *Creio que sim. Quer dizer que eles fazem vários papeis?*

K: Oh, é, sim.

D: *Uma só pessoa faz isso?*

K: Oh, geralmente há um grupo deles, mas todos representam vários papeis, para vermos a cena completa. São duas ou três, às vezes quatro pessoas.

D: *Usam roupas diferentes quando se apresentam ou só mudam suas vozes?*

K: Geralmente, só mudam suas vozes. Alguns que vi usavam fantasias que eles podiam virar de lado. Digamos, de um lado da roupa, o homem usava calças justas e gibão. Do outro lado, tinha uma anágua. (Eu ri.) Era muito estranho.

D: *Então, ele estava fingindo que era uma mulher e um homem, não é? (É) As pessoas acharam-no engraçado?*

K: Riram muito, é.

D: *E contam histórias desse jeito? (*Sim*) É o que você faz, só que você canta as histórias.*

K: De certo modo, é.

D: *Eles costumam ter mais gente que toca música, além de você?*

K: Bem, há vários harpistas e outros músicos.

D: *Quer dizer que todos tocam na mesma fortaleza? Sempre que você toca, há mais alguém que toca outras coisas? Não quando você está tocando, mas antes de você tocar?*

K: Às vezes, mas nem sempre. Geralmente, se a fortaleza tem um harpista, ele não fica lá.

D: *Oh, faz sentido. Mas há outras pessoas que tocam outros instrumentos?*

K: Oh, às vezes as mulheres tocam alaúde. Mas isso não é feito nos salões.

D: *Alguém toca algum instrumento que é soprado para fazer música?*

K: Ah, usam flautins e outros parecidos, mas principalmente instrumentos com cordas.

D: Bem, neste momento você só está tocando suas músicas? (É) E depois vai cantar para eles?

K: Estão fazendo barulho demais para eu conseguir cantar. Todos estão de bom humor e ficando animados em seus colarinhos. Duvido que queiram ouvir músicas, exceto... a música por si mesma. Não vão querer me ouvir cantar.

D: Essa fortaleza é grande? (Pausa) Quero dizer, tem muitos cômodos?

K: Tem vários quartos, é.

D: Quando você entra na fortaleza, como é? É por uma porta grande? Como é?

K: Por um portão grande.

D: Um portão grande. Há um muro ao redor da fortaleza? Ou você entra direto na fortaleza?

K: Você entra na própria fortaleza.

D: Ouvi dizer que em alguns lugares eles têm muros altos do lado de fora da fortaleza para impedir que as pessoas entrem, como no caso de uma guerra ou coisa do gênero.

K: Esta não.

D: Já viu algo parecido?

K: Perto daqui, não. Ela tem apenas portões que impedem que as pessoas cheguem ao centro dela. E das partes mais elevadas, você pode atirar flechas contra aqueles que estejam cercando o lugar.

D: Ela tem torres ou algo parecido? (Pausa) Você sabe o que significa essa palavra? (Pausa) É uma parte mais elevada do que o resto da edificação.

K: Mas a edificação é basicamente uma única peça.

D: Toda da mesma altura?

K: É. Quero dizer, não é baixa. Mas não é grande e alta como você está dizendo.

D: Ouvi dizer que há lugares que têm uma parte que é mais alta do que todo o resto.

K: Nunca vi isso, não.

D: Todos os quartos têm teto alto, como o salão grande?

K: Não. A cozinha tem, para deixar a fuligem sair. Mas os outros cômodos têm um quarto em cima deles. E o salão é apenas um grande recinto.

D: Você disse para a fuligem sair da cozinha? (Sim) O que quer dizer com isso?

K: As cinzas e coisas parecidas que saem das lareiras e fornos e coisas assim. Se não fosse pelo teto alto e por lugares para deixá-la sair, não daria para respirar ali dentro.

D: *É assim que cozinham? Em grandes fornos?*

K: (Riso) Pelo que eu sei. Não tenho como saber. Não cozinho tão bem.

D: *Nem eu. É por isso que estava curiosa. Bem, quando você olha para o grande salão, vê alguma decoração nas paredes?*

K: Há coisas penduradas, coisas feitas com cuidado, mas nada muito exuberante.

D: *O que quer dizer? Como quadros ou tapeçarias grandes? Ou refere-se ao modo de fazê-las?*

K: São tecidos e coisas assim. Creio que são feitos em teares. Não estou familiarizado com isso. Só sei que foram feitos. O maior é o brasão da família.

D: *Como aquela coisa que o homem tinha no pescoço, conforme você disse?*

K: É, é. Fica atrás da cabeceira da mesa.

D: *Como é o desenho dele? Dá para você ver daí onde está?*

K: Tem um cravo vermelho no centro, com uma espada atravessada. E uma croa no canto superior.

D: *Uma croa?*

K: Uma coroa. No canto superior. Dentro dela, uma cruz. No canto inferior... parece ser uma harpa ou coisa assim. Mas não estou familiarizado com esse tipo de harpa.

D: *O desenho tem quatro lados?*

K: Todos os brasões que já vi, têm. Nos outros dois, tem um que... é azul no alto e a parte de baixo é dourada.

D: *Você está se referindo às cores?*

K: Nos cantos opostos ... não estou descrevendo direito.

D: *Você está indo bem. Então, num canto tem uma cor e no outro canto tem um desenho?*

K: É. E no centro, tem um cravo atravessado por uma espada.

D: *Isso parece estranho. Por que terá uma espada enfiada no cravo?*

K: Mostrando que isso aconteceu numa caçada ou algo assim. Não tenho ideia. E o cravo branco...

D: *(Finalmente, entendi o que ela estava dizendo.) Ah, um cervo! Entendi, você está falando de um animal. (É) Pensei que você estivesse falando de um cravo, como uma flor. (Não, não) (Riso) As palavras são parecidas.*

K: Sim, são. Mas veja, se fosse um cervo branco, indicaria pureza e coisas parecidas. O cervo vermelho mostra força e creio que é este o significado dele. Não tenho certeza.

D: Ah, sim, agora entendi a que você se refere. Tudo isso faz parte do desenho. (É) E uma coroa com...

K: A coroa tem uma cruz dentro.

D: Estou tentando me lembrar do que você disse que havia do outro lado. Havia uma coroa e também havia... uma harpa!

K: É, há uma harpa na parte de baixo, de um lado. E há a coroa com a cruz dentro. Do outro lado, a parte de cima é azul e a de baixo é vermelha. Quer dizer, não é vermelha. É dourada. Desculpe-me. Estava pensando no cervo vermelho.

D: Azul e dourado. Muito bem. Creio que consigo imaginar o desenho. E este é o brasão do homem que é dono do lugar.

K: É. Strafmoor. (Fonético. Talvez: Stravmoor. Soa mais como um F.)

D: Esse é o nome da família e também o nome da fortaleza.

K: É. Também é o nome dele. Ele tem esse nome.

D: E as outras coisas penduradas são menores.

K: Algumas têm apenas flores ou algo assim. Nada importante, grande. Só estão lá. Deveriam aquecer o local. Algumas estão de tal modo cobertas com fumaça que não dá para saber o que representam. Faz algum tempo que não são limpas.

D: Eles tornam o salão mais quente pendurando tapeçarias nas paredes?

K: É o que deveria acontecer. Não sei se ajuda muito.

D: Fica frio aí com esse teto alto, não é? (É) Você disse que ele tem vigas e palha em cima?

K: O teto tem palha. As vigas são de madeira e o telhado é de palha.

D: Pensava que o telhado seria de pedra, como as paredes do prédio.

K: Como iriam colocar pedras lá em cima? O que iria segurá-las? A pedra é mais forte do que a madeira. O que iria segurá-la?

D: As paredes são de pedra, não são?

K: É. Mas estão empilhadas umas sobre as outras. Elas ficam na vertical. Como iriam parar num ângulo como aquele?

D: Não sei. Seria difícil fazer isso, não seria? Mas a palha não é levada pelo vento ou...

Na época, eu não estava familiarizada com tetos de palha, mas como comecei a viajar todos os anos para a Inglaterra, vi muitas casas que ainda têm telhados desse tipo. É uma arte inglesa em extinção, pois as pessoas não sabem como fazer reparos. É entediante e a arte não está sendo passada para os jovens. O telhado é bem firme e seguro e atende muito bem a seus propósitos, mas precisa de reparos de tempos em tempos (tal como qualquer outro telhado). Na época dessa sessão, em 1985, no entanto, eu tinha a imagem mental de palha ou capim soltos no alto do telhado, o que, em retrospecto, não seria muito prático.

K: Ele fica bem preso. Claro, é preciso ser substituído. Geralmente na primavera ou no verão. Mas fica bem no lugar.

D: *Achava que a chuva podia passar ou que o vento poderia levá-lo embora.*

K: Ele é bem grosso e bem amarrado.

D: *E o telhado da fortaleza toda é feito desse modo?*

K: A parte que eu vi.

D: *E paredes de pedra. Os pisos também são de pedra?*

K: (Confusão) Não sei.

D: *Oh, está coberto de tapetes de corda. É difícil ver.*

K: Creio que deve ser apenas terra. Não sei dizer.

D: *Mas a lareira no meio onde tem o fogo é...*

K: De pedra, é.

D: *E fica meio levantada. (É) E a fumaça sai pelas janelas. Eles chegam a abrir esses oleados?*

K: Geralmente, ficam presos só no alto. (Confusão para explicar.) São presos ao teto de algum modo, mas ficam livres para balançar, digamos.

D: *Ah, então ficam meio soltos. Assim, a fumaça pode sair. (É) Mas a chuva pode entrar, não pode?*

K: Fica um pouco protegido. Mas não seria suficiente se a chuva fosse forte e o dia fosse muito ventoso.

D: *Agora, posso ter uma ideia. Você gosta de tocar nas fortalezas?*

K: Pagam melhor do que nas hospedarias.

D: *Gostaria de saber se você pode cantar mais uma canção para mim. Você já cantou antes.*

K: É, você pode gostar, mas acho que vou ser despejado daqui hoje à noite. Não, acho que não vou cantar mais hoje.

D: Você acha que não vão querer ouvir as notícias ou algo assim?
K: Hoje à noite, não. Estão um tanto quanto turbulentos agora.
   Eu queria conseguir mais canções. Eu teria de convencê-la.
D: Certo. Vamos sair dessa cena. Vamos nos afastar dela. Vou contar até três e iremos a uma ocasião em que você está se apresentando. Em que você poderá cantar. Uma ocasião em que você poderá cantar para mim. Na qual também estará cantando para todas as pessoas. Elas vão gostar muito. Vou contar até três e estaremos lá. 1, 2, 3, você agora está num lugar onde está se apresentando, cantando para as pessoas. O que você está fazendo?
K: Tocando a minha harpa.
D: Onde você está agora?
K: Na Fortaleza Claire.
D: Você gosta dessa fortaleza?
K: É uma bela fortaleza.
D: Você vai cantar hoje à noite? (É) Pode cantar para eu ouvir? Assim, também vou saber como é a canção. (Ela pareceu hesitar.) Gostaria muito se você cantasse. (Pausa) Pode fazer isso para mim?
K: (Suavemente) Creio que sim.
D: Que bom. Porque eu gostaria disso. E você já fez isso antes e eu gostei mesmo da sua voz.

   Ela cantou outra canção lenta. (Canção no 6. Com duração de quarenta e cinco segundos.)

D: Gostei dessa. As pessoas gostaram?
K: Bem, ninguém jogou nada em mim, por isso acho que gostaram.
D: A melodia é bonita. Pode cantar outra para mim? (Pausa) Você vai cantar muitas, não vai?
K: Canto algumas. (Ela pareceu incomodada.)
D: Por que a incomoda quando eu peço?
K: É que às vezes parece difícil. Não sei muito bem porquê.
D: Tem alguma ideia? (Pausa) Porque eu não quero incomodá-la. Sabe a razão? Estou tentando entender.
K: Não tenho certeza. É que às vezes, dá a impressão de que me fecho. E nada quer sair. (Riso nervoso)

D: Mas isso não acontece quando você canta para as pessoas, acontece?
K: (Riso) Às vezes, acontece. Depende da situação. Por exemplo, se nunca estive antes num lugar.
D: Sim, sei o que você quer dizer. Também já tive essa sensação. Nunca se sabe se vão gostar ou não. (Estava tentando ganhar sua confiança.) É um pouco difícil ficar em pé na frente de todas essas pessoas. (É) Mas gostaria muito mesmo se você cantasse mais uma canção, depois deixo-o ir. Gostaria muito. Gosto da música. Ela tem um som bonito.
K: Creio que vou tentar.

Ela cantou outra canção lenta. (Canção no 7. Duração de um minuto, aproximadamente.)

D: Muito bonita. Gostei. Você repetiu a palavra "shelan" (fonético) várias vezes nela. O que significa isso?
K: É o nome de uma pessoa. É uma espécie de lamento, digamos.
D: Um lamento?
K: É. Chora-se pela pessoa.
D: A pessoa foi embora? E querem que ela volte? (É) Estão chamando um homem ou uma mulher?
K: Uma mulher.
D: Então, ficaram tristes. (É) É, realmente pareceu algo triste.
K: De qualquer modo, com muita saudade.
D: Muitas de suas canções são assim mesmo, não são? (É) As pessoas de seu país costumam dançar?

O único tipo de música irlandesa com que estou familiarizada é a moderna giga irlandesa. É uma música animada, não é lenta e triste. Será que existia esse tipo de música naquela época?

K: De vez em quando, dançam a giga, sempre que algumas pessoas se reúnem. De modo geral, somos um povo alegre. Mas as canções alegres não são cantadas, a menos que alguém esteja dançando. Ninguém iria ouvir você com todas as palmas.
D: Tocam alguma música quando dançam?
K: É. Às vezes com a harpa, às vezes apenas batem palmas ou usam flautins e coisas assim. Nunca toquei flautim, por isso não sei

como se faz. Às vezes, usam a voz para fazer a melodia, mas não usam muitas palavras. (Ficou confusa de novo para explicar.) É só para produzir a melodia.

D: *Você já se levantou e saiu dançando?*
K: É, mas acho que tenho dois pés que não se conhecem muito bem.
D: *(Riso) Algumas pessoas se saem melhor do que outras.*
K: Verdade.
D: *Certa vez, você me disse que quando era menino, foi embora com seu pai e ele lhe ensinou a fazer todas essas coisas? (É) Em que parte dessa terra vocês moraram quando você era pequeno? (Pausa) Antes de ir com seu pai, você se lembra de onde morava?*
K: Só me lembro que era um vale, tudo era verde. E tinha animais e coisas assim. Mas não me lembro bem de tudo. Só lembro que ficava perto de um rio. Nunca mais voltei lá.
D: *Estava curiosa para saber se você voltou para ver sua mãe ou o lugar onde você viveu. (Não) O que aconteceu com seu pai?*
K: Ele morreu. Tossiu até morrer. (Triste) Ficou muito tempo doente.
D: *Isso dificultava as viagens com ele?*
K: Às vezes. E chegou uma hora em que ele não conseguiu mais cantar.
D: *Você já era velho quando isso aconteceu?*
K: (Hesitou) Acho que tinha vinte e três.
D: *Então, você não era mais um menino. (Não) Ele lhe ensinou muitas coisas, não foi?*
K: Ah, é.
D: *Quando você viaja, encontra estradas que o levam até todos os lugares?*
K: Às vezes, há estradas, às vezes é preciso abrir uma. Às vezes, são apenas trilhas. Se você sabe aonde está indo, pode pedir orientação às pessoas.
D: *E você também vai e volta aos mesmos lugares, não?*
K: Normalmente.
D: *Você gosta dessa vida?*
K: Não é má. Pelo menos, tenho comida na boca e geralmente um lugar quentinho para ficar.
D: *E o que mais você poderia querer? Bem, eu lhe agradeço por conversar comigo. E lhe agradeço por cantar aquelas canções para mim. Gosto muito delas. Posso voltar para tornarmos a conversar?*

K: Se estiver disposta a escutar minha tagarelice, creio que sim.
D: (Riso) Ah, eu gosto disso. Para mim, é interessante. Muito bem. Mais uma vez, grata por conversar comigo.

A única coisa que Karen conseguiu associar a esta vida foi sua habilidade para cantar e tocar violão. Quando era bem jovem, descobriu que era capaz de tocar violão naturalmente, sem ter aulas. Volta e meia, ela inventava canções e a cantava enquanto fazia alguma coisa em sua casa, sem ter ideia de onde aquilo teria saído. Uma pequena recordação de O'Keefe que chegou a se infiltrar em sua vida atual.

Depois que Karen saiu de Fayetteville e mudou-se para Little Rock, comunicamo-nos apenas por correio ou telefone. Certo dia, tive de ir a Little Rock para uma convenção e combinamos de nos encontrarmos em meu hotel para uma sessão. Meu principal interesse era tornar a entrar em contato com o menestrel e, se possível, conseguir mais músicas. Também achava que havia algumas lacunas em sua história e queria questioná-lo a respeito delas. A senha de Karen funcionou muito bem, apesar de terem se passado cerca de dois anos desde nossa última sessão. Ela entrou imediatamente em transe profundo.

Na sequência, pedi-lhe para avançar até uma data importante. Ela demorou bastante para responder. Quando o fez, pareceu deprimida. Tive a impressão de que havia alguma coisa errada.

K: Eles ... não gostaram do que eu estava cantando e... Como eu podia saber? (Suspiro profundo.)
D: Quem não gostou do que você estava cantando?
K: Ah, o Brock. (Fonético, mas a palavra não estava clara.) Ele, ah... eu estava cantando uma canção que era sobre... oh, essa pessoa, não me lembro do nome dela. Bem, era sobre um feito glorioso que esse sujeito realizou e sobre outras coisas mais. E acabei descobrindo que ele era inimigo dos donos dessa fortaleza. E eles não gostaram disso.
D: Puxa. Foi um erro, não?

K: É. Eu deveria ter imaginado. Talvez devesse ter ficado de ouvidos abertos para saber das coisas.

D: *E o que aconteceu?*

K: (Suspiro) Oh, dizem que vão... cortar minha cabeça amanhã de manhã.

D: *Só por causa disso?*

K: Oh, pessoas já foram mortas por menos.

D: *Onde você está?*

K: Em algum lugar na parte de baixo da fortaleza, a julgar pela aparência daqui. É bem escuro. Descemos por esses degraus e... é claro que tinham tochas e então dava para ver.

D: *Não lhe deram uma chance de se desculpar ou de tentar corrigir a situação, nada?*

K: Eles não querem que as pessoas se desculpem. Acham que um homem não deve se desculpar por seus atos, e por isso não vão me dar uma chance.

D: *Como você está se sentindo?*

K: (Pausa) Bem ... estou desapontado. Não posso dizer que era uma coisa que eu queria que acontecesse. Nunca quis perder minha cabeça por qualquer motivo.

D: *Qual a sua idade agora?*

K: Oh, trinta e cinco, chegando lá. Creio que não foi mal.

D: *Você ainda podia caminhar e fazer tudo que queria, não?*

K: É. Mas agora, não adianta lamentar. Não há muito que eu possa fazer.

D: *Tem mais alguém aí embaixo com você?*

K: Ouvi alguns ruídos naquela direção, mas, a julgar pelo som, a pessoa deve estar longe de mim. São gemidos que não param.

D: *E você acha que vão mantê-lo aí como prisioneiro?*

K: Por que haveriam de me alimentar? Se cortarem minha cabeça, não terão de alimentar o estômago, por isso... É melhor assim. Prefiro ir embora de uma vez do que ficar aqui sentado por meses, apodrecendo até morrer.

D: *Faz sentido. Bem, não foi sua culpa. Você não tinha como saber daquilo.*

K: Deveria ter sido mais esperto.

D: *Eram as pessoas erradas para você entreter e cantar. Você já tinha estado naquela fortaleza antes?*

K: Não. Nunca tinha estado aqui. Mas o que se pode esperar dessa gente do norte? São um bando de pagãos, por isso...
D: Ah, então você está no norte de Erin. (É) Como se chama essa fortaleza? Quero ficar longe dela.

Pedi-lhe para repetir o nome três vezes. É um nome difícil de decifrar. Parecia com: Tyrag, Tyrug, Tyrod? fonético.

D: Quero ficar longe daí. Acho que não são pessoas que eu gostaria de conhecer. Bem, vamos sair dessa cena e avançar até que aquilo que for acontecer de manhã já tiver acontecido.

Não vi razão para levá-la a passar por uma decapitação. Não sou sádica.

D: E você pode olhar para trás e vê-la. Não vai incomodá-lo ver a cena ou falar sobre ela. Ela já aconteceu. Vou contar até três. 1, 2, 3, o que quer que tenha acontecido já aconteceu. Pode me falar a respeito?
K: Pegaram uma espada bem grande e... puseram minha cabeça num bloco e... simplesmente cortaram-na.
D: Quem fez isso?
K: Um dos guardas. Não tenho certeza.
D: Eles não deixaram você ficar lá embaixo por muito tempo, não é?
K: Não. E foi melhor assim. Este não é um bom lugar para morrer. Pelo menos, deixaram-me ver o brilho do sol mais uma vez.
D: Então, levaram-no até o pátio ou coisa assim? (É) Mas foi uma vida feliz, não foi?
K: Foi uma vida despreocupada.
D: Bem, e como você se sente sobre isso? Ficou com raiva?
K: Era uma coisa pela qual eu precisava pagar. Foi justo.
D: Você sabe o que tinha de pagar?
K: Foi uma injustiça do passado e... É sempre uma vida por outra, e isto teve lá seu sentido.
D: Você está dizendo que isso que você está pagando aconteceu nesta vida ou noutro lugar?
K: Aconteceu antes.
D: E você percebeu isso agora que saiu do seu corpo novamente? (Sim) Você sabe o que tinha de pagar? Sabe o que era?

K: Hmm. Só sei que era uma coisa igualmente horrenda. Não me lembro.

D: *Era uma coisa que você fez numa vida passada e agora teve de pagar desta forma?* (Sim) *Entendi. É assim que funciona, não é mesmo? Pelo menos, você não sente raiva. É muito bom não ter raiva ou sentimentos de vingança. Você entendeu o que aconteceu.*

Ela não falava mais naquele charmoso sotaque irlandês. A voz normal de Karen voltara.

K: A raiva é um meio inútil de reação diante de qualquer coisa. A raiva faz com que muito karma se acumule. Se a raiva nos domina, vem do passado para o presente e não causa nada exceto problemas.

D: *Que bom que desta vez você não fez isso. Então, você aprendeu alguma coisa.*

Saímos daquela cena e recuei-a mais cem anos, até ela voltar à vida daquela que mais tarde apelidei de "dama do falcão". Era uma mulher que vivia numa fortaleza na Itália e caçava com um falcão. Essa vida continha muitas informações sobre essa época e também sobre a arte da falcoaria. A mudança do menestrel para a dama foi imediata e completa, tal como aconteceu em todas as regressões com Karen.

Creio que a música desta fita é muito importante, além do fato de ela ter cantado numa língua diferente. Eu gostaria que um especialista a examinasse, caso encontre alguém que conheça alguma coisa sobre isso.

Capítulo 15
O médico, parte 1
(Gravado em 25 de maio de 1983)

Karen acabou de deixar a vida que chamei de "a dama do falcão". Isso é bom, muito bom. Vamos sair dessa cena e vamos recuar ainda mais no tempo. Essa vida teve lugar no século 6. Agora, vamos para trás, até o século 5, para ver se conseguimos descobrir o que você estava fazendo nessa época. Vou contar até três e estaremos nos anos 400, em algum momento desse século, e veremos o que podemos encontrar. 1, 2, 3, estamos nos anos 400, o que você está fazendo?

K: Estou preparando um elixir.
D: *Um elixir? (Sim) O que é isso?*
K: Há muitas ervas nele, e seu efeito é relaxante. É uma – (suspiro) – coisa que vai aliviar a dor.
D: *Oh. Quem é você?*
K: Meu nome é Alexandro.
D: *Você é homem? (Sim) Certo. Onde você mora agora? Esse lugar tem nome? O país?*
K: É – em algum lugar de – ah, chama-se Alexandria. (Pronunciado Alexandra)
D: *Alexandria? (Sim) É assim que as pessoas o chamam? (Sim) Entendi. Muito bem. O que você faz? Qual a sua ocupação? Conhece a palavra?*
K: Sou médico.
D: *Nessa época, você é médico. Quantos anos você tem? Você é idoso ou jovem?*
K: (Suspiro profundo) Sou muito velho, estou com sessenta e tantos, estou muito cansado. (O sotaque é perceptivelmente diferente daquele da Dama com o Falcão.)
D: *Oh. Você faz isso há muito tempo? (Sim) Onde você treinou para esse tipo de trabalho?*

K: Fiz meus estudos aqui, embora a escola não seja mais o que era antes. Catorze treinaram com meu mestre na Trácia. Mas aprendemos principalmente fazendo.

D: Bem, e você usa principalmente ervas ou faz outras coisas? Para curar as pessoas?

K: Às vezes, se for necessário, usamos cirurgia.

D: Cirurgia? Você sabe como fazer todas essas coisas?

K: Sim. Há várias maneiras de fazer a pessoa não sentir dor. Alguns usam o suco de frutinhas que deixam o paciente inconsciente. Outros usam hipnose e colocam-no num estado no qual não há dor.

D: Entendi. E assim, podem passar pela cirurgia. (Sim) Certo. Há alguém aqui que gostaria de lhe fazer algumas perguntas. Pode ser? (Sim) Muito bem. (Esta personalidade, embora soasse cansada e idosa, soou muito mais confiante.)

Harriet (H): Alexandro, você tem algum tipo de identificação, talvez a roupa que usa ou sua cor, um chapéu, alguma coisa que denota o treinamento que você recebeu nesse campo?

K: Eu tenho um medalhão, que uso. É de ouro, pendurado numa corrente, e me foi dado por essa escola. Há um documento em papiro que contém a assinatura de meu mestre, dizendo que me treinou e me passou todo o seu conhecimento. E também quem o treinou e em quê, várias coisas dessa natureza.

D: Mas você não usa determinado chapéu ou roupas como uma espécie de uniforme?

K: Tenho meus mantos brancos, mas além disso, nada.

H: Alexandro, as mulheres têm permissão para exercer a medicina, como você? (Sim)

D: Então, pessoas de qualquer sexo podem ser médicos?

K: Sim. Há quem diga que mulheres só deveriam ensinar mulheres, mas não creio nisso. Acho que são tão boas quanto, se não melhores, do que alguns dos homens que conheci e que se intitulam médicos. (Num tom levemente sarcástico.)

D: Oh. Você acha que elas fazem um trabalho tão bom quanto os homens. Ouvi dizer... você disse que está na cidade de Alexandria?

K: Alexandria, sim.

D: Existe uma biblioteca aí?

K: (Suspiro) A biblioteca queimou – talvez há cem, duzentos anos.

D: *Oh, então, ela não existe mais. (Não) Você sabe alguma coisa sobre a aparência da biblioteca?*

K: Algumas ruínas ainda estão em pé, e alguns ensinamentos não foram perdidos. Foram preservados. Em virtude da paranoia que causou o incêndio da biblioteca, foram mantidos em segredo.

D: *Oh. Tinha ouvido dizer que todos os conhecimentos teriam sido perdidos no incêndio.*

K: Isso não é verdade. Havia sinais de que esse ato poderia ocorrer. E muitos dos professores e estudiosos fugiram, levando com eles parte desses conhecimentos. Muitos deles sobreviveram. Mas uma boa parte se perdeu por causa daquela destruição imoral.

D: *O que causou o incêndio?*

K: Ele foi provocado deliberadamente. O imperador, não consigo lembrar do nome, ficou muito... incomodado com a forma com que estavam ensinando ali. Disse que havia muitas... liberdades, falavam de liberalidades que ele não queria conceder. E essa foi sua decisão.

D: *Parece-me uma coisa horrível de se fazer, destruir tanto conhecimento.*

K: Os ignorantes não ligam para a destruição do conhecimento. Eles temem que outros adquiram conhecimentos, e por isso tiram o meio de obtê-los.

D: *Você sabe como era a biblioteca antes de ser incendiada?*

K: Tinha – colunas altas. Foi construída à maneira grega. Tinha portais leves e abertos. Muitas aberturas no teto, pelas quais a luz entrava. Cada seção da biblioteca ou escola, na verdade era mais uma escola do que uma biblioteca –

D: *As duas juntas?*

K: Muito de ambas. Era um depósito de conhecimentos, no qual o ensino era ministrado, bem como um local de armazenamento. Cada seção continha ensinamentos, digamos, astronomia num, medicina no outro. Dizem que o aluno estudava todos esses aspectos para poder formar-se nessa escola.

(Tive de virar a fita.)

D: *Certo. Estava curiosa para saber como ela era por dentro. Qual a aparência dos livros? Você já viu alguns dos livros que sobreviveram?*

K: A maioria era em rolos, aqueles que eu vi. Eram de papiro e enrolados em madeira. Eram guardados dessa maneira.

D: *Eram guardados em algum lugar?*

K: Dizem que alguns eram encadernados em couro e costurados com... páginas. (Incerta quanto à palavra.)

D: *Bem, e você sabe se havia um salão principal? (Estou fazendo estas perguntas por causa de outra regressão, na qual o paciente havia descrito a Biblioteca de Alexandria tal como era antes do incêndio.) Na biblioteca?*

K: Havia um salão usado para debates e discussões, onde se reuniam grandes grupos de pessoas que acompanhavam palestras ou aulas. Dizem que às vezes iam lá. A maior parte do que sei sobre isso veio de pessoas que disseram que... seus avós ou parentes estudaram lá. Passei pelas ruínas, mas é exatamente o que são, ruínas. É muito triste ver isso.

D: *Estava curiosa para saber sua aparência porque conversei com alguém que me disse como ela era e eu queria saber se era verdade ou não.*

K: (Interrompe) Dizem que era um lugar muito glorioso. Um lugar com... onde os vestígios do conhecimento estavam por toda parte. E embora muitos professores e alunos entrassem em debates acalorados, sempre havia respeito pelo brilho intelectual do outro e pelo desejo de aprender.

D: *E você sabe se havia um salão principal no depósito onde os livros eram guardados?*

K: Sim, era muito alto e tinha diversas seções. Dizem que você subia um lance de escadas e encontrava outra seção, na qual se guardavam mais livros.

D: *Esse salão tinha um formato particular?*

K: Não sei dizer.

D: *Certo. Alguém me disse que era uma sala circular, na qual os livros eram armazenados à volta toda. Tinha a forma de uma roda, como os raios de uma roda.*

K: E que coisas saíam dela, seções que saíam dela ou coisa assim?

D: *Sim, como os raios de uma roda. Isso lhe parece certo?*

K: (Suspiro) Ouvi falar disso... é uma descrição que deram, pois, como eu disse, não sei dizer.

D: *Estava curiosa porque alguém me disse que antes de ser incendiada ela era assim. Dizem que era como uma roda, com*

raios que se abriam, como uma sala circular. E armazenavam todos os livros.
K: Não sei.
D: *Certo. Só estava curiosa, achava que talvez você pudesse me ajudar. Quem toma conta da biblioteca?*
K: Havia vários bibliotecários, creio que muitos estudantes se encarregavam de cuidar para que os livros não ficassem mofados ou danificados. Se um rolo ou um livro ficasse danificado, era copiado para que o conhecimento não se perdesse.
D: *Bem, e você sabe quem ficava encarregado de adquirir os livros? Quer dizer, era algum grupo religioso, ou a—*
K: Não sei.
D: *Você não sabe. Certo. Estava curiosa. Muito bem. Ela quer lhe fazer algumas perguntas.*
H: Alexandro, pode me dizer se um dos aspectos de seu treinamento refere-se à técnica da hipnose? Você usa a hipnose? *(Ela faz que sim com a cabeça.)* Pode nos explicar o que você faz?
K: Geralmente, converso com o paciente; o paciente costuma estar sentindo muita dor. Assim, se você atinge (leva?) a um estado no qual ele focaliza a sua voz, pode dar-lhe a sugestão de que ele está sonolento e que terá belos sonhos. E que não sentirá dor, e que toda a dor e a preocupação que estivesse sentindo até agora flutuam para longe dele, para o mar ou coisa assim.
D: *Você faz com que vejam isso?*
K: Sim, você usa imagens, e a mente deles traz as imagens. Então, é como se eles estivessem noutro lugar e você pode fazer o que precisa fazer no corpo, e a alma não será incomodada.
D: *Não é difícil fazer isso quando estão sentindo dor? Levá-los a se concentrarem em sua voz?*
K: Às vezes, é mais fácil quando estão sofrendo muito, pois terão grande desejo de focalizar qualquer coisa para se livrarem da dor, caso você lhes prometa que esta irá embora. E eles procuram por isso.
D: *Oh. Quer dizer que você lhes diz que a dor irá embora caso ouçam o que você irá dizer? (Sim) E façam o que você disser? (Sim) Ah.*
H: E como você os mantém nesse nível até terminar aquilo que precisa fazer?
K: Durante toda a operação, você continua conversando com eles. Dá-lhes sugestões sobre o que estão vendo. Dá-lhes, ah... sugestões

de cura, dizendo que depois que tudo acabar, continuarão não sentindo dor. Que a cura será acelerada. Coisas diferentes desse tipo.
D: E eles se mantêm? Isso funciona? Quero dizer, eles nunca acordam e sentem a dor? (Não)
H: Você usa cores de algum modo para ajudar na cura?
K: (Pausa) Como assim?
H: Por exemplo, você usa certas cores para acelerar o processo de cura? Ou... para o estado mental, por exemplo, se o paciente está deprimido, você usa cores vivas? Isso tem algum efeito no que você faz? Além disso, já ouviu falar no lugar, ou usa a técnica do sono, na qual o paciente adormece e recebe sugestões para melhorar?
K: Ouvi dizer que há aqueles que usam cores de... diversas maneiras. Por exemplo, para dizer à pessoa que deve se concentrar nesta cor. Ouvi falar disso. Eu, pessoalmente, não a uso. Não tive um professor desse método. O método do sono é parecido com aquilo que é usado durante as operações. Mas você está dizendo que ele é usado quando a pessoa não está sendo operada, ou...
D: Hã-hã.
K: Você utiliza seu foco interior para... acelerar o processo de cura.
D: Ela quer dizer sem cirurgia. Você o utiliza sem cirurgia? O método do sono?
H: Ouvi dizer que há lugares nos quais há templos do sono, e neles as pessoas com problemas podem ir e serem atendidas pelo curador do sono.
K: Dizem que isso existiu há muitos, muitos anos atrás. Ouvi falar disso. Mas esse método se perdeu.
H: Obrigada.
D: Então, vocês não o usam mais? Certo. Então, você faz cirurgias dessa maneira e ela sempre funciona, ninguém sente dor.
K: Até o momento, tem funcionado.
D: Pelo menos, é o que você espera. (Riso) Então, você também usa drogas?
K: Se a situação é extrema e, por algum motivo, o sono não é suficientemente profundo, sim.
D: Que tipo de drogas você usaria para isso?
K: Às vezes, usamos a papoula. Várias ervas misturadas e ingeridas. E uvas destiladas (pronunciado: desti ladas) são usadas às vezes.

D: *Vocês as misturam com as uvas, ou usa as ervas sozinhas? O que quer dizer?*
K: Às vezes, as uvas sozinhas, que foram... fermentadas.* (Dá a impressão de que embriagam o paciente.)
Este é o processo de produção do vinho. [N. do T.]

D: *Fermentadas, certo. E isso também funciona bem. (*Sim*) Entendi. Você tem algum aluno neste momento?* (Não) *Já deu aulas?*
K: (Suspiro) Minha vocação não é o ensino, embora eu tenha introduzido alguns no caminho do aprendizado. Prefiro usar minhas habilidades para curar.
H: *Quanto tempo leva para estudar e treinar o que você faz? Quantos anos você precisa treinar antes de ser considerado alguém com treinamento completo?*
K: Estudei durante doze anos com meu mestre.
D: *Oh. E você começou muito cedo?*
K: Eu tinha dezesseis anos.
D: *Você começou com dezesseis anos e estudou por doze?* (*Sim*) *Ele foi o único com quem você estudou?*
K: Não, depois passei por várias escolas, mas nem sempre... quando acabei de estudar com ele, eu fui considerado médico.
D: *Entendi. Você estudou alguma coisa antes de estudar com ele?*
K: Não. Só—
D: *Quero dizer, como uma escola normal, aprendendo outras coisas além da medicina. (*Não*) Então, você começou com ele aos dezesseis anos e estudou durante doze?*
K: Meu mestre achou que eu exibia talento para ajudar na cura, e por isso foi decidido que precisavam de um médico e me treinaram.
D: *Entendi. E você disse que estudou depois disso também?* (*Sim*) *Com outras pessoas?* (*Sim*) *Você viu coisas específicas? O que estudou?*
K: (Suspiro) Métodos mais novos, talvez. Sim, técnicas diferentes.
H: *Alexandro, já ouviu falar, ou chegou a usar, algum tipo de toque em sua cura? E já ouviu falar em cura magnética?*
K: Ouvi dizer que há aqueles que usam pedras... que têm essa capacidade de, colocadas na parte doente, atraírem a doença para a pedra. Há aqueles que usam as mãos na cura. Mas não conheço isso muito bem.

D: *Então, você não usa esses métodos?* (Não) *Mas ouviu falar neles. Onde você realiza suas cirurgias?*

K: Tenho uma sala nos fundos da minha... casa, que é utilizada como... um... (tem dificuldade para encontrar a palavra) consultório.

D: *Como um consultório?* (Sim) *Então, as pessoas doentes vão até você?*

K: Ah. Os doentes e necessitados, sim.

D: *Então, vão até sua casa?* (Sim) *E você faz essas coisas lá. Quando está operando, você toma algum tipo de precaução? Sabe, a preparação do paciente, a pessoa que será operada?*

K: Geralmente, pego vinagre e lavo o local onde vou realizar a cirurgia. Lavo muito bem as mãos e depois passo vinagre.

D: *Você quer dizer que passa vinagre no corpo do paciente?*

K: Sim, sim. E depois, as facas também são postas no vinagre. É tudo.

D: *Estava curiosa para saber se você fazia alguma coisa assim. Onde você opera? Numa mesa ou coisa parecida?*

K: Geralmente, numa mesa, sim.

D: *E é como uma sala apenas para isso, onde você tem tudo à mão.* (Sim) *Certo. E o que você faz depois que realiza a cirurgia? Como você torna a fechar a pessoa?*

K: Você usa seda ou... às vezes, usamos as tripas de um gato, os tendões.

D: *Quer dizer, você costura a pessoa para que era sare?* (Sim) *Você usa uma agulha ou o quê?*

K: Sim, você usa uma agulha, geralmente feita de osso.

D: *Osso. E então, você costura a pessoa para que ela sare.* (Sim) *Estava curiosa, há muitas técnicas diferentes, usadas por médicos diferentes. Você gosta do seu trabalho?*

K: Sim, gosto da sensação de fazer com que a pessoa que estava morrendo ou sofrendo com a dor melhore.

D: *Você tem família?* (Não) *Nunca se casou?* (Não) *E não chegou a querer se casar?*

K: (Suspiro) Tenho meu trabalho. Isto era importante para mim.

D: *Certo. Você ficou feliz com ele. Então, você só liga para o trabalho.* (Sim) *Muito bem. Agradeço-lhe por compartilhar essas informações conosco. Gostaríamos de poder voltar a conversar com você. Talvez você possa nos ajudar um pouco com o conhecimento.*

K: Podemos esperar por isso.
D: *Bem. Grata. Agora, vamos sair dessa cena. Vamos avançar no tempo. Voltemos ao século 8. Vou contar até três e estaremos nos anos 700. 1, 2, 3, estamos no século 8. O que você está fazendo?*

Interrompemos o medico porque Karen tinha pedido, no começo da sessão, para voltar à época da druidesa. Ela gostou da sensação que teve na semana anterior, quando conseguiu entrar em contato com aquele imenso campo de energia. Ela esperava tornar a fazer isso e, quem sabe, aprender um pouco a direcionar a energia. Concordamos em tentar. Voltaríamos ao médico na semana seguinte para obtermos mais informações.

Em suas palestras, quando lhe perguntavam sobre suas próprias vidas passadas, Dolores falou muitas vezes sobre a vida em Alexandria, na Biblioteca, quando esta foi incendiada.

Pelo que me lembro, ela foi uma das pessoas que cuidava dos rolos mantidos na biblioteca. Ela não era daqueles que escrevia neles ou os estudava, mas daqueles que pegavam os rolos solicitados por um estudioso ou um professor. Seu trabalho era protegê-los.

Quando os romanos causaram o incêndio que queimou a Biblioteca, Dolores, como a pessoa daquela época, tentou salvar a maior quantidade possível de rolos. Ao fazê-lo, foi morta e não conseguiu concluir sua missão.

Dolores dizia que, por isso, agora sentia que estava tentando recuperar os conhecimentos que tinham sido perdidos. Muita gente perguntava, "Você precisa reescrever toda a Biblioteca?"

Enquanto esteve na Rússia, Dolores realizou uma sessão com um rapaz que também estava em Alexandria na época do incêndio. Ele era um dos eruditos que estudava os textos e estava lá quando o incêndio começou. Ele também tentou salvar tantos pergaminhos quanto pôde, mas foi morto por uma viga que caiu e o atingiu nos ombros.

Não sei se Dolores chegou a encontrar outra pessoa que esteve lá nessa mesma época, mas o fato de ter encontrado uma já foi espantoso.

~ Nancy

Capítulo 16
O médico, parte 2
(Gravado em 1o de junho de 1983)

Realizamos esta sessão na casa de Harriet, mas ela teve um compromisso e só conseguiu voltar quando já estávamos quase acabando.

D: Bem, vamos voltar e voltar no tempo. Vamos voltar a um ano do século 5. Vou contar até três e estaremos num momento dos anos 400. Recuaremos muito no tempo. Quando o médico vivia em Alexandria. Nessa época. Em algum momento dos anos 400. Vou contar até três e você estará lá. 1, 2, 3, você está nos anos 400, o que está fazendo?
K: Caminhando.
D: Oh, e onde você está caminhando?
K: Pelo litoral.
D: Onde você está?
K: Em Alexandria.
D: Bem, pode me dizer o que você está vendo enquanto caminha?
K: Estou observando os (pareceu dizer "docas") que velejam.
D: O quê veleja?
K: (Soou novamente como docas.)
D: O que é isso?
K: São os barcos. Estão velejando no porto.
D: Entram e saem dele? (Sim) Há muitos deles?
K: Um bom número.
D: Qual a sua aparência?
K: Sua proa é pontuda e elevada, e tem uma vela que é chanfrada, sobe e depois desce. A vela estufa quando recebe o vento.
D: Oh, hã-hã. Os barcos são grandes?
K: Não. São pequenos o suficiente para poderem ser manobrados por duas pessoas. Podem acomodar mais, mas só precisam de dois para navegar.

D: *Há alguma outra coisa próxima de onde você está?*
K: Não, estou um pouco afastado da cidade. Aqui é sossegado.
D: *Ah, essas não são as docas onde os barcos atracam?* *(*Não*) Você está fora da cidade. (Sim) Como é o clima desse lugar onde você mora?*
K: É bem quente. Os ventos que sopram da água são frescos, mas ultimamente tem feito muito calor. (Suspiro)
D: *E fica quente o ano todo?*
K: Em alguns meses, refresca um pouco, mas na maior parte do tempo é bem quente, sim.
D: *Estava curiosa para saber como era o clima. Chega a chover ou algo parecido?*
K: Sim, há... às vezes, temos chuva. A maior parte da água usada aqui vem do rio. Quando surgem as cheias.
D: *Quer dizer que há um rio aí perto?*
K: É o Nilo.
D: *Oh. E para que porção de água você está olhando? É o Nilo?*
K: Não, é o mar.
D: *E daí o Rio Nilo segue para o mar?* *(*Sim*) E é dele que vocês obtém a água potável?*
K: Do Nilo, sim.
D: *Você disse que às vezes há inundações?*
K: Todo ano o Nilo tem suas cheias.
D: *E então, o que fazem? Armazenam a água?*
K: Ela é usada na irrigação dos campos. E planejam a estação de plantio em torno das cheias da primavera.
D: *Então, no resto do ano não podem usar a água?*
K: Uh, como assim?
D: *Bem, você disse que usam a água no plantio da primavera.*
K: Não, só os campos ficam cobertos. Durante a cheia da primavera, os campos ficam cobertos de água. E então, esta água é usada para isso. Não é a única vez, mas é a época em que há mais água.
D: *Ah, entendi. Bem, e como armazenam água para beber, se é que fazem isso?*
K: Geralmente, cavam-se poços para água potável. Na verdade, há poços distantes do Nilo. É (suspiro) água que veio do Nilo, mas ficou limpa. O Nilo é muito sujo.
D: *Ah, que interessante. Acho que quando há as cheias, a água fica suja. Como limpam a água? Você sabe?*

K: Ela... quando o poço é distante do rio, a água fica limpa passando pela areia, e então ela entra limpa no poço.
D: *Entendi. Então, se fossem... não poderiam beber a água suja, poderiam?*
K: As pessoas fazem isso, mas podem ficar doentes.
D: *Sim, é melhor ter água limpa, não é? (Sim) Qual o seu nome?*
K: Alexandro.
D: *Qual a sua profissão?*
K: Sou médico.
D: *Faz tempo que você é médico?*
K: Desde que eu era jovem, sim.
D: *Qual a sua idade agora? (Suspiro profundo) Você tem ideia?*
K: Provavelmente, tenho quarenta e cinco anos.
D: *Você sempre morou em Alexandria?*
K: Não. Quando era criança, Morava na Trácia. Mas meu mestre mudou-se para cá e ele me colocou na escola aqui.
D: *Então, você veio para cá para poder estudar com ele? Seu mestre?*
K: Para ele.
D: *Para ele. Certo, eu pensei que talvez "mestre" significasse que ele era seu professor.*
K: Não, não, não. Meu mestre, ele era meu... (procura a palavra) meu dono.
D: *Oh, entendi. Eu não estava entendendo antes. Achava que depois que você se formou como médico, terminou os estudos, poderia ficar por sua conta.*
K: Foi com seu dinheiro que estudei. Depois, passei alguns anos até sua morte como dele, tomando conta de sua família e de outros escravos. Quando morreu, obtive minha liberdade.
D: *Certo. Então, você era como um escravo, mas ainda—*
K: Eu era um escravo.
D: *Você era escravo, mas pôde frequentar a escola e estudar medicina.*
K: Ele sabia que eu tinha aptidão para isso e eles precisavam de um médico. O... seu médico estava ficando velho.
D: *Ah, achava que geralmente os escravos não faziam nada além de trabalho braçal.*
K: Não. Há escravos domésticos, há muitos que são professores, médicos e coisas assim.

D: *Ah. É diferente do que sempre imaginei. Bem, como você se tornou escravo? Você disse que vivia na Trácia?*
K: Não me lembro de nada antes de ter sido vendido.
D: *Ah, então, esse homem comprou você na Trácia, foi isso? Quando você era pequeno?*
K: Ele me comprou de um comerciante de escravos, sim.
D: *Você era criança nessa época?*
K: Sim, eu tinha uns cinco anos.
D: *Ah. Então, é por isso que você não se lembra de nada antes dessa época. Bem, e esse homem foi bom com você? (Sim) Então, foi um bom amo, não foi?*
K: Ele foi bom. Não são muitos mestres que permitem que seus escravos se tornem livres quando morrem.
D: *Então, foi isso que aconteceu? Ele lhe deu sua liberdade? (Sim) E você pôde ser médico sem... por conta própria, digamos assim?*
K: Sim, foi o que decidi nessa ocasião.
D: *Estava curiosa. São costumes diferentes daqueles com que estou acostumada, é por isso que estou fazendo perguntas. Aqui onde vivo, não temos escravos e fiquei curiosa.*
K: Há escravos em todos os lugares.
D: *Costumes diferentes. Bem, agora, você tem sua própria – você tem sua própria casa?*
K: Sim. Graças a meus honorários como médico, ganhei o suficiente para poder tê-la. Sim.

Durante toda a sessão, ela ficou brincando (mexendo) com o lóbulo da orelha esquerda. Esfregava-o entre o polegar e o indicador, mexendo nele. Estava usando brincos de argola e eu fiquei um pouco preocupada com a possibilidade de seu dedo ficar preso no aro, puxando-o. Como sua orelha era furada, receei que se pudesse se ferir. Dava a impressão de estar fazendo isso distraidamente, como se fosse um hábito ou coisa desse tipo.

D: *(Resolvi lhe perguntar a respeito.) Sua orelha a está incomodando?*
K: (Ela afastou a mão rapidamente e cruzou os braços sobre o peito.) Não! (Bruscamente)
D: *Só estava curiosa.*
K: É um hábito.

D: *Oh, apenas um hábito? Certo.*

K: Há, na orelha, um sinal revelador, e todos ficam sabendo que você foi um escravo.

D: *Oh. Como podem saber disso olhando para sua orelha?*

K: A orelha foi... cortada. (Ela mexe nela novamente.) O lóbulo tem um "V".

D: *Aqui na parte de baixo? (Sim) Ah, é isso que está aqui? (Fingi que podia ver aquilo.) (Sim) É disso que você está falando? Incomoda-o porque as pessoas podem ver isso?*

K: É um sinal de que alguém é seu dono. Mesmo depois que você se torna liberto, ele ainda está ali.

D: *Então virou um hábito, não é? Você ainda mexe ali. Não precisa se preocupar, você me contou sua história antes. – É isso que fazem com todos os escravos? Cortam a orelha?*

K: Sim, é uma marca.

D: *Oh. Então, isso foi feito quando você era bem pequeno. (Sim) Onde você... antes, você me disse que fazia cirurgias. Onde você faz as cirurgias?*

K: Na parte de trás da minha casa, tenho uma sala que uso como meu... onde atendo pacientes e aqueles que... não têm para onde ir. Eles ficam ali e realizo cirurgias numa dessas salas.

D: *Você visita os pacientes em suas casas?*

K: Ocasionalmente, se é um paciente rico, sim.

D: *Nesse caso, você iria até eles em vez de irem até você. (Sim) Que tipo de cirurgias você faz?*

K: Muitos tipos. Há aquelas para problemas do estômago, quando há tumores no abdômen. Se a perna de um homem ficou com gangrena, precisa ser amputada. Muitos tipos de cirurgia.

D: *Esses são os tipos mais comuns que você faz?*

K: Eu diria que sim.

D: *O que é um tumor?*

K: Há dois tipos diferentes. Há aqueles que, depois de crescerem até certo ponto, param de crescer. E há aqueles que continuam crescendo. São... (busca a palavra) cancerosos. E continuam a crescer. Consomem o que há ao redor deles e precisam ser removidos.

D: *Certo. Essa é a palavra que você usa para eles, cancerosos? É assim que você o chamaria ao identificá-lo? (Eu queria saber se* ela estava usando uma palavra de sua língua ou da mente de Karen.)

K: Maléfico.

D: *Maléfico? É um pouco difícil encontrar a palavra?* (Sim) *Mas provavelmente, você usaria uma palavra diferente, certo?* (Sim) *Muito bem. Mas você encontra muitas pessoas com tumores na área do estômago?*

K: Tipos diferentes no estômago e no abdômen, sim. (Suspiro) Há aqueles que as mulheres têm. Um crescimento nos... órgãos femininos. (Teve dificuldade para encontrar as palavras certas.) Há... pedras na vesícula que seriam usadas para... você teria de fazer uma operação para se livrar delas.

D: *Bem, se tivesse um paciente, como disse, com um tumor no abdômen, como iria removê-lo?*

K: Primeiro, ou você... usa alguma droga para adormecer o paciente ou o induz em transe hipnótico, para que não sinta nenhuma dor. Você toma a faca e faz uma incisão nos tecidos gordurosos. Corta a favor dos músculos e não contra eles, abre o abdômen para poder ter acesso ao seu interior e corta o tumor do lugar no qual aderiu.

D: *É difícil fazer isso, removê-lo?*

K: Às vezes, é impossível, e então é preciso apenas... voltar a costurar o paciente. Pois será impossível removê-lo.

D: *Às vezes é difícil?*

K: Às vezes, é. Então, removemos o crescimento e costuramos os músculos que tiveram de ser separados, e depois costuramos a gordura. Esta é a parte mais difícil, pois ela sempre fica querendo se deslocar. Não é fácil costurá-la. E depois, costuramos a pele.

D: *Sim, ela é lisa, não é? A gordura. É difícil de costurar.* (Sim) *Você chega a operar algum dos órgãos dentro do corpo? Pode fazer isso? Não sei, estou fazendo perguntas.*

K: (Suspiro) Explique isto para mim. Eu—

D: *Você disse que remove crescimentos. Já cortou um órgão?*

K: Sim, para remover pedras na vesicular biliar, é preciso abri-la. Quando removemos as pedras, temos de tomar cuidado para que nenhum dos... fluidos da vesícula escorram para a cavidade. Pois isso causaria um grande risco de... infecção. Você remove as pedras e costura a vesícula. Mais uma vez, o mesmo procedimento de antes, costurando tudo de volta.

D: *Como você consegue impedir que os fluidos escorram para a cavidade?*

K: Normalmente, há um assistente que me ajuda nisso. A área fica coberta com... (novamente, a dificuldade para encontrar as palavras certas) algodão. Eles tiram o algodão que ficou embebido nos fluidos para que estes não encostem em mais nada. Jogam-no fora e esvaziam o local.

D: *Oh, eu pensei que não havia jeito de impedir de vazar.* (Sim) *Então, você remove as pedras e a costura de volta.* (Sim) *Ela fica curada com isso?*

K: Prefiro usar a hipnose nesses casos, pois assim posso induzir um estado nessa pessoa e acelerar o processo de cura. Com isso, terá maiores chances de sobrevivência.

D: *Mas dá a impressão de que depois a dor aparece. Depois dos cortes.*

K: Então, você deixa a sugestão de que não sentirão dor ou desconforto. A cura será acelerada e você não terá muitos problemas e nem muitas mortes.

D: *Bem, estava me perguntando se você já operou outros órgãos do corpo. Além da vesicular. Se você já cortou outros.*

K: Ouvi dizer que há outros que fazem cirurgias assim. Para mim, porém, dá a impressão de que o risco é maior do que o benefício que a cirurgia traria.

D: *Como cortar o estômago. Ou o—*

K: Você cortaria o estômago se este tivesse um crescimento e depois o costuraria, sim. Mas ouvi dizer que há quem queira fazer experimentos com o coração. Não há como manter o sangue fluindo e o paciente vivo se você fizer coisas assim.

D: *Há pessoas que acham isso possível?*

K: Sim. Mas há aqueles que não ligam se perdem o paciente ou não, pois estão operando apenas escravos.

D: *Ah, fazem experimentos para ver se isso é possível?* (Sim) *Puxa, dá a impressão de que seria muito perigoso. É o coração.* (Sim) *Bem, e os intestinos? Conhece os intestinos?*

K: Sim, as entranhas, sim.

D: *É possível operá-los?*

K: É possível encurtá-los se o procedimento for feito com muito cuidado. Aqui também, eles têm... veja, se parte de seu conteúdo cair na cavidade corporal, a pessoa adoece e morre. Por isso, é melhor deixá-los de lado. Mas é possível operá-los, sim.

D: *Bem, e os rins? Conhece estes órgãos?* (Sim) *É possível operá-los?*

K: Não conheço ninguém que tenha realizado uma cirurgia neles com sucesso.

D: *Estava curiosa para saber quais órgãos você pode tocar, pelo que sabe, e quais seriam perigosos para operar. Então, há órgãos que seria melhor deixar de lado, é isso?* (Sim) *E o pulmão? Aquela parte do corpo? Já fez alguma operação em pacientes lá?*

K: A única razão pela qual operei um pulmão foi... certa vez, tive um paciente que havia perfurado o pulmão. Ele teve de ser costurado e depois reinflado, pois havia se contraído. Para fazer isso, costuramos o pulmão e depois inserimos um canudo. O ar foi soprado no pulmão através do canudo e ele tornou a inflar.

D: *Onde inseriram o canudo?*

K: Ele foi inserido... ah, mais ou menos na altura da quarta costela.

D: *Ah, onde você havia cortado, é isso?* (Sim) *Você insere o canudo ali e... o que faz? Sopra com a boca?* (Sim) *Ah, hã-hã. Você faria isso, digamos... em casos de combate? Ou algo parecido, se alguém fosse ferido?* (Franze a testa) *Estou pensando em batalhas, quando a pessoa luta numa guerra. Sabe?* (Ainda franzindo) *Você tem algum caso... então, não aconteceu nada parecido?*

K: Não estou entendendo o que você — (Ao que parece, a guerra era algo raro naquela região ou naquele período.)

D: *Bem, às vezes, nas guerras, quando os soldados lutam, eles sofrem—*

K: Está dizendo que eles sofreriam ferimentos nos pulmões. É isso que você—

D: *Ou noutro lugar, sim.*

K: Sim. Ah, basicamente, provavelmente. Esse ferimento específico teria sido causado por uma... desavença.

D: *(Riu de sua expressão.) Então, vocês não têm nenhuma guerra neste momento?*

K: Aqui, não.

D: *Certo. Achava que às vezes, durante as batalhas, os médicos fossem necessários nesses casos. Você já foi chamado para atender mulheres que estão tendo filhos?*

K: Se elas não conseguem ter o filho, nós fazemos... uma cirurgia para tirar a criança. A... em muitos casos, a mãe não se salva, mas é um ultimo recurso.

D: *Isso só é feito quando não se pode fazer mais nada, é isso? (Sim) E a criança sobrevive nesses casos?*

K: Em... se a mulher ficou com a criança por tempo suficiente e estava quase na hora, sim. Mas se for cedo demais, não são grandes as chances de sobrevivência.

D: *Hã-hã. E às vezes a mãe morre?*

K: Se houve muita perda de sangue antes de me chamarem ou se houver muitos outros problemas, como o inchaço. Muitas mulheres que não conseguem ter filhos naturalmente, no final da gravidez, coletam fluidos que não saem do corpo. Esses fluidos não saem, ficam presos ao redor dos pulsos e das mãos, dos pés e tornozelos, e outras extremidades do corpo vão inchar com esse fluido. É perigoso tanto para a mãe quanto para a criança, e em muitos desses casos a mãe precisará de cirurgia. Mas... em virtude do estresse sofrido pelo corpo nesses casos, ela nem sempre sobrevive à operação.

D: *Entendo. Bem, é perigoso cortar o corpo para remover o bebê?*

K: Sempre que você realiza qualquer tipo de cirurgia, o corpo corre perigo. É um choque. Ele precisa estar preparado para esse choque e... para seu impacto. Portanto, é perigoso, sim.

D: *Bem, pode me dizer como você realiza a operação quando precisa remover o bebê?*

K: Você toma e faz—na maioria das vezes, corto neste sentido ao longo do estômago. (Ela faz movimentos com a mão, um corte transversal sobre a parte inferior do abdômen, na área que hoje chamam de linha do biquíni.) Para baixo, para que esteja cortando no meio do útero. E você abre o estômago, expondo assim, ah... a fibra do útero (pronunciado utro, ut-tro), podendo então ver a criança pelo corte. E corta com muito cuidado, para não causar danos à criança. Ergue-a junto com a placenta e coloca-a de lado ou entrega-a ao assistente, para que este verifique se a criança está bem e a limpe. Nesse ínterim, você costura a mãe. E—

D: *Só um instante. (Tive de me levantar e fechar a janela. O barulho de um cortador de grama que estava funcionando o dia todo passava de um lado para outro sob a janela. Era difícil entendê-la, e fico feliz pelo fato do gravador ter captado tão bem suas*

palavras, mesmo quando eu não consegui.) Sinto muito, fiquei distraída com o barulho. Sim, você teria de ser cuidadoso nesse corte, não é, para não ferir o bebê. (Sim) Certo. Você disse que às vezes também corta membros?
K: Sim, caso eles... o ferimento ficou tão grave que está pondo em perigo o corpo. Se os ossos foram esmagados, não há razão para preservar aquele membro. Então, nós o removemos.
D: Certo. Ah, você conhece a palavra "infecção"? (Franze a testa) (Como vou explicar?) Estava curiosa para saber como você manteria—Oh? Como manteria o ferimento limpo depois, para que não voltasse a ficar ruim.
K: Há alguns que se valem, ah, de cauterização, no qual eles tomam um... uma espécie de utensílio que foi aquecido até ficar vermelho e selam o ferimento com ele. Há outros que se valem de... diferentes resinas para selá-los.
D: Diferentes o quê?
K: Resinas, para selar o ferimento. A resina causa menos choque ao sistema, se... se você corta a perna da pessoa e depois torna a causar choque ao sistema pela cauterização, está lhe causando um dano duplo, pois você já causou estresse a essas terminações nervosas. Mas se você usa resinas e bálsamos nesse local, o sangramento será interrompido sem muito estresse sobre o corpo.
D: Era a isso que me referia. Às vezes, quando você opera – não sei se você conhece a palavra "germes" ou não, é o que eu quis dizer com infecção – pode ter problemas. Não conheço outra maneira de explicar. (Riso)
K: Ah, você quer dizer... quando aquele pus da gangrena... ah... (Ela também teve dificuldade para encontrar a palavra certa.)
D: Quero dizer, se aquilo volta depois da operação. Estava curiosa para saber como você impede isso de acontecer. (Sim) Às vezes, acontece.
K: Sim, você precisa manter tudo tão limpo quanto possível para que não ocorram—ah, reinfestações.
D: Certo. Não sabia como dizer isso em palavras que você conhecesse. Bem, você usa bálsamos e resinas?
K: Como regra, sim. Se não tenho nada disso por perto... por exemplo, se for uma situação de emergência e isso acontecer. Por necessidade, tenho de usar a cauterização. Mas não é o melhor método a se usar.

D: *Bem, e que bálsamos você gosta de usar, ou resinas? São de determinadas espécies?*
K: (Suspiro) O tipo de bálsamos usados... quando o ferimento está se curando. O que elimina um pouco da coceira é o óleo de cânfora. Ele suaviza a pele, a pele nova que está crescendo.
D: *Qual você usa para interromper sangramentos?*
K: Normalmente, alcatrão de cedro.
D: *Ele é bom mesmo para isso?*
K: Já o usei muitas vezes, sim. Ele é resinoso o suficiente para selar a área.
D: *(Achei que ela havia dito óleo de cedro.) Então, é mais expresso. Fico pensando que o óleo é ralo.*
K: Você está falando de óleo. Não é óleo. É uma resina ou... seiva.
D: *Ah, entendi. É mais espesso do que o óleo. (*Sim*) Achei que o óleo seria fino como água. Mas é chamado de óleo de cedro, então?*
K: Resina de cedro.
D: *Resina de cedro. Você pega a resina e espalha-a como se fosse uma... pomada? Eu usaria esta palavra. Não sei se... (Franze a testa) então, você não conhece essa palavra.*
K: Bálsamo?
D: *Um bálsamo. Teria o mesmo significado. E você o aplica ao local, seja como o chame, onde cortou. (*Sim*) E isso interrompe o sangramento? (*Sim*) E ajuda a curar? E depois, você usa o óleo de cânfora para aliviar a coceira. Parece que vai funcionar.—O que você faz quando, como disse, corta o abdômen da pessoa e faz uma cirurgia ali? Você aplica alguma coisa para ajudar a sarar? Depois que costura o local?*
K: Geralmente, só... óleo de cânfora ou algo similar, embebido num pano. Ele é colocado sobre o ferimento.
D: *Isso ajuda a curar mais depressa?*
K: Sim, e protege de, ah, pestilência e... (Finalmente, ela encontrou uma palavra muito próxima da palavra "germe" que eu estava procurando.)
D: *Pestilência? É essa a palavra que você usa? (*Sim*) Sim, você está dizendo a mesma coisa. Só está usando palavras diferentes para descrever a mesma coisa. Interessante. Estou sempre tentando aprender coisas novas. Quando encontro alguém que pode me contar coisas novas, gosto de fazer perguntas.—E a cabeça? Você já operou a cabeça?*

K: Ouvi dizer que há alguns que já fizeram, ah, essa cirurgia para remover tumores e outras coisas. Geralmente, se a pessoa está nesse estado, eu recomendo que procure alguém que tem experiência nisso. Eu – eu não desejo lidar com esse campo. (Então, ao que parece, nessa época eles também tinham especialistas.)
D: Então, você não gosta de operar aquela parte. Mas há pessoas que operam a cabeça?
K: Ouvi dizer que há aqueles que tiveram até... pacientes que sobreviveram.
D: Então, é algo perigoso. Se há um tumor no cérebro, geralmente ele...
K: Sim. É fatal.
D:Sim, seria perigoso mexer com esse órgão, não é? (Sim) Então, você não faz cirurgias desse tipo. (Não) Como são os instrumentos que você usa? Você opera com diversos deles?
K: Uso principalmente o bisturi, a sua faca. Hmm... (tem dificuldade para encontrar a palavra), pinças, ah— (Pausa enquanto pensa)
D: Como você o chama? Use apenas as palavras com as quais tem familiaridade, se tiver dificuldade para encontrar as palavras certas.
K: Estas são usadas para pegar alguma coisa ou para manter algo afastado de outra coisa. Ou para puxar. (Certo) Uso também, hm, grampos para prender os vasos sanguíneos e impedir que sangrem sobre a área aberta.—Agulhas, e, ah, basicamente é isso.
D: Então, você não tem muitos instrumentos usados em operações? (Não) Bem, e há alguma—
K: (Ela interrompe, lembrando de mais um.) Uma serra.
D: O que você faz quando o paciente sangra muito? Existe algum modo de fazer alguma coisa quando isso acontece? (Naturalmente, estou pensando em transfusões.)
K: Se a cirurgia for séria, você vai usar hipnose para poder ter mais controle sobre as funções do corpo. E vai lhes dar instruções para interromper o fluxo do sangue nessa área específica. Então, o sangramento cessa totalmente ou, no mínimo, reduz-se muito.
D: Então, eles podem fazer isso com suas mentes caso sejam instruídos a fazê-lo? (Sim) Mas, e se o paciente perde muito sangue, você pode fazer alguma coisa? (Não) Bem, depois da operação, você os manda para casa? O que você faz com eles?

K: Eles ficam, ou... muitas vezes, aqueles que são pobres ficam aqui. Se eles têm para onde ir, são levados para suas casas. As cirurgias dos mais ricos são feitas nos lugares onde eles estão.

D: Ah. Então, em suas próprias casas. *(*Sim*) Bem, e quando são levados para suas casas, isso é feito a cavalo? Como é?*

K: Não, são levados numa, hm, maca.

D: *E vão deitados, pura e simplesmente? (*Sim*) E depois, você os visita para ver como estão?*

K: Sim, e para me assegurar de que não estão com febre ou... com problemas decorrentes da cirurgia ou da própria doença.

D: *Então, você precisa mantê-los sob observação até estarem bem. (*Sim*) E o que você faz em caso de febre?*

K: Depende do tipo de doença. Se for algo que é... parte da progressão natural, hm, da doença, então dou muitos líquidos para ajudar a lavar, ah, o que quer que esteja causando essa febre neles. Se esta ficar muito alta, mergulho-os em água fria para ajudar a baixar a temperatura. Isto, nos casos em que ficam extremamente... quentes. E há várias ervas que você pode lhes dar e que às vezes ajudam a reduzir a febre. Também há a hipnose. Você pode lhes dizer que não existe razão para que sua temperatura fique tão... alta, reduzindo-a dessa maneira.

D: *E você mistura alguma coisa com as ervas? Para lhes dar? Como você as usa?*

K: Geralmente, as ervas são dadas com vinho, para que não sintam seu gosto.

D: *Ah, no vinho?*

K: Sim. Às vezes, consiste apenas de uma coisa para deixá-los sonolentos, e assim terem o descanso de que precisam para ajudar a combater a doença. Com isso, ela vai seguir seu curso.

D: *Entendi. Que ervas você usa para febre? Conhece os nomes das ervas?*

K: Bem, várias, ah, podem ser usadas. (Suspiro) Uma das drogas que usaríamos seria, ah, só para que durmam, a papoula. Ah, às vezes, para baixar a febre, usamos flores de alho que foram... embebidas em vinagre.

D: *Oh? Isso abaixa a febre? Só as flores?*

K: Um, é uma coisa que foi passada para mim. Vi que funciona. Mas muito da medicina, quer a maioria das pessoas admita isto ou não, tem relação com o paciente acreditar que vai funcionar.

D: Creio que isso deve ser verdade. Algumas pessoas conseguem se sentir bem ou se sentir mal dessa maneira. Acredito nisso.—Mas então, você pega as flores que ficaram embebidas em vinagre e depois... como faz para as pessoas beberem-nas? Você as mói?

K: Depois que as flores ficaram embebidas, são moídas e então... tudo adquire a consistência de uma pasta. Elas são postas no vinho, para que o sabor do vinagre não fique forte demais, e bebem.

D: Então, elas bebem isso. (Sim) Essa é a principal receita para febres? O alho, então.

K: É uma delas, sim.

D: Há outras que são boas para reduzir a febre? (Suspiro) Além de embriagá-las, como você disse.

K: Há várias maneiras diferentes, dependendo daquilo que estiver disponível naquele momento.

D: Estou curiosa, pois interesso-me por ervas e aquilo que elas podem fazer. Não sei qual—

K: (Interrompe) Você é médica?

D: (Pega de surpresa) Bem, eu gostaria de ser. Se pudesse aprender. Gostaria particularmente de conhecer as ervas e suas aplicações.

K: Ervas e suas preparações podem ser muito perigosas para quem é desinformado e não as estudou.

D: Oh. Você está dizendo que eu não deveria tentar usá-las sem receber um treinamento?

K: Sim, pois elas podem – nas quantidades certas – ser muito úteis. Nas erradas, porém, podem ser letais.

D: Sim, isso faz sentido. Mas eu queria pelo menos conhecer os nomes, para saber quais ervas são importantes. (Pausa) Eu não tentaria fazer isso sozinho.

K: Isto é bom.

D: Esse era o seu medo? Que eu fosse fazer alguma coisa assim? Não, eu teria muito medo de ferir alguém. Não quero fazer isso pessoalmente. Estava apenas curiosa para saber o que—

K: (Interrompe) Sabemos que alguns são curiosos sobre essas coisas e aprendem o suficiente para usá-las nos outros.

D: Oh, de maneira errada? (Sim) Entendi o que você quer dizer. Estava curiosa para saber os efeitos de cada uma, pois há muitas. (Sem resposta) Bem, você disse que em certa época, produziu elixires. São remédios?

K: Sim, são coisas diferentes que foram destiladas a partir de certas ervas e, às vezes, com a adição de especiarias.

D: Oh. Com isso, você produz remédios para pessoas com diversos problemas.

K: Alguns são para pessoas que acham que têm diversos problemas de saúde. (Sorrindo)

D: (Riso) Funciona dos dois modos, não é?—Você produz seus próprios remédios? Seus próprios elixires?

K: Sim. Faço-o para saber o que estou dando às pessoas que estou tratando.

D: Oh, então você sabe que foram preparados corretamente. (Sim) Ouvi dizer que às vezes, as pessoas compram essas coisas.

K: Onde você compraria essas coisas? Você pode comprar as ervas ou sair e encontrá-las, mas onde você—

D: Bem, ouvi dizer que há lugares nos quais as pessoas produzem elixires e vendem-nos às pessoas. Outros países, outras terras.

K: (Suspiro) Isto me parece muito incomum. Como eu posso saber que a pessoa que os produz para mim é confiável?

D: Isso é verdade. Como você iria saber se ela produziu aquilo direito?

K: Acho que não gostaria disso.

D: Então, você não gostaria disso. (Não) Em alguns lugares, fazem isso. Os médicos tratam os doentes e outras pessoas produzem os elixires para eles. Dão instruções.

K: Isto me parece muito incomum.

(Tive de virar a fita.)

D: Sabe como são as coisas noutras terras, são costumes diferentes. Maneiras diferentes de fazer as coias.

K: Isto me parece claramente estranho se comparado com ao que estou habituado.

D: Hã-hã. Então, você faz seus próprios remédios e, com isso, sabe se foram bem feitos. (Sim) Que tipo de – que palavra estou procurando?— doença, mal-estar? – para a qual você prescreve ou faz elixires com mais frequência? Aquilo que as pessoas mais lhe pedem?

K: Uma que é, uma que mantenho à mão com bastante frequência é a essência da dedaleira. (Dedaleira?) É para pessoas que têm sintomas de que... o coração está apertado. E ela... ajuda na função do coração, que... abre a área próxima da, ahn, aorta (pronunciado a-ort-a) do coração, para que cumpra sua função. (Teve dificuldade para encontrar as palavras para explicar.)

D: *Certo. Essa é a que você mais usa, a mais comum?*

K: É muito frequente, pois há... quando as pessoas ficam mais velhas, algumas sofrem problemas do coração. Dá para saber que a pessoa tem um problema do coração porque... o contorno de sua boca fica azulado. Ela tem a tendência a reter os fluidos do corpo devido à disfunção de várias outras coisas que não estão recebendo a quantidade correta de sangue, pois o coração está funcionando mal.

D: *Então, essa é uma das maneiras de você saber.* (Sim) *Elas sentem alguma dor, às vezes?*

K: Sentem aperto na região do peito, e às vezes a dor fica tão forte que faz com que elas... elas (busca a palavra certa)... ah, desmaiem, sim.

D: *Há algum outro remédio que você use muito, como esse?*

K: Deixe-me pensar. Diversos chás. As folhas da framboesa são usadas por mulheres que têm dificuldade para levar a gravidez a termo. Damos essas folhas e fazem chás com elas.—Às vezes, a raiz do ginseng é destilada por vários tipos de disfunção renal e coisas diferentes como essa. Há quem diga que ela também retarda o processo de envelhecimento, embora eu não acredite nisto. Creio que isto é... (Sorrindo e agitando as mãos, como quem descarta a informação).

D: *(Riso) Você já chegou a dar isso para alguém?*

K: Não. As ervas medicinais são muito valiosas, e muitas delas são raras demais para se dar a alguém por capricho.

D: *Oh. Então, não conseguiriam iludi-lo para obter certos remédios como esses?*

K: Não. Há... entre algumas das doenças mais comuns, aquelas que são tratadas... como a "doença doce" e—

D: *O "quê" do doce?*

K: A doença doce. A... ela aparece principalmente em pessoas que consomem frutas e açúcar em demasia em sua alimentação. Ela tem esse nome porque... dizem que os primeiros médicos perceberam um cheiro adocicado na urina. E dizem que a pessoa consome tanto açúcar que este sair por meio delas de todas as maneiras.

D: E o que você dá para isso?

K: Na maioria dos casos, controlo sua alimentação. E... essas pessoas deveriam comer muita carne de novilhos e vacas. Dizem que isto as ajuda.

D: Elas precisam comer essas carnes regularmente, todos os dias?

K: No mínimo, várias vezes por semana, sim.

D: Então, elas precisam ficar atentas e não comer tantos doces.

K: Sim, teriam de comer muitas verduras, legumes, mas não muito pão ou raízes. Não seria bom para elas.

D: Aposto que deve ser bem difícil fazer as pessoas pararem de comer doces se gostam tanto deles. (Riso)

K: Elas acabam tendo de pagar por isso.

D: E o que acontece se têm a doença doce e não fazem o que você diz? (Pensando, claro, no coma diabético.)

K: Elas morrem.

D: É tão perigosa assim?

K: É. Elas entram num estado, ah, no qual a mente não funciona. Elas... ficam deitadas ali e vão se deteriorando lentamente.

D: Adormecem, é isso?

K: Ah, é mais profundo do que isso. É o estado no qual não podem ser contatadas. É o... coma.

D: Seria essa a palavra certa?

K: Coma, sim. (Pronunciada com acento na última sílaba.)

*D: Essa é uma palavra que eu usaria ou uma palavra que você usaria para chamá-la? (Sem resposta) Certo. Então, quando eles entram nesse estado, não há nada que você possa fazer? (*Não*) Então, é tarde demais, não é? Elas morrem depois disso, se você não—*

K: (Interrompe) Então, elas morrem.

*D: Oh, entendi. Então, é uma doença perigosa.—Todas são coisas que você trata. (*Sim*) Bem, Alexandria é uma cidade grande?*

K: É bem grande. Sim, é uma cidade bem movimentada.

D: Há muita gente lá?

K: Dá a impressão de que as pessoas mudam de um dia para o outro, mas sempre se mantém as mesmas. Há sempre os pobres e os... esquálidos. E os ricos, eles vão e vêm, e você vê rostos diferentes. Mas eles... tudo está sempre mudando.

D: *Bem, e que tipo de—Alexandria é uma—oh, digamos, há muito comércio lá ou coisa parecida?*

K: É uma cidade portuária, uma cidade de negócios. É por Alexandria que a maioria das coisas sobem pelo Nilo até outras cidades. Muitas das coisas são trazidas do mundo exterior, entram por aqui, e todos recebem uma parte dos negócios.

D: *Portanto, essa é sua atividade, muito comércio e negócios. (Sim) E você disse que barcos entram ali? (Sim) Eles vêm do mundo todo ou de onde?*

K: Sim, pessoas de todas nacionalidades visitam-na.

D: *Então, você conhece muitos outros países aí perto? De onde vêm essas coisas?*

K: D Grécia e da Itália e, hm, às vezes, por terra. Há coisas que vêm da Turquia, ora por navio, às vezes por terra. Até aqueles de lá do norte. Os comerciantes de pele clara que visitam, os germatas (fonético).

D: *Germatas? Foi o que você disse.*

K: Visigodos, sim.

D: *Eles aparecem com frequência. Você disse germanos ou germaques? Como se pronuncia isso?*

K: Germata.

D: *Certo. E esses são povos de pele clara. Bem, e onde você mora, você tem pele clara ou escura?*

K: (Sorrindo) Eu não—não sou nem um, nem outro. Tenho cabelos castanhos e pele marrom clara, mas não sou muito escuro. Não sou como (com acento na primeira sílaba) os beduínos (acento, fonético) que vêm do deserto ou os – povos que vêm dos – ah, desses países diferentes no sul.

D: *Eles são mais escuros? (Sim) Como se chamam esses que vêm do deserto?*

K: (Pronunciado como bud-uínos, mas provavelmente ela quis dizer beduínos.)

D: *Eles também têm pele escura? (Sim) Então, a maioria das pessoas de sua cidade são da mesma cor que você?*

K: (Suspiro) Aqueles que moram aqui provavelmente são, na maioria, mais escuros do que eu. Os moradores de Alexandria e do Egito, e desta área, são um pouco de tudo. Não são exatamente egípcios, mas também não são outra coisa.

D: *São uma mistura. Certo. Bem, creio que isso é interessante. Estava curiosa. Vamos sair dessa cena. Vou contar até três e vamos a um dia importante de sua vida. Um dia que você considera importante em sua velhice. 1, 2, 3, é um dia importante de sua vida e você está mais velho. O que você está fazendo? (Sem resposta) O que você vê?*
K: Vejo o... meu corpo deitado na cama.
D: *Oh, aconteceu alguma coisa?*
K: Um. Resolvi deixá-lo.
D: *Você tinha um motivo?*
K: Só estava cansado.
D: *Qual a sua idade? Você sabe?*
K: Sessenta e nove.
D: *Então, você não estava doente ou coisa parecida?*
K: Tive um problema no coração e ele simplesmente parou de funcionar.
D: *Você era medico e não podia—os remédios não o ajudariam?*
K: Ajudariam por algum tempo, mas eu estava simplesmente cansado. (Suspiro)
D: *O que você acha dessa vida?*
K: (Triste) Vejo... muito sacrifício para os outros, mas... quase me mantendo acima dos outros por causa da necessidade de me sentir... maior ou superior a eles.
D: *Você acha que era isso que realmente sentia?*
K: Vejo que servir aos outros era... tentar livrar-me da culpa sentida num nível inferior da existência. Hmm. Não foi uma vida ruim, pois não causei mal aos demais.
D: *Bem, e por que você deveria ter sentido culpa?*
K: Pela vontade de ser melhor do que os outros; havia um anseio por isto. Mas muito foi superado.
D: *Sabe, estava pensando, não é ruim querer ser alguém, fazer alguma coisa na vida.*
K: Não é ruim fazer alguma coisa na vida. Mas olhar com arrogância para os outros que não conseguiram isso, então... este é o problema.
D: *Oh, você acha que talvez tenha feito isso e não tenha percebido?*
K: Durante certo período daquela vida, sim. Fiz muito isso.
D: *Bem, o sentimento de culpa então... você disse que superou o sentimento de culpa, não disse?*

K: Sim. Isso quando a—ah, percebi que era um problema. Então, ofereceram-se para ajudar aqueles menos afortunados, e isso foi bom.

D: Certo. Mas você acha que se sentiu culpado devido a alguma coisa por trás disso, nos primeiros anos, ou—? (Sim) E então, você quis superar isso. Bem, não foi uma vida ruim. Parece que você fez o bem a muitas pessoas.

K: Essa era a minha vontade, sim.

D: Isso é bom. Bem, você nunca se casou, casou?

K: Não. Eu achei que—encontrar uma alma companheira me distrairia da necessidade de ajudar os outros, seriam maior do que esta. Se tivesse alguém, essa pessoa tomaria energia.

D: Então, toda a sua vida foi deliberadamente passada dessa maneira, ajudando outras pessoas. Foi por isso que você não teve família. (Sim) Entendi. Acho que você fez um bom trabalho. Você realizou o que se dispôs a fazer.

K: É o que esperei fazer.

D: E agora, para onde você vai? Já sabe?

K: Acho que vou descansar.

D: Essa seria uma boa ideia, não seria? Descanse um pouco e tire tudo isso do seu sistema. Certo. Bem, agora, vamos sair daquela cena. Vamos voltar mais no tempo. Isso que vimos agora aconteceu no século 5. Vamos voltar aos anos 300, para trás daquele período. Vou contar até três e estaremos nos anos 300, e você vai me dizer o que vê e o que está fazendo. 1, 2, 3, estamos nos anos 300, o que você está fazendo? (Sem resposta) O que você vê? (Sem resposta, mas ela está franzindo a testa.) Alguma coisa a está incomodando?

K: Vejo—os estudantes. Os estudantes estão em torno do corpo.

D: Os estudantes estão em torno do corpo? (Sim) O que você quer dizer?

K: Estão rezando para que minha alma se ilumine.

D: Você disse que estavam observando o corpo. Aconteceu alguma coisa?

K: Eu deixei esta existência.

D: Onde você estava?

K: Eu estava no Tibete.

D: Ah, no mosteiro? (Eu tinha encontrado a última das primeiras vidas que ela teve e agora pude encaixá-la na faixa de tempo *apropriada.) (*Sim*) Nessa vida, você chegou a ser idoso, não? (*Sim*) O que os estudantes fazem? Você disse que estão preparando o corpo?*

(Eu não a havia compreendido, ela costuma começar a falar com muita suavidade.)

K: Não, eles o rodeiam e estão rezando para que minha alma continue na roda da existência, rumo à iluminação.
D: Oh. O que eles fazem com o corpo depois disso? Eles têm certos rituais ou fazem alguma coisa?

Karen recuou mais cem anos e, aparentemente, chegou no último dia dessa nova vida. (Esperamos que seja uma das vidas que iremos encontrar ao transcrever as fitas e arquivos de Dolores.)

Dolores havia trabalhado com Karen em mais algumas vidas, e incluímos mais duas nesta última seção.

Capítulo 17
O médico, parte 3
(Gravado em 25 de agosto de 1983)

A primeira parte desta fita é a Fita Jesus No. 12. Estávamos revendo as sessões sobre a vida de Saudi e queríamos obter mais informações sobre o médico de Alexandria antes de pararmos de nos encontrar.

D: *Vamos sair dessa cena. Vamos avançar. Vamos sair dessa época e não vamos mais nos preocupar com ela. Vamos avançar até o futuro. Para cima. Vamos subir algumas centenas de anos depois de você ter passado por mais algumas vidas. Vamos ao ano 400. Algum momento do ano 400. Vou contar até três e estaremos lá. 1, 2, 3, estamos em algum momento do ano 400, o que você está fazendo?*
K: Estou preparando medicamentos.
D: *Certo. Onde você está?*
K: (Grande suspiro) Estou em Alexandria. (A pronúncia é muito fechada.)
D:*Alexandria? Muito bem. Estou certa em dizer que seu nome é Alexandro?*
K: Alexandro, sim. (Dito com mais descontração.)
D: *Não estou pronunciando corretamente? (Ela torna a repetir com descontração.) Certo. Qual a sua idade agora?*
K: (Grande suspiro) Sessenta – e um, dois, ah. Sou um velho, isso não importa.
D: *Oh. Você não conta mais seus anos?*
K: (Suspiro) E quem continua contando?
D: *Bem, e que tipo de medicamento você está preparando?*
K: É para livrar uma mulher de inchaços (suspiro) nos pulsos, tornozelos e juntas.
D: *Oh. Você sabe o que está causando os inchaços?*

K: (Suspiro) Ela não está comendo direito, está grávida, é isso. As toxinas de seu corpo estão se acumulando nesses lugares. (Sotaque muito forte e diferente do sotaque de Saudi.)

Harriet (H): O que ela pode comer para prevenir isso?

K: Menos pão, carnes, o sangue. Mais folhas (pronunciado: folias) e ervas e coisas, frutas cruas.

H: Pode nos dizer o que isso faz no sistema?

K: Ajuda e... toda a atividade por trás da coleta das toxinas, os rins se recusam a funcionar porque carecem de certos... elementos. E quando param de funcionar, os venenos se acumulam. E com a introdução dessas frutas e ervas no corpo, elas ajudam-no a expulsar os venenos, reduzindo o problema. É um problema de má alimentação (pronunciado de forma estranha) quando isso acontece na gravidez. (As palavras introdução, má alimentação e gravidez foram pronunciadas rapidamente, com sotaque estranho. Se eu não conhecesse as palavras, teria sido difícil identificá-las.)

H: Por que os fluidos se acumulam especialmente nos pulsos e nos tornozelos? Por que não noutras partes? Sei que com o tempo irão fazê-lo, mas por que se percebe primeiro nesses dois lugares?

K: Percebe-se primeiro neles porque com o destino do resto do corpo, hm, é nessas áreas ossudas que se percebe o inchaço mais depressa do que em qualquer outro lugar. Não tenho muita certeza da razão para escolher esses lugares, exceto pelo fato de notarmos primeiro neles.

D: Que tipo de remédio você está preparando? Ele tem nome?

K: É um elixir; ele contém diversas ervas e coisas que eu vou usar.

D: Mas é para beber ou esfregar no—

K: É para beber.

H: É um medicamento ou algo dessa natureza? É melhor esfregá-lo no corpo ou tomá-lo internamente?

K: Depende do que você quer que ele faça. Há certas coisas que é melhor absorver pela pele. Outras são melhores quando vão para o estômago e trabalham desde lá. Tudo depende da doença e do problema.

D: E o que aconteceria com ela caso não obtivesse alívio do—

K: (Interrompe) Ela iria morrer! Bem como a criança.

D: Pode ser grave assim?

K: Sim, é venenos. (venenoso?)

D: Oh, achei que eram apenas fluidos.

K: (Interrompe) Então, se você ingerir—ah—cicuta, não iria morrer? Ela é venenosa. O corpo mantém os venenos e, se eles não forem retirados de seu sistema, dá-se a morte.

D: Entendi.

H: As juntas do corpo têm alguma conexão particularmente próxima com o sistema interno? Noutras palavras, se você tiver que esfregar um unguento, este será absorvido mais rapidamente na área da junta do que na área dos tecidos?

K: Sim. Na maioria dos casos, isso é verdade.

H: E em certas áreas do corpo? Por exemplo, nas axilas e na virilha. Seriam mais acessíveis? Faz diferença em qual região está a junta?

K: Bem, há algumas coisas que devem ser esfregadas no pescoço e na área do peito, dependendo do que for. Outras são melhores nas áreas das glândulas, ali, nas quais iriam para as glândulas e seriam transportadas pelo corpo. Algumas, passamos nos pés, embebendo essa... preparação, elixir, o que for, usando esta área para levar o medicamento ao corpo.

H: Pode nos falar um pouco... estou muito interessada nos pés, pois os pés recebem a maior parte do peso do corpo. Estou muito interessada. Existe alguma coisa que você possa nos dizer para mergulharmos os pés e conseguir um alívio generalizado para o corpo?

K: (Suspiro) Água na qual se adicionou sal do mar é muito bom para o conforto geral do corpo. Ela tem muitos minerais e coisas assim. Ou então, você pode pegar a água do mar e mergulhar os pés nela, isso também é muito bom.

D: Por quanto tempo?

K: Não muito, talvez um quarto de hora.

H: Entendi. Então, por pouco tempo. E a pele do rosto? Geralmente, o rosto fica exposto, a pele do rosto fica muito mais exposta do que o resto do corpo. Há alguma coisa que podemos aplicar na pele para protegê-la e impedi-la de se deteriorar, enrugar, endurecer ou ficar grossa?

K: Há certas plantas que são boas para isso. Você pega o óleo de coco, ou mói o coco, faz uma pasta e passa no rosto. Ou – deixe-me pensar – os... diversos tipos de óleos da gordura de animais também seriam bons se fosse um caso extremo de secura.

D: São algumas das coisas que você usaria?

K: Dependendo da ocasião, sim.
H: *O coco seria o melhor dos—*
K: (Interrompe) Se não for um caso grave e você começar cedo, sim.
D: *A maioria dos seus pacientes são homens ou mulheres?*
K: Ambos.
D: *Ambos? E crianças? Você também atende crianças?*
K: De vez em quando. A maioria das crianças é bastante saudável.
D: *Por quê? Alexandria é um lugar saudável para se viver?*
K: (Com aversão) Não!
D: *Por que não?*
K: Gente demais. Muita sujeira, restos. Não é uma cidade limpa. É por isso que moro longe do... centro (pronunciado cento) da cidade, pois é um lugar sujo. (Mostrou desagrado.)
D: *Oh. Então, o lugar onde você mora não fica na parte principal? (Não) Certo.*
H: *Você conhece as construções conhecidas como pirâmides e a Esfinge? (Sim) Você já esteve lá e as viu?*
K: Uma vez.
D: *E o que achou delas?*
K: Há um poder imenso lá. É inacreditável.
H: *Do ponto de vista da cura, existe utilidade para as pessoas ficarem nessa região? Em torno delas?*
K: Elas atrairão coisas boas, sim. Seria muito útil.
H: *Alguma construção específica, mais do que as outras? Ou em toda aquela área?*
K: A norte, na câmara da rainha.
D: *Essa é uma das pirâmides maiores? (Sem resposta) Você só foi lá uma vez, como disse? (Sim) Poderia – sabe, sempre tive curiosidade com Alexandria. Pode me dar uma descrição da cidade? Gostaria de saber como ela é. (Recentemente, eu tinha lido que havia um grande farol no porto.) Antes, você me disse que ficava sentado... perto do oceano, olhando para o mar e os navios. Qual a aparência da parte principal da cidade?*
K: A parte principal da cidade está construída em torno das docas. Há a área das docas e o mercado que se abre diante dela. Assim, temos centenas e centenas de barracas com pessoas berrando e ratos correndo por toda parte. E a argila amarela dos prédios. Tudo é baixo, não há nada alto e elegante nela. Esta é uma—(suspiro

profundo) repito, uma cidade muito suja. Muito cheia, as coisas ficam umas sobre as outras.

D: Os prédios são pequenos?

K: Sim, e amontoados, todos próximos uns dos outros.

D: E não há—haveria prédios maiores na cidade?

K: Sim, as casas do governo, da biblioteca e da escola. Esses prédios são grandes, mas não ficam no centro de Alexandria, ficam perto da periferia.

D: Estava curiosa para saber se há edifícios maiores na cidade. E perto do mar? Há alguma coisa grande? (Estou pensando no farol.)

K: Navios.

D: E nada—

K: As docas são bem extensas. Elas são longas, mas não são—não vou lá com frequência, não é um bom lugar.

D: Não há nada, nenhuma característica que se destaca na área das docas? (Ela parece estar pensando.) Sabe, estava me lembrando, disseram que havia um farol lá.

K: Ele fica—há uma ilha, no meio da baía, onde há uma casa.

*D: Ela é visível da cidade? (*Sim*) Qual a sua aparência?*

K: Muito alta e fina. Parece ser feita de pedras brancas, não sei—nunca fui lá, não sei.

D: Qual o seu tamanho?

K: Se pode ser vista daqui, é bem grande. (Boceja)

D: Como eles mantém a luz acesa lá? Isso é que me deixou curiosa.

K: Como eu poderia saber?

D: (Riso) Você nunca ouviu alguém falar?

K: Nunca fui curioso.

D: Acho que sou curiosa com coisas diferentes.—E você mora um pouco longe da cidade.

K: Um pouco.

H: Sei que você usa ervas e outras coisas, até facas de vez em quando, em seus tratamentos. Você já usou cores ou pedras para tratar doenças?

K: Há muitos usos para pedras na cura.

H: Poderia nos contar um pouco? Tenho grande interesse nisso.

K: Certos tipos de câncer podem ser curados com pedras.

H: Alguma pedra específica?

K: Aquela que alguns chamam de magnetita. Ela tem—propriedades magnéticas que atraem a doença.
D: Você teria de usar a pedra ou— (Sim)
K: (Interrompe) Ela precisa ser colocada na área onde o câncer estava crescendo.
H: Pode nos dizer como ela age nesses casos?
K: Dizem que ela puxa a doença para fora do corpo. Não tenho muita certeza.
D: Bem, e quanto tempo você teria de deixar a pedra no local?
K: Até o inchaço diminuir.
D: Você parece cansado.
K: (Respira fundo.) Foi um dia bem longo.
D: Já é noite?
K: Não. Estamos próximos do crepúsculo.
D: Como você trata o câncer?
K: Se ele estivesse tão avançado que não teria mudanças com a aplicação de ervas e coisas assim, eu tentaria uma operação para removê-lo.
D: Isso é aconselhável? A pessoa costuma sobreviver?
K: (Suspiro profundo) Em alguns casos, sim, noutros, não. Mas como ela iria mesmo morrer, pelo menos isso lhe daria uma chance de viver.
H: Gostaria de lhe fazer outra pergunta. Você usa cores para tratar seus pacientes? Se usa, como?
K: Pessoalmente, não uso muito. Mas conheço pessoas que usam.
H: Você já viu isso ser feito? (Sim) Poderia nos falar sobre isso?
K: (Bruscamente) Não!
D: É uma coisa da qual não se costuma falar?
K: (Suspiro) Não tenho essa liberdade.
D: (Muda de assunto.)Além da magnetita, há outros tipos de pedras que seriam valiosas para a cura?
K: Muitas pedras diferentes, conhecidas como gemas, são usadas de diversos modos ou maneiras. (Boceja)
D: E cristais? Você já os viu?(Sim) São valiosos para a cura? (Sim) (Ela não oferece mais informações sobre essas áreas.) Sua paciente vem tomar remédios hoje?
K: Ela está aqui.
D: Oh, ela está aí agora? (Sim) É por isso que você está trabalhando até tarde?

K: (Bocejo) Sempre trabalho até tarde. Mas estou ficando velho demais para isso.

D: *Impressão sua. Bem, e a paciente vai ficar na sua casa ou vai voltar para—*

K: (Interrompe) Ela vai ficar por um ou dois dias, até as ervas começarem a funcionar.

H: *Você tem um lugar especial para as pessoas que ficam aí depois de tomarem remédios? (*Sim*) Pode descrever esse lugar onde ficam?*

K: Fica nos fundos da minha casa. É um quarto razoavelmente aberto. Tem muita luz. Há várias—(bocejo) macas que podem ser alinhadas com telas entre elas para oferecer alguma privacidade.

H: *A maca fica posicionada em alguma direção específica, se é que isto tem alguma importância?*

K: Norte-sul.

D: *Você costuma ter muitos pacientes que ficam ali ao mesmo tempo?*

K: Geralmente, não.

H: *É importante a orientação da cabeça—ela deve ficar para o norte ou para o sul?*

K: O norte.

D: *A cabeça fica para o norte? Há uma razão específica para isso?*

K: Alinhamento com os polos.

D: *Oh, então, isso facilita as coisas. Bem, quando eles ficam aí, ficam por conta própria ou outra—*

K: Meu ajudante fica com eles caso alguém precise permanecer a noite toda. Assim, se houver alguma alteração, posso ser chamado. (Bocejo)

D: *Fale-me de seu ajudante. É homem, mulher, jovem?*

K: É um assistente, é um rapaz. Ele está sendo treinado.

D: *Aprendendo medicina. (Sua voz foi ficando cada vez mais cansada.) (*Sim*) Ele fica o tempo todo com você? (*Sim*) E você tem outros pacientes nesse—*

K: (Interrompe) No momento, não.

D: *No momento, não. As pessoas o procuram ou você vai até elas?*

K: Depende. Se forem bem ricos, vou até eles.

H: *Se forem bem ricos? Isso quer dizer que lhe pagam em espécie por seus serviços? Como você—o que eles fazem para você quando você os cura ou os ajuda?*

K: Se não puderem pagar, não cobro nada. Se forem pobres, mas tiverem renda, cobro uma pequena importância. Ora em permuta, comida, o que for. Mas se forem bem ricos, então cobro. Eles podem pagar por meus serviços.

D: Normalmente, quanto lhe pagam?

K: Não tenho um valor fixo. Eu decido—às vezes, é em (palavra difícil de entender. Parece com dring?)... às vezes noutros valores.

D: Certo. Mas estava curiosa para saber quais eram as moedas.

K: De ouro, às vezes de prata, dependendo de quanto eu cobrar.

D: Nesse país, como se chamam as moedas?

K: Dracmas. (Pedi-lhe para repetir.)

D: Esse é o nome das moedas?

K: São as moedas que prefiro. São de origem grega. (A palavra soou tanto como origem como ordem.)

D: Certo. Além dessa, outra moedas?

K: Sim, há os shekels e outras. Há o dinheiro romano.

D: Há muitos romanos na sua área?

K: Seu poder foi reduzido.

D: Oh, eles não são tão poderosos quanto antes?

K: O telhado está caindo em suas cabeças.

D: (Riso) E como você se sente com isso?

K: (Suspiro) A hora chega para todas as civilizações. Aconteceu com os gregos quando os romanos intervieram. Agora, aconteceu com os romanos.

(Desliguei a fita enquanto lia um bilhete que me foi passado por um observador.)

Outra D: Você conhece os nomes das gemas de que estávamos falando há pouco tempo e que eram usadas para cura?

K: O jade é uma delas.

H: Alguma cor específica de jade é mais poderosa do que outras?

K: São bem raros o jade púrpura ou jade real, como é conhecido. E o verde faz muito bem. O amarelo não é tão repousante. O branco também é permissível.

H: E as gemas vermelhas?

K: Não. A energia delas é muito perturbadora, muito selvagem.

D: *Então, não é uma boa cor para se usar.* (Não) *Certo. Você sabe se há um governante em Alexandria, um líder ou coisa assim sobre a região?*

K: Há os anciões e—ah—bem, acho que podemos chamá-lo de governante. Temos um príncipe ou coisa assim que controla aquilo que acontece na cidade e o... não é um príncipe, é um magistrado.

D: *Magistrado?* (Sim) *Bem, Roma tem alguma relação com aquilo que se faz em Alexandria? (Estava pensando no fato de magistrados serem representantes de Roma, de modo geral.)*

K: Não tem mais nada. (Sorrindo)

D: *O que você quer dizer? Aconteceu alguma coisa?*

K:Roma não tem mais poder. Estão rindo deles. Não podem mais aparecer e dizer, "Bem, vocês precisam fazer isto, pois nós decidimos que isto deve ser feito". Portanto, agora as pessoas fazem o que lhes convém.

D: *Oh. Então, não há mais o risco de aparecerem e causarem problemas porque você não faz o que dizem?*

K: Eles têm problemas suficientes, por que haveriam de se preocupar com os nossos?

D: *(Riso) Aconteceu alguma coisa específica?*

K: Ouvi dizer que houve uma invasão em Roma. Não sei. Foi o que ouvi. Não presto muita atenção em política.

(Subitamente, ela fez uma careta, como se estivesse sofrendo, e prendeu a respiração.)

D: *Alguma coisa incomoda você?*

K: Vou ficar bem.

Eu sabia que o médico tinha morrido com problemas cardíacos. Desconfiei que era o que estava sentindo. Dei-lhe sugestões tranquilizantes, dizendo que nada iria incomodá-la. Harriet também percebeu o que estava errado e fez sinais para avançá-la no tempo. Eu sabia que, se o fizesse, o médico não estaria mais vivo. Mas eu não podia passar essa informação a Harriet sem escrever um bilhete. Harriet não estava presente durante a morte do médico, e por isso não sabia da causa de sua morte. De qualquer modo, resolvi ir em frente e avançarmos no tempo, pois eu queria tirá-la daquele desconforto.

D: *Vamos sair desta cena e avançar alguns anos. Vou contar até três. 1, 2, 3, estamos mais alguns anos depois nessa vida. O que você está fazendo?*

K: Não há nada aqui. Não há continuidade.

D: *Certo. (Foi o que pensei que ia acontecer, pois o médico estava na faixa dos sessenta anos quando morreu de problemas cardíacos.) O que aconteceu com você?*

K: (Suspiro) O coração deixou de funcionar.

D: *Bem, mas foi uma morte fácil, não foi? Você viveu bastante.*

K: Tive muito apoio na saída.

D: *Você teve uma vida boa lá, não teve? Viveu muito e ajudou bastante gente. Está tudo bem, foi uma boa vida. Vamos sair dessa cena. (Resolvi levá-lo de volta a essa vida porque ainda tínhamos perguntas a fazer. Mas quis levá-lo até uma idade mais jovem, na qual esperava que ele não estivesse tão cansado e sofrido.) Vou contar até três e voltaremos à idade de quarenta anos. Alexandro em Alexandria, o médico com quarenta anos. Vamos voltar a aquela idade. Vou contar até três e estaremos na idade de quarenta na vida de Alexandro. 1, 2, 3. Alexandro tem cerca de quarenta anos, o que você está fazendo?*

K: Estou caminhando.

D: *Onde você está?*

K: Olhando para a costa.

D: *O que, para a água? (*Sim*) Você gosta daí?*

K: É bem tranquilo aqui.

D: *E o que você vê lá?*

K: (Ele usou novamente uma palavra para descrever os barcos e tive dificuldade para transcrevê-la.) Os... (parece-se com docas, e a outra parece-se com conchas, ou seriam saltos?) principalmente a água.

D: *Ah, então não há muitos barcos hoje? (*Não*) Você consegue ver a cidade de onde você está?*

K: Sim, mas quem quer isso?

D: *Você não gosta muito dessa cidade, gosta? (*Não*) Se tivesse opção, você iria morar noutro lugar?*

K: (Suspiro) Sim. (Agora, sua voz parecia mais jovem, mais vibrante.)

D: *E para onde iria se tivesse essa opção?*

K: (Ela diz uma palavra que tive dificuldade para entender.)

Harriet disse que era Gaza, mas ela a pronunciou com ênfase na última sílaba. (Pedi-lhe para repetir.)

D: *Ah, fica perto?*
K: Não é muito longe.
D: *E por que você iria querer ir lá?*
K: (Pausa) Para aprender mais.
D: *Oh, achava que Alexandria fosse o centro de estudos.*
K: É o centro de estudos exteriores.
H: *Gaza é onde ficam a Esfinge e as pirâmides. É isso?* (Sim) *E é o centro de estudos esotéricos?* (Sim) *Grata.*
D: *Há pessoas ali que podem ensiná-lo? (A enciclopédia diz que a Esfinge e as pirâmides estão em Al Jizah. Seria isso que ela estava dizendo? Sua pronúncia era estranha.)*
K: Meus professores estão lá. (Sua voz tinha um tom um tanto melancólico.)
D: *Oh. Eles vivem perto das pirâmides?*
K: Não vou falar sobre isto.
D: *Certo. (Isso aconteceu muitas vezes noutras vidas quando eu me aproximava demais de conhecimentos proibidos.) Estava curiosa. É para lá que você iria se pudesse.* (Sim) *Sim, é como você disse, Alexandria é apenas uma cidade suja?*
K: Sim, com muita pestilência, desonestidade e ladrões. É muito corrupta.
D: *Você tem problemas com ladrões?*
K: Não. Eu digo que lançaria a maldição da lepra sobre eles e eles não me aborrecem.
D: *(Riso) Então, não o incomodam. Mas se a cidade está cheia de pestilência, eles precisam de doutores, precisam de médicos.*
K: Sim. (Suspiro) Mas no caso de alguns deles, eu me pergunto se o mundo não seria melhor se não estivessem aqui.
H: *E por quê vêm para cá?*
K: (Ela faz uma pergunta que não consigo transcrever.)
H: *Por quê? Essa gente que não respeita as leis da saúde e dos cuidados com sua cidade, por que elas vêm? Por que existem, por que encarnam? Qual seu propósito, você sabe dizer?*

(Achei que talvez Harriet tivesse se esquecido de que estávamos conversando com ela durante uma encarnação. Esse era o tipo de pergunta que normalmente lhe perguntávamos no estado entre uma vida e outra. Mas depois, Harriet disse que queria apenas saber o que o médico teria a dizer, se ele conhecia algo sobre essas coisas.)

K: Muitas das pessoas que são de formas... inferiores, porém, seja qual expressão queira lhes dar, são escravos. E alguns dos escravos ou homens livres não ligam muito para eles mesmos. E muitas pessoas que estão cansadas de se esforçar procuram uma vida fácil.

D: *Oh, qualquer modo fácil de obter as coisas, não é isso?* (Sim) *Bem, estava pensando, você não deveria considerar inferiores os escravos, você mesmo foi um, não foi?*

K: Sim, mas há muitos tipos e diferenças entre escravos. Há aqueles que aspiram a algo superior e aqueles que estão apenas na lama e querem ficar ali.

D: *No seu caso, você quis subir, não quis?*

K: Houve o anseio para isso, sim.

H: *Há uma saída mais rápida para aqueles que não se preocupam em crescer? Seu tempo aqui será abreviado?*

K: Às vezes. Às vezes, terão a impressão de que ficarão aqui para sempre. E talvez devam aprender com isso que, se estiverem em situações ruins, se não procurarem melhorar, ela pode se prolongar muito.

H: *Entendi.*

D:*Qual a sua religião? Em Alexandria. Você tem uma religião? (Pausa) Sabe do que estou falando?*

K: Somos seguidores do Um.

H: *O que significa isso?*

K: Esse é—o caminho que sigo.

D: *Digo, você venera deuses egípcios?*

K: Não. Eu venero o Deus único.

D: *Oh. Então, você não venera os deuses romanos.*

K: Não. E tampouco sigo os sacerdotes daqueles que se intitulam cristãos (pronunciado cris-tãos, separando deliberadamente a palavra), que dizem uma coisa e fazem outra. Isto é errado.

D: *Há cristãos em Alexandria?*

K: Há comunidades deles, sim.

D: *Como assim, dizem uma coisa e fazem outra coisa?*
K: São hipócritas. Dizem que você deve acreditar numa coisa e continuam dizendo que você deve fazer isto ou aquilo, e depois dão meia volta e se mostram gananciosos e cobiçosos, tal como os outros.
H: *Como surgiu essa palavra, cristão? Você sabe?*
K: Eles a emprestaram do Cristos.
D: *(Pedi-lhe para repetir.) O que significa isso?*
K: Era um nome dado a aquele que os judeus conheciam como o Messias.
H: *Quem era este? Poderia nos falar disso?*
K: Seu nome era Yeshua.
H: *Ele vivia aqui no mundo ou em Alexandria, ou— (Obviamente, ela está tentando ver qual será a resposta dela.)*
K: Sim. Ele vivia em Israel.
D: *Bem, ah, e você acha que essa é uma religião ruim?*
K: O caminho que seguem é, sim.
D: *E as comunidades cristãs? São aceitas em Alexandria?*
K: Sim, bastante. Elas têm muito poder.
D: *Bem, você disse que segue o caminho do Deus único. Essa religião tem um nome? (*Não*) E os judeus? As crenças deles são diferentes das suas?*
K: Há muitas crenças diferentes que eles têm e nós não temos.
H: *Já ouviu falar no povo chamado kaloo? (Isso veio do material sobre Jesus.) (*Sim*) Eles vivem em algum lugar desta região, ou— (*Sim*) Vivem? Agradeço.*
D: *Pode nos falar um pouco sobre eles? Ouvimos falar deles. (*Não*) Ouvi dizer que eles vivem aí há muito tempo.*
K: Eles têm estado por aqui desde o começo.
D: *Nessa área, em comunidades? (*Sim*) Se procurássemos por eles, conseguiríamos localizá-los?*
K: Não. Isso não seria permitido. Eles procurariam você. Você não os encontraria.
D: *Oh. Certo. Bem, há igrejas, sinagogas ou coisas parecidas em Alexandria? (*Sim*) E que nome você daria—você vai a um edifício como esses em sua religião? (*Não*) Entendi. Então, vocês não frequentam sinagogas ou templos como esses. (*Não*) Você disse que segue o Deus único. Esse Deus é Javé?*
K: Ele não tem nome.

D: *Ele não tem nome. Certo. Estava curiosa a respeito disso, porque você me deu a impressão de estar falando do judaísmo.* (Não) *Não é isso. Certo.*
K: É muito mais antiga do que o judaísmo.
D: *Oh, então ela vai muito além no tempo. E os cristãos, foram mesmo perseguidos durante certa época?*
K: Sim, foi o que ouvi dizer.
D: *Mas não são coisas que estejam acontecendo agora.* (Não) *Certo.*

(Tentando pensar noutras perguntas.)

D: *Você está com muitos pacientes no momento?*
K: Tenho uns quatro em casa e cerca de cinquenta que atendo semanalmente.
D: *Puxa, é bastante, não é?* (Sim) *Você os atende todos os dias?*
K: Alguns, todos os dias. Outros em dias variados. E, uma vez por semana, todos eles.
D: *Uma vez por semana, você atende todos eles?* (Sim) *Eles moram perto e assim não é difícil visitá-los?*
K: A maioria vem até mim.
D: *Eles vão à sua casa? Assim, não fica tão ruim. Há algum caso que seja mais difícil? Ou todos são problemas comuns?*
K: Nada fora do comum.
D: *Como são os casos que você tem agora?*
K: Muitas coisas diferentes. Tenho de tudo, hmm, desde resfriados a furúnculos, a... tem um sujeito que sempre que se irrita sua pele fica vermelha. É o mais incomum. Ele é— sempre que fica furioso, a pele fica irritada.
D: *(Riso) Então, só quando fica furioso.*
K: (Riso) Mas ele fica furioso na maior parte do tempo.
D: *Você já havia visto casos como aquele?*
K: Sim, quando estava com meu mestre.
D: *Bem, e como você trata um caso como esse? Impede-o de ficar furioso?*
K: Você procura convencê-lo de que é isso que está causando a doença. Mas é difícil. Ele é muito teimoso e não aceita a opinião dos outros.
D: *Então, não acredita em você.* (Não) *Ele quer que você lhe dê algum remédio.*

K: (Suspiro) Ele quer uma cura instantânea. Um comprimido que ele possa tomar e se livrar desse problema para sempre. (Nós rimos.) Não é assim que funciona.

D: Ele não acredita em você. Esse é o mais incomum que você tem? (Sim) Você mencionou um comprimido, o que é isso?

K: São certos tipos de remédios combinados numa dose pequena que a pessoa consegue engolir.

D: Você mesmo os produz?

K: Sim, produzo todos os meus remédios.

D: É mais difícil produzir um comprimido do que uma bebida?

K: Sim, porque é preciso comprimi-lo.

D: Muito bem. É uma coisa que você consegue fazer. Você já atendeu pessoas que o procuram com fraturas no braço ou na perna?

K: Sim, e elas precisam ser postas em talas para não ficarem fora do lugar.

H: Como você sabe se estão quebrados? Como você percebe isso?

K: Dá para saber apalpando. Dá para saber se você passar a mão ao longo do braço ou da perna. E você sente a energia: no ponto onde ela se interrompe fica a fratura.

D: Oh, você consegue identificá-la sentindo a energia?

H: E é assim que você coloca o membro no lugar? Com isso, o fluxo de energia se completa.

K: E assim fica no lugar.

D: Ah, você consegue perceber. Eu sei que é muito doloroso. Não sabia como você conseguia saber se uma perna estava quebrada ou apenas torcida. Se o músculo estava distendido ou algo assim. (Pausa) Você já teve algum caso no qual a pessoa estava com fratura na coluna? (Não) Estava me perguntando se seria possível fazer alguma coisa em casos assim.

K: Não sei.

D: E se alguém com um problema assim o procurasse? Você saberia tratá-lo?

K: É possível que a pessoa nunca conseguisse chegar até o médico, pois iria morrer.

D: Por causa da fratura na coluna?

K: Ela romperia o cordão da espinha e isso significaria a morte.

D: E o pescoço quebrado, seria a mesma coisa?

K: É outro caso em que poucos sobrevivem.

D: *Estava curiosa para saber se havia algum modo de reparar problemas como esses.*

H: *A coluna dorsal é fonte de muita energia. Seria esse um dos motivos?*

D: *E o que aconteceria se alguém sobrevivesse—alguém conseguiria viver com uma coluna fraturada?*

K: Nunca ouvi falar disso, mas não quer dizer que não seja possível.

H: *Quando um membro é reparado, existe algum modo de aumentar o fluxo de energia em torno da área fraturada a fim de acelerar sua cura?*

K: A primeira coisa a se fazer é colocar o paciente sob hipnose, para que fique num estado no qual não sinta a dor do reparo no membro. E será bom que usem seus pensamentos para produzir uma—eu prefiro usar uma luz verde em torno da fratura. Eles podem fazer isso enviando energias de seu próprio corpo para esse local.

D: *Bem, e você disse que usa talas? Do que são feitas?*

K: Só de madeira.

D: *Só de madeira? Só para garantir que não vão se mexer.* (Sim)

H: *Quando o paciente está hipnotizado e usando a luz verde, por quanto tempo faz isso? Ou você sugere que o façam periodicamente?*

K: Ponho a sugestão em sua mente de que sempre que determinada palavra for dita, a luz verde será usada. E peço a alguém da família para dizê-la periodicamente.

D: *Oh, eles podem dizer a palavra e usar a luz* (Sim). *Uma pessoa diferente, então. Temos curiosidade sobre essas coisas para podermos nos ajudar. Espero que você não se importe em responder às minhas perguntas.*

K: Não. É que estou muito cansado.

D: *Foi um dia difícil?* (Hã-hã) *Com cinquenta pacientes, imagino que tenha sido.* (Riso) *Mas você disse que não atende todos em todos os dias, não é?* (Não) *Às vezes, você consegue se manter paciente com essas pessoas?*

K: Perdão?

D: *Sabe, não ficar zangado. Você consegue se manter calmo?*

K: Na maior parte do tempo.

D: *(Riso) Essa é a pior parte, não é?*

K: Às vezes. (Pareceu cansado.)

D: *Certo. Acho que você trabalha muito bem. É uma pessoa muito boa. Agradeço-lhe por conversar conosco. Gostaria de voltar e tornar a falar com você. Podemos fazer isso? (*Sim*) Muito obrigada. Agora, vamos sair dessa cena.*

(Paciente trazida para o presente.)

Capítulo 18
A garota que via fadas

Tinha acabado de levar Karen a 1350 e, quando acabei de contar, vi que ela estava franzindo muito a testa. Perguntei o que a incomodava.

K: (Sua voz era suave.) Fogo! (Ela pareceu assustada.) Minha casa! (Respira ofegante) Ela está em chamas! Não quero ver isso!

Na maioria das vezes, quando o paciente sintoniza uma vida, entra numa cena cotidiana, normal. De vez em quando, porém, entra quando está acontecendo uma coisa dramática. Aparentemente, foi o caso. Dei-lhe rapidamente sugestões tranquilizantes para que ela pudesse falar disso.

D: O que aconteceu? Como começou o incêndio?
K: Eles fizeram isso. O povo da aldeia. Estavam com medo de mim. (Sua voz estava muito suave e tímida.)
D: Por que estavam com medo de você?
K: Porque eu era diferente e porque não era como eles. Eu costumava ouvir pessoas que eles diziam que não estavam ali. (Seu sotaque estava diferente, era escocês ou irlandês.) E eu via coisas antes que acontecessem.
D: Onde isso acontecia?
K: Na Escócia. Estávamos perto da aldeia de Glenmara.
D: Você era homem ou mulher?
K: Eu era mulher. (Sua voz pareceu muito triste.)
D: Qual a sua ocupação?
K: Eu fazia rendas.
D: Não vejo mal algum nisso.
K: Não. Mas era diferente. Eu tinha segunda visão.
D: Aconteceu alguma coisa que deixou-os irritados?
K: (Suspiro) Eles—quando tentei lhes dizer que teriam problemas neste ano com a lavoura e coisas assim. Quando isso aconteceu,

disseram que eu tinha lançado o olho gordo sobre a lavoura. E que tinha feito as ovelhas parirem cedo demais e todas morreram. (Suspiro) Disseram que foi minha culpa. (Triste) Eu nunca prejudicaria uma criatura de Deus. Achava que seria bom saberem daquelas coisas.
D: Pareciam pessoas ignorantes, não entenderam nada.
K: Não, não queriam entender.
D: Você vivia sozinha ou tinha família?
K: Eu vivia sozinha. Minha mãe morreu há muitos anos. Era só eu.
D: Você estava muito velha quando isso aconteceu?
K:Talvez vinte e dois, talvez menos. (O sotaque é bem marcante.)
D: Então, ainda era jovem. Chegou a se casar?
K: (Tossindo) Não.
D: O que aconteceu quando queimaram a casa?
K: (Friamente) eu morri.
D: E como será que aquelas pessoas se sentem agora?
K: Provavelmente, sentem-se ótimas. Vão achar que fizeram uma coisa gloriosa em nome do Senhor.
D: Antes, você havia lhes dito coisas que elas não entenderam?
K: Ah, algumas coisas do cotidiano sobre as pessoas, e quem sabe – se prestassem atenção, essas coisas não aconteceriam com elas. Claro, se eu visse uma coisa que talvez fosse ruim, diriam que eu a teria feito. Só para provar que eu podia ver o futuro e poriam a culpa em mim.

Ela começou a tossir mais, provavelmente por causa da fumaça do incêndio. Assim, para aliviar qualquer desconforto, resolvi tirá-la daquela cena. Além disso, eu quis descobrir mais sobre o começo da vida desta jovem e sobre como ela chegou a esse triste estado de coisas. É muito raro um paciente começar a regressão no final da vida, mas às vezes isso acontece. Levei-a para trás no tempo e perguntei-lhe o que estava fazendo.

K: Fazendo rendas.
D: É muito difícil fazer isso?
K: Não é muito difícil se você se dispõe com tempo. Pode ser bem fácil de se fazer. Tive uma professora muito boa, minha mãe me ensinou quando eu era menina.
D: Como você faz isso? Usa uma agulha? Como é?

K: É um—um carretel, e você faz um nó em torno dele e—como posso explicar, é—não sei. É muito interessante.
D: E o que você faz com a renda depois que a produz?
K: Nós a vendemos para senhoras muito simpáticas. Elas vêm comprá-las.
D: Vocês cobram caro?
K: Alguns pence.
D: Isso é muito?
K: Na verdade, não. Mas nos dá dinheiro para comer. E podemos comer bastante – não é mau. E guardamos um pouco de comida para não morrermos de fome.
D: Dá a impressão de que se o trabalho é grande, você deveria cobrar mais caro.
K: Por que iriam nos pagar mais? Elas não fariam isso.
D: Mas dá muito trabalho criar coisas belas.
K: É, mas essas grandes damas são muito avarentas com seu dinheiro. E há muitas rendeiras.
D: Como você se chama?
K: Chamo-me Sarah MacDonald.
D: Com quem você mora?
K: Minha mãe.
D: Ela também é rendeira?
K: Ela era. Agora, não consegue mais. Suas mãos estão ruins. Se você não consegue dobrar os dados, não consegue fazer renda. Ela não está nada bem. Talvez não demore até ela não estar mais conosco.

Sua voz era muito suave, ela parecia muito tímida e reservada. Tinha um jeito estranho de usar a boca quando falava e especialmente quando sorria. Ela recuava os lábios, expondo muito os dentes, e o lábio superior se projetava sobre o inferior. Tive a impressão de que ela teria dentes salientes. Também senti que ela era muito autocentrada. Eu teria de ser muito delicada com esta personalidade. Ela me pareceu muito frágil.

D: Isso deve tomar muito tempo. Creio que você deve ser muito inteligente para conseguir fazer isso.
K: (Pareceu envergonhada. Ela sorriu e corou.) Não sei.—Nunca alguém me disse que eu era inteligente.
D: Glenmara é uma aldeia pequena?

K: Não é muito grande.
D: *Você está feliz lá?*
K: Quem sabe? Quem pode dizer o que é a felicidade?
D: *Você acha que vai se casar um dia?*
K: Eu—eu não sei. Não tenho muito dinheiro e não há muitos solteiros disponíveis por aqui. (Ela pareceu triste.) O bom Senhor dirá.
D: *Você ainda está tendo problemas com as pessoas da cidade?*
K: É. Elas acham que somos estranhas por vivermos aqui, fazendo coisas estranhas. Mas—não sou muito diferente delas. Às vezes, desejo ser como uma delas para não ter de me preocupar com o que pensam de mim.
D: *Por que acham que você é diferente?*
K: Veja, na minha família, todas as mulheres nascem com a visão. E minha mãe disse que eu devo ajudar as pessoas com ela e quando tentamos fazer isso, pensam que somos bruxas e que estamos fazendo coisas erradas aqui. Mas não somos! (Sua voz era muito suave, achei que ela deve ter sido uma pessoa muito bonita.)
D: *Elas não entendem. Certas pessoas são muito ignorantes.*
K: E a ignorância pode prejudicar outras pessoas, mas—não é muito justo.
D: *Creio que gostariam de verdade de você caso a conhecessem.*
K: Gostaria de pensar assim.
D: *(Estava conversando com ela dessa forma para conquistar sua confiança, mas estava gostando da pobre moça.) Acho que você é uma boa moça. Gostaria de poder fazer metade das coisas que você faz.*
K: (Corando) Grata. Se tentasse, você poderia.
D: *Não é errado conseguir falar com coisas que não estão ali, poder dizer às pessoas coisas—*
K: (Interrompendo) Não que não estejam ali, é que mais ninguém as vê. São bem reais, é que algumas pessoas não se abrem para as coisas que existem à sua volta. E como nós as vemos, acham que somos estranhas ou diferentes.
D: *Quem são essas pessoas que os outros não conseguem ver?*
K: Tenho amigas entre as fadas, elas vêm e cantam para mim.

Para manter sua confiança, tive de aceitar tudo que ela me dizia como verdade e sem questioná-la, embora me parecesse estranho. A questão não é se as fadas são reais ou não. Aparentemente, eram bem reais para essa pobre moça.

D: *Você tem visto fadas sua vida toda?*
K: Oh, é. Elas costumavam vir brincar comigo quando eu era uma bairn pequena.** Eu costumava dizer às crianças quando íamos à igreja que, sabe, elas iam me visitar. E elas achavam que eu era doida.

** Bairn (escocês, norte da Inglaterra): uma criança. **

D: *Isso significa que você deve ter tido uma vida solitária, pois elas não a entendiam. Como são as fadas? Estou interessada, quero saber.*
K: Bem, são muito pequenas mesmo, e muito tímidas. E elas têm, as mulheres têm asas que são como purpurina, e são pessoas muito alegres.
D: *Qual o seu tamanho?*
K: Oh, devem ter quinze a vinte e dois centímetros de altura.
D: *Ouvi falar nessas coisas, mas sempre achei que eram apenas histórias.*
K: As pessoas acham que são histórias porque na maior parte do tempo elas não aparecem mais. Mas algumas pessoas ainda as veem. No entanto, são acusadas de serem tão maliciosas que, veja só, quando uma pessoa conversa com elas é considerada má. E talvez seja vista como enfeitiçada, como dizem, um pouco doida e que faz coisas estranhas.
D: *Bem, e elas são humanas, de carne e osso?*
K: Não, elas—elas têm existência mas não são humanas. São muito, muito mais velhas que os humanos e têm vivido aqui desde sempre.
D: *Como um espírito?*
K: Não, elas têm existência, mas—
D: *Queria saber se têm um corpo, como os humanos.*
K: Mais ou menos, mas não é a mesma coisa. É—não dá para olhar para elas com olhos humanos e dizer que são como eu, porque não são. São algo totalmente diferente, mas não quer dizer que não existam.
D: *Há fadas homens, também?*

K: Sim, mas não são tão alegres e pitorescos quanto as mulheres.
D: Eles também têm asas?
K: Não, só as mulheres.
D: Ouvi falar nos leprechauns, são a mesma coisa?
K: Não tenho como saber; nunca vi um leprechaun.
D: E já ouvi falar em elfos.
K: Estes são mais próximos das fadas. Os elfos são maiores, mas tampouco conheci um elfo.
D: E os gnomos? Também nunca vi um, mas ouvi falar deles.
K: Sabe, os gnomos são o povo das colinas. Dizem que se um gnomo é tocado pela luz do dia, vira pedra. Mas não sei, é só uma lenda.
D: Mas você viu as fadas. Acho que é uma honra. Elas não se mostram para qualquer um.
K: São muito tímidas.
D: E elas vêm e conversam com você?
K: Sim, e me contam coisas.
D: Como é a voz delas?
K: Como o murmúrio do vento que passa pelas cordas da harpa. Muito suave, muito bonita. É como música. Quando cantam, é como as aves cantando nas árvores.
D: Talvez seja isso que as pessoas pensem quando as ouvem.
K: Às vezes, sim.
D: Elas já tentaram lhe ensinar alguma coisa?
K: Quer dizer, magia?
D: Bem, qualquer coisa.
K: Antes, elas nos ensinavam a descobrir coisas. Sabe como é, coisas perdidas, algo assim. Não sei se é isso que você quis saber.
D: É difícil fazer isso?
K: Não se você se imaginar como sendo a coisa perdida.
D: E aí você imagina onde estaria se fosse aquela coisa? E funciona?
K: Ah, é.—E contam histórias sobre a Rainha Mab e sua corte e coisas diferentes como essas. Histórias longas, longas.
D: Onde moram?
K: Algumas moram em árvores e protegem-nas como espíritos. Outras—essas que são conhecidas como ninfas, vivem na água, em poços, fontes e coisas assim. E coisas diferentes.
D: Vivem muito?
K: Centenas e centenas de anos, sim.
D: Elas parecem velhas?

K: Não, parecem-se com criancinhas.
D: *Bem, acho que são sábias, escondendo-se de nós.*
K: Sabem que o homem é cruel. Têm uma memória muito extensa. Lembram-se de uma época em que viviam aqui e não havia homens. Elas costumavam percorrer as florestas e viverem felizes. E me contam histórias dessa época.
D: *Se as fadas estavam aqui antes das pessoas, o que pensam das pessoas?*
K: Não gostam muito delas. Dizem que antes os homens eram bons e tinham motivos elevados, e depois foram arrastados para baixo por diversas circunstâncias e coisas. Hoje, não são todos bons, há muita maldade, crueldade. E elas não— por isso se escondem, por isso é que poucos ainda as veem.
D: *Dá para entender; elas receiam o que as pessoas fariam.*
K: É. Além disso, há muitos mitos e lendas sobre elas, como o ouro das fadas. As pessoas tentam pegá-las para descobrir seus tesouros e coisas assim. E isso só pode causar danos.
D: *Imagino que as fadas eram mais amigáveis nos primeiros tempos, quando as pessoas apareceram.*
K: É, as fadas costumavam ajudá-las e ensinavam muitas coisas. Mas, como sabe, naquele tempo as pessoas estavam abertas para mais coisas do que hoje. Começaram a ficar mais rudes e menos agradáveis. E tentaram tirar coisas das fadas, abusando de suas árvores e coisas assim. Foi então que começou a desconfiança.
Harriet (H): Elas já lhe ensinaram o cultivo de plantas ou coisas assim?
K: Elas dizem que se você conversar com a entidade que cuida da planta, pode convencê-la a fazer a planta crescer, ou pode pedir para que lhe ajude. Com isso, a árvore vai ficar mais verde, ou o que for. Mas você precisa admitir que elas estão ali. E fazer com que saibam que você se importa com aquela planta ou árvore específica, ou seja o que for. Então, elas farão toda sorte de coisas.
D: *O que você quer dizer com "entidade"? É um espírito específico daquela planta?*
K: É o espírito protetor daquela planta, é.
D: *É interessante. Não sabia disso. Que tipo de espírito é esse? Ele sempre existiu ou—*
K: Não sei. (Ela riu.) Nunca perguntei.

D: *(Nós rimos.) O que aconteceria com o espírito se a planta morresse?*

K: Provavelmente, iria encontrar outra planta para ficar.

D: *Uma que esteja começando a crescer?*

K: Talvez, não sei.

D: *Mas você precisa reconhecer que a planta tem um espírito?*

K: É como conversar com as plantas: quando você lhes diz que se importa com elas, elas se esforçam mais.

D: *Aposto que você aplica isso quando cultiva alguma coisa. Acho que você é mais inteligente do que essas pessoas da cidade.—Se alguém quiser se comunicar com as fadas, há alguma coisa que precise fazer?*

K: Não sei, pois, como vê, cabe sempre à fada decidir aparecer ou não. E se você tentar manter a mente elevada, imagino que isso possa atrair uma delas. Mas não sei.

D: *As fadas existem no mundo inteiro ou só onde você vive?*

K: Não sei, nunca estive no mundo inteiro. Como poderia saber se elas estão lá?

D: *(Rimos.) É verdade..—Você mencionou a Rainha Mab. Ela ainda é a rainha ou—?*

K: Bem, pelo que sei, todas as rainhas se chamaram Rainha Mab. Vai de filha para filha e talvez para neta.

D: *Ah, então elas morrem.*

K: Sim, mas só quando estão muito velhas.

Assim, esta jovem meiga, tímida e gentil, cujo único crime foi acreditar em fadas e na segunda visão, foi morta cruelmente pelo povo ignorante e supersticioso da aldeia. Karen teve muitas vidas nas quais foi incompreendida, especialmente quando mostrava sinais de habilidades psíquicas. Numa última ocasião, caímos no dia em que ela estava morrendo na fogueira. Era estranho ver como ela sempre era atraída para aquele dia, embora fosse traumático e perturbador para ela. Ela não quis ver a cena. Convenci-a de que seria bom se pudesse falar daquilo sem ver. Ela suspirou e concordou, "O tempo deste corpo acabou. Eu quero falar sobre isso desta vez".

D: *Como você se sente com relação às pessoas que queimaram sua casa?*

K: (Grande suspiro) Desiludida.

D: *Você está com raiva delas, culpa-as?*
K: Não. Eram apenas ignorantes, e a ignorância gera medo. Elas precisam vivenciar isso. Saber que mataram alguém, sabendo que eu era inocente. Precisavam de alguém para ser punida, digamos. E eu estava à mão.
D: *Sim. Mas você não guarda rancor ou algo (estou sempre tentando verificar se há algum karma que possa ser levado adiante para outras vidas.)*
K: (Sua voz foi muito firme.) Por que eu deveria interromper meu progresso, só para sentir raiva de alguém que é ignorante a ponto de fazer coisas desse tipo?
D: *Isso é bom. Mostra que você é mais inteligente ou mais evoluída do que eles.*
K: Talvez eu me importe mais.
D: *É muito bom fazer isso. Um dia, eles podem acabar aprendendo.*
K: É o que espero.
D: *Neste momento, não aprenderam e ainda fizeram uma coisa pela qual terão de responder.*

Dei-lhe sugestões no sentido de que nada daquela vida a incomodaria física ou mentalmente e trouxe-a para o presente.

Capítulo 19
A sacerdotisa grega

Entramos nesta história no momento em que Dolores está pedindo para Karen avançar ou recuar no tempo. Neste caso, ela está dando uma opção a Karen.

D: *Vou deixar você escolher o lugar e escolher a época. Vou contar até 5 e você vai recuar, recuar e recuar. E vamos discutir isso. 1, 2, 3, recuando, recuando, recuando, 4, 5. O que você vê?*
K: Vejo o templo.
D: *Como é esse templo?*
K: Ele tem colunas brancas.
D: *Parece ser um lugar bonito. (Sim) Onde você está?*
K: Estou no pátio.
D: *Onde estamos? Este lugar tem nome?*
K: (Pausa) Trácia. (Repete) Trácia.
D: *Você está em pé no pátio? (Sim) Qual a sua aparência?*
K: Sou magra—cabelos castanhos—são curtos.
D: *Como você se chama?*
K: Diane.
D: *Certo, então você é mulher. (Sim) Qual a sua idade, Diane?*
K: Dezesseis.
D: *O que você está fazendo no templo?*
K: Estudando para ser sacerdotisa.
D: *Você está aqui há muito tempo?*
K: Desde que tinha dez anos.
D: *Por que você veio para cá?*
K: Porque tanto meus pais quanto eu desejamos.
D: *Isso é normal? Muitas jovens gostam de ir ao templo?*
K: Algumas querem, poucas têm sucesso. (Não compreendi e ela repetiu.) Algumas querem, mas não muitas conseguem.
D: *Então, você está orgulhosa de poder ir para o templo?*
K: Estou feliz.

D: *Então, você já está aí faz, o quê, cerca de seis anos.* (Sim) *O que você está estudando lá?*
K: Tudo. Sobre o mundo. Sobre a vida.
D: *E o que você vai fazer quando terminar?*
K: Espero me tornar uma sacerdotisa.
D: *Então, você terá de deixar o templo?* (Não) *Vai permanecer no templo e ser uma sacerdotisa de lá?* (Sim) *Como é esse templo? É dedicado a certo deus, deusa ou algo assim?*
K: Só ao oráculo. (Este é o oráculo.)
D: *Ao quê?*
K: O oráculo.
D: *Quero dizer, há estátuas no templo?* (Não) *Pinturas, imagens?*
K: Duas pinturas lineares na parede.
D: *Do que são as pinturas?*
K: Cenas variadas, com as pessoas que vêm ao templo.
D: *São coloridas?*
K: Ah, sim. São muito bonitas.
D: *Mas não há estátuas?* (Não) *O templo fica próximo a alguma cidade? Ou numa cidade?*
K: Não. Você precisa viajar muito para chegar lá.
D: *Ah, é isolado.*
K: É um lugar escolhido.
D: *Onde você come nesse templo?*
K: Na única sala.
D: *Há outras pessoas lá?*
K: Todas as iniciadas comem na única sala de jantar.
D: *Há muitas delas?*
K: Cerca de vinte novas por ano.
D: *Quem lhe dá aulas?*
K: Os professores e a sacerdotisa.
D: *Diga-me como é a aparência desse lugar onde vocês comem.*
K: Tem teto alto. Tem um braseiro no meio da sala.
D: *Tem o quê no meio?*
K: Um braseiro. Ele esquenta a comida e a sala.
D: *Como são as mesas onde vocês comem?*
K: São de madeira. Tem banquetas para nos sentarmos.
D: *E o que vocês comem?*
K: Grãos e verduras...
D: *Vocês não comem carne?* (Não) *Por que não?*

K: Ela nos mantém presas à Terra.

D: *Então, vocês comem o que, só frutas e verduras? (Sim) Bem, e o que vocês fazem quando está frio e não dá para conseguir frutas e verduras?*

K: Aqui nunca faz frio.

D: *Nunca fica muito frio lá? (Não) Há sempre alguma coisa para se colher?*

K: No inverno, comemos muitas azeitonas preparadas e os grãos que armazenamos.

D: *Coisas que vocês guardaram, como essas. (Sim) Achava que as árvores não floriam o ano todo. Que frutas vocês têm lá?*

K: Limões e laranjas. Também temos nozes.

D: *O quê?*

K: Árvores que dão nozes.

D: *Onde vocês conseguem verduras e legumes?*

K: Nós mesmas cultivamos.

D: *Quais são?*

K: Temos repolho, alface e couve-flor.

D: *Tenho sempre muita curiosidade sobre hábitos alimentares. E onde vocês dormem no templo?*

K: Temos um quarto no qual todas compartilham uma esteira. Pomolas no chão e dormimos nelas.

D: *Você disse que todas compartilham – é uma grande esteira ou cama?*

K: Não, só um quarto. (Como?) Só um quarto, não uma esteira.

D: *Você disse que põe no chão.*

K: Pomos as esteiras no chão.

D: *E dormem nas esteiras? (Sim) Nesse quarto grande. Hmmm, interessante. (Pausa) Diane, você sabe ler ou escrever?*

K: Claro.

D: *Em que língua você escreve?*

K: Grego.

D: *Quero saber se você pode me fazer um favor. Pode escrever uma coisa para mim? Acha que pode fazer isso? (Peguei papel e uma caneta e dei a ela. Ela pegou a caneta com a mão direita e segurou o papel com a esquerda. Quando escreveu, não abriu os olhos.) Por favor, escreva alguma coisa para mim. Não precisa ser muita coisa. Só algumas palavras. Estou muito interessada. Dá para ver aí? (Seus olhos ainda estão fechados,) Muito bem. Você aprendeu*

isto no templo? *(Sim)* O que está escrito, pode me dizer? É um nome?
K: São apenas os símbolos que estão sobre a porta, sobre o portal.

** Quando Dolores tinha a oportunidade, pedia à pessoa para escrever alguma coisa, caso soubesse escrever. Neste caso, não pudemos analisar todos os arquivos de Dolores para encontrar este texto ou desenho. Mas se você folhear o livro Five Lives Remembered, Capítulo 6, verá que Dolores conseguiu duas assinaturas de vidas diferentes da mesma pessoa em transe. Quando perguntou a um grafólogo o que ele achava das assinaturas, sua resposta foi que não podiam ter sido feitas pela mesma pessoa. **

D: *O portal do templo? (Sim) Muito bem, agradeço. Coisas diferentes sempre me interessam. Você sabe mesmo escrever, não é? Muito bem.—Certo, Diane, vou contar até três e avançaremos até um dia que você considere importante em sua vida. Quando aconteceu alguma coisa importante nela. 1, 2, 3, agora você está mais velha e é um dia importante. Um dia que você considera importante em sua vida. O que está acontecendo?*
K: Fiz minha primeira leitura hoje.
D: *Oh, quantos anos você tem?*
K: Vinte e três.
D: *Você aprendeu o suficiente para fazer leituras? (Sim) Foi uma boa leitura? (Sim) A professora ficou orgulhosa de você?*
K: Creio que sim. É difícil dizer. Elas não falam muito.
D: *Elas não exibem emoções? (Não) Você fez a leitura para uma estudante ou para alguém que foi lá?*
K: Para alguém que veio.
D: *Como você faz leituras?*
K: Nós usamos fumaça.
D: *Fumaça? (Hã-hã) Há muitas técnicas. O que você faz com a fumaça?*
K: Eu me sento com o tripé na minha frente e observo a fumaça. E digo o que estou vendo.
D: *Na fumaça? (Sim) Você já havia tentado fazer isso antes?*
K: Não tínhamos permissão. Esta é a primeira vez.
D: *Agora, você acha que está pronta?*
K: Dizem que estou.

D: *Foi uma leitura precisa?*
K: Pelo que podemos saber. Veremos.
D: *Veremos. Você gostou de fazê-la?*
K: É para isso que vivo.
D: *Muito bem. Certo. Agora, vou contar até três e vamos avançar até um dia importante de sua vida, quando você já for bem mais velha. 1, 2, 3, este é um dia importante de sua vida. O que está acontecendo, Diane?*
K: O rei veio nos visitar.
D: *O rei foi lá? Por que ele foi lá?*
K: Porque ele quer uma leitura.
D: *Bem, então esse deve ser um dia realmente importante. Todas estão empolgadas?*
K: Pelo tanto que se empolgam, sim.
D: *Mas na verdade, ninguém demonstra suas emoções.*
K: Não é apropriado.
D: *Como se chama o rei? Ele tem um nome?*
K: Theodus. (Repete) Theodus. (Fonético)
D: *E ele é o rei de toda essa terra?*
K: Não, só de nossa região. Há mais de cem reis.
D: *Oh, há muitos reis.* (Hã-hã) *E este é o rei de sua região.*
K: Sim. Eles estão sempre brigando.
D: *(Riso) Dá a impressão de que há sempre uma luta. Quem vai fazer a leitura para o rei?*
K: A alta sacerdotisa.
D: *Oh, então você não vai fazer.* (Não) *Você vai assistir?*
K: Todas as estudantes assistem.
D: *Que método vão empregar?*
K: Ela usa folhas no braseiro.
D: *Como fazem isso?*
K: Você pega folhas, esmaga-as e joga-as no fogo. Então, observa a maneira como as chamas sobem e estalam e você diz o que está vendo nas chamas.
D: *Então, é diferente de observar a fumaça.* (Sim) *O que o rei quer saber?*
K: Se será vitorioso ou não.
D: *O que a alta sacerdotisa lhe diz?*
K: Ela diz que ele será. Ele fica muito satisfeito.
D: *E o que ele faz quando fica satisfeito? Dá dinheiro, o que ele faz?*

K: Ele dá ouro.

D: E o que aconteceria se ela tivesse feito uma leitura negativa?

K: Ele simplesmente iria embora.

D: E nesse caso, não teria lhe dado ouro?

K: Não sei.

D: Mas você disse que ficou satisfeito por ela ter feito uma boa leitura para ele. (Sim) Qual a aparência do rei? O que está usando?

K: Ele tem um manto púrpura com (?) sandálias que vão até o joelho. Tem uma faixa na cabeça. Seus cabelos são curtos. E encaracolados.

D: Como é essa faixa em torno da cabeça?

K: Parece ser de ouro, mas seus cabelos cobrem a maior parte dela.

D: Você disse que as sandálias vão até os joelhos? Como fazem isso?

K: As partes de couro da frente dobram-se e sobem trançadas.

D: Parece ser um calçado bem estranho. E ele tem um manto púrpura?

K: Amarrado na cintura.

D: Tem mais alguém com ele? Ou ele veio sozinho?

K: Seus conselheiros. E seu guarda.

D: Eles conversam com a alta sacerdotisa?

K: Não. Só o rei.

D: Ele fala com ela e ela lhe diz o que está vendo, é isso? (Sim) Muito interessante. Qual a sua idade agora?

K: Vinte e três.

D: Oh, a mesma idade. Certo, Diane, agora você está com vinte e três anos. Vou contar até três e você vai avançar até a idade de trinta e três anos. Vamos avançar nessa vida para ver o que aconteceu com você. Um dia importante quando você estiver com trinta e três anos. 1, 2, 3, você está com trinta e três anos. O que está acontecendo?

K: Vou sair para escolher estudantes.

D: Oh, agora você está ensinando? (Sim) No mesmo templo? (Sim) E aonde você escolhe suas estudantes?

K: Pelo país afora. Encontramos pessoas, jovens garotas, que parecem promissoras. E as trazemos.

D: E como você sabe que encontrou a pessoa certa?

K: Sabemos, simplesmente.

D: Você tem dado aulas? (Sim) Muito bem. Aonde você vai? A alguma cidade em especial ou a qualquer lugar?

K: Onde quer que nosso caminho nos leve.
D: Na mesma região? (Sim) Você precisa encontrar determinado número de candidatas antes de voltar?
K: Não. No mínimo, uma.
D: Quanto tempo você vai ficar fora?
K: O tempo que for necessário.
D: Para descobrir pelo menos uma. Então, você volta ao templo? (Sim) E se você não encontrar ninguém que queira ir com você?
K: Nós vamos. Do contrário, não teríamos sido enviadas.
D: Quem envia vocês?
K: A alta sacerdotisa é quem escolhe.
D: E ela lhes diz para sair, encontrar outras alunas e trazê-las. Como você tem feito suas leituras? Ainda usam o método da fumaça ou outros métodos?
K: Às vezes, ficamos em pé ouvindo as folhas e aquilo que dizem.
D: Na fogueira?
K: Não, ouvindo as árvores. Tudo tem sua voz.
D: E elas lhe dizem o que você deve passar para as pessoas? (Sim) Antes, você disse que o rei quis uma leitura e quis saber se seria vitorioso. Ele foi vitorioso? (Sim) Então, foi precisa, não foi? Foi uma leitura precisa.
K: Claro! A alta sacerdotisa nunca errou.
D: Oh. E você, também é precisa assim? (Não) Às vezes, você comete erros?
K: Às vezes.
D: Bem, você ainda está aprendendo, não está? Certo, vamos avançar, Diane. Quero levá-la ao último dia de sua vida como Diane. Vou contar até três e chegaremos ao último dia de sua vida, e você pode me contar o que aconteceu com você. Você vai descrever o dia, não precisa vivenciá-lo. Você não vai sentir nada, nada que possa incomodá-la. Deste modo, você pode conversar comigo sem problemas. 1, 2, 3, é o último dia de sua vida como Diane. O que aconteceu com você?
K: Resolvi que já era hora de largar o corpo. (Pareceu velha e cansada.)
D: Qual a sua idade?
K: Setenta e sete.

D: *Oh, então, você estava bem velha, não? Você viveu muito tempo naquele templo, não foi?* (Sim) *Você foi feliz lá?* (Sim) *Teve muitas alunas?*

K: Sim, muitas foram bem sucedidas.

D: *Que bom. Você se arrependeu de ter ido ao templo?* (Não) *Você gostava de lá, então isso é muito bom. Foi uma vida boa, não foi?* (Sim) *Você nunca se cansou dela, não é?* (Não) *Talvez tenha sido por isso que você viveu tanto; você precisava realizar muitas coisas naquela vida.*

K: Eu tinha muito para aprender.

A paciente recebeu instruções e reforço para sugestões de senhas e foi trazida para o presente. Durante a vida na Alemanha, a paciente tinha voz infantil, com um perceptível sotaque alemão ocasional. Na vida na Grécia, sua voz pareceu mudar e amadurecer à medida que foi ficando mais velha. Às vezes, sua pronúncia ficava estranha, dificultando a compreensão das palavras. O modo de pronunciar o "r" em particular. Ela também tinha um jeito diferente de usar as palavras.

Dolores deixou anotações que indicavam uma das outras vidas de Karen como viking. Esperamos que, no futuro, possamos ter todas as fitas e arquivos de Dolores transcritos, quando então poderemos compartilhar com vocês as inúmeras aventuras que ela vivenciou no período de tempo em que trabalhou com tantos pacientes que apareceram em sua vida.

A sessão que fizemos em 20 de junho de 1985 foi a última vez que trabalhei com Karen. Ela acabou ficando em Little Rock e se casou. Mais tarde, teve duas filhas com seu marido. Ele tinha hemofilia e precisava de muitos cuidados. Karen deu-lhe atenção e afeto, viajando com ele em seu trabalho. Anos depois, ela voltou a Fayetteville, mas não mantivemos contato. Ouvi dizer que seu marido morreu subitamente porque seu sangue não coagulava. Ela ficou numa situação financeira muito boa graças à pensão de seu marido. Por isso, não precisava trabalhar e podia ficar em casa, cuidando das filhas. Nossos caminhos não tiveram motivo para tornar a se cruzar, mas provavelmente foi bom. Ouvi dizer, anos depois, que ela negou todas as sessões e experiências pelas quais passou. Dei-lhe cópias das fitas e transcrições delas, mas ela nunca quis ouvi-las ou lê-las. Quando acordava após a sessão, ria e perguntava, "Aonde fomos hoje?" Quando lhe dizia, ela respondia que era interessante, mas não fazia mais perguntas e nem queria ir mais a fundo. Geralmente, eu a levava para seu local de trabalho e seu foco voltava para sua vida cotidiana. Em função de seu estado de transe profundamente sonambúlico, ela não se lembrava conscientemente das diversas aventuras que tivemos ao longo daqueles dois anos em que trabalhamos juntas. Por isso, deve ter sido fácil para ela imaginar que nunca aconteceram. Para ela, devem ter sido como sonhos que esmaecem quando acordamos. E deve ter sido melhor assim. Ela viveu uma vida normal e feliz. Foi como se o seu papel fosse me dar histórias, voltando depois ao mundo normal. Posso dizer com toda confiança que as sessões não interferiram em nada com sua vida normal. Para ela, todas as outras vidas foram como um borrão. Para mim, é estranho ter sido uma participante num mundo de sombras que ela não sabia que existia. E se não fosse pelas gravações sobreviventes e pelos testemunhos das sessões, eu também teria duvidado de sua realidade. Mas sei que aconteceram. Por um breve período, fui uma participante invisível de momentos da história, como uma viajante inconsciente do tempo. E, como contadora de histórias e repórter, eu precisava dizer o que encontrei.

Mensagem final

Dolores abriu nossos olhos para mundos maravilhosos e misteriosos. Ela ousou penetrar nos reinos proibidos daquilo que a mente contém. Se não fosse por seu apetite insaciável de querer conhecer mais e de fazer tantas e tantas perguntas, talvez nunca tivéssemos chegado a descobrir os conhecimentos perdidos que ela encontrou em suas sessões. Ela descobriu informações anos antes que pudéssemos descobri-las nesta vida. Um exemplo são as ruínas de Qumran. Quando os arqueólogos mostraram suas descobertas e elas foram diferentes daquilo que foi dito nas sessões, nessa época ela precisou tomar uma decisão muito difícil. Jogava fora aquilo que lhe fora dado ou mantinha a fé de que aquilo que recebera era a verdade? Se você ler seu livro Jesus e os essênios, vai saber que ela manteve a fé e apresentou aquilo que recebeu. Mais tarde, os arqueólogos descobriram que suas descobertas continham um erro e que aquilo que Dolores havia escrito estava correto. Outro exemplo pode ser visto em Five Lives Remembered, quando Dolores e Johnny estavam explorando o "período entre vidas" e receberam informações sobre o futuro. Nesse livro, diz-se que Johnny foi visto sentado numa cadeira com os netos à sua volta, vivendo numa região cheia de colinas. Este evento realmente aconteceu. Recebemos numerosas cartas e emails de pessoas dizendo que Dolores mudou suas vidas. Isto é algo de que nos orgulhamos muito, sendo muito gratos por ouvir as coisas maravilhosas que nos dizem.

Quando ela nos deixou, estava trabalhando em vários livros. Era uma coisa muito comum para ela. As pessoas perguntavam, "do que vai tratar o próximo livro?" Ela dizia que nunca sabia, e que seria aquele que fosse concluído primeiro. Este livro era um daqueles que estava escrevendo e agora foi concluído.

Esperamos que vocês gostem.

-Nancy

Sobre a autora

Dolores Cannon, hipnoterapeuta regressiva e pesquisadora psíquica que registra conhecimentos "perdidos", nasceu em 1931 em St. Louis, Missouri. Estudou e morou em St. Louis até se casar em 1951 com um militar de carreira da Marinha. Passou os próximos 20 anos viajando pelo mundo como típica esposa da Marinha, cuidando da família. Em 1970 seu marido foi dispensado como veterano com problemas físicos e foram morar nas colinas do Arkansas. Foi então que ela começou a carreira de escritora, vendendo artigos para diversas revistas e jornais. Está envolvida com hipnose desde 1968 e exclusivamente com o trabalho de terapia e regressão a vidas passadas desde 1979. Estudou diversos métodos de hipnose e desenvolveu sua própria técnica singular, permitindo-lhe obter a liberação mais eficaz de informações de seus pacientes. Dolores ensinou sua técnica única de hipnose pelo mundo afora.

Em 1986, expandiu suas investigações para o campo dos ÓVNIS. Fez estudos de campo de possíveis aterrissagens de ÓVNI e investigou agroglifos na Inglaterra. A maior parte de seu trabalho neste campo deu-se no acúmulo de evidências de suspeitos de abdução através de hipnose.

Dolores foi conferencista internacional, tendo se apresentado em todos os continentes do mundo. Seus dezessete livros foram traduzidos para mais de vinte línguas. Ela se apresentou para públicos de radio e televisão do mundo todo. E artigos sobre/de Dolores têm sido publicados em diversas revistas e jornais dos EUA e internacionais. Dolores foi a primeira norte-americana e a primeira estrangeira a receber o "Prêmio Orpheus" da Bulgária pelo maior progresso na pesquisa de fenômenos psíquicos. Ela recebeu prêmios de Contribuição de Destaque e de Reconhecimento Vitalício de diversas organizações de hipnose. Dolores teve uma família bem grande, mantendo-a solidamente equilibrada entre o mundo "real" de sua família e o mundo "invisível" de seu trabalho.

Se quiser se corresponder com a Ozark Mountain Publishing sobre o trabalho de Dolores, por favor, dirija-se ao endereço abaixo. (Envie um envelope autoendereçado e selado para a resposta.) Ozark Mountain Publishing, P.O. Box 754, Huntsville, AR, 72740, USA ou mande um email por nosso Website: www.ozarkmt.com

Dolores Cannon, que fez sua transição deste mundo em 18 de outubro de 2014, deixou incríveis realizações nos campos de curas alternativas, hipnose, metafísica e regressão a vidas passadas, mas o mais impressionante de tudo foi compreender desde cedo que a coisa mais importante que podia fazer era compartilhar informações. Revelar conhecimentos ocultos ou não descobertos, vitais para a iluminação da humanidade e para nossas lições aqui na Terra. O que mais importava para Dolores era compartilhar informações e conhecimentos. É por isso que seus livros, palestras e seu singular método de hipnose QHHT® continuam a encantar, guiar e informar muitas pessoas pelo mundo afora. Dolores explorou todas essas possibilidades e muitas outras enquanto nos conduziu pela viagem de nossas vidas. Ela queria que colegas de viagem compartilhassem suas jornadas pelo desconhecido.

Livros de Dolores Cannon

A Very Special Friend
Big Sandy Press
Five Lives Remembered
Entre a morte e a vida
Jesus e os essênios
Elas caminharam com Jesus
Conversations with Nostradamus Vol. 1-3
A Soul Remembers Hiroshima
Sob custódia
Guardiões do jardim
O legado das estrelas
The Legend of Starcrash
The Convoluted Universe Book 1-5
Three Waves of Volunteers and the New Earth
Em busca de conhecimentos ocultos e sagrados
Publicado por: Ozark Mountain Publishing

Para mais informações sobre qualquer dos títulos acima, títulos que serão lançados em breve ou sobre outros itens de nosso catálogo, escreva, telefone ou visite nosso website:
Ozark Mountain Publishing, Inc. PO Box 754, Huntsville, AR 72740
479-738-2348/800-935-0045
www.ozarkmt.com

Other Books by Ozark Mountain Publishing, Inc.

Dolores Cannon
A Soul Remembers Hiroshima
Between Death and Life
Conversations with Nostradamus,
    Volume I, II, III
The Convoluted Universe -Book One,
    Two, Three, Four, Five
The Custodians
Five Lives Remembered
Horns of the Goddess
Jesus and the Essenes
Keepers of the Garden
Legacy from the Stars
The Legend of Starcrash
The Search for Hidden Sacred
    Knowledge
They Walked with Jesus
The Three Waves of Volunteers and the
    New Earth
A Very Special Friend
Aron Abrahamsen
Holiday in Heaven
James Ream Adams
Little Steps
Justine Alessi & M. E. McMillan
Rebirth of the Oracle
Kathryn Andries
Time: The Second Secret
Will Alexander
Call Me Jonah
Cat Baldwin
Divine Gifts of Healing
The Forgiveness Workshop
Penny Barron
The Oracle of UR
P.E. Berg & Amanda Hemmingsen
The Birthmark Scar
Dan Bird
Finding Your Way in the Spiritual Age
Waking Up in the Spiritual Age
Julia Cannon
Soul Speak – The Language of Your
    Body
Jack Cauley
Journey for Life
Ronald Chapman
Seeing True
Jack Churchward
Lifting the Veil on the Lost
    Continent of Mu
The Stone Tablets of Mu
Carolyn Greer Daly
Opening to Fullness of Spirit
Patrick De Haan
The Alien Handbook
Paulinne Delcour-Min
Divine Fire
Holly Ice
Spiritual Gold
Anthony DeNino
The Power of Giving and Gratitude
Joanne DiMaggio
Edgar Cayce and the Unfulfilled
    Destiny of Thomas Jefferson
Reborn
Paul Fisher
Like a River to the Sea
Anita Holmes
Twidders
Aaron Hoopes
Reconnecting to the Earth
Edin Huskovic
God is a Woman
Patricia Irvine
In Light and In Shade
Kevin Killen
Ghosts and Me
Susan Linville
Blessings from Agnes
Donna Lynn
From Fear to Love
Curt Melliger
Heaven Here on Earth
Where the Weeds Grow
Henry Michaelson
And Jesus Said – A Conversation
Andy Myers
Not Your Average Angel Book
Holly Nadler
The Hobo Diaries
Guy Needler
The Anne Dialogues
Avoiding Karma
Beyond the Source – Book 1, Book 2
The Curators
The History of God
The OM
The Origin Speaks

For more information about any of the above titles, soon to be released titles,
or other items in our catalog, write, phone or visit our website:
PO Box 754, Huntsville, AR 72740|479-738-2348/800-935-0045|www.ozarkmt.com

Other Books by Ozark Mountain Publishing, Inc.

Psycho Spiritual Healing
James Nussbaumer
And Then I Knew My Abundance
Each of You
Living Your Dram, Not Someone Else's
The Master of Everything
Mastering Your Own Spiritual Freedom
Sherry O'Brian
Peaks and Valley's
Gabrielle Orr
Akashic Records: One True Love
Let Miracles Happen
Nikki Pattillo
Children of the Stars
A Golden Compass
Victoria Pendragon
Being In A Body
Sleep Magic
The Sleeping Phoenix
Alexander Quinn
Starseeds What's It All About
Debra Rayburn
Let's Get Natural with Herbs
Charmian Redwood
A New Earth Rising
Coming Home to Lemuria
Richard Rowe
Exploring the Divine Library
Imagining the Unimaginable
Garnet Schulhauser
Dance of Eternal Rapture
Dance of Heavenly Bliss
Dancing Forever with Spirit
Dancing on a Stamp
Dancing with Angels in Heaven
Annie Stillwater Gray
The Dawn Book
Education of a Guardian Angel
Joys of a Guardian Angel
Work of a Guardian Angel
Manuella Stoerzer
Headless Chicken

Blair Styra
Don't Change the Channel
Who Catharted
Natalie Sudman
Application of Impossible Things
L.R. Sumpter
Judy's Story
The Old is New
We Are the Creators
Artur Tradevosyan
Croton
Croton II
Jim Thomas
Tales from the Trance
Jolene and Jason Tierney
A Quest of Transcendence
Paul Travers
Dancing with the Mountains
Nicholas Vesey
Living the Life-Force
Dennis Wheatley/ Maria Wheatley
The Essential Dowsing Guide
Maria Wheatley
Druidic Soul Star Astrology
Sherry Wilde
The Forgotten Promise
Lyn Willmott
A Small Book of Comfort
Beyond all Boundaries Book 1
Beyond all Boundaries Book 2
Beyond all Boundaries Book 3
D. Arthur Wilson
You Selfish Bastard
Stuart Wilson & Joanna Prentis
Atlantis and the New Consciousness
Beyond Limitations
The Essenes -Children of the Light
The Magdalene Version
Power of the Magdalene
Sally Wolf
Life of a Military Psychologist

For more information about any of the above titles, soon to be released titles,
or other items in our catalog, write, phone or visit our website:
PO Box 754, Huntsville, AR 72740|479-738-2348/800-935-0045|www.ozarkmt.com

www.ingramcontent.com/pod-product-compliance
Lightning Source LLC
Chambersburg PA
CBHW050121170426
43197CB00011B/1672